GRUNDLAGEN DER ROMANISTIK

Herausgegeben von Titus Heydenreich, Karl Hölz und Johannes Kramer

Begründet von Eberhard Leube† und Ludwig Schrader

Band 21

Einführung in die französische Literaturwissenschaft

von

Thomas Klinkert

3., durchgesehene Auflage

ERICH SCHMIDT VERLAG

Bibliografische Information der Deutschen Bibliothek
Die Deutsche Bibliothek verzeichnet diese Publikation in der
Deutschen Nationalbibliografie; detaillierte bibliografische Daten
sind im Internet über http://dnb.ddb.de abrufbar.

1. Auflage 2000
2. Auflage 2002
3. Auflage 2004

ISBN 3 503 07929 7

Alle Rechte vorbehalten
© Erich Schmidt Verlag GmbH & Co., Berlin 2004
www.ESV.info

Dieses Papier erfüllt die Frankfurter Forderungen der Deutschen Bibliothek
und der Gesellschaft für das Buch bezüglich der Alterungsbeständigkeit
und entspricht sowohl den strengen Bestimmungen der US Norm
Ansi/Niso Z 39.48-1992 als auch der ISO-Norm 9706

Druck und Buchbinderei: Danuvia Druckhaus Neuburg, Neuburg a. d. Donau

Inhalt

Vorbemerkung 9
Vorwort zur zweiten und dritten Auflage 10

Einleitung 11
   Literaturhinweise 19

1. Was ist Literatur? 20
   1.1 Problemstellung 20
   1.2 Zur Bedeutung des Wortes *Literatur* 23
   1.3 Zur Abgrenzung des Bereiches Literatur 24
   1.4 Fiktion und Fiktionalität; ästhetische Einstellung 28
   Literaturhinweise 34

2. Grundbegriffe der Zeichentheorie (Semiotik) 37
   2.1 Erste Annäherung an den Zeichenbegriff 37
   2.2 Die grundsätzliche Offenheit der Semiose 39
   2.3 Das Zeichenmodell von Saussure 40
      2.3.1 Sprache konstruiert Wirklichkeit 40
      2.3.2 Lautbild und Konzept (Signifikant und Signifikat) 42
      2.3.3 Linearität und Arbitrarität des Zeichens 43
   2.4 Das Zeichenmodell von Peirce 47
   2.5 Die Zeichentypen Ikon, Index und Symbol 49
   Exkurs zum Symbolbegriff 50
   2.6 Semiotik und Literaturwissenschaft 53
      2.6.1 Die Textkonstitutionsebenen und ihre Interaktion 54
      2.6.2 Die Kommunikationsmodelle von Bühler und Jakobson 55
      2.6.3 Die Situationsabstraktheit literarischer Texte
      und die textinterne Sprechsituation 57
   2.7 Selbstbezüglichkeit: Semiotik als Gegenstand literarischer Texte 60
   Literaturhinweise 65

3. Literatur und ihre medialen Voraussetzungen 67
   3.1 Kommunikation und Medien 67
   3.2 Walter Benjamins Medientheorie 69
   3.3 Drei Aufschreibesysteme 71
      3.3.1 Literatur zwischen Mündlichkeit und Manuskriptkultur
      (Mittelalter) 72
      3.3.2 Literatur im Zeitalter von Buchdruck und
      humanistischer Gelehrtenkultur (16. Jahrhundert) 77

3.3.3 Literatur im Zeitalter von Presse und Massenkommunikation
(19. Jahrhundert)..86
Literaturhinweise..93

4. Theorie und Geschichte literarischer Gattungen......................96
4.1 Gattungsbegriffe aus theoretischer Sicht....................................96
4.1.1 Etymologie und Begriffsverwendung....................................96
4.1.2 Vom Chaos zur Ordnung: Weltaneignung durch Klassifikation......97
4.1.3 Gattungen als kommunikationssteuernde Konventionen............99
a) Sprechen und Texte als Handlung....................................99
b) Literarische Texte als entpragmatisierte Sprechakte............101
c) Gebrauchssituation und Gattungskonventionen....................102
d) Gattungspoetik..103
4.2 Gattungsbegriffe aus historischer Sicht....................................104
4.2.1 Die Gattungshierarchie des Klassizismus............................104
4.2.2 Die romantische Gattungstriade und die
problematische Stellung der Lyrik......................................106
Literaturhinweise..108

5. Narrative und dramatische Texte...110
5.1 Narrative Texte..111
5.1.1 Die Grundkomponenten narrativer Texte..............................111
5.1.2 Die narrative Kommunikationssituation................................112
5.1.3 Die Ebene der Geschichte (*histoire*)................................118
5.1.3.1 Segmentierung der Handlung; Aktantenmodell..............119
Beispielanalyse: Maupassant, *Une partie de campagne*......122
5.1.3.2 Die Semantisierung des Raumes........................126
5.1.4 Die Ebene der textuellen Vermittlung (*discours*)..................129
5.1.4.1 Zeitstruktur..129
a) Dauer: Das Verhältnis von
Erzählzeit und erzählter Zeit................................129
b) Die chronologische Ordnung und die Erzählfrequenz....133
5.1.4.2 Erzählmodus (Distanz und Fokalisierung)................139
5.2 Dramatische Texte..149
5.2.1 Zur Abgrenzung von dramatischen und narrativen Texten..........149
5.2.2 Text und Aufführung (Drama und Theater);
die theatralische Kommunikationssituation..........................152
5.2.3 Der Zusammenhang zwischen Textgestalt und
Theater als Institution..154
5.2.4 Die Ebenen des dramatischen Textes..................................157
5.2.4.1 Die Ebene der Geschichte..................................157
a) Geschichte – Handlung – Konflikt........................157
Exkurs: Unterschiede der Handlungsstruktur in
Tragödie und Komödie..161
b) Figuren und Aktanten..164

5.2.4.2 Die Ebene der (textuellen) Vermittlung 171
      a) Haupttext und Nebentext 171
      b) Die Segmentierung der Textoberfläche 172
      c) Zeitstruktur 173
      d) Formen und Funktionen der Rede 174
      e) Informationsvergabe 176
Literaturhinweise 178

6. Lyrische und poetische Texte 181
6.1 Lyrik als Gattung? 181
    6.1.1 Probleme der Abgrenzung 181
    6.1.2 Kriterien für eine Definition lyrischer Einzelgattungen 187
6.2 Der Vers 191
6.3 Textkonstitutionsebenen 196
    6.3.1 Die pragmatische Ebene 196
    6.3.2 Die semantische Ebene 199
    6.3.3 Die syntaktische und die lautliche Ebene 203
6.4 Figuren und Tropen als Verfahren poetischer Textkonstitution 206
6.5 Die poetische Funktion 223
Literaturhinweise 235

7. Beispielanalyse: Baudelaire, *Les Aveugles* 238
Literaturhinweise 252

Literaturhinweise für das Studium der (französischen) Literaturwissenschaft 253

Register 259

Vorbemerkung

Die hier vorgelegte *Einführung in die französische Literaturwissenschaft* ist aus der Unterrichtspraxis hervorgegangen. Zu danken habe ich daher in erster Linie den Teilnehmerinnen und Teilnehmern mehrerer Einführungskurse, die ich in Mannheim und Regensburg seit 1994 gehalten habe. Die Studierenden haben mit ihrer Diskussionsbereitschaft und dem immer wieder manifestierten Wunsch nach einer Vertiefung literaturwissenschaftlicher Sachverhalte, die weder im Unterrichtsgespräch noch durch den Hinweis auf die Forschungsliteratur angemessen geleistet werden konnte, wesentlich zur Entstehung dieses Buches beigetragen.

Die Idee zu dem Projekt geht auf Peter Kuon zurück. Er schlug mir 1996 vor, mit ihm gemeinsam eine Einführung zu schreiben. Nachdem er leider aufgrund zahlreicher anderweitiger Verpflichtungen aus dem Projekt aussteigen mußte, hat er mich ermuntert, es allein zu Ende zu bringen. Eine wichtige Unterstützung kam dabei vom Österreichischen Akademischen Austauschdienst, der mir im September 1998 einen Forschungsaufenthalt an der Universität Salzburg finanzierte. Aus dem dadurch ermöglichten intensiven Gedankenaustausch mit Peter Kuon resultierte schließlich der für die Fertigstellung des Manuskripts unverzichtbare Elan.

Danken möchte ich darüber hinaus meinen Mannheimer und Regensburger Kolleginnen und Kollegen Hubertus von Amelunxen, Inge Beisel, Charles Grivel, Rolf Kloepfer, Jochen Mecke, Martin Neumann, Andrea Pagni und Ulrich Winter für das angenehme Arbeitsklima und viele wertvolle Anregungen, die sich aus der gemeinsamen Konzeption und Durchführung von Einführungskursen ergeben haben. Eine ganz besondere Anerkennung gebührt Hermann H. Wetzel, der meine Arbeit mit Wohlwollen begleitet und gefördert und mir als Assistenten an seinem Lehrstuhl den zur Niederschrift dieses Buches nötigen Freiraum stets gewährt hat. Josef Felixberger half mir bei kniffeligen Übersetzungsproblemen. Meiner Frau Weertje Willms danke ich für eine sorgfältige, kritische und im Hinblick auf eine leserfreundliche Gestaltung des Manuskripts unschätzbare Lektüre. Damit ein Buch entstehen kann, bedarf es nicht nur eines Autors. Deshalb sei dem Erich Schmidt Verlag, insbesondere den Lektorinnen Dorothee Lossin und Carina Lehnen, für die verlegerische Betreuung des Manuskripts gedankt und den Herausgebern der *Grundlagen der Romanistik* für die Aufnahme des Bandes in ihre Reihe.

Regensburg, im Oktober 1999

Vorwort zur zweiten Auflage

Die Einführung konnte mittlerweile in der Unterrichtspraxis ihre Tauglichkeit unter Beweis stellen. Zahlreiche Studierende haben sie, wie aus Evaluationen und Rückmeldungen hervorgeht, gewinnbringend als Begleitlektüre für den Einführungskurs sowie als Hilfsmittel für die Prüfungsvorbereitung verwendet. Ein sicheres und erfreuliches Indiz für das allgemeine Interesse an dem Buch ist auch, daß die erste Auflage nach weniger als zwei Jahren bereits vergriffen ist. Für die hier vorgelegte zweite Auflage wurde der Text durchgesehen und an einigen Stellen (insbesondere in den Kapiteln 3 und 4) geringfügig verändert beziehungsweise präzisiert. Für die verlegerische Betreuung sorgte diesmal Astrid Treusch.

Regensburg, im März 2002

Vorwort zur dritten Auflage

Erneut hat der Autor dieses Buches die erfreuliche Pflicht, eine Neuauflage vorzulegen. Der Text erscheint unverändert, lediglich Errata wurden korrigiert. Als Ergänzung findet der Leser am Ende eine Basisbibliographie für Studierende der (französischen) Literaturwissenschaft. Zu danken habe ich wiederum Astrid Treusch vom Erich Schmidt Verlag für die zuverlässige Betreuung.

Mannheim, im September 2004

Einleitung

Der Titel dieses Buches gibt Anlaß zum Nachdenken. Wollte man das Adjektiv *französisch* in der Bedeutung verstehen, die es in Verbindungen wie *französische Philosophie* (das heißt: Philosophie aus Frankreich) oder *französische Geschichte* (das heißt: Geschichte Frankreichs und der Franzosen) hat, so wäre der Titel sinnlos, denn eine *französische Literaturwissenschaft* in diesem Sinne gibt es nicht. Genauer: Die universitäre Disziplin, die sich in Frankreich mit dem Gegenstand Literatur befaßt, trägt nicht den Namen *Wissenschaft*. Wer sich an einer französischen Universität für das Fach immatrikuliert, das der im deutschen Sprachraum als *Literaturwissenschaft* bekannten Disziplin entspricht, der studiert *lettres* und nicht etwa *science littéraire*. Dieser Begriff ist ungebräuchlich, da *science* im Gegensatz zu *Wissenschaft* vor allem die Naturwissenschaften bezeichnet. Innerhalb des Faches *lettres*, Abteilung *lettres modernes*, gibt es verschiedene Teilbereiche: *linguistique, littérature française, littérature comparée* usw. Ein Literaturwissenschaftler nennt sich in Frankreich *critique littéraire*. Um die Kritik, die er betreibt, von der feuilletonistischen zu unterscheiden, spricht man auch von der *critique universitaire*. Wenn der Soziologe Pierre Bourdieu in seinem Buch *Les règles de l'art* eine „science des œuvres" zu begründen beansprucht (Bourdieu 1992: 247–390), so wendet er sich polemisch gegen eine *critique universitaire*, der er das Prädikat der Wissenschaftlichkeit offenbar nicht zubilligt. Die Berechtigung von Bourdieus Vorwürfen soll hier nicht weiter diskutiert werden; es sei jedoch darauf hingewiesen, daß den Text- und Interpretationswissenschaften ein anderer Begriff von Wissenschaftlichkeit zugrundeliegt als den empirischen und den ‚exakten' Wissenschaften (s. u.).

Im deutschen Sprachraum ist die *critique littéraire* als *Literaturwissenschaft* institutionell verankert. Wer ein Fach wie Französisch (als Teil einer Fächerkombination für das Lehramt) oder Romanistik beziehungsweise Frankoromanistik oder Franz(ös)istik (als Magister-, B.A.- oder Diplomfach) studiert, bekommt es unter anderem mit französischer Literaturwissenschaft zu tun. In diesem Sinne ist denn auch der Titel zu verstehen. Das Buch ist eine Einführung in die Literaturwissenschaft für Studierende des Französischen an einer deutschsprachigen Universität, nicht eine Einführung in das Fach *lettres*.

Wenn der Begriff *Literaturwissenschaft* im Titel auftaucht, so soll damit allerdings nicht signalisiert werden, daß hier die deutsche ‚Wissenschaft' gegen die französische ‚Kritik' ausgespielt würde. Im Gegenteil: Der Vorteil, den man als Studierender einer fremden Sprache, Kultur und Literatur hat, besteht ja gerade

Einleitung

darin, daß man den Ort des Dazwischen einnimmt. Man verläßt die eigene, vertraute Kultur, um die fremde kennenzulernen und sie im Idealfall ein wenig zur eigenen zu machen. Da man sich das Fremde nur in bezug auf das Vertraute aneignen kann und da jede Aneignung ihre Grenzen hat, begibt man sich zwangsläufig zwischen die beiden Referenzkulturen und kann somit als Vermittler fungieren. Als solcher aber partizipiert man einerseits an beiden Systemen, andererseits sieht man diese wechselseitig mit fremden Augen. Diese doppelte Außenperspektive legt es im Fall des asymmetrischen Begriffspaars *Literaturwissenschaft/critique littéraire* nahe, daß man die jeweils zugrundeliegenden Konzepte befragt.

Eine solche Befragung wird dann unter anderem ergeben, daß die Literaturwissenschaft nicht in demselben Sinne eine Wissenschaft ist wie die Mathematik oder die Atomphysik, weil sie sich weder eines so strengen und formalisierten Begriffssystems wie erstere noch so exakter Beobachtungs- und Meßgeräte wie letztere bedienen kann. Beide Phänomene hängen mit dem *Gegenstandsbereich der Literaturwissenschaft* zusammen. Dieser wäre unzureichend charakterisiert, wenn man sagte, er bestehe aus Büchern, die in Bibliotheken oder Archiven lagern. Bücher oder allgemeiner *Texte*, genauer literarische Texte sind Bestandteil literarischer *Kommunikation*. Diese aber kann nicht ohne daran beteiligte Subjekte und deren Interpretationsleistung stattfinden. *Interpretation* bedient sich, soweit sie nicht nur mental erfolgt, sondern kommunikativen Zwecken dient, wie auch die literarischen Texte selbst der natürlichen *Sprache*. Die literarische Kommunikation steht darüber hinaus in einem engen Zusammenhang mit den *technisch-medialen Bedingungen* der Speicherung und der Übertragung von Information. Daraus folgt, daß gesellschaftlich-mediale Bedingungen und kulturelle Traditionen sich in die literarische Kommunikation einschreiben und somit den Objektbereich der Literaturwissenschaft noch vor jedem wissenschaftlichen Zugriff strukturieren. Die Literaturwissenschaft muß sich folglich bei der Beschreibung der literarischen Kommunikation auf diesen durch Sprache, Kultur und Tradition vorstrukturierten Objektbereich stützen und sie kann dabei auf die je individuelle Interpretationsleistung des Wissenschaftlers nicht verzichten.

Eine bloße Außensicht auf die literarische Kommunikation ist zwar möglich, aber ihr Erkenntniswert wäre gering. Im Mittelpunkt der literarischen Kommunikation stehen nämlich Texte, die als Kommunikationsangebote nur dann ihren Zweck erfüllen können, wenn man sie liest. Nun kann man als Wissenschaftler beobachten, wie diese Texte von anderen gelesen werden. Man kann die Leser befragen, warum sie lesen, unter welchen Umständen, was sie dabei empfinden usw. Doch um die Aussagen der befragten Leser zu überprüfen – und eine solche Überprüfung ist das Minimum dessen, was von einem Wissenschaftler zu erwarten ist –, kann man nicht umhin, die literarischen Texte selbst in die Hand zu nehmen und zu lesen. *Lesen* aber bedeutet *auf Interpretation beruhende Sinnkonstruktion*. Diese ist, wenn sie sich auf den Text ernsthaft einläßt, nicht beliebig

Einleitung

oder willkürlich, doch sie ist individuell verschieden, sie ergibt sich aus der Begegnung eines bestimmten Lesers mit einem bestimmten Text in einer gegebenen persönlichen, gesellschaftlichen und historischen Situation. Beim Lesen laufen Prozesse der Identifikation, der Einfühlung, des Phantasierens, der Abwehr, der Zustimmung und Ablehnung, der emotionalen Bewertung sowie der rationalen Analyse ab. Diese Prozesse sind sicherlich von objektiven Faktoren beeinflußt und in ihrem Kernbestand bei vielen Lesern ähnlich und daher vergleichbar, doch identisch und vorhersagbar sind sie keineswegs. Auch sind sie historisch wandelbar.

Daher muß die Literaturwissenschaft die Individualität des Interpretierenden – des Lesers, der jeder Wissenschaftler sein muß, um an der literarischen Kommunikation teilnehmen zu können – in Rechnung stellen. Ebenso muß sie berücksichtigen, daß es eine auf der Alltagssprache beruhende, von Traditionen, Bildungsinstitutionen und dem öffentlichen Diskurs in Feuilleton und Presse beeinflußte Sprache gibt, mit der man sich über Literatur verständigen kann. Diese Sprache nennt man *Metasprache*. Die Literaturwissenschaft muß unter Rückgriff auf diese vorgegebene, meist etwas vage Metasprache ihre eigene, genauere Metasprache entwickeln, denn sie soll sich einer Sprache bedienen, die möglichst exakt definiert ist und präzise verwendet wird, um Phänomene zu benennen, Zusammenhänge zu analysieren und zu beurteilen. Die von objektiven und subjektiven Faktoren beeinflußte Interpretation muß mit Hilfe der Metasprache *intersubjektiv nachvollziehbar mitgeteilt* werden.

Da die literaturwissenschaftliche Metasprache nicht wie die Sprache der Mathematik oder Logik formalisiert ist und da sie im Idealfall zugleich präzise und flexibel sein soll, um auch jenseits der Fachgrenzen verstanden werden zu können, darf nicht erwartet werden, daß hier eine eindeutige und bis ins letzte widerspruchsfreie Terminologie vorgelegt wird. Eine solche Terminologie gibt es nicht, und sie wäre auch nicht wünschenswert. Die natürliche Sprache, auf der die literaturwissenschaftliche Metasprache beruht, funktioniert nämlich nur, wenn ihr – trotz aller berechtigten Ansprüche an Exaktheit und Strenge – das nötige Quantum an Unschärfe, Mehrdeutigkeit und Redundanz zugestanden wird. Zum Beispiel lassen sich so gängige Begriffe wie *Symbol, Allegorie* oder *Metapher* zwar definieren und voneinander abgrenzen, doch wird dadurch nicht die Tatsache aus der Welt geschafft, daß diese Begriffe ganz unterschiedlich verwendet worden sind und Unterschiedliches bedeuten und bezeichnen. Eine Allegorie etwa kann sowohl ein Bild, eine Statue, eine Bühnenfigur als auch eine fortgesponnene Metapher (*metaphora continua*) oder aber ein bloßer abstrakter Begriff sein. Eine falsch verstandene terminologische Strenge würde nun versuchen, diese Phänomene unterschiedlich zu benennen, und damit demjenigen, der sich die neue, eindeutige Terminologie zu eigen machte, die Lektüre jener Texte, in denen solche terminologische Strenge nicht herrscht, erschweren, wenn nicht verunmöglichen. Die Literaturwissenschaft muß sich der *Tradition*, in der sie

Einleitung

steht, bewußt sein. Ihr Umgang mit Sprache muß reflexiv und kritisch sein, ihre Aussagen müssen überprüfbar und gegebenenfalls widerlegbar (falsifizierbar) sein.

Kritisch heißt hier nicht, daß man wie mancher Literaturkritiker im Feuilleton einen literarischen Text einem bloßen Geschmacksurteil unterwirft, ihn lobt oder tadelt (obwohl es sicherlich eine Illusion wäre zu glauben, daß die Literaturwissenschaft ohne jegliche Bewertung auskäme; jede Liste kanonisierter Texte beruht auf Werturteilen). *Kritisch* heißt vielmehr, daß man Strenge und Genauigkeit beim Umgang mit Sprache, Terminologie, Texten und (eigenen und fremden) Thesen und Hypothesen obwalten läßt. *Kritisch* wird hier also in seiner ursprünglichen, sich aus dem griechischen *kritike techne* herleitenden Bedeutung verwendet. Es bezeichnet das „allgemeine Wahrnehmungsurteil, die Fähigkeit, einen Sachverhalt zu beurteilen und darüber zu entscheiden" (Hess et al. [3]1989: 215). Wahrnehmung, Urteil und Unterscheidung im Zusammenhang mit literarischer Kommunikation beruhen auf *Teilhabe*, auf Kenntnis dieser Kommunikation von innen her. Oberste Regel einer kritischen Literaturwissenschaft ist daher, daß alle ihre Aussagen letztlich auf *Textanalyse* basieren müssen. Infolgedessen ist die Textanalyse auch das Kernstück der vorliegenden Einführung.

Selbstverständlich können Texte nicht voraussetzungslos aus sich selbst heraus verstanden werden. Literaturwissenschaft kommt nicht ohne Kulturgeschichte, Sozialgeschichte, Literaturgeschichte, Mediengeschichte usw. aus. Doch richtet eine Privilegierung dieser Disziplinen mehr Schaden als Nutzen an, wenn man glaubt, damit auf Textanalyse verzichten zu können. Dann nämlich verläßt man sich bestenfalls auf das Urteil anderer, die die Texte gelesen haben und deren Deutung man übernimmt, schlimmstenfalls aber reduziert man literarische Texte auf den Status bloßer Dokumente, ohne sich um ihre *ästhetische Dimension* zu bekümmern, ohne sie in ihrer oft widersprüchlichen Komplexität, ihrer Uneindeutigkeit, ihrer Lückenhaftigkeit wahrzunehmen. Erster Schritt des Studiums der Literaturwissenschaft muß es daher sein, die eigene Lektürefähigkeit zu verbessern und die Technik der Textanalyse zu erwerben. Trotz allem, was später oder auch schon gleichzeitig an historischem und kulturellem Wissen hinzukommen muß, ist und bleibt die Textanalyse das A und O der Literaturwissenschaft. Das bedeutet auch, daß man lernt, gründlich zu lesen, sich nicht mit einem ersten, intuitiven Verstehen zu begnügen, niemals dem bloßen Augenschein, dem vermeintlich Evidenten zu vertrauen.

Deshalb werden in dieser Einführung vornehmlich jene Begriffe und Konzepte vorgestellt, die für eine Textanalyse unverzichtbar sind. Da die Begriffe in ihrer Brauchbarkeit möglichst anschaulich gemacht werden sollen, mußte notwendigerweise eine Auswahl getroffen werden. Der Verzicht auf die Vollständigkeit des analytischen Begriffsinventars geschieht zugunsten einer vertiefenden Darstellung an zahlreichen Beispielen. Im folgenden soll zunächst die Konzepti-

Einleitung

on des Buches vorgestellt, sodann die literaturtheoretische Position des Verfassers skizziert werden.

Literaturwissenschaftliche Texte zeichnen sich durch bestimmte Merkmale aus: Es handelt sich um Texte über Texte (sogenannte Metatexte), die sich einer Metasprache bedienen, wie sie im vorliegenden Buch in ihren Grundzügen eingeführt werden soll. Diese Metatexte entwickeln ihre Fragestellungen in einem doppelten Bezug auf fremde Texte: zum einen in bezug auf die behandelten Primärtexte, zum anderen in Auseinandersetzung mit Texten, die ebenfalls dem Diskurstyp (Literatur-)Wissenschaft angehören.

Für den vorliegenden Zweck lassen sich insgesamt drei Kategorien von Texten unterscheiden: 1. Die literarischen Texte (auch: *Primärliteratur*), die als zentraler Bestandteil der literarischen Kommunikation zum Objektbereich der Literaturwissenschaft gehören. 2. Die literaturwissenschaftlichen Texte (man spricht auch von *Sekundärliteratur*), also Texte, die Primärtexte analysieren, vergleichen, interpretieren, historisch einordnen usw. (Metatexte). 3. Die literaturtheoretischen Texte, die sich über Methoden und Theorien der Literaturwissenschaft Gedanken machen (die vorliegende Einführung gehört zu dieser Gruppe). Da die Methoden und Theorien immer auch die Literatur selbst zum Gegenstand haben, sind literaturtheoretische Texte Metatexte im zweifachen Sinn: hinsichtlich der Primär- und hinsichtlich der Sekundärliteratur.

Vor diesem Hintergrund setzt die Einführung sich folgende Ziele:

1. Sie möchte die Leserinnen und Leser zu einer *problembewußten Reflexion über Literatur und Literaturwissenschaft* anregen. Diese Reflexion soll sie dazu befähigen, literaturwissenschaftliche Probleme und Fragestellungen zu erkennen, zu formulieren und zu lösen: Was ist und welchen Zweck hat Literaturwissenschaft? Wie kann ich mich ihrer bedienen? Welches ist eine sinnvolle literaturwissenschaftliche Fragestellung? Vor allem aber: Wie kann man Texte literaturwissenschaftlich analysieren?

2. Die Einführung möchte *Grundlagendisziplinen und Teilgebiete der Literaturwissenschaft* präsentieren (Semiotik, Medialität des Textes, Gattungstheorie, textsortenspezifische Textanalyse) und durch Hinweise auf weiterführende Literatur die *Voraussetzungen für eine selbständige Vertiefung* bereitstellen. Weder die passive Teilnahme am Unterricht noch die einmalige Lektüre dieser Einführung ist ausreichend für die Ausbildung einer hinreichenden literaturwissenschaftlichen Kompetenz. Unbedingt erforderlich ist eine selbständige weitergehende Beschäftigung, die von dem vorliegenden Buch ihren Ausgang nehmen kann.

3. Die Einführung versteht sich zwar nicht als Literaturgeschichte, sie möchte aber wenigstens ansatzweise literarhistorische Kenntnisse vermitteln, denn im ahistorischen Raum lassen sich Texte weder angemessen beschreiben noch interpretieren. Den historischen Schwerpunkt des Buches bildet das Kapitel 3, doch

Einleitung

wird auch in den anderen Kapiteln punktuell auf literarhistorisches Wissen zu-rückgegriffen, sofern dies zum Verständnis erforderlich ist.

Primäre *Zielgruppe* dieses Buches sind Studierende der Romanistik bezie-hungsweise des Französischen (Lehramt, Magister, Diplom, Baccalaureus). Es eignet sich a) als begleitende und unterstützende Lektüre für die Teilnehmer ei-nes Einführungskurses und b) als Ausgangspunkt für die Vorbereitung von Prü-fungen (Zwischenprüfung und Abschlußexamen). Die Betonung liegt auf *beglei-tend* und *unterstützend* sowie auf *Ausgangspunkt*, denn Voraussetzung für ein er-folgreiches Studium sind die eigenständige Durchdringung des hier Präsentierten und die aktive, durch Textanalyse unter Beweis zu stellende Beherrschung litera-turwissenschaftlicher Arbeitsweisen. Sinnvoll ist es daher, das Buch mehrfach und in verschiedener Intensität beziehungsweise mit unterschiedlicher Zielset-zung durchzuarbeiten.

Eine erste Verarbeitungsstufe ist die begleitende Lektüre während des Ein-führungskurses. Erfahrungsgemäß hat jeder Lehrende seine eigene Methode, den Unterrichtsstoff zu präsentieren; man übernimmt ungern fremde Unterrichtsplä-ne, weshalb hier auch nicht versucht wird, so etwas wie eine „programmierte Einführung" (Link 1974), bestehend aus Begriffsdefinitionen und Übungen, vor-zulegen. Der vorliegende Band möchte dagegen durch Selektion, Konzentration und gezielte Lektürehinweise ein eingehendes Verständnis literaturwissenschaft-lichen Arbeitens und eine selbständige Vertiefung des Gelernten ermöglichen. Angestrebt ist Exemplarität, nicht Exhaustivität. Dieses Prinzip sollte auch bei der Lektüre des Buches beachtet werden, indem man sich ein Kapitel gezielt her-ausgreift und es intensiv durcharbeitet. Dazu empfiehlt sich dann etwa auch die Lektüre des einen oder anderen Primärtextes sowie – je nach Interesse und Not-wendigkeit – die Vertiefung eines Begriffes oder Problems mit Hilfe der angege-benen Forschungsliteratur.

Auf einer zweiten Stufe der Verarbeitung kann man das Buch als Ausgangs-punkt einer Examensvorbereitung (Zwischenprüfung, Abschlußexamen) benut-zen. Hier empfiehlt es sich ebenfalls, selektiv vorzugehen und je nach Interesse und Schwerpunktsetzung ein Kapitel zu lesen beziehungsweise wiederzulesen und nun systematisch anhand der angegebenen Literatur weiterzuforschen. Eben-so wäre es denkbar, das Buch zur Vorbereitung einer schriftlichen Hausarbeit zur Hand zu nehmen, etwa wenn man sich auf ökonomische Art und Weise wichtige Begriffe der Erzähltextanalyse oder der Gattungstheorie usw. ins Gedächtnis zu-rückrufen möchte.

Die Konzentration und Exemplarität des Vorgehens macht eine Auswahl erfor-derlich. Anders als in vielen Einführungen üblich, wird hier nämlich darauf ver-zichtet, eine Reihe von „Theorien und Methoden" unverbunden nebeneinan-derzustellen. Es geht nicht um eine Bestandsaufnahme, sondern um *Anwendung* beziehungsweise um die Anleitung zur Anwendung. Folglich werden die betref-

Einleitung

fenden Theorien und Methoden nur insoweit vorgestellt, als dies für die Zwecke ihrer Anwendung erforderlich ist.

Basis des hier vorgeschlagenen Zugangs zur Literaturwissenschaft sind *Strukturalismus* und *Semiotik*. Diese Disziplinen stellen die zur Textanalyse erforderlichen Instrumente bereit. Wissenschaftsgeschichtlich sind sie keineswegs überholt, wie manchmal leichtfertig und vorschnell behauptet wird. Neuere Richtungen der Literaturwissenschaft wie Dekonstruktion, Diskursanalyse und Systemtheorie benötigen, soweit sie sich ernsthaft auf literarische Texte einzulassen bereit sind, als methodisches Fundament die Errungenschaften des Strukturalismus. Dieser nämlich ist „eine der wenigen literaturwissenschaftlichen Forschungsrichtungen, die so etwas wie theoretisch fundierte Thesen produziert haben. Hier hat die Literaturwissenschaft mit anderen Worten Ergebnisse vorzuweisen, vielleicht die einzigen nicht-historischen und gleichzeitig nicht-trivialen Ergebnisse, die im Laufe dieses Jahrhunderts erarbeitet worden sind." (Wellbery 1996: 366) Eine wichtige Rolle spielt hierbei die ‚Gründerzeit' des westeuropäischen Strukturalismus. Sie liegt in den sechziger und siebziger Jahren, als zunächst in Frankreich, danach auch in Deutschland die Schriften der russischen Formalisten (aus den Jahren 1915 bis 1930) wiederentdeckt oder erstmals bekannt wurden. Dies zog eine intensive methodologische Reflexion nach sich, die sich mit Namen wie Roman Jakobson, Claude Lévi-Strauss, Émile Benveniste, Roland Barthes, Tzvetan Todorov, Gérard Genette, Algirdas J. Greimas, Umberto Eco u. a. verbindet. Dieser Forschungsschule wird, da ihre Ergebnisse für die Präzision der Textanalyse von zentraler Bedeutung sind, gebührende Beachtung geschenkt. Es sollen jedoch auch die kritische Auseinandersetzung mit dem frühen Strukturalismus und die Weiterentwicklung seiner Konzepte im Hinblick auf eine pragmatische Fundierung, wie sie in den siebziger und achtziger Jahren insbesondere in der deutschsprachigen Romanistik erfolgten, mit einbezogen werden (Rainer Warning, Karlheinz Stierle). Ein weiterer wichtiger Referenzautor ist der russische Strukturalist Jurij M. Lotman. Der hier vertretene Ansatz versteht sich als methodisch reflektierter und ‚undogmatischer' Strukturalismus, der anderen Fragestellungen gegenüber aufgeschlossen ist. Ein besonderes Gewicht kommt dabei der Frage nach der Materialität des Kunstwerks und der Medialität der literarischen Kommunikation zu (Walter Benjamin, Marshall McLuhan, Vilém Flusser, Friedrich A. Kittler → Kap. 3).

Strukturalismus und Semiotik bilden das methodische Fundament dieser Einführung; sie antworten auf die Frage: Wie kann man literarische Texte analysieren? Das Buch möchte jedoch darüber hinaus Vorschläge zur Beantwortung einer zweiten wichtigen Frage machen, welche lautet: Was ist die Funktion literarischer Texte, was leisten sie und weshalb sollte man sich wissenschaftlich mit ihnen befassen? Sehr aufschlußreich ist in diesem Zusammenhang ein von Aleida und Jan Assmann seit Ende der siebziger Jahre unter der Mitarbeit zahlreicher

Einleitung

Fachkollegen verfolgtes interdisziplinäres Forschungsprojekt mit dem Titel „Archäologie der literarischen Kommunikation". Ziel dieses Projekts ist es, die Literatur, verstanden im weitesten Sinn als schriftliche Überlieferung, „in ihrer Eingebundenheit in den Gesamtprozeß kultureller Sinnproduktion" (A. und J. Assmann 1995: 200) zu betrachten. Eine Kultur konstituiert sich auf der Basis eines kulturellen Gedächtnisses, welches die Summe aller „Formen identitätsstabilisierender ‚Langzeitkommunikation'" (202) ist. Diese Formen lassen sich als Texte auffassen, wenn man der von Ehlich (1983: 32) vorgeschlagenen Definition folgt, wonach Texte Sprachhandlungen sind, die sich durch „sprechsituationsüberdauernde Stabilität" auszeichnen.

Kultur und *Text* hängen demnach in ganz elementarer Weise mit *Überlieferung* zusammen. Schriftkulturen befriedigen das Bedürfnis nach Überlieferung durch dauerhafte Speicherung, während Kulturen der Mündlichkeit auf ritueller Wiederholung beruhen. Die *Schrift* ist indes zunächst nur ein materieller Speicher; damit sie zum Medium des kulturellen Gedächtnisses werden kann, bedarf es einer *Erinnerungskultur*. Diese setzt die Existenz kanonisierter, das heißt in ihrer textuellen Gestalt unantastbarer und unveränderlicher Texte voraus. Die Unveränderlichkeit der kanonisierten Texte und ihre daraus resultierende, mit dem zeitlichen Abstand immer deutlicher ins Bewußtsein tretende Unzeitgemäßheit, ja Unverständlichkeit verlangt wiederum die Ausbildung einer *Auslegungskultur*, die die Texte zum Sprechen bringt (Exegese, Interpretation, Kommentar). Hier ist der Ort der Literaturwissenschaft. Diese ist wesentlicher Bestandteil jener Auslegungskultur, welcher die literarischen Texte bedürfen, um dem kulturellen Gedächtnis nicht verlorenzugehen.

Literarische Texte stehen in komplexer Wechselwirkung mit dem kulturellen Gedächtnis. Einerseits tragen sie selbst zu dessen Konstituierung bei, andererseits schöpfen sie aus ihm. Überliefertes Wissen geht sowohl formal (etwa durch Gattungskonventionen) als auch inhaltlich (durch wiederkehrende thematische Konstellationen, ‚Stoffe', ‚Motive') in sie ein. Dies zu explizieren, ist eine wichtige Aufgabe der Literaturwissenschaft. Das vorliegende Buch möchte mit der Einführung in die Methodik der Textanalyse zugleich einen ersten Zugang zu der skizzierten Problematik ermöglichen.

Die Anordnung der Kapitel erklärt sich wie folgt: Zunächst wird die Frage nach möglichen Definitionen des Begriffes *Literatur* gestellt (Kap. 1). Sodann werden die Grundbegriffe der Zeichentheorie (Semiotik) erläutert, wobei im Schlußteil des Kapitels anhand von literarischen Beispielen gezeigt wird, welche Bedeutung semiotischem Denken innerhalb der Literatur zukommt (Kap. 2). Im Anschluß daran wird an drei historisch unterschiedlichen Beispielen gezeigt, inwiefern der Status der Literatur mit den technisch-medialen Reproduktionsbedingungen einer Epoche in Wechselwirkung steht (Kap. 3). Darauf folgt eine Einführung in Probleme der Gattungstheorie und -geschichte (Kap. 4). Schließlich wird in die

Literaturhinweise

Grundbegriffe der Analyse narrativer, dramatischer und lyrischer/poetischer Texte eingeführt (Kap. 5 und 6). In der abschließenden Beispielanalyse soll die literaturwissenschaftliche Vorgehensweise (von der Analyse zur Interpretation) im Zusammenhang demonstriert werden, wobei der Begriff der Intertextualität eingeführt und seine Brauchbarkeit für die Interpretation gezeigt wird (Kap. 7).

Alle fremdsprachigen Zitate und Beispieltexte werden, sofern ihre Bedeutung für den Gang der Argumentation eine Rolle spielt und sie nicht bloß als formale Belege dienen, zum besseren Verständnis für Anfänger übersetzt; soweit nicht anders vermerkt, stammen die Übersetzungen vom Verfasser. An geeigneten Stellen werden wichtige Informationen in Form eines Kastens zusammengefaßt. Literaturhinweise finden sich jeweils am Ende eines Kapitels. Im laufenden Text werden Zitate aus der Sekundär- und Forschungsliteratur durch die Nennung des Autornamens und des Erscheinungsjahres sowie der Seitenzahl nachgewiesen. „Bourdieu (1992: 84)" steht demnach für: „Pierre Bourdieu (1992), *Les règles de l'art*, Paris, S. 84". Soweit möglich, erhalten die zitierten Texte die Jahreszahl ihrer erstmaligen Veröffentlichung, es sei denn, die benutzte, später erschienene Auflage weicht erheblich von der Erstfassung ab. Primärtexte werden nach der jeweils angegebenen Ausgabe zitiert. Damit die Textstellen auch in anderen Ausgaben schnell aufgefunden werden können, werden, soweit möglich, Kapitel oder Akt und Szene genannt.

Literaturhinweise

Assmann, Aleida und Jan (1995), „Exkurs: Archäologie der literarischen Kommunikation", in: M. Pechlivanos/S. Rieger/W. Struck/M. Weitz (Hg.), *Einführung in die Literaturwissenschaft*, Stuttgart-Weimar, 200–206.
Bourdieu, Pierre (1992), *Les règles de l'art. Genèse et structure du champ littéraire*, Paris.
Ehlich, Konrad (1983), „Text und sprachliches Handeln. Die Entstehung von Texten aus dem Bedürfnis nach Überlieferung", in: A. und J. Assmann/C. Hardmeier (Hg.), *Schrift und Gedächtnis*, München, 24–43.
Hess, Rainer/Siebenmann, Gustav/Frauenrath, Mireille/Stegmann, Tilbert ([3]1989), *Literaturwissenschaftliches Wörterbuch für Romanisten*, 3., völlig neu bearb. u. erw. Aufl., Tübingen.
Link, Jürgen (1974), *Literaturwissenschaftliche Grundbegriffe. Eine programmierte Einführung auf strukturalistischer Basis*, München [6]1997.
Wellbery, David E. (1996), „Das Gedicht: zwischen Literatursemiotik und Systemtheorie", in: J. Fohrmann/H. Müller (Hg.), *Systemtheorie der Literatur*, München, 366–383.

1. Was ist Literatur?

1.1 Problemstellung

Jeder weiß, was Literatur ist. Oder doch zumindest jeder, der sich entschlossen hat, Literaturwissenschaft zu studieren, mithin also die Leserinnen und Leser, an die dieses Buch sich primär wendet. Allein die Tatsache, daß es eine universitäre Fachdisziplin namens Literaturwissenschaft gibt, scheint eine sichere Garantie dafür zu bieten, daß die Literatur als der ihr entsprechende und sie legitimierende Gegenstandsbereich existiert, das heißt, daß man sich über Ausdehnung und Grenzen desselben wissenschaftlich geeinigt hat. Warum also sollte man sich den Kopf zerbrechen, indem man die Frage stellt: „Was ist Literatur?" – Ein auch nur flüchtiges Studium der einschlägigen Untersuchungen (→ Literaturhinweise, S. 34–36) zeigt indes, daß diese Frage schon viele gestellt haben, und die vielfältigen und häufig einander widersprechenden Antworten, die gegeben wurden, weisen darauf hin, daß hier ein Problem vorliegt, an dem man sich nicht vorbeimogeln kann.

Zunächst gilt es, die Natur des Problems zu verdeutlichen. Wir gehen dabei von der intuitiv einleuchtenden Opposition ‚literarische vs nicht-literarische Texte' aus, das heißt, wir nehmen an, daß es mindestens zwei Arten von Texten gibt: (1) solche, die nach allgemeinem Konsens unbedingt der Literatur zuzuschreiben sind, und (2) solche, bei denen diese Zuschreibung unmöglich beziehungsweise unüblich ist. Über die Kriterien, die für die jeweilige Zuschreibung ausschlaggebend sind, und über den hier unreflektiert zugrundegelegten Literaturbegriff werden wir uns weiter unten zu verständigen haben. Hier soll es zunächst um einen induktiven Zugang zur Problematik gehen. Der Gruppe (1) zugehörig sind ganz sicher Texte wie die Liebesgedichte von Ronsard, die Komödien von Molière, die Fabeln von La Fontaine oder die Romane von Flaubert, Texte also, deren Gattungsnamen (Sonett, Komödie, Roman usw.) in das Reich der Literatur verweisen (→ Kap. 4). Der Gruppe (2) zugehörig ist hingegen eine Gebrauchsanweisung, ein Kochrezept, eine wissenschaftliche Abhandlung, ein Brief, anders gesagt: Texte, die in alltäglichen oder institutionalisierten Gebrauchszusammenhängen stehen; man spricht hier auch von pragmatischen Texten.

Neben diesen unstrittigen Fällen, für die man jeweils zahlreiche weitere Beispiele anführen könnte, gibt es aber auch Texte, deren eindeutige Zuordnung zu einer der beiden Gruppen schwerfällt. Man denke etwa an die *Essais* von Montaigne, an die *Pensées* von Pascal oder den *Art poétique* von Boileau. Diese Texte sind in jeder französischen Literaturgeschichte zu finden, entweder weil sie in-

1.1 Problemstellung

haltlich mit Literatur zu tun haben oder weil sie selbst teilweise Merkmale literarischer Texte (Vers o. ä.) besitzen oder aber aus beiden Gründen; doch werden sie dadurch schon zu Literatur? Weil diese Texte in vieler Hinsicht von dem in anderen literarischen Texten Üblichen abweichen, würde manch einer zögern, diese Frage vorbehaltlos mit ‚ja' zu beantworten. Offenbar gibt es zwischen Literatur und Nicht-Literatur einen *Grenzbereich*, in dem Texte angesiedelt sind, die teilweise aussehen wie literarische, teilweise aber auch wie philosophische, poetologische oder theologische.

Wir wollen diese Problematik an einem Beispiel etwas ausführlicher beleuchten. Zweifellos ist der *Brief* eine nicht-literarische Textsorte, doch lesen wir die Briefe der Madame de Sévigné an ihre Tochter heute als literarische Texte, obwohl diese nachweislich in einem nicht-literarischen Gebrauchszusammenhang im 17. Jahrhundert entstanden sind. Später, im 18. Jahrhundert, als die neue literarische Gattung des *Briefromans* große Verbreitung fand, machten sich die Verfasser gern die Tatsache zunutze, daß der Brief an sich eine nicht-literarische Textsorte ist. Dies ermöglichte es ihnen, durch die Fiktion eines angeblich vorgefundenen Briefwechsels Authentizität zu simulieren und damit einerseits die Verantwortung für brisante oder moralisch anstößige Passagen von sich zu weisen, andererseits ihre Texte vor dem Verdikt des Lügenhaften und Unseriösen zu schützen, mit welchem der Roman als literarische Gattung damals zu kämpfen hatte. So schreibt Montesquieu im Vorwort zu seinem 1721 anonym erschienenen Briefroman *Lettres persanes*, hier liege ein authentischer Briefwechsel zwischen zwei Persern vor, die jahrelang durch Europa und speziell durch Frankreich gereist seien; der Verfasser des Vorwortes habe die Briefe lediglich übersetzt und stilistisch bearbeitet:

> Les Persans qui écrivent ici étoient logés avec moi; nous passions notre vie ensemble. [...] Ils me communiquoient la plupart de leurs lettres; je les copiai. [...] Je ne fais donc que l'office de traducteur: toute ma peine a été de mettre l'ouvrage à nos mœurs. (*Lettres persanes, Préface*, 131)

> Die Perser, die hier schreiben, wohnten mit mir zusammen; wir verbrachten unsere Zeit miteinander. [...] Sie ließen mich die meisten ihrer Briefe lesen; ich schrieb sie ab. [...] Meine Tätigkeit ist also lediglich die des Übersetzers: Meine ganze Anstrengung bestand darin, das Werk an unsere Sitten anzupassen.

Wie zahlreiche andere Autoren des 18. Jahrhunderts bedient Montesquieu sich hier der Fiktion des vorgefundenen Briefwechsels. Im (namentlich unterzeichneten) Vorwort zu der erst posthum 1758 erschienenen Neuauflage verdeutlicht der Autor die Funktion dieses Kunstgriffs. Er stellt *roman* und *lettres* als zwei Textsorten einander gegenüber: Kennzeichen der Briefform sei eine aus ihrer Authentizität resultierende Plan- und Strukturlosigkeit, während der Roman sich durch eine klare Strukturiertheit der Handlung und durch eine die handelnden

21

1. Was ist Literatur?

Personen verbindende logische „chaîne" charakterisiere. In den *Lettres persanes* nun habe er, Montesquieu, die formale Offenheit und die Innenperspektive der Briefform mit der geschlossenen Handlungsstruktur eines Romans kombiniert. Durch den Kunstgriff des Briefwechsels aber sei es möglich geworden, die Ebene des bloß Romanhaften zu übersteigen:

> Mais, dans la forme de lettres, où les acteurs ne sont pas choisis, et où les sujets qu'on traite ne sont dépendants d'aucun dessein ou d'aucun plan déjà formé, l'auteur s'est donné l'avantage de pouvoir joindre de la philosophie, de la politique et de la morale, à un roman, et de lier le tout par une chaîne secrète et, en quelque façon, inconnue. (*Quelques réflexions sur les Lettres persanes*, 129)

> Aber in der Form des Briefwechsels, wo die Akteure nicht ausgewählt werden können und wo die Themen, die man behandelt, von keiner Absicht und keinem vorgegebenen Plan abhängen, hat der Autor den Vorteil, Philosophie, Politik und Moral mit einem Roman kombinieren zu können und das Ganze durch eine verborgene und in gewisser Weise neuartige Kette zu verbinden.

Man erkennt hier deutlich das Bemühen, durch die Kombination romanhafter („roman", „chaîne secrète") und nicht-romanhafter Verfahren („philosophie", „politique", „morale") ein Werk zu schaffen, das den Bereich der Literatur oder, wie es damals hieß, der *belles lettres*, dem der Roman angehört, überschreitet oder zumindest dessen Grenzen verschiebt.

Dieses Beispiel ist in zweifacher Hinsicht instruktiv. Zum einen sieht man daran, daß literarische Formen historischem Wandel unterworfen sind. Autoren verfolgen nicht selten die Absicht, durch die Kombination verschiedener, bislang getrennter Verfahren Neues zu schaffen. In der Regel bleiben sie übrigens genau deshalb, weil ihnen dies gelingt, dem Gedächtnis der Nachwelt erhalten. Das innovative Potential eines Textes zum Zeitpunkt seiner Entstehung ist nämlich eine wichtige, wenngleich nicht die einzige Voraussetzung für seine Aufnahme in den Kanon der künftigen Tradition.

Zum anderen erkennt man an dem Beispiel, daß nicht nur einzelne literarische Formen, sondern auch der Begriff der Literatur insgesamt veränderbar ist. Denn während es Montesquieus erklärtes Anliegen war, einen zumindest partiell nicht-literarischen Text in Form eines angeblich authentischen Briefwechsels zu schaffen, ist es aus heutiger Sicht selbstverständlich, die *Lettres persanes* jenem Bereich unserer kulturellen Überlieferung zuzurechnen, den wir Literatur nennen. Deshalb ist es für Literaturwissenschaftler erforderlich, sich über den eigenen, in der Regel unreflektiert verwendeten Literaturbegriff Rechenschaft abzulegen, mithin die eingangs genannte, nicht-triviale Frage „Was ist Literatur?" zu stellen und zu beantworten. Dies soll im folgenden versucht werden.

22

1.2 Zur Bedeutung des Wortes *Literatur*

Der Begriff *Literatur* (frz. *littérature*) leitet sich etymologisch her von lat. *littera*, ‚der Buchstabe'; er bedeutet also in einem sehr allgemeinen Sinne ‚das Geschriebene, das Schrifttum'. So gibt Wilpert folgende Definition: Literatur sei „dem Wortsinn nach der gesamte Bestand an Schriftwerken jeder Art einschließlich wissenschaftlicher Arbeiten über alle Gebiete" ([6]1979: 463). Diese weite Bedeutung kommt in der Alltagssprache vor allem in Komposita wie *Fachliteratur* oder *Unterhaltungsliteratur* zum Tragen oder wenn von der *Literatur* zu einem bestimmten Thema die Rede ist. Analog hierzu spricht man in der Musik von der *Literatur* für ein bestimmtes Instrument. Im engeren Sinne bezeichnet *Literatur* jedoch nur einen Ausschnitt aus der Gesamtheit aller geschriebenen Texte, nämlich diejenigen, denen bestimmte Eigenschaften (etwa Fiktionalität, künstlerische Formung, Unterhaltsamkeit) zugeschrieben werden und von denen einige Teil einer kulturellen Überlieferung werden können. In diesem Zusammenhang bezeichnet *Literatur* dann auch die Bedingungen der Herstellung (Produktion) und der Aufnahme (Rezeption) der betreffenden Texte, meint also das gesamte ‚literarische Leben'. Im Französischen wird der Begriff *littérature* analog verwendet, kann darüber hinaus aber noch weitere Bedeutungen haben: 1. „le travail, l'art de l'écrivain; le métier d'homme de lettres" [„die Arbeit, die Kunst des Schriftstellers; der Beruf des Literaten"]; 2. „ce qu'on ne trouve guère que dans les œuvres littéraires; ce qui est artificiel, peu sincère" [„was man kaum außerhalb literarischer Werke vorfindet; was künstlich, wenig aufrichtig ist"]; 3. „ensemble des connaissances concernant les œuvres littéraires, leurs auteurs" [„Gesamtheit des die literarischen Werke und ihre Autoren betreffenden Wissens"] und, davon abgeleitet, „livre, manuel d'histoire de la littérature" [„Buch, Lehrbuch der Literaturgeschichte"] (Robert 1985: 1103).

Von gewissen historischen und einzelsprachlichen Unterschieden abgesehen, bleibt im Kern festzustellen, daß *Literatur/littérature* im wesentlichen zwei Bedeutungen hat: Im weiten Sinn umfaßt der Begriff die *Gesamtheit aller geschriebenen Texte*, im engen Sinn eine Teilmenge davon, nämlich die mit speziellen Merkmalen versehenen *literarischen Texte.* Primärer Gegenstand einer Disziplin, die sich als *Literaturwissenschaft* bezeichnet, ist die Literatur im letztgenannten Sinn. Sonst wäre die Literaturwissenschaft nicht von einer allgemeinen Textwissenschaft zu unterscheiden und hätte eigentlich keine Daseinsberechtigung. Hier stellt sich nun aber das oben bereits angedeutete Problem der *Abgrenzung* der literarischen Texte im engeren Sinn.

1. Was ist Literatur?

1.3 Zur Abgrenzung des Bereiches Literatur

Bei *diachroner* (historischer) Betrachtung stellt sich das Problem im französischen Bereich wie folgt dar: Der Begriff *littérature*, seit dem 15. Jahrhundert als von dem lat. *litteratura* abgeleitete Wortform nachweisbar, hat zunächst die Bedeutung ‚Wissen, Belesenheit, Gelehrsamkeit‘, ist also *etwas, das man hat*. Im 18. Jahrhundert erfolgt ein grundlegender Bedeutungswandel in Richtung auf die noch heute geläufigen Verwendungsweisen, im Sinne von *etwas, das man tut oder produziert*: „Art d'écrire par opposition aux autres arts" [„Kunst des Schreibens im Gegensatz zu den anderen Künsten"] und „Ensemble de la production littéraire" [„Gesamtheit der literarischen Produktion"] (Escarpit 1970: 261). Dieser Bedeutungswandel ist Folge einer Veränderung des früher mit Begriffen wie *poésie* oder *belles lettres* bezeichneten Teilbereichs gesellschaftlicher Praxis.

Im 18. Jahrhundert nämlich öffnet sich, bedingt durch die kulturelle Emanzipation des Bürgertums vom Adel, durch die Hebung des allgemeinen Bildungsniveaus und die wachsende Verfügbarkeit von Büchern, der Kreis der potentiellen Rezipienten literarischer Texte. Die literarischen Themen und Darstellungsformen wandeln sich ebenso wie das Lektüreverhalten. Extensive ersetzt intensive Lektüre, das heißt, man liest nicht wie früher immer wieder ein und dieselben kanonischen Texte (wie etwa die Bibel), sondern man verlangt stets neue Bücher. Dies setzt voraus, daß der steigende Bücherbedarf auch gedeckt werden kann, das heißt, man benötigt Autoren und Verleger, die für eine ausreichende Distribution von Büchern sorgen. Es ändert sich das Selbstverständnis der Autoren, die es sich zur Aufgabe machen, nicht mehr wie im 17. Jahrhundert die absolutistische Ordnung zu repräsentieren, sondern das kritisch-emanzipatorische Denken der Aufklärungsphilosophie zu verbreiten (Montesquieu, Voltaire, Diderot, Rousseau). Die aristotelisch-klassizistische Regelpoetik des 17. Jahrhunderts (*doctrine classique*) verliert zunehmend ihre normative Gültigkeit; nichtkanonisierte literarische Gattungen wie der Roman oder der *conte philosophique* erweitern das Spektrum der anerkannten Gattungen Tragödie, Komödie, Epos, Satire usw. Was noch im 17. Jahrhundert im wesentlichen eine elitäre Erscheinung höfischer Selbstrepräsentation war, mit Texten, produziert von einem kleinen, sozial homogenen Kreis von Autoren für ihresgleichen sowie für ein elitäres adelig-großbürgerliches Publikum, nimmt im Verlauf des 18. Jahrhunderts die Form einer zunehmend expandierenden Zirkulation von Büchern im anonymen Raum bürgerlicher Öffentlichkeit an. Diese Entwicklung wurde von der Forschung unter dem Gesichtspunkt der *Ausdifferenzierung* des modernen Literatursystems ausgiebig untersucht (vgl. etwa Plumpe 1995 und Fohrmann/Müller 1996).

Der *moderne Schriftsteller* als typischer Vertreter dieses Literatursystems zeichnet sich durch das Bestreben aus, von gesellschaftlichen und literarischen Zwängen *autonom* zu werden. Deshalb fällt ab der zweiten Hälfte des 18. Jahr-

1.3 Zur Abgrenzung des Bereiches Literatur

hunderts das Dichten nach Regeln zunehmend in Mißkredit, und es definiert sich der Autor als autonomes, schöpferisches Genie. Der emphatische Originalitäts- und Autonomieanspruch sollte indes nicht dahingehend mißverstanden werden, daß der moderne Autor tatsächlich nur von seiner Inspiration lebt und unreflektiert aus sich selber schöpft. Selbst bei den diesen Mythos ins Extrem steigernden Romantikern ist häufig die akribische Arbeit nachweisbar, die sie in Texte investierten, die angeblich einer momentanen Stimmung oder Eingebung entsprungen sind. Die Selbstbeschreibung des modernen Autors produziert den Mythos des Originalgenies; sie ist eine Stilisierung, die nicht mit der Realität zu verwechseln ist.

Das Reich des modernen Schriftstellers ist nicht mehr die durch die überlieferten Regeln wohldefinierte *poésie*, sondern die offene *littérature*. Dieser Neudefinition der Literatur korrespondiert ein geänderter ökonomischer Status des Autors: Im späten 18. Jahrhundert entsteht der Typus des Berufsschriftstellers, der nicht von Mäzenen abhängt, sondern seinen Lebensunterhalt durch Schreiben verdient und den Gesetzen des Buchmarktes unterliegt. Der Wandel des Literatursystems findet seinen terminologischen Niederschlag in ganz Europa:

> La notion de *littérature* telle qu'elle existe au XXe siècle a commencé à prendre corps vers le milieu du XVIIIe siècle et n'a cessé d'évoluer depuis cette époque. Entre 1770 et 1800 elle posséda suffisamment de consistance, surtout en Allemagne, en France et (un peu plus tard) en Angleterre, pour exiger le support d'un mot particulier. Elle fut donc greffée sur le mot dont *littérature* est la forme française. (Escarpit 1970: 265)

> Das Konzept *Literatur*, so wie es im 20. Jahrhundert existiert, begann um die Mitte des 18. Jahrhunderts, Gestalt anzunehmen, und hat seit jener Epoche nicht aufgehört, sich zu wandeln. Zwischen 1770 und 1800 besaß es genügend Konsistenz, insbesondere in Deutschland, in Frankreich und (ein wenig später) in England, um die Abstützung durch ein eigenes Wort erforderlich zu machen. Daher wurde es jenem Wort aufgepfropft, dessen französische Form *littérature* lautet.

Was nun aber früher nach Maßgabe der allgemein akzeptierten Regeln objektiv als poetisch oder nicht-poetisch eingeordnet werden konnte, muß sich im regelfreien Bereich der Literatur anderweitig legitimieren, sei es durch die Autorität und das ‚Genie‘ seines Schöpfers, sei es durch die Zustimmung des Lesepublikums. (Zur Ablösung der produktionsorientierten *Poetik* durch die rezeptionsorientierte *Ästhetik* im 18. Jahrhundert vgl. etwa Arntzen 1984, Vollhardt 1995, Stichweh 1996.) Da sich aber ein moderner Autor nur dann einen Namen machen kann, wenn er originell ist, also vom Überkommenen abweicht, wird die *permanente Veränderung* zum Leitprinzip des neuentstandenen Literatursystems. Die Grenzen zwischen Literatur und Nicht- oder Anti-Literatur werden unscharf.

1. Was ist Literatur?

Dies ist einer der Gründe, weshalb es im gegenwärtigen Literatursystem – wir wenden uns nun dem *synchronen* Aspekt unseres Problems zu – so schwierig ist, dessen Grenzen zu bestimmen. Ähnlich wie der mythische König Midas alles, was er berührt, zu Gold macht, läßt der moderne Autor alles zu Literatur werden, was er unter seinem Namen veröffentlicht. Ein berühmtes Beispiel aus der bildenden Kunst, deren Gesetzmäßigkeiten in dieser Hinsicht mit denen der Literatur vergleichbar sind, mag dies aufgrund seiner Anschaulichkeit verdeutlichen. Ein Fahrrad ist normalerweise kein Kunstwerk, sondern ein Gebrauchsgegenstand. Allenfalls könnte ein Künstler ein solches herstellen und dann künstlerisch gestalten oder verzieren; nur so würde es nach den Maßstäben einer herkömmlichen Ästhetik Kunstwerkcharakter erlangen. Doch spätestens, seit Marcel Duchamp im Jahr 1913 die Idee hatte, das Rad eines Fahrrades mit dem Titel *Roue de bicyclette* als Kunstwerk auszustellen, ist klar, daß potentiell alles zum Kunstwerk werden kann, sofern es nur von einer als Künstler anerkannten Person autorisiert wird. Ähnlich verhält es sich in der Literatur, wenn beispielsweise André Breton 1923 einen Auszug aus dem Telefonbuch in einer Sammlung poetischer Texte veröffentlicht:

PSTT

Neuilly 1 - 18.........Breton, vacherie modèle, r. de l'Ouest, 12, Neuilly.
Nord 13 - 40..........Breton (E.), mon. funèbr., av. Cimetière Parisien, 23, Pantin.
Passy 44 - 15.........Breton (Eug.), vins, restaur., tabacs, r. de la Pompe, 176.
Roquette 07 - 90....Breton (François), vétérinaire, r. Trousseau, 21, (11e).
Central 64 - 99......Breton frères, mécaniciens, r. de Belleville, 262, (20e).
Bergère 43 - 61......Breton et fils, r. Rougemont, 12, (9e).
Archives 32 - 58.....Breton (G.), fournit. cycles, autos, r. des Archives, 78, (3e).
Central 30 - 08......Breton (Georges), r. du Marché-Saint-Honoré, 4, (1er).
Wagram 60 - 84....Breton (M. et Mme G.), bd Malesherbes, 58, (8e).
*Gutenberg 03 - 78.*Breton (H.), dentelles, r. de Richelieu, 60, (2e).
Passy 80 - 70.........Breton (Henri), négociant, r. Octave-Feuillet, 22, (16e).
Gobelins 08 - 09.....Breton (J.), Élix. Combier, ag. gén., butte du Rhône, 21-23.
Roquette 32 - 59....Breton (J.-L.), député, s.-secr., État inv., bd Soult, 81 bis.
Archives 39 - 43.....Breton (L.), hôtel-bar, r. François-Miron, 38, (4e).
Marcadet 04 - 11...Breton (Noël), hôtel-rest., bd National, 56, Clichy.
Roquette 02 - 25....Breton (Paul), décolleteur, r. Saint-Maur, 21, (11e).
Central 84 - 08......Breton (Th.), contentieux, r. du fg Montmartre, 13, (9e).
Saxe 57 - 86..........Breton (J.), biscuits, r. La Quintinie, 16-18, (15e).
Archives 35 - 44.....Breton (J.) et Cie, papiers en gros, r. Saint-Martin, 245, (3e).
Roquette 09 - 76....Breton et Cie (Soc. an.), charbons gros, q. La Rapée, 60, (12e).

Breton (André).

(Breton, *Clair de terre*, 156 f.)

1.3 Zur Abgrenzung des Bereiches Literatur

Wie Duchamps Fahrrad-Rad, das aus seinem Funktionszusammenhang gerissen und als Ausstellungsobjekt einer Betrachtung um seiner selbst willen ausgesetzt wird, so kann man den Auszug aus dem Telefonbuch bei Breton in einem nicht-funktionalen Zusammenhang betrachten. Niemand greift zu Bretons Sammlung *Clair de terre*, um etwa den Abgeordneten J.-L. Breton, wohnhaft am Boulevard Soult, anzurufen. Durch die Zweckentfremdung des Textes wird dieser einer *deautomatisierenden* Wahrnehmung zugänglich. Dies macht seine Struktureigenschaften sichtbar. Man erkennt die analoge, äquivalente Anordnung der Elemente: Telefonnummer, Name, Beruf, Adresse. Der Text gehorcht dem Prinzip der paradigmatischen Reihung, die auch graphisch gekennzeichnet ist. (Zum Äquivalenzprinzip als Grundlage der poetischen Funktion → Kap. 6.5.) Dieses Prinzip ist indes nicht hinreichend, um den Text zum poetischen zu machen.

Nimmt man jedoch das Wortspiel des Titels und die Unterschrift des Autors hinzu, so ergibt sich ein differenzierteres Bild. Die Überschrift kombiniert die Interjektion *pst!* mit der Abkürzung *P.T.T.* (*Postes, Téléphone et Télécommunications*). Als Interjektion bittet die Überschrift den Leser um seine Aufmerksamkeit (appellative Sprachfunktion → Kap. 2.6.2), während sie durch den Hinweis auf die französische Telefongesellschaft die Herkunft des folgenden Textmaterials bezeichnet (referentielle Funktion → Kap. 2.6.2). Die doppelsinnige Verschmelzung von *pst!* und *P.T.T.* zu *PSTT* kündigt den verfremdenden Gebrauch des zitierten sprachlichen Materials an. Die Unterschrift des Autors bindet dessen Namen in die zitierte Liste mit ein, ohne ihn auf dieselbe Stufe zu stellen, denn von Breton (André) erfährt man nur den Namen, nicht aber die Adresse und den Beruf. Letzterer wird uns in actu vorgeführt: Er besteht im Anordnen sprachlichen Rohmaterials zu einem signierten Text. Und genau dieser Beruf ist es, der es möglich macht, den Auszug aus dem Telefonbuch als quasi-poetischen Text zu präsentieren. Er bedarf nämlich der Autorisierung durch den Namen des Dichters, und als solcher ist Breton 1923 dem Publikum schon bekannt. Damit verweist der Text in selbstbezüglicher Weise auf sich zurück und läßt sich als Kommentar über seine eigenen Entstehungsvoraussetzungen lesen. Ohne hier den Text weiter interpretieren zu wollen, sei festgehalten, daß die Überschrift und die Unterschrift dem Text jenen *Rahmen* verleihen, der für seine Rezipierbarkeit als poetischer Text unbedingt erforderlich ist. Im gegenwärtigen Literatursystem kann der Rahmen mit beliebigem Material gefüllt werden; aber ohne Rahmen kann es keine Literatur geben. Eine wichtige Rolle spielt hier die Instanz des *Autors*, der als freischaffender, professioneller Schriftsteller die Grenzen der Literatur unter bestimmten Bedingungen selbst definieren darf.

Im Zuge der Ausdifferenzierung des modernen Literatursystems wurde nicht nur die Instanz des Autors, sondern auch die des *Lesers* professionalisiert. Ein Zeichen dafür ist die Entstehung der modernen Kommentierungsinstitutionen journalistische Literaturkritik und universitäre Literaturwissenschaft seit dem frühen 19. Jahrhundert. Als Folge dieser Entwicklung, die nur im Zusammen-

1. Was ist Literatur?

hang mit der Entstehung des modernen Nationalstaats verständlich wird, läßt sich
die Konstituierung des Objekts ‚Nationalliteratur' betrachten. Die damit einhergehende Kanonisierung ausgewählter Texte vom Mittelalter bis zur Gegenwart
wird durch die Bildungsinstitution Schule an breite Schichten der zunehmend al-
phabetisierten Bevölkerung vermittelt und dringt mehr oder weniger unreflektiert
ins allgemeine Bewußtsein ein. Diese Kanonisierung aber bedeutet, daß gemäß
den ästhetischen Maßstäben des 19. und 20. Jahrhunderts dem Bereich der ‚Literatur' zahlreiche Texte älterer Epochen rückwirkend zugerechnet werden, die
aufgrund ganz unterschiedlicher Entstehungsbedingungen mit dem modernen
Konzept von Literatur nicht kompatibel sind. Was wir als Literatur zu bezeichnen
gewohnt sind, erweist sich mithin als *heterogene Ansammlung von kanonisierten
Texten verschiedener Epochen,* die zum Teil im mündlichen Literatursystem des
Mittelalters entstanden sind, zum Teil nach der Regelpoetik des 17. Jahrhunderts
als poetische, zum Teil nach der Ästhetik des Originalgenies als literarische an-
erkannt, nicht jedoch nach einheitlichen, die jeweilige Epoche transzendierenden
Kriterien als Literatur eingestuft werden können (zum historischen Funktions-
und Strukturwandel der Literatur in Wechselwirkung mit ihren technisch-
medialen Bedingungen → Kap. 3).

Trotz aller historischen Unterschiede aber scheint es so etwas wie einen Kernbestand von Merkmalen zu geben, die in den verschiedensten Epochen als Kriterien
für ‚Literatur' gegolten haben. Laut Brenner (1996) sind dies vor allem drei
Merkmale: Fiktionalität, Ästhetik und Polyvalenz (Mehrdeutigkeit). Nach Brenners Auffassung ist es nicht gerechtfertigt, auf der Basis dieser drei Merkmale Literatur als etwas ahistorisch Konstantes zu definieren. Mit seiner Skepsis hat er
sicher recht, und auch hier soll selbstverständlich keine ahistorische Definition
des Literarischen vorgeschlagen werden. Doch das Interessante an Brenners
Sichtung von Definitionen der Literatur aus verschiedensten Epochen ist die
kleine Zahl von stets wiederkehrenden Definitionskriterien. Diese manifestieren
daher wohl tatsächlich so etwas wie einen Kernbestand von Merkmalen, die auf
jeden Fall für Literatur wichtig sind, wenngleich sie sie natürlich noch nicht er-
schöpfend und historisch vollständig beschreiben und definieren können. Insbesondere das Fiktions- und das Ästhetikkriterium sollen uns im folgenden weiter
beschäftigen.

1.4   Fiktion und Fiktionalität; ästhetische Einstellung

Das Fiktionskriterium (lat. *fingere,* ‚bilden, gestalten, erdichten') ist eines der äl-
testen für literarische Texte verwendeten Bestimmungsmerkmale überhaupt. Platon und Aristoteles benützen es in je eigener Weise im Zusammenhang mit dem
Mimesisbegriff (griech. *mimesis,* ‚Nachahmung'). Für Platon steht der Dichter als

1.4 Fiktion und Fiktionalität; ästhetische Einstellung

Nachahmer von Nachgeahmtem, das heißt als Nachahmer von Dingen, die ihrerseits nur die Nachahmung von Ideen sind, eine Stufe unter dem Handwerker, weil seine Erfindungen von der Wahrheit der Ideen weiter entfernt seien als die von einem Handwerker verfertigten Gegenstände (*Politeia*, Buch X). Die bei Platon negativ bewertete dichterische Mimesis, die dazu führt, daß die der Lüge bezichtigten Dichter zu dem idealen Staat nicht zugelassen werden, wendet Aristoteles in seiner *Poetik* ins Positive. Für ihn schafft der Dichter durch Nachahmung eine eigene Welt, die als Kontrafaktur der realen Welt auf diese bezogen ist und deshalb erkenntnisfördernde und affektregulierende Funktion übernehmen kann. Auf den Punkt gebracht sind diese Funktionen im Begriff der *katharsis* als Wirkziel der Tragödie. Der Dichter ahmt in der Tragödie die Handlungen von Menschen nach, die „besser [...] sind, als wir zu sein pflegen" (*Poetik*, Kap. 2, Übers. M. Fuhrmann). Diese werden unwissentlich schuldig und erkennen am Ende ihre Schuld, was in der Antike häufig (aber nicht zwangsläufig) mit dem Tod des Helden endet. Durch die Fallhöhe zwischen edlem Charakter und schwerer Schuld wird der Zuschauer affektiv ergriffen (*phobos,* ‚Schrecken, Schaudern' und *eleos,* ‚Jammer, Rührung'). Dies hat eine Reinigung von negativen Affekten zur Folge (*katharsis*). Diese Reinigung aber beruht auf einer intellektuellen Leistung: Der Zuschauer erkennt, daß auch er in die Situation des Helden geraten könnte, das heißt, er vergleicht die theatralische Mimesis, die literarische Fiktion, mit der Wirklichkeit und stellt eine intellektuelle Beziehung zwischen beiden Sphären her. Dies wiederum bedeutet, daß er über ein *Bewußtsein für die Differenz* zwischen beiden Bereichen verfügen muß. Trotz der Nachahmung bleibt zwischen der Wirklichkeit und der literarischen Fiktion ein Unterschied wahrnehmbar, sonst würde letztere ja mit der Wirklichkeit verwechselt werden.

Hieran läßt sich mit dem *Modellbegriff* von Lotman anknüpfen. Nach der Auffassung des russischen Semiologen ist es Funktion und Aufgabe der Kunst (wozu auch die Literatur als Sprachkunst zählt), ein „Modell der Wirklichkeit" (1972: 21) zu erzeugen und dadurch auf kommunikative Weise Erkenntnis zu fördern. Zum Modell der Wirklichkeit wird die Kunst aber – hier denkt Lotman durchaus aristotelisch – durch Nachbildung. Modellhafte Nachbildung bedeutet nicht etwa Kopie, sondern adäquate Aufdeckung der Wirklichkeitsstruktur, also Abstraktion. Der Unterschied zwischen der Wirklichkeit und ihrem künstlerisch hervorgebrachten Modell muß vom Betrachter des Kunstwerks erkannt werden, was von diesem eine *ästhetische* Betrachtungsweise verlangt. Beim Fehlen dieser ästhetischen Einstellung, die Kunst als Modell und nicht als die Sache selbst wahrnimmt, wird das Kunstwerk zerstört:

> Die bekannte Anekdote vom amerikanischen Soldaten, der, um die weiße Frau zu verteidigen, auf Othello schoß, illustriert durchaus nicht den Triumph der Kunst, sondern ihre Zerstörung durch ein primitives, zur ästhetischen Wahrnehmung nicht fähiges Bewußtsein. (Lotman 1972: 24)

1. Was ist Literatur?

Den genannten Auffassungen von Literatur (und Kunst) gemeinsam ist also ein
impliziter oder expliziter Fiktionsbegriff als konstitutives Merkmal literarischer
Texte. Dieser Begriff läßt sich auf folgenden gemeinsamen Nenner bringen: Die
Literatur erzeugt eine zweite, von der primär erfahrbaren Wirklichkeit unter-
schiedene Wirklichkeit. Sie ist nicht selbst die Wirklichkeit, obwohl sie sie nach-
ahmt oder ein Modell ihrer Struktur entwirft. Grundlegend ist demnach für den
Fiktionsbegriff neben der Ähnlichkeit der wahrzunehmende Unterschied zwischen Kunstwerk und Leben. Warning schlägt vor, „den fiktionalen Diskurs über
den [...] Modus eines Als-ob-Handelns zu beschreiben" (1983: 191). „Solches
Als-ob-Handeln", so Warning weiter, „ist spielerisches Handeln. Es liegt im Wesen der Spielsituation, daß sie aus der umgebenden Handlungswelt [...] in spezifischer Weise ausgegrenzt ist." Der fiktionale ist ein „inszenierter Diskurs". Als
Zuschauer von Shakespeares *Othello* weiß man, daß die Desdemona verkörpern-
de Schauspielerin auf der Bühne nicht wirklich stirbt und man daher auch nicht
Othello daran hindern muß, sie zu töten. Genau deshalb kann man es sich ja erlauben, eine ästhetische Einstellung einzunehmen. Würde auf der Bühne die Tötung Desdemonas nicht als eine fiktive, aus der Wirklichkeit ausgegrenzte Als-
ob-Handlung, sondern als tatsächliche Handlung vollzogen, so müßte man eingreifen – dann aber wäre es eben kein Spiel mehr, sondern Ernst. Nur wer diese
Konventionen nicht kennt, wird Literatur und Leben, Spiel und Ernst in unge-
bührlicher Weise verwechseln.

Daß die Anerkennung der Fiktionalitätskonvention durchaus Gegenstand gesellschaftlicher Auseinandersetzung sein kann, mag folgende Zeitungsmeldung
verdeutlichen:

> Der Regisseur Christoph Schlingensief ist am Sonntag in Kassel verhaftet worden,
> als er seine Inszenierung „Was sind schon 700 Eichen gegenüber sechs Millionen
> Arbeitslosen" bei der „documenta" im Hybrid Workspace präsentierte. Über eine
> Passage des Stückes, in der ein Chor „Tötet Kohl!" skandiert, haben sich Passanten
> offenbar derart echauffiert, daß sie die Polizei alarmierten. Die schickte sofort etli-
> che Beamte samt Schäferhunden an den Ort des Geschehens. Einer der Hunde biß
> eine Schlingensief-Akteurin, die Popsängerin Havano. Schlingensief selbst wurde
> in Handschellen aufs Polizeirevier gebracht. Nach Feststellung seiner Personalien
> ließ man ihn wieder gehen. [...] Die Verantwortlichen der „documenta X" stehen zu
> ihrem Künstler: „Wir plädieren für die Freiheit der Kunst", sagte Pressesprecherin
> Maribel Königer. Das inkriminierte Zitat falle erkennbar in künstlerischem Zu-
> sammenhang. (*Süddeutsche Zeitung*, 2. 9. 1997, 12)

Gegenstand des Streits ist die Frage, ob es im Rahmen einer Theateraufführung
erlaubt sein darf, zur Ermordung eines Politikers aufzurufen. Wer diese Frage bejaht, setzt voraus, daß eine Theateraufführung ein aus dem Alltag ausgegrenzter,
fiktionaler Bereich ist, in dem gilt, daß Handlungen und Sprechakte unmittelbare
Auswirkungen nur innerhalb des Rahmens haben können. Der Aufruf zum Töten
Helmut Kohls ist fiktiv, ebenso wie Desdemonas Tod auf der Bühne fiktiv ist.

30

1.4 Fiktion und Fiktionalität; ästhetische Einstellung

Das gilt deshalb, weil der Rahmen, in dem ein solcher Aufruf stattfindet, kein lebensweltlicher, sondern ein fiktionaler, ein inszenierter ist. Dieser Rahmen setzt die Regeln der Wirklichkeit vorübergehend außer Kraft, er erlaubt das Spiel mit einer fiktiven Wirklichkeit. Das Beispiel aus der *Süddeutschen Zeitung* zeigt, daß es einer allgemeinen Konvention bedarf, damit Fiktionalität akzeptiert wird. Es zeigt ferner, daß nicht alle Menschen die Grenze zwischen realen und fiktionalen Sprechakten in gleicher Weise ziehen. Meist findet die Akzeptanz der Fiktionalität in einer Gesellschaft ihren Niederschlag in Form einer *Institutionalisierung* (Theater, literarischer Markt, Dichtungsgesellschaften usw.). Die Institutionalisierung ist die Grundlage der Ausbildung eines eigenständigen Bereiches namens Literatur. Wenn ein gesellschaftlicher Funktionsbereich so wichtig ist, daß er durch Institutionen abgestützt wird, so kommt es in der Regel auch zu *Traditionsbildung* und Kanonisierung als Ausdruck eines das Leben des einzelnen transzendierenden kulturellen Gedächtnisses. Institutionalisierung geht meist auch einher mit *Selbstreflexion*, das heißt, die an der literarischen Institution Beteiligten denken über ihr Tun nach und entwickeln zu diesem Zweck eine geeignete Metasprache.

Es ist nun zweifellos korrekt, daß nicht wenigen literarischen Texten das Merkmal der Fiktionalität im erläuterten Sinne (spielerisches Als-ob-Handeln und erkenntnisfördernde Modellhaftigkeit) zuzuschreiben ist. Mit dem so verstandenen Fiktionalitätsbegriff als Definiens für literarische Texte handelt man sich indes auch gewisse *Probleme* ein, die im folgenden diskutiert werden sollen.

Nicht jeder literarische Text ist fiktional im beschriebenen Sinn. So ist nicht davon auszugehen, daß im Melodram eines Pixérécourt oder in der Boulevardkomödie eines Feydeau Modelle entworfen werden, die die Erkenntnis der Wirklichkeit befördern. Die genannten Texte wollen primär unterhalten und haben kein oder nur ein bescheidenes erkenntniskritisches Ziel. Der Fiktionalitätsbegriff ist also ein insgeheim normativer, wenn er nur solche Texte als literarische anerkennt, die einen Beitrag zur Erkenntnissuche leisten. Ausgegrenzt aus dem Bereich der Literatur würde damit die gesamte Unterhaltungsliteratur, die quantitativ sicherlich seit dem frühen 19. Jahrhundert die sogenannte Höhenkammliteratur bei weitem überwiegt und der man, da sie sich zweifellos literarischer Verfahren und Gattungsmuster (Roman, Komödie usw.) bedient und ihren Ort innerhalb des Literatursystems einnimmt, schlecht die Qualifizierung als literarisch verweigern kann. Es empfiehlt sich daher, ein ‚starkes‘ (Fiktion als Erkenntnismodell) und ein ‚schwaches‘ Fiktionalitätskriterium (spielerische Als-ob-Handlung) zu unterscheiden. Mit letzterem, verstanden als rein formalem Kriterium (Fiktion als „inszenierter Diskurs"), können wir die Gesamtheit der literarischen Texte erfassen. Allerdings gibt es inszenierte Diskurse, fiktionale Als-ob-Handlungen auch außerhalb der Literatur (Prüfungsgespräch, Büttenrede, Glosse in der Ta-

31

1. Was ist Literatur?

geszeitung usw.). Daher müssen wir das Fiktionalitätskriterium weiter spezifizieren.

Das ‚starke' Fiktionalitätskriterium erfüllen umgekehrt auch Texte, die sicher nicht als literarische intendiert und gelesen werden, beispielsweise philosophische und wissenschaftlich-expositorische Texte, etwa mathematische Regelsysteme. Solche Texte sind ausdrücklich Erkenntnismodelle. Doch kann man sie unter bestimmten Bedingungen auch als spielerische Als-ob-Handlungen auffassen, denn sie sind ja nicht die Wirklichkeit selbst, sondern versuchen diese nur modellhaft zu beschreiben, wobei sie sich nicht selten der Möglichkeit fiktionaler Modellierung bedienen (philosophischer Dialog, exemplifizierende Anekdote). Das ‚starke' Fiktionalitätskriterium grenzt somit als Qualitätskriterium innerhalb der Literatur einen Bereich ein, die Höhenkammliteratur, und stellt andererseits Gemeinsamkeiten zwischen literarischen und nicht-literarischen Texten auf der Basis der Erkenntnissuche heraus.

Ein weiteres, mit dem Begriff der Fiktion zusammenhängendes Problem liegt darin, daß er auf zwei unterschiedlichen Ebenen angewendet wird. Einerseits kann damit der Wirklichkeitsstatus dessen, wovon der Text spricht, gemeint sein, seine Referenz. Hier wäre zu unterscheiden zwischen fiktiver und realer Referenz. So ist in Stendhals *La Chartreuse de Parme* (1839) Napoleon eine reale Person, während Fabrice Del Dongo, der Held, eine erfundene, fiktive Person ist. Für die Ebene der Wirklichkeitsreferenz bietet sich der Begriff *Fiktivität* an. Der Wirklichkeitsstatus einer Textfigur oder eines Textereignisses ist nur durch extratextuelles Wissen zu bestimmen. Andererseits ist auf der Ebene des Sprechaktes zu unterscheiden zwischen *fiktionalen* und *nicht-fiktionalen* Texten. Sowohl Napoleon als auch Fabrice sind in Stendhals Roman Figuren eines fiktionalen Textes. In einem nicht-fiktionalen Text hingegen, etwa einem wissenschaftlichen Aufsatz zu Stendhal, können dieselben Figuren ebenfalls Gegenstand sein, ohne daß der eine seinen historischen, der andere seinen fiktiven Status verlieren würde. Es ändert sich lediglich die Art und Weise der Präsentation: Im fiktionalen Text haben fiktive und historische Personen denselben Wirklichkeitsstatus, sie sind Teil ein und derselben erzählten Welt, während im nicht-fiktionalen Text zwischen beiden Wirklichkeitsbereichen normalerweise klar unterschieden wird.

Die Unterscheidung *fiktiv* (Wirklichkeitsbezug des Ausgesagten, des *énoncé*) vs *fiktional* (Status der Aussage, der *énonciation*) ist somit von grundlegender Bedeutung. Das Kriterium der Fiktionalität (nicht der Fiktivität) ist als ein Konstituens des Literarischen zu betrachten. Wenngleich die Begriffe *fiktiv* und *fiktional* nicht deckungsgleich sind, ist doch zu konstatieren, daß häufig der Gegenstand fiktionaler Texte auch fiktiv ist.

Das Fiktionskriterium ist sicherlich wichtig, allein deshalb, weil es in der Tradition eines der wichtigsten Kriterien für literarische Texte gewesen ist (vgl. Assmann 1980). Doch ist es allein nicht hinreichend, weil es, wie wir sehen konnten,

32

1.4 Fiktion und Fiktionalität; ästhetische Einstellung

für sich genommen entweder zu wenig oder zu viel erfaßt. Mit dem ‚schwachen' Fiktionskriterium (Als-ob-Handlung) erfaßt man alle literarischen Texte, doch daneben auch noch viele nicht-literarische. Mit dem ‚starken' Fiktionskriterium dagegen (Erkenntnismodell) erfaßt man nur einen Teilbereich der literarischen Texte, darüber hinaus aber auch nicht-literarische Erkenntnismodelle. Daher benötigen wir ein Zusatzkriterium. Hierfür eignet sich das der *ästhetischen Einstellung*. Wenn jemand auf der Straße hinfällt und sich wehtut, so wird man ihm zu Hilfe eilen. Wenn hingegen ein Clown im Zirkus hinfällt und sich (scheinbar) verletzt, so amüsiert man sich darüber. Man blickt auf die Handlungen des Clowns mit einer ästhetischen Distanz, sieht sie als Schauspiel, das um seiner selbst willen betrachtet werden will und nicht unmittelbar handlungsleitende Konsequenzen nach sich zieht. Auch schreckliche, angsterregende Dinge wie Tod, Krieg, Zerstörung kann man mit ästhetischer Distanz genießen, etwa im Kino (man denke an einen Film wie *Apocalypse Now* von Francis Ford Coppola, der das Grauen des Vietnamkrieges in ästhetischer Form darstellt). Die ästhetische Einstellung ist das notwendige Korrelat der fiktionalen Inszenierung auf der Seite des Publikums. Einen philosophischen Text rezipiert man primär in der Absicht, die in ihm enthaltenen Argumente und Gedanken zu verstehen. Einen literarischen Text hingegen rezipiert man ästhetisch, das heißt, man achtet auf die ‚Gemachtheit' des Textes, auf seine sprachlich-strukturellen Merkmale zumindest ebenso sehr wie auf das von ihm Mitgeteilte.

Wie aber wird eine ästhetische Einstellung hervorgerufen? Eine wichtige Voraussetzung ist der Rahmen der Inszenierung, die Grenze zwischen Wirklichkeit und Fiktion. Das kann ein Gebäude wie das Theater sein, ein bestimmtes Medium (Buch, Fernsehgerät), eine Ankündigung oder Ansage (jemand, der in der Fußgängerzone als Clown auftritt, kündigt das in irgendeiner Form den Passanten an, damit diese stehenbleiben und ihm zuschauen) usw. Die zweite wichtige Voraussetzung für die ästhetische Einstellung ist die *Struktur des Dargebotenen*: die virtuose Aufführung des Clowns, die Kostüme der Schauspieler, eine besondere Sprachverwendung usw. Es läßt sich nicht abstrakt bestimmen, worin genau das Spezifische des Ästhetischen auf struktureller Ebene liegt, denn das ist eine historisch variable Größe. Im Bereich der Dichtung liegt es nahe, an die Gestaltung des sprachlichen Materials zu denken (Vers, Reim, Strophenformen, gehobene Sprache), die dazu führt, daß der Mitteilungswert des Textes, daß seine referentielle Funktion überlagert wird von seiner ästhetischen Funktion (→ Kap. 2.6.2, 6.5). Das bedeutet, daß auf der Seite des Rezipienten die Wahrnehmung des Textes sich nicht auf die bloße Informationsentnahme konzentriert, sondern die durch die poetische Sprachformung bewirkte Aufladung der Form mit Bedeutung nachvollzieht. Jakobson (1960: 25) spricht hier von der „Einstellung auf die Botschaft als solche". Die Strukturmerkmale, die ein Text besitzen muß, um eine solche ästhetische Einstellung hervorzurufen oder zu fördern, sind wie gesagt variabel. Während im 17. Jahrhundert eine Tragödie unbedingt im hohen Stil ver-

33

1. Was ist Literatur?

faßt sein mußte (fünf Akte, Vers, pathetische Sprache, Befolgung der klassischen Regeln), ist dies im 20. Jahrhundert nicht erforderlich. Dennoch bewirken so unterschiedliche Stücke wie Racines *Britannicus* (1669) und Genets *Le Balcon* (1956) beim Theaterpublikum eine ästhetische Einstellung.

Der Begriff *Literatur* hat eine weite und eine enge Bedeutung. Im weiten Sinne meint er alles Geschriebene, im engeren Sinne Texte mit besonderen Eigenschaften, die Teil einer Überlieferung sind und kulturelle Identität stiften können. Historisch wird der Begriff *Literatur* im heutigen Sinne erst seit dem späten 18. Jahrhundert verwendet. Das moderne Literatursystem zeichnet sich durch Autonomie von Regeln und gesellschaftlichen Vorgaben aus sowie durch die Professionalisierung der Instanzen des Autors (freier Schriftsteller) und des Lesers (Literaturkritik, Literaturwissenschaft). Literarische Texte sind nicht a-historisch zu definieren. Dennoch gibt es Merkmale, die für die Literatur aus allen Epochen eine Rolle gespielt haben. Ein solches Merkmal ist die *Fiktionalität,* verstanden als „inszenierter Diskurs" und als Erkenntnismodell. Auf der Seite des Publikums muß der Fiktionalität eine *ästhetische Einstellung* entgegenkommen. Diese wird ermöglicht und gefördert durch einen geeigneten *Rahmen,* in den der inszenierte Diskurs gestellt wird, und möglicherweise durch besondere *Strukturmerkmale* (poetische Sprachverwendung). Wichtig für die Wahrnehmung von Literatur, ihre Funktion und ihre ‚Machart' sind die sozio-historischen, die politischen und die medialen Rahmenbedingungen.

Literaturhinweise

Aristoteles, *Poetik.* Griechisch/Deutsch. Übersetzt und herausgegeben von Manfred Fuhrmann, Stuttgart 1987.

Breton, André, *Clair de terre,* in: *Œuvres complètes.* Édition établie par Marguerite Bonnet, Bd. 1, Paris 1988, 145–189.

Montesquieu, Charles-Louis de Secondat, baron de, *Lettres persanes,* in: *Œuvres complètes.* Texte présenté et annoté par Roger Caillois, 2 Bde, Paris 1949, Bd. 1, 129–386.

Platon, *Der Staat [= Politeia],* in: *Sämtliche Dialoge.* Herausgegeben und mit Einleitungen, Literaturübersichten, Anmerkungen und Registern versehen von Otto A-pelt, Bd. V, Leipzig 1923, Nachdruck Hamburg 1998.

Anderegg, Johannes (1983), „Das Fiktionale und das Ästhetische", in: D. Henrich/W. Iser (Hg.), *Funktionen des Fiktiven,* München, 153–172.

Arntzen, Helmut (1984), *Der Literaturbegriff. Geschichte, Komplementärbegriffe, Intention. Eine Einführung,* Münster.

Literaturhinweise

Assmann, Aleida (1980), *Die Legitimität der Fiktion. Ein Beitrag zur Geschichte der literarischen Kommunikation*, München.

Baasner, Rainer (1996), „Was ist Literatur?", in: R. B., *Methoden und Modelle der Literaturwissenschaft. Eine Einführung*, Berlin, 11–25.

Barsch, Achim (1996), „Komponenten des Literatursystems: Zur Frage des Gegenstandsbereichs der Literaturwissenschaft", in: J. Fohrmann/H. Müller (Hg.), *Systemtheorie der Literatur*, München, 134–158.

Barthes, Roland (1978), *Leçon. Leçon inaugurale de la chaire de sémiologie littéraire du Collège de France (7 janvier 1977)*, Paris.

Brenner, Peter J. (1996), „Was ist Literatur?", in: R. Glaser/M. Luserke (Hg.), *Literaturwissenschaft – Kulturwissenschaft. Positionen, Themen, Perspektiven*, Opladen, 11–47.

Eagleton, Terry (1983), *Einführung in die Literaturtheorie*, aus d. Engl. v. E. Bettinger u. E. Hentschel, Stuttgart ²1992.

Ehlich, Konrad (1983), „Text und sprachliches Handeln. Die Entstehung von Texten aus dem Bedürfnis nach Überlieferung", in: A. und J. Assmann/C. Hardmeier (Hg.), *Schrift und Gedächtnis*, München, 24–43.

Escarpit, Robert (1970), „La définition du terme ‚littérature'", in: R. E., *Le littéraire et le social. Eléments pour une sociologie de la littérature*, Paris: Flammarion, 259–272.

Fohrmann, Jürgen/Müller, Harro (Hg.) (1996), *Systemtheorie der Literatur*, München.

Genette, Gérard (1991), *Fiction et diction*, Paris.

Grimm, Jürgen/Hausmann, Frank-Rutger/Miething, Christoph (⁴1997), *Einführung in die französische Literaturwissenschaft*, Stuttgart-Weimar.

Koppe, Franz (1983), *Grundbegriffe der Ästhetik*, Frankfurt/M.

Krauss, Werner (1968), „Was ist Literatur?", in: W. K., *Grundprobleme der Literaturwissenschaft. Zur Interpretation literarischer Werke*, Reinbek ⁴1973, 23–39.

Lotman, Jurij M. (1972), *Vorlesungen zu einer strukturalen Poetik*, aus d. Russ. v. W. Jachnow, hg. v. K. Eimermacher, München.

Plumpe, Gerhard (1995), „Literatur als System", in: J. Fohrmann/H. Müller (Hg.), *Literaturwissenschaft*, München, 103–116.

Plumpe, Gerhard/Werber, Niels (1996), „Systemtheorie in der Literaturwissenschaft oder ‚Herr Meier wird Schriftsteller'", in: J. Fohrmann/H. Müller (Hg.), *Systemtheorie der Literatur*, München, 173–208.

Robert, Paul (1985), *Le Petit Robert. Dictionnaire alphabétique et analogique de la langue française*. Nouvelle édition revue, corrigée et mise à jour pour 1986, hg. v. A. Rey/J. Rey-Debove, Paris.

Rühling, Lutz (1996), „Fiktionalität und Poetizität", in: H. L. Arnold/H. Detering (Hg.), *Grundzüge der Literaturwissenschaft*, München, 25–51.

Sartre, Jean-Paul (1948), *Qu'est-ce que la littérature?*, Paris.

Stanitzek, Georg (1995), „Kommunikation (communicatio & Apostrophe einbegriffen)", in: J. Fohrmann/H. Müller (Hg.), *Literaturwissenschaft*, München, 13–30.

—— (1996), „Was ist Kommunikation?", in: Fohrmann/Müller 1996, 21–55.

Stichweh, Rudolf (1996), „Wissenschaftliche Beobachtung der Kunst. Ästhetik, Kunstwissenschaft und Kunstgeschichte in der Ausdifferenzierung des Kunstsystems", in: J. Fohrmann/H. Müller (Hg.), *Systemtheorie der Literatur*, München, 209–222.

Todorov, Tzvetan (1987), „La notion de littérature", in: T. T., *La notion de littérature et autres essais*, Paris, 9–26.

1. Was ist Literatur?

Vollhardt, Friedrich (1995), „Zur Selbstreferenz im Literatursystem: Rhetorik, Poetik, Ästhetik", in: J. Fohrmann/H. Müller (Hg.), *Literaturwissenschaft*, München, 249–272.

Warning, Rainer (1983), „Der inszenierte Diskurs. Bemerkungen zur pragmatischen Relation der Fiktion", in: D. Henrich/W. Iser (Hg.), *Funktionen des Fiktiven*, München, 183–206.

Weimar, Klaus (1980), *Enzyklopädie der Literaturwissenschaft*, München.

Wilpert, Gero von ([6]1979), *Sachwörterbuch der Literatur*, verb. u. erw. Aufl., Stuttgart ([1]1955).

2. Grundbegriffe der Zeichentheorie (Semiotik)

2.1   Erste Annäherung an den Zeichenbegriff

Ansätze zu semiotischer Theoriebildung lassen sich schon in der Antike nachweisen; die erste Synthese einer allgemeinen Zeichentheorie findet sich allerdings erst in der Spätantike beim Kirchenvater Augustinus (Todorov 1977: 34–58). Geprägt hat den Begriff, wenn auch nicht die Disziplin, der englische Philosoph John Locke in seinem *Essay Concerning Human Understanding* (1690), wo er *semeiotike* (von griech. *semeion,* ‚Zeichen‘) als „the doctrine of signs" definiert. Da Zeichen in ihrer üblichsten Form als Wörter, das heißt als sprachliche Zeichen, vorkämen, könne man statt *Semiotik* auch *Logik* sagen (von griech. *logos,* ‚Wort‘). Gegenstand dieser Disziplin sei es, „die Natur der Zeichen zu betrachten, deren sich der Verstand bedient, um die Dinge zu verstehen oder sein Wissen anderen mitzuteilen" [„to consider the nature of signs the mind makes use of for the understanding of things, or conveying its knowledge to others"] (Locke, zitiert nach Trabant 1976: 7).

Diese Definition enthält einige Elemente, die für einen kritisch-reflexiven Zeichenbegriff wesentlich sind. Es wird deutlich, daß Zeichen nicht für sich selbst stehen, sondern dazu dienen, Dinge zu verstehen („understanding of things") oder Wissen mitzuteilen („conveying its knowledge to others"). Damit sind drei wichtige *Funktionen von Zeichen* benannt:
– eine *instrumentelle* Funktion: Zeichen können von jemandem zu einem bestimmten Zweck gebraucht werden;
– eine *kognitive* Funktion: Zeichen ermöglichen Verständnis;
– eine *kommunikative* Funktion: Zeichen dienen der Mitteilung.

Eine aus der mittelalterlichen Scholastik bekannte *Zeichendefinition* lautet: „aliquid stat pro aliquo" – etwas steht für etwas anderes, verweist darauf, repräsentiert es (vgl. Bühler 1934: 40–42). Das bedeutet, daß ein Zeichen einerseits ein wahrnehmbares Objekt ist, andererseits aber nicht als Objekt um seiner selbst willen interessiert, sondern in seiner *Verweisungsfunktion.* Das Zeichen ist transitiv, es besteht aus einem *materiell anwesenden Objekt,* das auf etwas in ihm selbst materiell nicht Anwesendes hinweist, es vertritt, für es einsteht. Ein Zeichen hat eine (immaterielle, ideelle) *Bedeutung,* und es läßt sich als *Aufforderung* interpretieren, diese Bedeutung zu verstehen und zu aktualisieren. Das kann auch heißen, daß man die Bedeutung des Zeichens zum Anlaß eines bestimmten Verhaltens oder Handelns nimmt. Woran aber erkennt man Zeichen?

2. Grundbegriffe der Zeichentheorie (Semiotik)

Betrachten wir zwei Beispiele. (1) Wenn die Polizei einen entlaufenen Strafgefangenen sucht, von dem sie weiß, daß er männlich ist und sich in einem Wald versteckt hält, so wird sie dort nach Spuren Ausschau halten. Entdeckt ein Polizist Fußabdrücke im Waldboden, die ihrer Gestalt nach auf den Strafgefangenen (und nicht etwa auf ein Kind oder auf eine Frau) passen könnten, so wird er diesen Spuren folgen. Er interpretiert die Spuren als Zeichen dafür, daß die gesuchte Person hiergewesen ist und sich möglicherweise noch in der Nähe befindet. Das Zeichen *Fußspur* lenkt sein Suchverhalten in eine bestimmte Richtung. Dabei ist es für den Polizisten irrelevant, wie tief die Abdrücke sind, welches Profil die Schuhsohlen haben u. ä. Wichtig ist nur, daß die Spuren sich aufgrund ihrer Größe als Zeichen für den Gesuchten interpretieren lassen. (2) Ist in einem Waldstück jemand ermordet worden und der Täter unbekannt, so wird man die am Tatort vorhandenen Spuren mit dem Ziel untersuchen, sich ein Bild vom Tathergang, vom Fluchtweg sowie von den Schuhen und der Körpergröße des Täters zu machen. All dies läßt sich für einen erfahrenen Kriminologen aus der materiellen Gestalt der Spuren und Abdrücke erschließen. Man wird die Spuren also hier in einer anderen Weise als Zeichen zu interpretieren versuchen als im ersten Fall. Doch in beiden Fällen geht es nicht um die Spuren um ihrer selbst willen, sondern um das, worauf die Spuren als Zeichen verweisen.

Nun zeigen die Beispiele, daß Zeichen nicht per se auf etwas Bestimmtes und ein für allemal Festgelegtes verweisen. Man kann nicht sagen, daß Fußspuren im Wald grundsätzlich, ausschließlich und eindeutig auf entlaufene Sträflinge beziehungsweise auf unbekannte Tatverdächtige verweisen und zu diesen hinführen. Das kann durchaus so sein, aber nur unter bestimmten Umständen. Ganz allgemein verweisen Fußspuren auf Menschen. Sie sind nicht mit Spuren anderer Lebewesen zu verwechseln (Hufspuren, Tatzenspuren u. ä.). Dies zu wissen, ist elementare Voraussetzung für einen zeichengesteuerten Umgang mit Fußspuren. Wer noch nie welche gesehen hat, wird sie auch nicht als Zeichen identifizieren. Zeichen erkennt man also aus *Erfahrung.* Man kann sie lernen. Ein geübter Fährtensucher etwa erkennt im Wald mehr Spuren als ein Sonntagsspaziergänger. Daß es sich überhaupt um Zeichen handelt, ergibt sich aus der *Differenz* zwischen dem Zeichen und der nichtzeichenhaften Umgebung; das Zeichen *Fußspur im Wald* ist eine sinnlich wahrnehmbare *Markierung,* im wörtlichen Sinn ein Ein-druck. Neben der Differenz zwischen Markierung und nichtmarkierter Umgebung ist das Zeichen in der Regel durch die Differenz zwischen *Anwesenheit* der Markierung und *Abwesenheit* des Bezeichneten, das heißt in unserem Falle des Zeichenproduzenten, charakterisiert.

Die spezielle Verweisungsfunktion von Zeichen ergibt sich dann aber erst aus dem *Wechselspiel* zwischen *Zeichen, Zeichenbenutzern* und der *Situation,* in der sich die Zeichenbenutzer befinden, ihren Zielen, Absichten und ihrem Erkenntnisinteresse. Sie müssen die Zeichen erkennen und interpretieren. Das Erkennen und Interpretieren von Zeichen ist ein kognitiver Prozeß, den man auch

2.2 Die grundsätzliche Offenheit der Semiose

als *Semiose* bezeichnet. Die Semiose aber wird von Zeichen nicht nach einem einfachen, mechanischen Reiz-Reaktions-Schema ausgelöst, sondern sie ist abhängig von Erwartungen, Vermutungen und Erfahrungswissen sowie von den jeweiligen situativen Bedingungen.

Wir halten fest, daß Zeichen sich in Form einer dreistelligen Relation bestimmen lassen: Ein materieller *Zeichenkörper* besitzt eine immaterielle *Bedeutung* für einen *Zeichenbenutzer*, der den Zeichenkörper interpretiert. Diese Interpretation bezeichnet man als *Semiose*, die ein komplexer, nur bedingt vorhersagbarer Prozeß ist. Der Zeichenkörper ist durch seine Differenz zur Umgebung, seine Markierung, wahrnehmbar.

2.2 Die grundsätzliche Offenheit der Semiose

Nun mag man einwenden, daß die Offenheit der Semiose zwar für nichtintentionale, gewissermaßen natürliche Zeichen wie Fußspuren gelte, deren konkrete Bedeutung oft erst ad hoc zu bestimmen sei, nicht aber für Zeichen, deren Bedeutung im Rahmen eines Regelsystems (*Code*) präzise festgelegt sei, etwa Ampeln und Verkehrszeichen. Wenn eine Ampel auf Rot steht, so gibt es nichts daran herumzudeuteln: Sie signalisiert dem Verkehrsteilnehmer, daß er stehenbleiben muß, bis die Anzeige auf Grün schaltet. Voraussetzung ist allerdings, daß der Verkehrsteilnehmer a) die Regeln des Straßenverkehrs kennt (den Code erlernt hat) und b) sie auf den konkreten Fall anwendet und die Ampel als für ihn relevantes und gültiges Zeichen interpretiert. Insbesondere die zweite Bedingung ist nicht immer erfüllt. Die Frage nämlich, ob der Code, die Straßenverkehrsordnung, anzuwenden ist, hängt von den Bedingungen der Situation und der Einschätzung des Verkehrsteilnehmers ab, der abwägt, inwieweit die Nicht-Beachtung der Verkehrsregeln zu für ihn negativen Konsequenzen (Unfall, Strafe, Führerscheinentzug) führen kann.

Ob ein Code zur Anwendung kommt, ist somit eine nicht nur vom jeweiligen Einzelzeichen, sondern auch vom *situativen Kontext* abhängige Frage. Auch wenn es verboten ist, so zeigt doch die alltägliche Erfahrung, daß sich etwa Fußgänger von einer roten Ampel nicht unbedingt aufhalten lassen. Sie interpretieren offenbar das Zeichen *rote Ampel* je nach Situation als mehr oder weniger relevant für sich. Wenn ein Polizist vorbeikommt, bei dichtem Verkehr oder wenn kleine Kinder in der Nähe sind, werden Fußgänger das durch die Ampel signalisierte Halteverbot sicher streng beachten; wenn die Straße hingegen frei ist, werden einige von ihnen sich weniger regelkonform verhalten.

Auch bei streng kodifizierten Zeichensystemen gilt somit, daß die Semiose nicht nur von der wie eindeutig auch immer festgelegten Bedeutung des Zeichens abhängt, sondern stets auch von den Zeichenbenutzern und der Situation, also

39

2. Grundbegriffe der Zeichentheorie (Semiotik)

grundsätzlich offen ist. Ein Zeichen zwingt nicht zur Semiose, es ermöglicht sie allenfalls. Darüber hinaus lehrt das Beispiel der Verkehrszeichen, daß man zwischen dem Erkennen der *Bedeutung eines Zeichens* und der Befolgung der mit diesem Zeichen gegebenenfalls verbundenen *Handlungsanweisung* unterscheiden muß. Ein kleines Kind, das zum ersten Mal eine Ampel sieht, weiß nicht, was die Ampel bedeutet. Es kann sie als Zeichen nicht verstehen. Ein Erwachsener hingegen versteht das Zeichen in der Regel, doch wird er die mit dem Zeichen verbundene Handlungsanweisung nicht in jedem Fall befolgen. Die *Semiose* besteht somit aus zwei Komponenten: einer *intellektuell-kognitiven* und einer *handlungspraktischen.*

2.3 Das Zeichenmodell von Saussure

Das wichtigste, komplexeste und leistungsfähigste Zeichensystem ist die *menschliche Sprache*. Sie ist auch am besten erforscht. Die für die Sprache zuständige Linguistik (Sprachwissenschaft) ist ein Spezialgebiet der Semiotik. Ferdinand de Saussure (1857–1913), der Begründer des Strukturalismus, sagt in seinem *Cours de linguistique générale*: „On peut donc concevoir *une science qui étudie la vie des signes au sein de la vie sociale*; elle formerait une partie de la psychologie sociale, et par conséquent de la psychologie générale; nous la nommerons *sémiologie* (du grec *sēmeîon*, ‚signe‘). Elle nous apprendrait en quoi consistent les signes, quelles lois les régissent." (1916: 33; Kursivierungen im Text.) [„Man kann also eine *Wissenschaft* entwerfen, *die das Leben der Zeichen im Rahmen des gesellschaftlichen Lebens untersucht*; sie wäre ein Teil der Sozialpsychologie und folglich der allgemeinen Psychologie; wir wollen sie *Semiologie* nennen (vom griech. *sēmeîon*, ‚Zeichen‘). Sie würde uns lehren, worin Zeichen bestehen, nach welchen Gesetzen sie funktionieren."] Die allgemeine Wissenschaft von den Zeichen, die Saussure mit dem häufig als Synonym für *Semiotik* verwendeten Begriff *Semiologie* bezeichnet, ist umfassender als die Linguistik, die Wissenschaft von der Sprache, da die Sprache nur eines von vielen Zeichensystemen ist. Trotz der theoretischen Unterordnung der Linguistik unter die allgemeine Zeichenwissenschaft aber privilegiert Saussure die menschliche Sprache als das charakteristischste aller Zeichensysteme. Infolgedessen ist die von ihm entworfene Zeichenkonzeption ein Modell des sprachlichen Zeichens. Das Saussuresche Zeichenmodell soll im folgenden erläutert werden.

2.3.1 *Sprache konstruiert Wirklichkeit*

Die wissenschaftlich bahnbrechende Originalität von Saussures Zeichenmodell liegt in der Abkehr von der herkömmlichen Auffassung, wonach die Sprache ei-

2.3 Das Zeichenmodell von Saussure

ne bloße Nomenklatur sei, das heißt ein einfaches System von Zuordnungen zwischen Wörtern und Dingen (Saussure 1916: 97). Sprachzeichen sind laut Saussure nur unzulänglich charakterisiert, wenn man sie als Etiketten für Dinge betrachtet.

Die Einfachheit der Gegenüberstellung von Wörtern und Dingen als rein äußerlichen Phänomenen stellt Saussure in doppelter Hinsicht in Frage. Zum einen beruhe sie auf der falschen Annahme, daß die Welt der Dinge von der menschlichen Wahrnehmung unabhängig und als solche problemlos verfügbar sei und daß die Sprachzeichen das in der Wirklichkeit schon Vorhandene und in distinkte Einheiten und Gegenstände Gegliederte nur noch benennen müßten. Tatsächlich aber sind im menschlichen Bewußtsein nicht die Elemente der Wirklichkeit, sondern nur Ideen von diesen Elementen präsent. Die Ideen aber sind laut Saussure eine „gestaltlose und indistinkte Masse" [„masse amorphe et indistincte" (Saussure 1916: 155)]. Die Einteilung der Wirklichkeit in distinkte Einheiten und Gegenstände erfolge erst mittels der Sprache, genauer: mittels des Sprachsystems (*langue*). Saussure (1916: 30) unterscheidet das allen Sprechern gemeinsame und somit überindividuelle Sprachsystem terminologisch von der individuellen sprachlichen Äußerung (*parole*).

Die Sprache als *langue* fungiere als *Mittlerin zwischen den Ideen und den Lauten*. Deren durch das Sprachsystem hergestellte Verbindung führe zur wechselseitigen Begrenzung von (gedanklichen und sprachlichen) Einheiten: „Le rôle caractéristique de la langue vis-à-vis de la pensée n'est pas de créer un moyen phonique matériel pour l'expression des idées, mais de servir d'intermédiaire entre la pensée et le son, dans des conditions telles que leur union aboutit nécessairement à des délimitations réciproques d'unités." (1916: 156) [„Die charakteristische Rolle der Sprache gegenüber dem Denken besteht nicht darin, ein materielles Lautmittel zum Ausdruck der Ideen zu schaffen, sondern darin, als Vermittlerin zwischen dem Denken und dem Laut zu fungieren, dergestalt, daß die Verbindung von Gedanken und Lauten notwendigerweise zur wechselseitigen Begrenzung von Einheiten führt."]

Ohne Sprache seien sowohl die Ideen als auch die Laute nur in amorpher Gestalt, das heißt ohne unterscheidbare Einheiten vorhanden. *Erst die Sprache ermöglicht die Unterscheidung von Ideen und somit von Gegenständen und Sachverhalten.* Sie ist gewissermaßen mit dem Denken koextensiv. Dies ist die Voraussetzung für die reflexive Aneignung der Welt. Indem die Sprache das Denken von Unterschieden ermöglicht, erzeugt sie für uns konzeptuell erst jene Wirklichkeit, die zwar sicherlich objektiv und unabhängig von der menschlichen Wahrnehmung existiert, aber als solche für das menschliche Bewußtsein nicht unmittelbar zugänglich und erfahrbar ist.

In der gegenwärtigen Sprachphilosophie geht man noch weiter und sieht in der Sprache nicht mehr nur ein Vermittlungsinstrument, sondern gar eine Art genetisch verankertes Sinnesorgan, ein „mode of perception" (Davidson 1997: 22).

41

2. Grundbegriffe der Zeichentheorie (Semiotik)

Denken und Sprache sind laut Davidson gleich ursprünglich. Damit bestätigt er die Erkenntnis Saussures von der unhintergehbaren Bedeutung der Sprache für die Annäherung des Menschen an die außersprachliche Wirklichkeit.

2.3.2 Lautbild und Konzept (Signifikant und Signifikat)

Andererseits, so sagt Saussure weiter, bleibe bei der einfachen Gegenüberstellung von Wörtern und Dingen unklar, unter welchem Aspekt die als Namen der Dinge und Ideen verstandenen Sprachzeichen zu betrachten seien: ob unter ihrem *akustisch-physischen* oder ihrem *psychischen* Aspekt. Saussures Definition des Sprachzeichens stützt sich auf dessen psychische Dimension: „Le signe linguistique unit non une chose et un nom, mais un concept et une image acoustique." (1916: 98) [„Das Sprachzeichen verbindet nicht eine Sache und einen Namen, sondern ein Konzept und ein Lautbild."] Unter der „image acoustique" versteht er nicht den in einer sprachlichen Äußerung tatsächlich produzierten, materiell wahrnehmbaren Laut, sondern ein verinnerlichtes, virtuelles *Lautbild*; er nennt dies auch „l'empreinte psychique de ce son" (ebd.) [„den psychischen Abdruck dieses Lautes"]. Dieses psychische Lautbild ist untrennbar verbunden mit einer Vorstellung, einem *Konzept* dessen, was das Lautbild bedeutet. Rufe ich in meinen Gedanken das Lautbild *arbre* hervor, so evoziere ich (vorausgesetzt natürlich, ich bin des Französischen mächtig) gleichzeitig das Konzept ‚Baum', und umgekehrt. Ohne den Begriff kann ich die Idee, das Konzept nicht denken. „Ces deux éléments [sc. le concept et l'image acoustique] sont intimement unis et s'appellent l'un l'autre." (1916: 99) [„Diese beiden Elemente sind aufs innigste verbunden und rufen sich wechselseitig herbei."]

Das Konzept bezeichnet Saussure als *signifié*, das Lautbild als *signifiant*. Es hat sich eingebürgert, diese Fundamentalbegriffe der modernen Zeichentheorie im Deutschen in den Formen *das Signifikat* und *der Signifikant* zu verwenden. Die unauflösliche, psychische Einheit von Signifikat und Signifikant nennt Saussure *Zeichen* (*signe*). Da man über innerpsychische Sachverhalte nicht sprechen kann, weil sie nicht wahrnehmbar sind, kann Saussure jedoch nicht umhin, als Signifikanten und Signifikate *auch die materiellen Korrelate* von Lautbildern und Konzepten zu bezeichnen, das heißt Lautzeichen und vor allem Schriftzeichen. Auch Signifikate sind in diesem Sinne nur materialisierbar in Form von Signifikanten. Wenn ich über das Signifikat des Signifikanten *arbre* sprechen will, so kann ich dieses Signifikat nur in Form eines Signifikanten äußern beziehungsweise aufschreiben: ‚arbre' (die in dieser Einführung befolgte Notationskonvention legt fest, daß Signifikanten durch *Kursivdruck*, Signifikate durch ‚einfache Anführungszeichen' markiert werden; daß es dieser graphischen Unterscheidung bedarf, beweist aber, daß es sich im Grunde beide Male um Signifikanten handelt).

2.3 Das Zeichenmodell von Saussure

2.3.3 Linearität und Arbitrarität des Zeichens

Das Saussuresche Sprachzeichen ist durch zwei wesentliche Merkmale gekennzeichnet: „l'arbitraire du signe" und „[le] caractère linéaire du signifiant" (1916: 100–103). Mit der Linearität des Signifikanten meint Saussure die Tatsache, daß die lautliche Dimension sich nicht simultan, sondern nur in einer zeitlichen Abfolge (Sukzession) verwirklichen kann. Sprachliche Signifikanten werden zu linearen Ketten verknüpft und unterscheiden sich damit von visuellen Signifikanten (etwa Verkehrszeichen), in denen alle Elemente simultan präsent sind.

Die Linearität der sprachlichen Signifikanten bezeichnet Saussure an anderer Stelle als *syntagmatische* Beziehungen [„rapports syntagmatiques"], die in Opposition zu den *assoziativen* Beziehungen [„rapports associatifs"] stehen (1916: 170–175). Da sich sprachliche Äußerungen durch die lineare Verknüpfung von Signifikanten ergeben, also aus Syntagmen bestehen, befindet sich jeder einzelne Signifikant in syntagmatischer Beziehung zu den vorangegangenen und den nachfolgenden Signifikanten. Erst durch diese Beziehung erhält er seine Bedeutung (Saussure spricht hier von *valeur*, ‚Wert'). Der Signifikant *contre* hat in jedem der folgenden Syntagmen einen unterschiedlichen Wert:

(1) Le ministre s'est prononcé contre la solution proposée par ses conseillers. [Der Minister hat sich gegen die von seinen Beratern vorgeschlagene Lösung ausgesprochen.]
(2) On a longtemps débattu le pour et le contre de l'affaire. [Man hat lange über das Für und Wider der Angelegenheit gestritten.]
(3) Proust est l'auteur d'un projet inachevé de roman dont le titre est „Contre Sainte-Beuve". [Proust ist der Autor eines unvollendeten Romanprojekts mit dem Titel „Gegen Sainte-Beuve".]
(4) Le contremaître a été malade pendant deux jours. [Der Vorarbeiter war zwei Tage krank.]

Syntagmatische Beziehungen bestehen zwischen Elementen *in praesentia*, das heißt zwischen den Signifikanten, die zu einer Äußerung verknüpft und somit aktualisiert werden. Dem gegenüber stehen die assoziativen Beziehungen, die zwischen Zeichen *in absentia* bestehen. „Le rapport syntagmatique est *in praesentia*; il repose sur deux ou plusieurs termes également présents dans une série effective. Au contraire le rapport associatif unit des termes *in absentia* dans une série mnémonique virtuelle." (1916: 171) [„Der syntagmatische Bezug ist *in praesentia*; er beruht auf zwei oder mehr Termen, die in einer real vorhandenen Reihe gleichermaßen präsent sind. Im Gegenteil hierzu verbindet der assoziative Bezug Terme *in absentia* in einer virtuellen, nur im Gedächtnis vorhandenen Reihe."]

Man nennt die assoziativen – im Gegensatz zu den syntagmatischen – auch *paradigmatische* Beziehungen. Saussure erläutert dies am Beispiel des Zeichens *enseignement*, das in assoziativer (paradigmatischer) Beziehung zu folgenden Se-

43

2. Grundbegriffe der Zeichentheorie (Semiotik)

rien stehen kann: a) *armement, changement* usw. (identisches Suffix); b) *instruction, apprentissage, éducation* usw. (Ähnlichkeit des Signifikats); c) *justement, clément* usw. (Ähnlichkeit der Lautbilder); d) *enseigner, enseignons* (Identität des zugrundeliegenden Verbums). Die einzelnen Serien kann man als Paradigmen bezeichnen. Ein Paradigma beruht auf (assoziativen) Ähnlichkeitsbeziehungen, ein Syntagma hingegen auf Differenzen. Das Paradigma ist virtuell, nur im Gedächtnis präsent, das Syntagma ist in einer gegebenen Äußerung real vorhanden.

Das neben der Linearität zweite wesentliche Merkmal des sprachlichen Zeichens ist seine *Arbitrarität*: „Le lien unissant le signifiant au signifié est arbitraire [...]" (1916: 100) [„Die Verbindung zwischen Signifikant und Signifikat ist arbiträr"]. *Arbiträr* bedeutet ‚willkürlich, beliebig', ist aber nicht dahingehend mißzuverstehen, daß jeder Sprecher nach eigenem Gutdünken Signifikanten prägen und sie mit Signifikaten verknüpfen könnte. Sprachliche Innovation funktioniert nur vor dem Hintergrund fester Konventionen, hat also Ausnahmecharakter. Die Arbitrarität im Sinne Saussures ist auf der kollektiven Ebene der Sprachgemeinschaft angesiedelt, sie beruht auf überindividuellen Konventionen. Das Signifikat ‚Schwester' ist im Deutschen mit dem Signifikanten *Schwester* verknüpft, im Französischen mit *sœur*, im Spanischen mit *hermana*, im Italienischen mit *sorella*, im Russischen mit CECTPA (sestra) usw. Dies zeigt, daß die Verbindung zwischen Signifikat und Signifikant prinzipiell nicht zwingend, sondern frei ist und daher in jeder Sprachgemeinschaft konventionell festgelegt werden muß.

Interpretiert man hingegen eine Fußspur im Wald als Zeichen dafür, daß an der Fundstelle zu einem früheren Zeitpunkt ein Mensch vorbeigekommen ist, so ist diese Verknüpfung nicht beliebig, sondern (durch die Sache selbst) *motiviert*. Man kann nicht beschließen, dem Signifikanten *Fußspur* ein anderes Signifikat (etwa ‚Pferd' oder ‚Vogel') zuzuweisen. Da die Zeichen der menschlichen Sprache *unmotiviert* sind, ist es hingegen sehr wohl möglich, die Verknüpfung von Signifikanten und Signifikaten zu ändern. So wurden etwa im Deutschen die alten Verwandtschaftsbezeichnungen *Vetter, Base, Oheim* und *Muhme* durch aus dem Französischen entlehnte Signifikanten ersetzt: *Cousin, Cousine, Onkel* und *Tante*. Prinzipiell unterliegen sowohl Signifikanten als auch die Verknüpfung von Signifikanten und Signifikaten historischem Wandel. Aus dem lateinischen *pater* hat sich durch Lautwandel das französische *père* entwickelt; der Signifikant hat sich lautlich verändert, das Signifikat ist hingegen gleichgeblieben. Aus der vulgärlateinischen (erschlossenen und daher mit einem Sternchen gekennzeichneten) Wortform **tripaliare* (‚mit dem *tripalium* foltern') entwickelt sich französisch *travailler*, das zwar auch die Bedeutung ‚quälen, ermüden' haben kann, dessen primäres Signifikat aber ‚arbeiten' ist. In beiden Fällen hat sich der Signifikant verändert (Lautwandel); bei **tripaliare* liegt zudem eine geänderte Zuordnung von Signifikant und Signifikat vor (Bedeutungswandel).

2.3 Das Zeichenmodell von Saussure

Die *Arbitrarität* oder Nicht-Motiviertheit und daher Konventionalität des sprachlichen Zeichens betrachtet Saussure als *entscheidendes Merkmal aller Zeichen*. Zwar ist die Sprache nur eines unter vielen Zeichensystemen, doch in ihr manifestiert sich auf exemplarische Weise die für Zeichen prinzipiell charakteristische Arbitrarität. Nun könnte man, wie Saussure selbst erkennt, einwenden, daß die menschliche Sprache nicht prinzipiell und ausschließlich aus nichtmotivierten Zeichen bestehe, da es ja wenigstens zwei Typen von motivierten Sprachzeichen gebe: onomatopoietische (lautmalerische) Zeichen und Interjektionen. Onomatopöien beruhen auf einer Ähnlichkeitsbeziehung zwischen der Lautgestalt eines Zeichens und der bezeichneten Sache. Da Saussure unter Signifikant und Signifikat immaterielle Einheiten versteht, läßt sich mit seiner Terminologie das Charakteristische onomatopoietischer Zeichen eigentlich nicht exakt erfassen. Es ist zumindest problematisch zu behaupten, die immaterielle „image acoustique" des Signifikanten sei dem ideellen „concept" des Signifikats ähnlich; eine Ähnlichkeit besteht vielmehr auf physisch-lautlicher Ebene zwischen dem Signifikanten und dem von diesem bezeichneten, real vorhandenen Objekt, zum Beispiel *coucou*, ‚Kuckuck'. Andererseits wird der Vogel dieses Namens konzeptuell auf eine wahrnehmbare Eigenschaft reduziert, das heißt, durch die Lautgestalt des Signifikanten wird nicht der gesamte Vogel ‚imitiert', sondern nur eine charakteristische Eigenschaft. Insofern ist es wiederum berechtigt, das Signifikat als zwischen dem Signifikanten und der bezeichneten Sache vermittelnde Abstraktionsgröße ins Spiel zu bringen.

Bei genauer Betrachtung stellt sich heraus, daß es zum einen nur relativ wenig echte Onomatopöien gibt (*glou-glou*, *tic-tac*) und daß selbst diese nicht ohne einen Anteil von Arbitrarität auskommen. Die Onomatopöien sind nur die „annähernde und schon halb konventionelle Imitation gewisser Geräusche (man vergleiche das französische *ouaoua* mit dem deutschen *wauwau*)." (1916: 102) [„imitation approximative et déjà à demi conventionnelle de certains bruits (comparez le français *ouaoua* et l'allemand *wauwau*)."] Zudem, so das entscheidende Argument, unterliegen auch die Onomatopöien den Gesetzen des Zeichensystems, etwa hinsichtlich des Lautwandels. So hat das ursprünglich lautmalerische *pipio*, ‚Taube', im Wandel hin zu *pigeon* seine onomatopoietische Dimension und somit seine Motiviertheit verloren. Auch die scheinbar natürlichen Interjektionen sind nur relativ motivierte Zeichen: So verleiht ein Deutscher seinem Schmerz Ausdruck durch den ‚spontanen' Ausruf *au!*, ein Franzose hingegen durch *aïe!*. Dies beweist, daß auch bei scheinbar natürlichen sprachlichen Äußerungen Konventionen und somit Arbitrarität im Spiel sind.

Wie wichtig für Saussure die Einsicht in die Arbitrarität des sprachlichen Zeichens war, zeigt ein Blick in die Quellen des *Cours de linguistique générale*, der in der uns vorliegenden Fassung nicht von Saussure selbst stammt, sondern nach seinem Tode aus Vorlesungsmitschriften von seinen Schülern rekonstruiert wurde. Dort findet sich die Formulierung: „radicalement arbitraire". Diese Radi-

45

2. Grundbegriffe der Zeichentheorie (Semiotik)

kalität ist, wie oben bereits angedeutet wurde, dahingehend zu verstehen, daß die Verbindung zwischen Signifikant und Signifikat auf einem doppelten arbiträren Einschnitt in der Lautsubstanz und dem Kontinuum der Ideen beruht. Vigener (1979: 42) deutet dies wie folgt:

> Die Charakterisierung „radicalement arbitraire" (= prinzipiell beliebig bzw. willkürlich) besagt, daß die Beziehung zwischen dem Signifikat und dem Signifikanten des Zeichens nicht als eine kausale, logische oder natürliche gedacht werden kann, da weder etwas an der jeweiligen Inhaltsseite (= concept) eine bestimmte Bezeichnung erzwingt, noch umgekehrt die Lautfolge (= image acoustique) von ihrer Substanz her eine systematisch angebbare Notwendigkeit nahelegt, auf den ihr korrelierenden Inhalt zu verweisen. Die beiden Seiten des Zeichens sind einander sozusagen fremde Größen [...].

Seine Auffassung von der grundlegenden Arbitrarität des Zeichens veranlaßt Saussure sogar zu der Frage, ob nicht-arbiträre Zeichen überhaupt rechtmäßiger Gegenstand der Semiotik sein können (1916: 100). Diese Frage bejaht er, allerdings unter dem Vorbehalt, daß der primäre Untersuchungsbereich der Semiotik die arbiträren Zeichen seien. Seine dominant linguistische Zeichenkonzeption läßt ihn an einer Stelle sogar die Semiotik der Linguistik unterordnen (1916: 101). Es erscheint indes plausibler, die Linguistik als eine Spezialdisziplin der Semiotik zu betrachten, so wie ja auch die Sprache ein spezielles Zeichensystem ist.

Saussures Zeichenmodell unterscheidet sich von herkömmlichen Modellen dadurch, daß es nicht eine Zuordnung von Wörtern und Dingen vornimmt (Sprache als Nomenklatur), sondern eine Zuordnung von Lautbild (*Signifikant*) und Gedanke (*Signifikat*). Die Wirklichkeit ist nicht einfach vorhanden und braucht bloß noch benannt zu werden, sondern das Sprachsystem (*langue*) erzeugt durch *wechselseitige Definition* von (gedanklichen und sprachlichen) *Einheiten* erst jene Wirklichkeit, die wir wahrnehmen können. Zwei wesentliche Merkmale des Sprachzeichens sind seine *Linearität* und seine *Arbitrarität* (Konventionalität). Jedes Sprachzeichen steht in einem doppelten Bezug: *syntagmatisch* ist es mit den umgebenden Zeichen in der Äußerung verbunden, *paradigmatisch* (assoziativ) steht es in Bezug zu abwesenden, ihm lautlich, morphologisch oder semantisch verwandten Zeichen. Die nicht nur für Sprachzeichen typische, radikale Arbitrarität kann partiell eingeschränkt werden durch lautliche *Motivierung* (Onomatopöien). Doch sind auch diese nur zum Teil motiviert, zum Teil konventionell.

2.4   Das Zeichenmodell von Peirce

So wichtig und bahnbrechend Saussures Zeichenkonzeption und seine Überlegungen zur Semiotik auch sind, bedürfen sie doch in mancherlei Hinsicht der Ergänzung und Präzisierung. Als fruchtbar erweist sich dabei der Rekurs auf die Zeichenkonzeption des amerikanischen Philosophen und Logikers Charles S. Peirce (1839–1914). Saussures Zeichenmodell ist, wie dargelegt wurde (→ Kap. 2.3), *binär*. Es beruht auf dem Gegensatz von *signifiant* und *signifié*. Nur implizit bezieht es eine dritte Instanz mit ein, indem Saussure die psychische Dimension des Zeichens, Lautbild und Konzept, betrachtet und somit das Mitwirken eines Zeichenbenutzers präsupponiert. Demgegenüber hat das von Peirce entwickelte Modell den Vorzug, daß es explizit *ternär* oder, wie Peirce selbst sagt, *triadisch* ist und somit der Tatsache Rechnung trägt, daß Zeichen nicht ohne *Zeichenbenutzer* funktionieren können:

> A sign, or *representamen*, is something which stands to somebody for something in some respect or capacity. It addresses somebody, that is, creates in the mind of that person an equivalent sign, or perhaps a more developed sign. That sign which it creates I call the *interpretant* of the first sign. The sign stands for something, its *object*. It stands for that object, not in all respects, but in reference to a sort of idea, which I have sometimes called the *ground* of the representamen. (Peirce 1932: 135; 2.228; Kursivierungen im Text)

> Ein Zeichen oder *Repraesentamen* ist etwas, das jemandem für etwas in einer gewissen Beziehung oder Fähigkeit einsteht. Es wendet sich an jemanden, das heißt, es erzeugt im Geist dieser Person ein äquivalentes Zeichen oder gar ein weiter entwickeltes Zeichen. Das Zeichen, welches dabei erzeugt wird, nenne ich den *Interpretanten* des ersten Zeichens. Das Zeichen steht für etwas, sein *Objekt*. Es steht für dieses Objekt nicht in jeder Hinsicht, sondern in bezug auf eine Art Idee, die ich bisweilen als den *Grund* des Repraesentamens bezeichnet habe.

Die Peircesche Definition enthält noch im Kern die scholastische Bestimmung „aliquid stat pro aliquo": „A sign, or *representamen*, is something which stands [...] for something [...]." Doch ist sie wesentlich differenzierter; an den durch Auslassungszeichen markierten Stellen befinden sich jene Elemente, die die Essenz und Originalität der Peirceschen Zeichenkonzeption ausmachen. Zunächst ist da die Erweiterung der Zeichendyade zur *Triade*. Die Verweisungsfunktion des Zeichens benötigt zu ihrer Vollständigkeit ein Drittes, einen Zeichenbenutzer, an den das Zeichen adressiert ist („It addresses somebody"). Ohne Zeichenbenutzer, so kann man umgekehrt sagen, gibt es keine Zeichen. Damit ist zugleich das Zeichen als *kognitiv-mentales Phänomen* gekennzeichnet.
   Hierin kommen sich übrigens Peirce und Saussure durchaus nahe. Auch letzterer faßt ja, wie oben dargestellt wurde, das Zeichen als die Kombination zweier psychischer Einheiten auf: einer „image acoustique" (Signifikant) und eines

47

2. Grundbegriffe der Zeichentheorie (Semiotik)

„concept" (Signifikat). Signifikanten und Signifikate sind Abstraktionen, die zwischen dem wahrnehmenden Bewußtsein und der Objektwelt vermitteln, indem sie diese gliedern und mitteilbar machen. Die Signifikate sind nicht identisch mit den Objekten, auf die die Zeichen verweisen. Dies sieht Peirce genauso, wenn er sagt: „The sign stands for something, its *object*. It stands for that object, not in all respects, but in reference to a sort of idea [...]". Die Beziehung zwischen Zeichen und Objekt ist ideell vermittelt, und zwar in zweifacher Hinsicht. Zum einen durch „a sort of idea", die Peirce auch als *ground* bezeichnet. Dies entspräche dem Saussureschen Signifikat, einer vom konkreten Objekt abstrahierten Vorstellung. Was bei Peirce gegenüber Saussure noch hinzukommt, ist der Interpretant (*interpretant*). Diese zweite Vermittlungskategorie ist sicherlich auf Anhieb am schwersten zu verstehen. Der Interpretant ist nicht einfach gleichzusetzen mit dem Zeichenbenutzer, obwohl er mit ihm in enger Verbindung steht. Gemeint ist der *dynamische Prozeß der Zeicheninterpretation*. Wenn ein Polizist im Wald eine Leiche und Fußspuren entdeckt, so lösen diese Zeichen in ihm eine Kognition aus, die ihn erkennen läßt, daß ein Verbrechen stattgefunden hat. Der Appell, den die Spuren als Zeichen an ihn richten, erzeugt im Bewußtsein des Polizisten somit ein weiteres Zeichen, welches das erste Zeichen (die Leiche und die Spuren) als Zeichen interpretiert („creates in the mind of that person an equivalent sign, or perhaps a more developed sign").

Dieser Interpretant schließt jedoch den Prozeß der Interpretation noch nicht ab. Er kann dies auch gar nicht, ist er doch selbst ein Zeichen, das heißt, für ihn gilt dieselbe triadische Zeichenrelation wie für das ursprüngliche Zeichen. Auch der Interpretant benötigt, um als Zeichen funktionieren zu können, wiederum einen Interpretanten. Somit ist der durch ein Zeichen im Bewußtsein eines Beobachters ausgelöste Semioseprozeß *potentiell unabschließbar.* An einer Stelle sagt Peirce dies mit folgenden Worten: Ein Zeichen sei „[a]nything which determines something else (its *interpretant*) to refer to an object to which itself refers (its *object*) in the same way, the interpretant becoming in turn a sign, and so on *ad infinitum*." (1932: 169; 2.303; im Text kursiv) [„alles, was etwas anderes (seinen *Interpretanten*) dazu bringt, sich auf ein Objekt zu beziehen, auf das es selbst sich in gleicher Weise bezieht (sein *Objekt*), so daß der Interpretant seinerseits zu einem Zeichen wird, und so weiter *ad infinitum*."]

In der Praxis jedoch ist der Semioseprozeß normalerweise begrenzt, zumal dann, wenn die kognitive Dimension der Zeicheninterpretation eine zeichengesteuerte Handlung zur Folge hat. Der Polizist entdeckt eine Leiche und Spuren eines Kampfes im Wald. Diese Spuren deutet er mit Hilfe eines Interpretanten als Zeichen für ein Verbrechen. Eine genauere kriminologische Untersuchung der Spuren ermöglicht sodann eine Interpretation des ersten Interpretanten durch weitere Interpretanten (etwa: bei dem Verbrechen handelt es sich um einen Raubmord, der fünf Stunden vor Entdeckung der Leiche stattgefunden hat, der Täter ist männlich, mittelgroß, trägt Stiefel mit tiefem Profil und ist in eine be-

2.5 Die Zeichentypen Ikon, Index und Symbol

stimmte Richtung geflüchtet usw.). Anstatt daß aber nun, was potentiell möglich wäre, unendlich viele Interpretanten aneinandergereiht würden, die die Bedeutung (das *object*) des ursprünglichen Zeichens unendlich präzisieren könnten, wird der kognitive Semioseprozeß an einer bestimmten Stelle abgebrochen und in Handlung umgesetzt: Die Polizei leitet eine Fahndung ein, sobald sie aus den Spuren des Verbrechens genügend Informationen über den Täter gewonnen hat.

De iure löst somit zwar jedes Zeichen einen potentiell unendlichen Semioseprozeß aus, de facto aber wird jeder individuelle Semioseprozeß irgendwann abgeschlossen sein, entweder weil er in Handlung umgesetzt werden kann oder weil er prinzipiell nicht abzuschließen ist und deshalb unvollendet abgebrochen werden muß. Letzteres gilt insbesondere für die Interpretation komplexer Zeichenkombinationen, zum Beispiel literarischer Texte oder Kunstwerke, oder für philosophische, religiöse und weltanschaulich-ideologische Fragen.

Was der Peircesche Zeichenbegriff zur präzisen Erfassung semiotischer Sachverhalte beisteuert, ist, daß er
1. dem *Zeichenbenutzer* im Rahmen einer triadischen (dreistelligen) Relation zwischen *Repraesentamen, Objekt* und *Interpretant* einen Platz zuweist und somit die *kommunikative* Dimension des Zeichens hervorhebt;
2. das *Prozeßhafte der Semiose* als eines potentiell unabschließbaren Vorgangs verdeutlicht; der *Interpretant* als dasjenige Zeichen, das im Geist des Zeichenbenutzers angesichts eines Repraesentamens entsteht, muß seinerseits von einem Interpretanten gedeutet werden usw. *Objects*

2.5 Die Zeichentypen Ikon, Index und Symbol

Ein weiterer bedeutender Beitrag von Peirce zur Semiotik besteht in seiner Unterscheidung der drei Zeichentypen *icon, index* und *symbol*.

1. Ein *icon* (Ikon, ikonisches Zeichen) verweist auf sein Objekt durch eine *Ähnlichkeitsbeziehung*. Bilder, Diagramme, Landkarten, algebraische Formeln, ägyptische Hieroglyphen, Onomatopöien – all diese Zeichen beruhen auf einer mehr oder minder ausgeprägten, bisweilen (etwa im Falle von Diagrammen und algebraischen Formeln) stark schematisierten Ähnlichkeit zu den von ihnen bezeichneten Objekten. In der Sprache gibt es – abgesehen von den insgesamt, wie wir sahen, wenig zahlreichen Onomatopöien – Ähnlichkeitsbeziehungen vor allem durch *Metaphern* und *Vergleiche*: *X ist [wie] ein Schrank*, das heißt, X ähnelt hinsichtlich seiner Größe, Massivität, Gestalt einem Schrank; allerdings betrifft die Ähnlichkeit im Gegensatz zur Onomatopöie hier nur das Signifikat, nicht den Signifikanten (zu Metapher und Vergleich → Kap. 6.4).

2. Ein *index* (Index, Indiz, indizielles oder indexikalisches Zeichen, bisweilen spricht man auch von Symptom) steht in einem (temporalen, kausalen, in-

49

2. Grundbegriffe der Zeichentheorie (Semiotik)

strumentalen) *Realbezug* zu seinem Objekt, ist von diesem abgeleitet, produziert, hervorgebracht oder dieses begleitend. Die Spuren im Wald sind indizielle Zeichen. Rauch ist ein Index für Feuer. Blitz und Donner sind Indizien für ein Gewitter. Auch die Sprache besitzt eine Reihe indizieller Zeichen, zum Beispiel Rollendeiktika (‚Personalpronomen' der 1. und 2. Person: *je/nous, tu/vous*), Demonstrativpronomen (*ceci, cela, celui-ci, celui-là*) und -begleiter (*ce, cet, cette*), Possessivpronomen (*mon, ma, mes* usw.) sowie alle deiktischen, auf das „Zeigfeld" (Bühler 1934: 79–148) verweisenden sprachlichen Ausdrücke (*ici, là, à gauche, à droite, en bas, au-dessus* usw.). Die indiziellen Sprachzeichen verankern die sprachliche Äußerung in ihrer konkreten Verwendungssituation, verknüpfen die abstrakte Bedeutung der Sprachzeichen mit dem Hier und Jetzt der Sprechsituation.

3. Damit unterscheiden die indiziellen Zeichen sich von der überwiegenden Mehrzahl der sprachlichen Zeichen, die nach Peirce *symbols* (Symbole) sind, also auf *Konvention* beruhen. (Natürlich haben auch die unter Punkt 2 genannten deiktischen Ausdrücke neben ihrer indiziellen eine symbolische Dimension, denn sie sind keine natürlichen, sondern sprachliche Zeichen.) Mit Saussure kann man sagen, daß die symbolischen Zeichen arbiträr sind, insofern zwischen Zeichen und Objekt keine wie auch immer motivierte (ikonische oder indizielle) Beziehung besteht. Somit sind sie die abstraktesten Zeichen, deren Verstehbarkeit in höchstem Maße auf vorheriger Kenntnis des Codes beruht. So heißt es bei Peirce:

> Any ordinary word, as „give," „bird," „marriage," is an example of a symbol. It is *applicable to whatever may be found to realize the idea connected with the word;* it does not, in itself, identify those things. It does not show us a bird, nor enact before our eyes a giving or a marriage, but supposes that we are able to imagine those things, and have associated the word with them. (Peirce 1932: 168; 2.298; Kursivierungen im Text)

> Jedes gewöhnliche Wort wie „geben", „Vogel", „Heirat" ist ein Beispiel für ein Symbol. Es ist *auf alles anwendbar, von dem man feststellen mag, daß es die mit dem Wort verbundene Idee verwirklicht;* das Symbol selbst identifiziert diese Dinge nicht. Es zeigt uns keinen Vogel und führt uns nicht einen Akt des Gebens oder eine Heirat vor Augen, sondern es beruht auf der Annahme, daß wir fähig sind, uns diese Dinge vorzustellen, und daß wir mit ihnen das betreffende Wort verbinden.

Exkurs zum Symbolbegriff

Der Symbolbegriff macht aufgrund seiner Mehrdeutigkeit einen terminologischen Exkurs erforderlich.

(1) In *alltagssprachlicher Verwendung* bedeutet *Symbol* soviel wie „[Kenn-, Wahr]zeichen, durch das ein bestimmter geistiger Sachverhalt stellvertretend

Exkurs zum Symbolbegriff

sinnlich wahrnehmbar angezeigt, dargestellt, verkörpert, umrissen wird" (Köster 1969: 867). Ein Synonym für *Symbol* in dieser Verwendungsweise ist das Wort *Sinnbild*. Als Beispiele nennt das zitierte Wörterbuch etwa die Taube als Symbol des Friedens und das Herz als Symbol der Liebe. In diesem Verständnis ist *Symbol* in etwa gleichbedeutend mit dem Begriff der *Allegorie*, den dasselbe Lexikon definiert als „sinnbildlich-sichtbare Veranschaulichung unanschaulicher Begriffe und Ideen", zum Beispiel Justitia, eine Frau mit verbundenen Augen, Schwert und Waage, als Allegorie der Gerechtigkeit (1969: 37). In dieser alltagssprachlichen Bedeutung als Beinahe-Synonym von *Allegorie* ist der Symbolbegriff überflüssig. Dennoch wird er häufig in genau dieser Bedeutung verwendet.

(2) Aus *historischer Perspektive* erlangt der Symbolbegriff im Rahmen der romantischen Ästhetik und Zeichentheorie eine besondere Bedeutung, die vielfach die literaturwissenschaftliche Begriffsverwendung bis heute prägt. Bis 1790 ist der Begriff entweder gleichbedeutend mit *Allegorie, Emblem, Chiffre*, hat also eine der heutigen umgangssprachlichen Verwendung (siehe Punkt 1) entsprechende Bedeutung. Oder aber er bezeichnet abstrakte, rein arbiträre Zeichen (die mathematischen Symbole: =, +, – usw.) (Todorov 1977: 236). Unter dem Einfluß von Kant und Schiller nimmt Goethe sodann in verschiedenen Schriften eine Neubestimmung des Symbolbegriffs vor, indem er ihn in Opposition zum Allegoriebegriff setzt. So sagt er in den *Maximen und Reflexionen* (Nr. 751 und 752 der *Hamburger Ausgabe*):

> Es ist ein großer Unterschied, ob der Dichter zum Allgemeinen das Besondere sucht oder im Besondern das Allgemeine schaut. Aus jener Art entsteht Allegorie, wo das Besondere nur als Beispiel, als Exempel des Allgemeinen gilt; die letztere aber ist eigentlich die Natur der Poesie, sie spricht ein Besonderes aus, ohne ans Allgemeine zu denken oder darauf hinzuweisen. Wer nun dieses Besondere lebendig faßt, erhält zugleich das Allgemeine mit, ohne es gewahr zu werden, oder erst spät.
> Das ist die wahre Symbolik, wo das Besondere das Allgemeinere repräsentiert, nicht als Traum und Schatten, sondern als lebendig-augenblickliche Offenbarung des Unerforschlichen. (Goethe, 471)

Der Allegorie geht es nach dieser Auffassung um das Allgemeine, dem Symbol um das Besondere. Der Allegorie wäre demnach eine Verweisungsfunktion explizit eingeschrieben, sie wäre transitiv, das Symbol hingegen wäre primär intransitiv, es würde auf das Besondere um seiner selbst willen verweisen („ohne ans Allgemeine zu denken oder darauf hinzuweisen"), und der Rezipient würde das Allgemeine nur indirekt, beiläufig mitgeliefert bekommen („ohne es gewahr zu werden") beziehungsweise geradezu als wundersame „Offenbarung des Unerforschlichen". Die semiotische Struktur des Symbols wäre dieser Auffassung zufolge eine paradoxe, das Symbol ein Zeichen, das eigentlich keines ist. Hier stellt sich die Frage, ob Allegorie und Symbol tatsächlich derart gegeneinander auszu-

2. Grundbegriffe der Zeichentheorie (Semiotik)

spielen sind und ob nicht vielmehr in einer bestimmten, nämlich *poetischen* Verwendungsweise alle sprachlichen Zeichen jene paradoxe Verweisungsfunktion haben können, die Goethe speziell für das Symbol reklamiert (→ Kap. 6.5). Dafür würde sprechen, daß Goethe den Symbolbegriff geradezu als Synonym für das Poetische verwendet. Daraus ergeben sich jedoch neue Probleme: Wenn Poesie deckungsgleich mit symbolischer Sprache ist, ist dann die dichterische Allegorie auch symbolisch? Oder muß man allegorische Dichtung aus dem Bereich der Poesie ausgrenzen? Dann aber wäre der Symbolbegriff nicht mehr analytisch-deskriptiv, sondern normativ. Die Frage wäre außerdem, woran der Zeichenbenutzer erkennen soll, ob es sich bei einer bestimmten Zeichenkomplexion um ein Symbol oder eine Allegorie handelt. Todorov (1977: 241) weist darauf hin, daß der Unterschied letztlich in der Rezeption, also in der Einstellung des Zeichenempfängers begründet liegt und somit an der Struktur des Zeichens gar nicht erkennbar ist.

Die Feinheiten des Goetheschen Symbolbegriffs sollen uns hier nicht weiter beschäftigen. Festzuhalten bleibt, daß in der Romantik, deren exemplarischer Vertreter Goethe in zeichentheoretischer Hinsicht ist, die vormals synonymen Begriffe *Symbol* und *Allegorie* einander gegenübergestellt und in ein Hierarchieverhältnis gebracht werden. Das Symbol gilt als produktiv, intransitiv und motiviert, hat eine paradoxe Verweisungsfunktion und verkörpert durch seine die Ratio überschreitenden Eigenschaften die romantische Poesie schlechthin. Die Allegorie ist demgegenüber transitiv, arbiträr und rational, das heißt, sie folgt einem vorgegebenen Muster oder Klischee, ist code-abhängig, also unoriginell. Als solche verkörpert sie die traditionelle Poesie, die die Romantik zu überwinden trachtet. Das Symbol ist, so Goethe darüber hinaus, unerschöpflich, durch Interpretation nicht auslotbar, während die Allegorie ohne Rest in ihrer Verweisungsfunktion aufgeht (Todorov 1977: 243). Wer *Symbol* in dieser Bedeutung verwendet, sollte sich der historischen und ästhetischen (polemisch gegen die ältere Dichtung gerichteten) Implikationen des Begriffs bewußt sein.

(3) *Etymologisch* (wortgeschichtlich) leitet sich der Begriff von griech. *symbolon* her (zu *syn*, ‚zusammen‘, und *ballein*, ‚werfen‘). Ein *symbolon* ist ein Zusammengefügtes, etwa ein in mehrere Teile zerlegter Ring, der, wieder zusammengesetzt, den Besitzern der Fragmente als Erkennungszeichen dient. Ein solches Erkennungszeichen bedarf vorheriger Übereinkunft. Darauf beruft sich Peirce (1932: 167 f.; 2.297), um seine Verwendung des Symbolbegriffs im oben definierten Sinne zu rechtfertigen: Ein Symbol ist ein auf Konvention beruhendes, arbiträres Zeichen. Es spricht einiges dafür, den Begriff in diesem allgemeinen, nüchternen Sinn zu gebrauchen, nicht nur, weil diese Verwendungsweise der Etymologie gerecht wird, sondern vor allem deshalb, weil der Begriff durch die wertenden Konnotationen, die ihm in der romantischen Ästhetikdiskussion beigegeben wurden, seine analytische Trennschärfe weitgehend verloren hat (Bedeutung 2) und weil er in der Bedeutung (1) durch geeignete Synonyme (*Al-*

52

legorie, Sinnbild) ersetzt werden kann. Da jedoch viele Autoren den Begriff in einer der beiden anderen Bedeutungen verwenden, war es erforderlich, auf diese hinzuweisen, auch wenn hier vorgeschlagen wird, ihnen nicht zu folgen. In der vorliegenden Einführung wird der Begriff hinfort im Sinne von Peirce verwendet.

Die drei Zeichentypen (Ikon, Index und Symbol) sind aus der Sicht der Literaturwissenschaft vor allem deshalb von Bedeutung, weil mit ihrer Hilfe ein Spezifikum literarischer, speziell poetischer Texte beschreibbar wird. Diese tendieren nämlich dazu, die Arbitrarität der Sprachzeichen aufzuheben, indem sie sie auf sekundärer Ebene zu motivierten Zeichen machen. Poetische Texte verwenden zwar wie alle sprachlichen Äußerungen primär die symbolischen Zeichen. Durch eine spezielle Anordnung und Verdichtung derselben auf der Ebene der Sekundärstrukturen gelingt es poetischen Texten aber häufig, sie zu indiziellen und ikonischen Zeichen werden zu lassen (→ Kap. 6).

2.6   Semiotik und Literaturwissenschaft

In einem ganz elementaren Sinne ist die Literaturwissenschaft ebenso wie die Linguistik eine Spezialdisziplin der Semiotik, denn die wissenschaftliche Untersuchung literarischer Texte setzt eine Kenntnis sowohl der allgemeinen Eigenschaften von Zeichen als auch speziell des sprachlichen Primärcodes voraus, dessen sich die Texte bedienen (etwa des Französischen, des Englischen, des Deutschen). Es ist aber auch die Beherrschung der wissenschaftlichen Metasprache erforderlich, wie sie Semiotik und Linguistik entwickelt haben. Diese Metasprache dient der Beschreibung und Analyse sprachlicher Phänomene.

Die Literaturwissenschaft hat im Rückgriff auf die Linguistik und die Semiotik Beschreibungsmodelle für literarische Texte entwickelt. Zwei wesentliche Voraussetzungen hierfür sind die in den beiden Disziplinen gewonnenen Erkenntnisse, daß Texte

a) sich aus *mehreren Konstitutionsebenen* zusammensetzen und

b) in einen *Kommunikationszusammenhang* eingebettet sind.

Im folgenden werden zunächst die Textkonstitutionsebenen und ihre Interaktion beschrieben (→ Kap. 2.6.1), bevor dann die Kommunikationsmodelle von Bühler und Jakobson vorgestellt werden (→ Kap. 2.6.2). Sodann wird auf eine kommunikative Besonderheit literarischer Texte eingegangen, ihre Situationsabstraktheit (→ Kap. 2.6.3).

2. Grundbegriffe der Zeichentheorie (Semiotik)

2.6.1   Die Textkonstitutionsebenen und ihre Interaktion

Die *Konstitutionsebenen* lassen sich schematisch wie folgt unterscheiden: Texte haben eine *lautliche* (phonetische), eine *lexikalische*, eine (morpho-)*syntaktische* und eine *semantische* Ebene. Hinzu kommt die *pragmatische* Ebene, die all jene Aspekte umfaßt, welche mit der kommunikativen Funktion von Texten zusammenhängen.

Die einzelnen Ebenen sind in einer gegebenen sprachlichen Äußerung zwar *kopräsent* (gleichzeitig wirksam), doch zeigt eine genauere Analyse, daß sie *hierarchisch aufeinander aufbauen*. Bedeutungsunterscheidende Einzellaute (*Phoneme*) werden zu Silben und Wörtern (*Lexemen*) zusammengesetzt (*phonetische* und *lexikalische Ebene*). Die Wörter werden nach den Gesetzen der Morphologie und der Syntax zu Sätzen und Texten verknüpft (*morpho-syntaktische Ebene*). Sowohl als einzelne wie auch in ihrer Kombination haben die Wörter eine Bedeutung (*semantische Ebene*). Dabei muß man zwischen der virtuellen, lexikalisierten und der im Textzusammenhang aktualisierten (kontextuellen) *Wortbedeutung* einerseits, sowie der *Satz-* beziehungsweise *Textbedeutung* andererseits unterscheiden. Texte sind mehrfach geschichtete und gegliederte Zeichengebilde, sie haben eine Struktur.

Die Konstitutions- und Artikulationsebenen stehen nun, wie sich bereits aus ihrer hierarchischen Ordnung ergibt, nicht beziehungslos nebeneinander, sondern in komplexer Wechselwirkung (Interaktion). Die *Bedeutung* eines Textes resultiert vereinfacht gesagt aus der *Interaktion der lexikalischen und der syntaktischen Ebene*: Indem ich Wörter, die bedeutungshaltig sind, zu Sätzen und Texten verknüpfe, erzeuge ich bedeutungshaltige Äußerungen. Die Bedeutung der Gesamtäußerung ist dabei nicht die bloße Bedeutungssumme der Einzellexeme, sondern sie ist das Resultat einer komplexen Interaktion. Die Textanalyse hat folglich nicht nur die einzelnen Ebenen zu beschreiben, sondern auch und vor allem ihr Zusammenspiel. Bei poetischen Texten kommt hinzu, daß auch die normalerweise nur bedeutungs*unterscheidende* Lautebene in die Bedeutungs*konstitution* mit einbezogen wird.

Betrachten wir das Zusammenwirken von lexikalischer und syntaktischer Ebene an einem Beispiel. Wir kennen die Bedeutung(en) der Lexeme *aller, poser* und *livre*. Finden wir diese Lexeme zu folgendem Satz verknüpft: „Allons, pose ce livre.", so können wir nicht sagen, die Bedeutung des Satzes ergebe sich aus der Addition der einzelnen Lexembedeutungen. Die Bedeutung des Satzes ist nicht, daß er die Tätigkeiten des Gehens und des Weglegens und eine Aussage über ein Buch kombiniert. *Allons* hat überhaupt nichts mit ‚Gehen' zu tun, sondern ist das sprachliche Zeichen für eine Aufforderung, entsprechend etwa dem deutschen ‚Na los!'. Die Aufforderung wird in dem zitierten Satz ein zweites Mal in der imperativischen Verbform *pose* markiert. Der Adressat des Satzes wird durch ihn aufgefordert, ein bestimmtes Buch aus der Hand zu legen. Welches

2.6 Semiotik und Literaturwissenschaft

Buch gemeint ist, ergibt sich erst aus dem weiteren Verlauf des Romans von Marcel Bénabou, *Jette ce livre avant qu'il soit trop tard* (1992), an dessen Beginn der zitierte Satz steht. (Es handelt sich um ein Buch, das der Ich-Erzähler auf seinem Schreibtisch entdeckt, dessen Herkunft er aber nicht kennt. Dieses Buch, dessen erste Zeilen zu Beginn des Romans zitiert werden, fordert seinen Leser in einem paradoxen Sprechakt auf, es nicht zu lesen. Natürlich wird der Erzähler sich nicht an diese Aufforderung halten, woraus sich dann die Handlung des Romans entwickelt, aber das soll uns hier nicht weiter interessieren.)

Wichtig ist, daß wir erkennen, wie die Syntax die drei Lexeme *aller, poser* und *livre* in einen hierarchisch geordneten Zusammenhang bringt, der in seiner Gesamtheit die Bedeutung eines Sprechakts hat, in diesem Fall einer Aufforderung, etwas nicht zu tun. Nicht die bloße Kenntnis der einzelnen Lexeme und ihrer Bedeutungen, sondern erst die Kenntnis der zur Anwendung gebrachten morphologischen und syntaktischen Regeln und Operationen ermöglicht es, den Satz zu verstehen. Die syntaktische Kombination sorgt auch dafür, daß eine von mehreren möglichen Bedeutungen eines Lexems aktualisiert wird. In dem Satz „Nous allons faire une promenade." hat *allons* eine andere Bedeutung als in „Allons, pose ce livre." Dies ist ein weiterer Beleg für das Zusammenwirken von lexikalischer und syntaktischer Ebene, aus dem heraus sich die Bedeutung eines Satzes ergibt.

2.6.2 Die Kommunikationsmodelle von Bühler und Jakobson

Die Bedeutung des zitierten Satzes von Bénabou ergibt sich im wesentlichen aus dessen pragmatisch-kommunikativer Dimension: Der Sprecher des Textes fordert den Leser auf, den Text nicht zu lesen. Dadurch gewinnt die Äußerung *Handlungscharakter* (vgl. hierzu Bühler 1934 und Searle 1969 sowie zum Handlungscharakter literarischer Texte Stierle 1975). Dieser Aspekt ist im folgenden näher zu betrachten. Texte haben als komplexe Zeichengebilde immer auch eine kommunikative Dimension. Denn Zeichen stehen, wie oben anhand der Ausführungen zu Peirce gezeigt wurde, in einem doppelten Bezug: Sie sind Zeichen *für etwas* (Bezug zum Objekt) und *für jemanden* (Bezug zum Interpretanten). Daher ist bei der Textanalyse die pragmatische Ebene, das heißt das Verhältnis zwischen Zeichen und Zeichenbenutzern, unbedingt mit zu berücksichtigen.

Dies läßt sich am besten mit Hilfe eines *Kommunikationsmodells* veranschaulichen. Karl Bühler (1879–1963) entwickelte im Rückgriff auf Platon das *Organonmodell* der Sprache: „Ich denke, es war ein guter Griff PLATONS, wenn er im Kratylos angibt, die Sprache sei ein *organum*, um einer dem andern etwas mitzuteilen über die Dinge." (1934: 24) Das Organonmodell unterscheidet folglich die beiden Instanzen *Sender* und *Empfänger,* die sich mittels *Zeichen* über

55

2. Grundbegriffe der Zeichentheorie (Semiotik)

Gegenstände und Sachverhalte verständigen. Das Zeichen steht somit in einem dreifachen Bezug:

- zum Sender,
- zum Empfänger,
- zu den Gegenständen und Sachverhalten.

Dabei kommt ihm in jeder der drei Hinsichten eine spezielle Funktion zu: „Es ist *Symbol* kraft seiner Zuordnung zu Gegenständen und Sachverhalten, *Symptom* (Anzeichen, Indicium) kraft seiner Abhängigkeit vom Sender, dessen Innerlichkeit es ausdrückt, und *Signal* kraft seines Appells an den Hörer, dessen äußeres oder inneres Verhalten es steuert wie andere Verkehrszeichen." (Bühler 1934: 28) Bühler spricht alternativ auch von der Darstellungs-, der Ausdrucks- und der Appellfunktion.

Dieses bahnbrechende Modell greift Roman Jakobson (1896–1982) auf und erweitert es durch die Einbeziehung des Sprachcodes (*code*), des den Kontakt zwischen Sender und Empfänger herstellenden Kanals (*contact*) und des Sprachzeichens selbst (*message*). Auf all dies kann ein Zeichen nämlich Bezug nehmen, um es zum Gegenstand der Mitteilung zu machen. Somit ergeben sich insgesamt sechs verschiedene *Sprachfunktionen*: die senderbezogene *expressive* und die empfängerbezogene *appellative* Funktion sowie die auf Gegenstände und Sachverhalte (*context*) bezogene *referentielle* (besser: semantische) Funktion. Diese drei Funktionen entsprechen der Ausdrucks-, Appell- und Darstellungsfunktion bei Bühler.

Nimmt eine Botschaft Bezug auf den Sprachcode, so hat sie eine *metasprachliche* Funktion („Was bedeutet der Ausdruck *supplément* bei Derrida?", „Freud schreibt verständlicher als Lacan."). Die *phatische* Sprachfunktion wird dann aktiviert, wenn über den Sender und Empfänger verbindenden Kanal kommuniziert wird oder eine Äußerung dazu dient, den Kontakt herzustellen beziehungsweise aufrechtzuerhalten, etwa durch die Meldung am Telefon mit „Hallo?" oder Sätze wie: „Können Sie mich in der letzten Reihe akustisch verstehen?", „Diese Handschrift ist unleserlich." Manche Kommunikationsakte haben dominant phatische Funktion, weil sie nur der Herstellung und Aufrechterhaltung eines Kontaktes dienen, etwa wenn man sich aus Verlegenheit über das Wetter unterhält. Bezieht eine Botschaft sich auf sich selbst zurück, indem sie ihre sprachliche Verfaßtheit hervorkehrt oder sich durch bestimmte Strukturmerkmale von normaler, alltäglicher Sprache unterscheidet, so wird laut Jakobson die *poetische* Sprachfunktion aktiviert (→ Kap. 6.5). Das Kommunikationsmodell läßt sich wie folgt schematisch darstellen (vgl. Jakobson 1960: 22–27):

	Kontext (*referentiell*)	
Sender (*expressiv*)_____	Botschaft (*poetisch*)_____	Empfänger (*appellativ*)
	Kontakt (*phatisch*)	
	Code (*metasprachlich*)	

56

2.6 Semiotik und Literaturwissenschaft

2.6.3 Die Situationsabstraktheit literarischer Texte und die textinterne Sprechsituation

Der kommunikative Charakter sprachlicher Äußerungen, ihre Einbettung in eine konkrete Situation mit den Instanzen Sender und Empfänger sowie den Gegenständen und Sachverhalten, ihre Bezogenheit auf einen Code und einen Kontaktkanal – all dies gilt prinzipiell auch für literarische Texte. Allerdings ist zu bedenken, daß ein wesentliches Merkmal literarischer Texte ihre Situationsabstraktheit ist. Diese resultiert aus der Tatsache, daß literarische Texte im Hinblick auf einen Überlieferungszusammenhang geschaffen werden, das heißt auf eine Mehrfachverwendung hin entworfen sind. Konstitutiv für literarische Texte ist daher das Moment der Speicherung, der Überlieferung, im weitesten Sinne der Schriftlichkeit (zum grundlegenden Zusammenhang von Text und Überlieferung vgl. Ehlich 1983 und die diesbezüglichen Ausführungen in der → Einleitung).

Die (potentielle) Mehrfachverwendung beraubt literarische Texte von vornherein jenes absolut individuellen und einmaligen Charakters, der für Sprechakte ansonsten typisch ist. Wenn der Astronaut Neil Armstrong am 20. 7. 1969 beim Betreten der Mondoberfläche geäußert hat: „That's one small step for a man, one giant leap for mankind." [„Dies ist ein kleiner Schritt für einen Menschen, aber ein riesiger Sprung für die Menschheit."], so war einerseits durch den situativen Kontext eindeutig geklärt, welcher Schritt mit der Äußerung gemeint war, andererseits ist die Äußerung in exakt derselben Bedeutung nicht wiederholbar, denn nach Armstrong wird nie wieder ein Mensch zum ersten Mal als Teilnehmer eines bemannten Weltraumfluges als erster Mensch seinen Fuß auf den Mond setzen.[*] Diese aus der Situationsverhaftung resultierende Einmaligkeit einer Äußerung, ihre Nicht-Wiederholbarkeit unterscheidet sie fundamental von literarischen Äußerungen. Natürlich sind auch literarische Texte in bezug auf ihre Entstehung in einem bestimmten historischen Augenblick etwas Einmaliges. Doch sind sie auf eine prinzipiell unbegrenzte Wiederholbarkeit in der Rezeption ausgerichtet und daher von Beginn an der unmittelbaren, einmaligen Situation ihrer Entstehung enthoben. Ihnen ist stets schon ein Moment des Überindividuellen, des Allgemeinen, des Abstrakten beigegeben. Wie anders könnte man sie sonst jenseits ihrer unmittelbaren Entstehungssituation ohne genaue Kenntnis dieser Situation verstehen?

---

[*] Nach offizieller Auskunft der NASA hat Armstrong den oben zitierten Satz beim Betreten der Mondoberfläche geäußert. Tatsächlich aber ist ihm ein kleiner, allerdings sinnentstellender Versprecher unterlaufen; er sagte nämlich „one small step for man" [„ein kleiner Schritt für den Menschen"], also genau das Gegenteil dessen, was er sich zu sagen vorgenommen hatte (vgl. *Die Zeit*, 15. 7. 1999, 36). Für den obigen Argumentationszusammenhang kommt es aber auf die offizielle, in die Geschichtsbücher eingegangene Version an.

2. Grundbegriffe der Zeichentheorie (Semiotik)

Betrachten wir als Beispiel ein Gedicht von Marceline Desbordes-Valmore aus dem Jahre 1825:

Souvenir

Quand il pâlit un soir, et que sa voix tremblante
S'éteignit tout à coup dans un mot commencé;
Quand ses yeux, soulevant leur paupière brûlante,
Me blessèrent d'un mal dont je le crus blessé;
Quand ses traits plus touchants, éclairés d'une flamme
    Qui ne s'éteint jamais,
S'imprimèrent vivants dans le fond de mon âme;
    Il n'aimait pas, j'aimais!

Erinnerung

Als er erbleichte eines Abends, als zitternd seine Stimme jäh in einem angefangnen Wort erlosch; als brennend unter heißen Lidern seine Augen mich verwundeten, daß ich erkrankte, an einem Übel, dran ich ihn verwundet glaubte; als seine Züge, rührender, von einer Flamme erhellt, die nie erlischt, lebendig sich mir in die tiefste Seele prägten, – er nicht, ich liebte!

(Übers. Friedhelm Kemp)

Der Text ist eine Liebesklage. Der Sprecherin wird durch Erinnerung bewußt, daß ihre Liebe zu einem bestimmten Zeitpunkt nicht (mehr) erwidert wurde. Nun kennen wir als Leser weder die Sprecherin noch ihren Geliebten noch auch die genauen Umstände der offenbar gescheiterten, zum Sprechzeitpunkt nur noch erinnerten (vielleicht auch niemals realisierten) Liebesbeziehung. Dennoch ist der Text für uns ohne weiteres verständlich. Dies rührt daher, daß die Semantik des Textes von so hoher Allgemeinheit ist, daß wir das Gesagte verstehen und das Nichtgesagte, nämlich das Leiden und die Ergriffenheit der Sprecherin, ergänzen können. Dabei versetzen wir uns an die Stelle der Sprecherin, der Text wird als veröffentlichter Text gewissermaßen frei für eine von jedem Leser eigens zu leistende ‚Besetzung'. Er spricht nicht vom Besonderen, nur in einer einzigen Situation Verständlichen, selbst wenn er aus einer persönlichen Erfahrung der Autorin heraus entstanden sein mag, sondern er spricht vom Allgemeinen. Nur deshalb kann er Teil der anonymen öffentlichen Kommunikation werden.

Eine wichtige Voraussetzung für diese allgemeine Lesbarkeit ist die Tatsache, daß die Situationsabstraktheit literarischer Texte durch das Vorhandensein einer Sprechsituation auf der Ebene des Dargestellten aufgefangen wird. Man nennt dies die *textinterne Sprechsituation* literarischer Texte. Das Kommunikationsmodell ist somit für literarische Texte dahingehend zu modifizieren, daß die *Kommunikationsinstanzen verdoppelt* werden (Jakobson 1960: 42). Die textexternen, realen Instanzen Sender und Empfänger haben auf der textinternen

2.6 Semiotik und Literaturwissenschaft

Ebene ihre Entsprechung als fiktive Instanzen (als Sprecher- beziehungsweise Hörerrolle). Im Prinzip finden sich in jedem beliebigen Text als Sprechakt Spuren der Sprechsituation (Sender und Empfänger, Bezugnahme auf das Hier und Jetzt der Sprechsituation usw.). Doch sind der textexterne Sender und der textinterne Sprecher in alltagssprachlichen Äußerungen identisch. Ihre kommunikationstheoretisch fundierte Differenz macht sich aufgrund der Situationsangebundenheit alltagssprachlicher Texte nicht bemerkbar. Wird ein Text jedoch seiner ursprünglichen Gebrauchssituation entrissen oder ist er wie die literarischen Texte von vornherein nicht für eine konkrete Verwendung in einer lebensweltlichen Situation konzipiert, so wird die Differenz zwischen textexterner und textinterner Sprechsituation aktualisiert. Das Fehlen einer realen Sprechsituation wird in literarischen Texten somit kompensiert durch die Aktualisierung der textinternen, fiktiven Sprechsituation, die pragmatische Stellvertreterfunktion übernimmt. Sie kann als Rezeptionsmodell dienen. Im Text finden sich nämlich Sprecher- und häufig auch Hörerinstanzen, die die Rekonstruktion einer Sprechsituation ermöglichen und somit anzeigen, wie der Text gelesen werden kann. (Zur textinternen Sprechsituation vgl. auch Dirscherl 1975 und → Kap. 6.3.1).

Den Unterschied zwischen einfachen, lebensweltlichen Sprechakten und literarischen Sprechakten mit verdoppelten Kommunikationsinstanzen kann man sich an einem Beispiel verdeutlichen. Wenn ich meinen französischen Freunden mitteilen möchte, daß ich längere Zeit früh zu Bett gegangen bin, so kann ich sagen: „Longtemps, je me suis couché de bonne heure." *Je* verweist hier auf mich als den realen Sprecher. Genau dieser Satz steht am Anfang von Prousts Roman *À la recherche du temps perdu* (1913–1927). Dort verweist *je* indes nicht auf den Autor Marcel Proust, sondern auf den fiktiven Erzähler des Romans. Die Differenz zwischen realem Autor und fiktivem Erzähler wird in Prousts Roman sogar mehrfach hervorgehoben. Der Erzähler ist nicht die reale Person, die den Text geschrieben hat, sondern die fiktive Figur, die ihn erzählt und deren Rolle jedesmal, wenn ein Leser den Text liest, von neuem aktualisiert wird. Im Gegensatz zum Autor Proust, der 1922 starb, ist sein Erzähler sozusagen konstitutiv unsterblich, kann er uns doch auch heute noch seinen Text erzählen.

So, wie der Erzähler eine textinterne Sprecherrolle, der fiktive Statthalter des Autors gewissermaßen, ist, wendet er sich an einen fiktiven Leser, dessen Stelle der reale Leser im Lektüreakt dann rollenhaft besetzen kann. Sender und Empfänger sind im literarischen Kommunikationsakt verdoppelt. Es gilt daher bei der Analyse literarischer Texte, die pragmatische Dimension mit zu berücksichtigen, allerdings vornehmlich die *textinterne Pragmatik.* Die bloße Analyse der lexikalischen, syntaktischen und semantischen Ebene reicht nicht aus.

2. Grundbegriffe der Zeichentheorie (Semiotik)

Texte bestehen aus mehreren *Konstitutionsebenen* (der phonetischen, der lexikalischen, der morpho-syntaktischen und der semantischen). Diese bauen hierarchisch aufeinander auf und stehen zueinander in komplexer *Interaktion.* Da Texte kommunikativen Zwecken dienen, ist die sie fundierende Ebene die der *Pragmatik* (Sprechsituation). Beschreiben läßt sich die Pragmatik mit Hilfe der *Kommunikationsmodelle* von Bühler und Jakobson. Literarische Texte zeichnen sich gegenüber Gebrauchstexten, die in einer konkreten Sprechsituation verankert sind, durch *Situationsabstraktheit* aus, da sie auf Wiedergebrauch ausgerichtet sind. Die Situationsabstraktheit wird kompensiert durch das Vorhandensein einer *Sprechsituation auf textinterner Ebene.* Generell sind literarische Texte durch die *Verdoppelung der Kommunikationsinstanzen* gekennzeichnet.

2.7 Selbstbezüglichkeit: Semiotik als Gegenstand literarischer Texte

Literarische Texte fallen einerseits, wie gezeigt wurde, als Zeichengefüge in den Bereich semiotischer Sachverhalte und setzen somit beim Literaturwissenschaftler semiotische Kenntnisse voraus. Andererseits sind literarische Texte nicht selten *selbstbezüglich* und *reflektieren ihre eigene semiotische Verfaßtheit.* Vorgänge der Kommunikation, der Zeichenproduktion und -interpretation bis hin zur Herstellung und Verwendung literarischer Texte sind in allen Epochen Gegenstand der Literatur gewesen. Wie solche Selbstbezüglichkeit aussehen und wie man sie mit den Begriffen der Semiotik analysieren kann, soll im folgenden an einigen Beispielen demonstriert werden. Die Theorie führt somit zur Textanalyse hin.

Das erste Beispiel zeigt, wie die Literatur in Gestalt des Märchens und des auf die Märchentradition zurückgreifenden *conte philosophique* die elementare semiotische Fähigkeit des *Spurenlesens* thematisiert und überliefert. Literatur erweist sich dabei als Speicher einer wichtigen kulturellen Praxis. In diesem Kapitel war schon mehrfach von Spuren im Wald die Rede, die der Polizei unter bestimmten Umständen zu Zeichen für Verbrecher und Verbrechen werden können. Nach Peirce handelt es sich hierbei um indizielle Zeichen. Die Bedeutung indizieller Zeichen für die Geschichte der Menschheit ist zentral, wie Ginzburg in einem bemerkenswerten Aufsatz hervorgehoben hat:

> Jahrtausendelang war der Mensch Jäger. Im Verlauf zahlreicher Verfolgungsjagden lernte er es, aus Spuren im Schlamm, aus zerbrochenen Zweigen, Kotstücken, Haarbüscheln, verfangenen Federn und zurückgebliebenen Gerüchen Art, Größe und Fährte von Beutetieren zu rekonstruieren. Er lernte es, spinnwebfeine Spuren

2.7 Selbstbezüglichkeit: Semiotik als Gegenstand literarischer Texte

zu erahnen, wahrzunehmen, zu interpretieren und zu klassifizieren. Er lernte es, blitzschnell komplexe geistige Operationen auszuführen, im Dickicht des Waldes wie auf gefährlichen Lichtungen. (Ginzburg 1979: 69)

Die Fähigkeit des Spurenlesens besteht darin, „in scheinbar nebensächlichen empirischen Daten eine komplexe Realität aufzuspüren, die nicht direkt erfahrbar ist" (1979: 70), das heißt, der Jäger ‚liest' die Spuren und rekonstruiert eine Geschichte, deren einfachste Fassung lautet: „Jemand ist dort vorbeigekommen." (Ebd.) Mit großer Wahrscheinlichkeit, so Ginzburg, besteht sogar ein Zusammenhang zwischen dieser Fähigkeit und der *Erfindung der Schrift*.

Wissen über diese in Jahrtausenden der Spezialisierung ausgeprägte Fähigkeit verdanken wir – abgesehen von Felsmalereien und Gebrauchsgegenständen – literarischen Texten, insbesondere Märchen, in denen sich wie in Mythen häufig kulturelles Wissen sedimentiert. Einschlägig ist hier das Märchen von den drei Brüdern: „[...] sie treffen einen Mann, der ein Kamel oder, in anderen Versionen, ein Pferd verloren hat. Ohne zu zögern beschreiben sie es ihm: es ist weiß, auf einem Auge blind, trägt zwei Schläuche auf dem Rücken, einen mit Wein, den anderen mit Öl gefüllt. Sie haben es also gesehen? Nein, gesehen haben sie es nicht. Also werden sie wegen Diebstahl angeklagt und müssen sich einer Gerichtsverhandlung stellen. Für die Brüder ist es ein Triumph: sofort und ohne Mühe demonstrieren sie, wie sie das Aussehen eines Tieres, das sie nie gesehen haben, mit Hilfe kleinster Indizien rekonstruieren konnten." (Ginzburg 1979: 69)

Dieses Märchen verwendet Voltaire im dritten Kapitel seiner philosophischen Erzählung *Zadig ou La destinée* (1747 unter dem Titel *Memnon* erschienen). Der Hund der Königin von Babylon und das schönste Pferd des Königs sind entlaufen. Man fragt Zadig, ob er die Tiere gesehen habe. Er kann sie, obwohl sie ihm nicht begegnet sind, genau beschreiben und wird deshalb – wie die drei Brüder des Märchens – als mutmaßlicher Dieb verhaftet. Vor Gericht erläutert er, wie er anhand kleinster Spuren und Indizien Gestalt und Eigenarten der Tiere erschließen konnte. Seine Strafe in Höhe von 400 Unzen Gold wird ihm erlassen, doch behalten die Beamten des Königs 398 Unzen als Gerichtskosten ein. Nachdem Zadig erkannt hat, wie gefährlich es in einem despotisch regierten Staat sein kann, wenn man sein semiotisches Wissen preisgibt, beschließt er, künftig bei nächster Gelegenheit zu verschweigen, was er gesehen hat. Doch auch dies wirkt sich zu seinem Nachteil aus. Ein Gefangener bricht aus, Zadig hat ihn an seinem Fenster vorbeikommen sehen, leugnet dies und wird der Lüge überführt. Zur Strafe muß er diesmal 500 Unzen Gold zahlen.

Die Fähigkeit, indizielle Zeichen zu interpretieren, ist Voraussetzung einer stattlichen Reihe *kultureller Praktiken* bis hin zu den modernen Humanwissenschaften. Wahrsagekunst, Physiognomik, Graphologie, aber auch Rechtswissenschaft, Philologie, Medizin und Psychoanalyse beruhen auf dem alten, von Ginz-

2. Grundbegriffe der Zeichentheorie (Semiotik)

burg so genannten „Indizienparadigma". Damit setzen sie sich aus dem Blickwinkel der modernen Naturwissenschaften, die die Verifikation von Hypothesen durch Experiment und exakte Messung verlangen, dem Verdacht der Unwissenschaftlichkeit aus. Gleichwohl ist der auf Interpretation beruhende und daher grundsätzlich fehlbare Umgang mit indiziellen Zeichen eine unhintergehbare Notwendigkeit des menschlichen Lebens. Auch die Literaturwissenschaft steht in der Tradition des Indizienparadigmas. Das Beispiel sollte zeigen, daß man, wenn man literarische Texte mit semiotischen Begriffen analysiert, ihnen nicht etwas überstülpt, das ihnen wesensfremd wäre. Im Gegenteil, die Literatur besitzt ein semiotisches Wissen, das man mit Hilfe der wissenschaftlichen Semiotik nur deutlicher sichtbar machen kann.

Das zweite Beispiel handelt von einer *Semiotik der Verführung*. Wer in der Gesellschaft Erfolg haben möchte, muß die verschiedenen Codes zwischenmenschlichen Verhaltens ebenso beherrschen wie die indiziellen Zeichen für menschliche Gefühlsregungen. Dies gilt ganz besonders für einen Verführer wie Valmont aus Laclos' Briefroman *Les Liaisons dangereuses* (1782). Valmont hat es sich zum Ziel gesetzt, die tugendhafte und fromme Présidente de Tourvel zu verführen. Als er ihr während eines Spaziergangs beim Überqueren eines Grabens behilflich ist, kommt sie ihm so nahe, daß er sie scheinbar absichtslos an seine Brust drücken kann. „[...] dans ce court intervalle, je sentis son cœur battre plus vite. L'aimable rougeur vint colorer son visage, et son modeste embarras m'apprit assez *que son cœur avait palpité d'amour et non de crainte*." (Brief VI; im Text kursiv) [„in dieser kurzen Zeitspanne spürte ich, wie ihr Herz schneller schlug. Eine anmutige Röte stieg ihr ins Gesicht, und ihre bescheidene Verlegenheit zeigte mir deutlich, *daß ihr Herz aus Liebe und nicht aus Furcht geklopft hatte*."] Ob Valmonts Interpretation des Herzklopfens als Indiz für Verliebtsein korrekt ist, bleibt an dieser Stelle offen. (Erst nach einer langwierigen, durch viele Rückschläge und Fehldeutungen behinderten, schließlich mit Hilfe von Lüge und Täuschung zum Ziel führenden ‚Kampagne' gelingt es Valmont, Mme de Tourvel zu verführen. Nachdem sie sich lange dagegen gewehrt hat, gesteht sie ihm schließlich ihre Liebe.)

Wie sehr die *Interpretation* einer sprachlichen Äußerung vom *Kontext* und vom *Vorwissen* des *Adressaten* abhängt, zeigt sich in den Briefen XLVII und XLVIII der *Liaisons dangereuses*. Der Leser, dem der Briefwechsel zwischen allen Beteiligten vorliegt, erfährt in Brief XLVII (Valmont an Merteuil), daß Valmont eine Nacht mit der Prostituierten Émilie verbracht und in ihrem Bett einen glühenden Liebesbrief an Mme de Tourvel geschrieben hat, der mit folgenden Worten beginnt:

C'est après une nuit orageuse, et pendant laquelle je n'ai pas fermé l'œil; c'est après avoir été sans cesse ou dans l'agitation d'une ardeur dévorante, ou dans

2.7 Selbstbezüglichkeit: Semiotik als Gegenstand literarischer Texte

l'entier anéantissement de toutes les facultés de mon âme, que je viens chercher auprès de vous, Madame, un calme dont j'ai besoin, et dont pourtant je n'espère pas jouir encore. En effet, la situation où je suis en vous écrivant, me fait connaître, plus que jamais, la puissance irrésistible de l'amour; j'ai peine à conserver assez d'empire sur moi pour mettre quelque ordre dans mes idées; et déjà je prévois que je ne finirai pas cette Lettre, sans être obligé de l'interrompre. (Brief XLVIII)

Nach einer stürmischen Nacht, in der ich kein Auge zugetan habe; nachdem ich die ganze Zeit über entweder von einer verzehrenden Glut erhitzt wurde oder aber alle meine Seelenkräfte völlig zerstört waren, wende ich mich an Sie, Madame, um eine Ruhe zu finden, die ich benötige und von der ich doch noch nicht hoffen kann, sie zu genießen. Die Lage nämlich, in der ich mich befinde, während ich Ihnen schreibe, läßt mich mehr als je zuvor die unwiderstehliche Macht der Liebe spüren; es fällt mir schwer, mich genügend zu beherrschen, um ein wenig Ordnung in meine Gedanken zu bringen; und schon sehe ich voraus, daß ich diesen Brief nicht beenden werde, ohne ihn unterbrechen zu müssen.

Wer wie Mme de Tourvel die Entstehungssituation des Briefes nicht kennt, wird die Ausdrücke „nuit orageuse", „agitation d'une ardeur dévorante" und „anéantissement de toutes les facultés de mon âme" als Metaphern und Beschreibungen eines ungestillten Begehrens lesen. Wer wie der Leser hingegen weiß, daß Valmont beim Schreiben des Briefes Émilies nackten Körper als Unterlage benützt, liest die Ausdrücke als Metaphern und Metonymien für den mehrfach vollzogenen Sexualakt, der mit der Niederschrift des Briefes alterniert (zu Metapher und Metonymie → Kap. 6.4). Am Text selbst deutet nichts auf die ‚wahre' Bedeutung der einzelnen Ausdrücke hin. Nur das Wissen über die *pragmatische Situierung* dieses Briefes ermöglicht dessen adäquate Decodierung. Dabei ist zu bedenken, daß der Brief nicht nur eine *doppelte Lesbarkeit* besitzt, sondern auch einen *doppelten Adressatenbezug*. Gegenüber Mme de Tourvel verfolgt Valmont eine andere kommunikative Absicht als gegenüber seiner libertinistischen Freundin Mme de Merteuil, die den Brief ebenfalls zu lesen bekommt. Tourvel möchte er von der Aufrichtigkeit seiner Liebe überzeugen, gegenüber Merteuil hingegen will er sein libertinistisches Raffinement unter Beweis stellen. Streng genommen läßt sich gar nicht entscheiden, welche Bedeutung die ‚wahre' ist, in gewisser Weise sind beide Lesarten gleichberechtigt. Denn wie sich im Verlauf des Romans zeigen wird, ist Valmont zugleich Libertin und Liebender, und an diesem Rollenkonflikt wird er schließlich zugrundegehen. In jedem Falle aber ist Valmont wie auch die ihm überlegene Merteuil ein Meister der Semiotik, sowohl was die Interpretation als auch was die Produktion von Zeichen in täuschender und verbergender Absicht betrifft.

Das dritte Beispiel soll zeigen, daß, wenn ein literarischer Text semiotische Vorgänge thematisiert, er damit auch explizit über sich selbst sprechen kann. Manche Texte, insbesondere solche des 20. Jahrhunderts, versehen die Darstellung semio-

2. Grundbegriffe der Zeichentheorie (Semiotik)

tischer Vorgänge mit einer *poetologischen Bedeutung*, das heißt, sie beziehen semiotische Sachverhalte auf die ihnen inhärente Theorie über sich selbst. Dies sei an einer Stelle aus Prousts *À la recherche du temps perdu* demonstriert. Die Großmutter des Ich-Erzählers ist erkrankt. Einer ihrer Ärzte, Du Boulbon, diagnostiziert – wie sich zeigen wird, zu Unrecht – eine Nervenkrankheit. Nun wird im Text einerseits deutlich gemacht, daß die medizinische Diagnostik eine semiotische Angelegenheit ist. Der Arzt deutet körperliche *Indizien* als *Zeichen für Krankheiten*. Dabei besteht allerdings immer das Risiko eines Irrtums. Andererseits wird durch Du Boulbon das Semiotische poetologisch aufgeladen: Er ist nämlich ein Freund und Bewunderer des Schriftstellers Bergotte, eines der künstlerischen Vorbilder des Erzählers, der selbst die Absicht hat, Schriftsteller zu werden, und der am Ende des Romans nach langer, vergeblicher Suche endlich ein geeignetes Thema für sein Werk finden wird: sein eigenes Leben. Du Boulbons Rede ist voller literarischer Anspielungen. So empfiehlt er der kranken Großmutter, auf den Champs-Élysées spazieren zu gehen, „près du massif de lauriers qu'aime votre petit-fils. Le laurier vous sera salutaire. Il purifie. Après avoir exterminé le serpent Python, c'est une branche de laurier à la main qu'Apollon fit son entrée dans Delphes. Il voulait ainsi se préserver des germes mortels de la bête venimeuse. Vous voyez que le laurier est le plus ancien, le plus vénérable et [...] le plus beau des antiseptiques." (*Recherche*, II, 599; *Le côté de Guermantes*) [„bei der Gruppe von Lorbeerbäumen, die Ihr Enkel so gern mag. Der Lorbeer wird Ihnen gut bekommen. Er reinigt. Nachdem er die Pythonschlange vernichtet hatte, betrat Apollo Delphi mit einem Lorbeerzweig in der Hand. Dadurch wollte er sich vor den tödlichen Keimen der giftigen Bestie schützen. Sie sehen also, daß der Lorbeer das älteste, das ehrwürdigste und (...) das schönste Antiseptikum ist."] Apollo und der Dichterlorbeer werden mit medizinischen Qualitäten zusammengebracht. Das Medizinisch-Semiotische und das Poetische verbinden sich in vielfacher Weise in der Episode von der Krankheit der Großmutter.

Nun wurde schon angedeutet, daß Du Boulbons Diagnose einer nervösen Erkrankung falsch ist. In Wahrheit leidet die Großmutter an Urämie (Harnvergiftung). Während des vom Arzt empfohlenen Spaziergangs auf den Champs-Élysées erleidet sie einen Schlaganfall, der eine Aphasie (Verlust des Sprechvermögens) nach sich zieht und an dessen Folgen sie schließlich stirbt. Auch der Erzähler berichtet am Ende des Romans, daß er einen Schlaganfall gehabt habe und unter Aphasie leide. Zahlreiche Korrespondenzen, die hier nicht alle aufgezeigt werden können, etablieren somit eine enge Relation zwischen den Sphären der Semiotik und des Poetologischen, so daß diese einander wechselseitig substituieren können. Das bedeutet aber nichts anderes, als daß die Rede über semiotische Sachverhalte im Roman sich autoreferentiell auf den Text selbst zurückbezieht.

Literaturhinweise

Die genannten Beispiele mögen deutlich machen, wie wichtig die Kenntnis semiotischer Konzepte für das Verständnis literarischer Texte ist. Die Komplexität des Themas ist damit keineswegs ausgeschöpft. Es sollte nur ein möglicher Weg aufgezeigt werden, auf dem man sich der Literatur von der Semiotik aus nähern kann.

Literaturhinweise

Bénabou, Marcel, *Jette ce livre avant qu'il soit trop tard*, Paris 1992.

Desbordes-Valmore, Marceline, *Souvenir*, in: *Französische Dichtung 2: Von Corneille bis Gérard de Nerval. Zweisprachig.* Herausgegeben von Hanno Helbling und Federico Hindermann, München 1990, 178 f.

Goethe, Johann Wolfgang von, *Werke. Hamburger Ausgabe in 14 Bänden.* Band 12: *Schriften zur Kunst.* Textkritisch durchgesehen von Erich Trunz, kommentiert von Herbert von Einem. *Schriften zur Literatur. Maximen und Reflexionen.* Textkritisch durchgesehen und kommentiert von Hans Joachim Schrimpf, [9]1981, Nachdruck München 1982.

Laclos, Pierre-Ambroise-François Choderlos de, *Les Liaisons dangereuses ou Lettres recueillies dans une société, et publiées pour l'instruction de quelques autres*, in: *Œuvres complètes.* Texte établi, présenté et annoté par Laurent Versini, Paris 1979, 1–386.

Proust, Marcel, *À la recherche du temps perdu.* Édition publiée sous la direction de Jean-Yves Tadié, 4 Bde, Paris 1987–89.

Voltaire, *Zadig ou La destinée. Histoire orientale*, in: *Romans et contes.* Édition établie par Frédéric Deloffre et Jacques Van den Heuvel, Paris 1979, 55–123.

Bühler, Karl (1934), *Sprachtheorie. Die Darstellungsfunktion der Sprache*, Stuttgart [2]1965.

Cassirer, Ernst (1923), *Philosophie der symbolischen Formen. Erster Teil: Die Sprache*, Darmstadt 1972.

Davidson, Donald (1997), „Seeing through Language", in: J. Preston (Hg.), *Thought and Language. Royal Institute of Philosophy Supplement* 42, Cambridge, 15–27.

Dirscherl, Klaus (1975), *Zur Typologie der poetischen Sprechweisen bei Baudelaire. Formen des Besprechens und Beschreibens in den „Fleurs du Mal"*, München.

Eco, Umberto (1972), *Einführung in die Semiotik*, autorisierte deutsche Ausgabe, aus d. Ital. v. J. Trabant, München.

Ehlich, Konrad (1983), „Text und sprachliches Handeln. Die Entstehung von Texten aus dem Bedürfnis nach Überlieferung", in: A. und J. Assmann/C. Hardmeier (Hg.), *Schrift und Gedächtnis*, München, 24–43.

Ginzburg, Carlo (1979), „Spurensicherung. Der Jäger entziffert die Fährte, Sherlock Holmes nimmt die Lupe, Freud liest Morelli – die Wissenschaft auf der Suche nach sich selbst", aus d. Ital. von G. Bonz, in: C. Ginzburg, *Spurensicherungen*, Berlin 1983, 61–96.

Goodman, Nelson (1976), *Sprachen der Kunst. Entwurf einer Symboltheorie*, aus d. Engl. v. B. Philippi, Frankfurt/M. 1997.

2. Grundbegriffe der Zeichentheorie (Semiotik)

Jakobson, Roman (1960), „Linguistics and Poetics", in: ders., *Selected Writings*, hg. v. S. Rudy, Bd. 3: *Poetry of Grammar and Grammar of Poetry*, The Hague-Paris-New York 1981, 18–51.

Köster, Rudolf et al. (Hg.) (1969), *DBG Lexikon der deutschen Sprache*, Berlin-Darmstadt-Wien.

Nagl, Ludwig (1992), *Charles Sanders Peirce*, Frankfurt/M.-New York.

Peirce, Charles S. (1932), *Collected Papers*, Bd. 2: *Elements of Logic*, hg. v. C. Hartshorne und P. Weiss, Cambridge, Mass. 1965, 129–173.

Saussure, Ferdinand de (1916), *Cours de linguistique générale*, hg. v. C. Bally, A. Sechehaye und A. Riedlinger, Paris 1967.

Searle, John R. (1969), *Speech Acts. An Essay in the Philosophy of Language*, Cambridge u. a. 1990.

Stierle, Karlheinz (1975), *Text als Handlung. Perspektiven einer systematischen Literaturwissenschaft*, München.

Todorov, Tzvetan (1977), *Théories du symbole*, Paris 1985.

Trabant, Jürgen (1976), *Elemente der Semiotik*, München.

Vigener, Gerhard (1979), *Die zeichentheoretischen Entwürfe von F. de Saussure und Ch. S. Peirce als Grundlagen einer linguistischen Pragmatik*, Tübingen.

3. Literatur und ihre medialen Voraussetzungen

3.1 Kommunikation und Medien

Ein wesentliches Merkmal von Kommunikation ist die Übertragung einer Mitteilung von einem Sender zu einem Empfänger. Es ist klar, daß diese Übertragung nicht ohne *sinnliche Wahrnehmung* funktionieren kann. Wahrnehmbar sind materielle Phänomene wie Licht, Schall, Berührung, Wärme usw. Was Jakobson (1960) als *contact* (Kanal) bezeichnet, meint nichts anderes als solche physikalisch-materiellen Phänomene, welche der Empfänger sinnlich (visuell, akustisch, taktil, olfaktorisch, gustativ) wahrnehmen kann. Die mitzuteilende Botschaft kann nur innerhalb dieses materiellen Rahmens existieren. Sie bedarf dabei eines sinnlich wahrnehmbaren Trägers, eines *Mediums*, in dem sie sich artikulieren kann. Auch wenn dies oft vergessen wird, ist diese Medialität oder auch „Materialität der Kommunikation" (Gumbrecht/Pfeiffer 1988) grundsätzlich unhintergehbar. Eine literaturwissenschaftliche Betrachtung von Texten, die nicht auch deren materiell-mediale Voraussetzungen mit einbezöge, wäre unzureichend.

Bei räumlich-zeitlicher *Kopräsenz von Sender und Empfänger* dient der *Körper* als Medium der Kommunikation. Die Mitteilung kann sprachlich, gestisch, mimisch oder etwa durch Berührungen erfolgen. Sie artikuliert sich im Medium des Körpers, was sich am Beispiel sprachlicher Kommunikation wie folgt beschreiben läßt: Die Stimmbänder, Mund- und Nasenhöhle, Zunge, Zähne und Lippen produzieren Laute und Lautketten, die nach Maßgabe eines Sprecher und Hörer gemeinsamen Codes (eines Regelsystems) als sinnvolle Aussagen zu interpretieren sind. Diese sprachlichen Aussagen werden gestisch und mimisch begleitet und dadurch verstärkt, vereindeutigt oder auch gestört. Der Körper dient im beschriebenen Fall als akustisches und visuelles Medium.

Sind *Sender und Empfänger* hingegen räumlich und/oder zeitlich *getrennt*, so bedarf es *distanzüberbrückender Medien*. Diese Funktion kann bei *räumlicher Distanz* ein *Bote* erfüllen, der die Mitteilung auswendig lernt und sie dem Empfänger überbringt. Das ist ein wichtiges Instrument zur Bildung größerer gesellschaftlicher und kultureller Einheiten, die ja darauf beruhen, daß die Aufträge des Herrschers an die entfernt lebenden Untertanen übermittelt werden. Kulturen benötigen darüber hinaus die Möglichkeit, *zeitliche Distanz* zu überbrücken. So kann identitäts- und sinnstiftendes kulturelles Wissen mündlich von Generation zu Generation weitergegeben werden, wobei die das Wissen übermittelnden Personen (Eltern, Weise, Priester, Schamanen) als Medien fungieren. Eine medienlose Kommunikation gibt es demnach nicht, auch wenn man sich dessen bei der

3. Literatur und ihre medialen Voraussetzungen

Verwendung des Begriffs *Medien* meist nicht bewußt ist. In der Regel nämlich versteht man *Medien* im eingeschränkten Sinn als etwas Materiell-Technisches (Schriftrolle, Manuskript, Buch, Presse, Fernsehen, Computer usw.).

Diese *technische Konnotation des Medienbegriffs* erklärt sich daraus, daß die Medien im engeren Sinn Erfindungen sind, die dazu dienen, den *Körper als Primärmedium zu ersetzen*. Denn je komplexer und umfassender ein Gesellschaftssystem ist, desto häufiger besteht die Notwendigkeit, auf Distanz zu kommunizieren. Nun ist es rationeller, zur Überbrückung der Distanz zwischen Sender und Empfänger nicht den Körper und das Gedächtnis eines – möglicherweise vergeßlichen – Boten zu belasten, sondern einen *geschriebenen Text* zu verwenden. Das setzt allerdings die Existenz eines Schriftsystems voraus, die Möglichkeit, Mitteilungen so aufzuzeichnen, daß der materielle Träger (Papyros, Pergament, Seide, Papier) transportabel ist, sowie die Vertrautheit der Kommunikationsteilnehmer mit diesem System. Die Überbringung der Botschaft erfordert dann zwar weiterhin einen Boten, doch muß dieser seinen Körper nicht mehr als Kommunikationsmedium und vor allem nicht als Speicher einsetzen. Die Erfindung der Schrift ermöglicht demnach eine *Spezialisierung*. Die für die Distanzkommunikation wesentlichen Funktionen der *Speicherung* und der *Übertragung* werden getrennt. Der Bote ist nur noch Überbringer und nicht mehr Speicher der Botschaft. Infolgedessen kann er ein Vielfaches an Botschaften überbringen; man denke nur an den Postboten, der täglich Hunderte von Briefen zustellt. Auch ist die schriftliche Aufzeichnung zuverlässiger als die Speicherung im Gedächtnis, denn ein geschriebener Text ist im Prinzip unveränderlich, es sei denn, man manipuliert oder zerstört ihn.

Das Beispiel der *Schrift* führt zu der Einsicht, daß die Bedingungen und Möglichkeiten der Kommunikation und, darauf aufbauend, des gesellschaftlichen und kulturellen Systems in entscheidender Weise von medialen Voraussetzungen abhängen und mit diesen in Wechselwirkung stehen. Eine schriftlose Gesellschaft etwa wird in ganz anderer Weise verwaltet als eine, die über die Möglichkeit schriftlicher Fixierung von Gesetzen und Bestimmungen verfügt. Ohne Schrift kann es kein Rechtssystem im uns vertrauten Sinn geben, denn das Fehlen geschriebener Gesetze macht es unmöglich, sich bei der Rechtsprechung auf intersubjektiv überprüfbare Normen zu berufen. Vergleichbar nachhaltige Auswirkungen wie die Schrift haben die *elektronischen Medien*. So steht die Politik heute mehr denn je zuvor im Zeichen der Omnipräsenz des Fernsehens und der von ihm ermöglichten weltweiten Übertragung von Ereignissen in Echtzeit. Ein Krieg etwa wird unter diesen Bedingungen ganz anders geführt als in früherer Zeit; man denke an den Golfkrieg aus dem Jahr 1991 oder den Kosovokrieg 1999, die mindestens ebenso sehr Kriege der elektronischen Bilder waren wie Kriege der Soldaten und Bomben. Politisches Handeln kann sich den medialen Rahmenbedingungen nicht entziehen.

3.2 Walter Benjamins Medientheorie

Wenn Kommunikation allgemein von einem medialen Apriori bestimmt wird, so gilt dies in besonderer Weise für die Literatur, die ja nichts anderes ist als ein Spezialfall von Kommunikation (→ Kap. 1 und 2.6). Im folgenden soll zunächst die Medientheorie von Walter Benjamin vorgestellt werden, weil sie einen ersten Zugang zur Problematik eröffnet. Danach wird ein Blick auf drei unterschiedliche Epochen geworfen, um die Zusammenhänge zwischen Literatur und medialem Apriori im historischen Wandel sichtbar zu machen. Es soll gezeigt werden, welche Spuren die technisch-medialen Aufschreibesysteme jeweils in den literarischen Texten hinterlassen und was dies für den Stellenwert, die Funktion und die Selbstdefinition der Literatur bedeutet.

3.2   Walter Benjamins Medientheorie

Einer der ersten, der die Relevanz medienhistorischer Bedingungen für die künstlerische Kommunikation erkannt hat, war Walter Benjamin (1892–1940). In seinem berühmten „Kunstwerk"-Aufsatz untersucht er die Auswirkungen der im 19. Jahrhundert entwickelten Reproduktionstechniken Lithographie und Photographie auf den Status des Kunstwerks. (Er unterscheidet terminologisch nicht zwischen Kunst und Literatur; was er über die Kunst sagt, gilt bei ihm auch für die Literatur als Teilbereich der Kunst.) Zwar seien Kunstwerke grundsätzlich immer reproduzierbar, das heißt manuell kopierbar gewesen, auch habe es lange schon technische Reproduktionsverfahren wie Guß, Prägung, Holzschnitt und Buchdruck gegeben, doch erst mit der Erfindung von Lithographie und Photographie habe die Reproduktionstechnik eine „grundsätzlich neue Stufe" (1936: 10) erreicht, die sich dadurch auszeichne, daß Bilder nunmehr in bisher nie dagewesener Schnelligkeit hergestellt, reproduziert und somit massenhaft verbreitet werden könnten. Die Lithographie sei die Grundlage der illustrierten Zeitung, die Photographie die Basis für den Tonfilm (das heißt für zwei heute so genannte ‚Massenmedien'). Dieser medientechnische Wandel wirke sich auf den Status des Kunstwerks dahingehend aus, daß es seine „Aura", sein „einmaliges Dasein an dem Orte, an dem es sich befindet" (11), einbüße. „Die Reproduktionstechnik, so ließe sich allgemein formulieren, löst das Reproduzierte aus dem Bereich der Tradition ab. Indem sie die Reproduktion vervielfältigt, setzt sie an die Stelle seines einmaligen Vorkommens sein massenweises. Und indem sie der Reproduktion erlaubt, dem Aufnehmenden in seiner jeweiligen Situation entgegenzukommen, aktualisiert sie das Reproduzierte." (13) Während sich das traditionelle Bild durch „Einmaligkeit und Dauer" (15) auszeichne, stehe dessen technische Reproduktion unter dem Zeichen von „Flüchtigkeit und Wiederholbarkeit" (ebd.). Dies korreliere mit den *Wahrnehmungsgewohnheiten* der modernen Menschen, welche nach dem Abbau auratischer Ferne und nach der Aufhebung des Einmaligen in dessen Reproduktion strebten. „Die Entschälung des Gegenstandes

3. Literatur und ihre medialen Voraussetzungen

aus seiner Hülle, die Zertrümmerung der Aura, ist die Signatur einer Wahrnehmung, deren ‚Sinn für das Gleichartige in der Welt' so gewachsen ist, daß sie es
mittels der Reproduktion auch dem Einmaligen abgewinnt." (15 f.)

Wahrnehmungsgewohnheiten und *technisch-mediale Bedingungen* stehen also, wie Benjamin erkannt hat, in *Wechselwirkung* zueinander, und beide sind historisch wandelbar. Da Wahrnehmung und Kommunikation miteinander zusammenhängen, ist es einleuchtend, daß geänderte Wahrnehmungsbedingungen und
mediale Voraussetzungen nicht ohne Auswirkungen auf den *Stellenwert des
Kunstwerks* bleiben können, welches im Rahmen der gesellschaftlichen Kommunikation einen privilegierten Platz einnimmt. Nun besitzt das Kunstwerk nicht einen Wert an sich, sondern ein solcher erwächst ihm erst aus seiner jeweiligen, historisch spezifischen Funktion. So hängt die „auratische Daseinsweise" (16) des
traditionellen Kunstwerks aufs engste mit seiner „Ritualfunktion" zusammen:
„Der einzigartige Wert des ‚echten' Kunstwerks hat seine Fundierung im Ritual,
in dem es seinen originären und ersten Gebrauchswert hatte" (ebd.). Diese Ritualfunktion wird in der Renaissance säkularisiert (verweltlicht); an die Stelle der
rituellen Funktion der Kunst tritt ein „profane[r] Schönheitsdienst" (17). Wie
stark jedoch die ursprüngliche Affinität von Kunst und Religion nach Jahrhun-
derten der Säkularisierung in Wahrheit noch nachwirkt, zeigt sich im 19. Jahrhundert, als die Kunst auf die durch die Photographie bewirkte Erschütterung ihrer Grundlagen mit der „Lehre vom l'art pour l'art, die eine Theologie der Kunst
ist" (ebd.), reagiert. „Aus ihr ist dann weiterhin geradezu eine negative Theologie
in Gestalt der Idee einer ‚reinen' Kunst hervorgegangen, die nicht nur jede soziale Funktion sondern auch jede Bestimmung durch einen gegenständlichen Vorwurf ablehnt. (In der Dichtung hat Mallarmé als erster diesen Standort erreicht.)"
(Ebd.) Diese Entwicklung deutet Benjamin als Symptom für die erstmalige
Emanzipation des Kunstwerks von seinem „parasitären Dasein am Ritual" (ebd.).

Dadurch aber, so Benjamin weiter, werde die Kunst frei für eine „Fundierung auf Politik" (18), wie am Beispiel des Films gezeigt werden könne. Diese
moderne Kunstform besitze ein revolutionäres Potential, das sich in dreifacher
Weise nutzbar machen lasse: 1. Durch die rasanten technischen Fortschritte, denen sich der Film verdanke, komme es zu einer zunehmenden Nivellierung der
Differenz zwischen Produzenten und Rezipienten. Im Zuge dieser Nivellierung
erhalte die arbeitende Bevölkerung die Möglichkeit, sich selbst auf der Leinwand
darzustellen und dadurch die eigene gesellschaftliche Situation zu reflektieren
(29 f.). – 2. Infolge der angesprochenen Nivellierung vereinige der Kinozu-
schauer in sich eine genießende und eine kritische Haltung, die „Haltung des
fachmännischen Beurteilers". Daher könne das Publikum ästhetisch anspruchs-
volle Leistungen wie zum Beispiel die Filme Chaplins – im Gegensatz zu den
Gemälden Picassos – angemessen würdigen und zugleich genießen (32 ff.). – 3.
Kraft der ihm eigenen Ambivalenz von Zerstreuung und gesteigerter Aufmerksamkeit, welch letztere aus der „Chockwirkung" (39) des Films resultiere, über-

nehme der Film die Aufgabe, eine in der Massengesellschaft notwendig gewordene, neuartige Apperzeption (Wahrnehmung) einzuüben, welche man als Gewöhnung an das Neue in der Zerstreuung auffassen könne (39–41).

Man muß Benjamins optimistische Ansichten hinsichtlich des Films nicht teilen und kann doch seine entscheidende medientheoretische Einsicht anerkennen, wonach der *Stellenwert des Kunstwerks in Wechselwirkung mit technisch-medialen Rahmenbedingungen* steht; diese fördern bestimmte *Wahrnehmungsformen*, von denen auch das Kunstwerk erfaßt wird. Es existiert nicht an sich, sondern hat eine *Funktion* innerhalb der Gesellschaft (etwa *Ritual* oder *Politik*). Diese Funktion hängt damit zusammen, wie es wahrgenommen wird: als etwas *Einmalig-Auratisches* und daher Fernes oder als etwas beliebig *Reproduzierbares* und somit Nahes. Technisch-mediale Bedingungen bilden eine Basis für Traditionsbildung im Bereich der Kunst und Literatur. Solche Traditionen bleiben unterschwellig oft über die Jahrhunderte hinweg wirksam, auch wenn sich die Rahmenbedingungen und somit die Funktion der Kunst längst geändert haben.

3.3   Drei Aufschreibesysteme

Aufschreibesystem definiert Kittler als „das Netzwerk von Techniken und Institutionen [...], die einer gegebenen Kultur die Adressierung, Speicherung und Verarbeitung relevanter Daten erlauben" ([3]1995: 519). Das Aufschreibesystem ist das technisch-mediale Apriori der Kommunikation. Da es von technischen Erfindungen und Möglichkeiten abhängt, ist es historisch wandelbar. Auch die Produktion (Entstehung), Distribution (Verbreitung) und Rezeption (Aufnahme) von Literatur ist gebunden an die Bedingungen des jeweiligen Aufschreibesystems. Es handelt sich daher um völlig unterschiedliche Phänomene, wenn ein des Lesens nicht kundiger Zeitgenosse von Aliénor d'Aquitaine (12. Jahrhundert) die *Chanson de Roland* oder einen Roman von Chrétien de Troyes in einer mündlichen Vortragssituation rezipiert, wenn ein humanistisch gebildeter Leser des 16. Jahrhunderts Rabelais oder Montaigne liest oder wenn ein bürgerlicher Leser des 19. Jahrhunderts einen von Balzac oder Sue geschriebenen Fortsetzungsroman in der Zeitung verfolgt. Das hängt damit zusammen, daß die Aufschreibesysteme des 12., des 16. und des 19. Jahrhunderts völlig unterschiedlich sind. Im folgenden soll ein vergleichender Blick auf diese drei fundamental verschiedenen Aufschreibesysteme geworfen werden: das System der mittelalterlichen Manuskriptkultur, das auf dem Buchdruck beruhende System der humanistischen Gelehrtenkultur und das System der von der Presse dominierten Massenkommunikation in der ersten Hälfte des 19. Jahrhunderts. Es wird sich dabei trotz aller historischen Unterschiede auch zeigen, daß literarische Texte ein tiefverwurzeltes Traditionselement besitzen, welches darin besteht, daß sie ihren eigenen medial-kommunikativen Status reflektieren. Im Sinne des in der → Einleitung beschrie-

3. Literatur und ihre medialen Voraussetzungen

benen Zusammenhangs von Literatur und Gedächtnis könnte man in dieser medialen Selbstreflexion eine Konstante literarischer Texte erblicken.

3.3.1 Literatur zwischen Mündlichkeit und Manuskriptkultur (Mittelalter)

Bis zum 12. Jahrhundert gab es eine hauptsächlich von Klerikern getragene, dominant lateinische Manuskriptkultur. Texte wurden von Hand abgeschrieben und waren dementsprechend selten und teuer. Der größte Teil der Bevölkerung konnte weder lesen noch schreiben; dies galt nicht nur für Bauern und Handwerker, sondern weitgehend auch für den Adel. An den Fürstenhöfen bildete sich jedoch im 12. Jahrhundert eine Laienkultur heraus, in der die volkssprachliche weltliche Dichtung gefördert wurde. Es entstand die Gattung des höfischen Romans, die an die Schrift gebunden war, deren Rezeption aber häufig durch mündliches Vorlesen (etwa im Rahmen höfischer Feste) erfolgte. Daneben gab es die *chanson de geste* (das Heldenlied), die ursprünglich mündlich überliefert worden war. Der mündliche Vortrag wurde von Spielleuten, den sogenannten *Jongleurs* (von lat. *ioculator*, ‚Witzbold, Possenreißer'), geleistet. Diese waren nicht die Autoren der mündlich überlieferten ‚Texte', sondern deren Speicher und Vermittler, das heißt, sie dienten den ‚Texten' als Medium. Allerdings ist ihr kreativer Anteil an der von Aufführung zu Aufführung variierenden ‚Text'gestalt nicht zu unterschätzen. Diese ‚Texte' wurden im 12. Jahrhundert zum Teil verschriftlicht – anderenfalls würden wir heute über keine Quellentexte verfügen –, doch handelt es sich um Zeugnisse einer Kultur der Mündlichkeit. Da im Mittelalter Schriftlichkeit neben Mündlichkeit existierte und da beide miteinander interferierten, spricht man auch von der „Semi-Literalität" der Epoche (vgl. z. B. Butzer 1995).

Im folgenden sollen Spuren von Mündlichkeit in der *chanson de geste* aufgezeigt werden. Bekannteste Vertreter der Gattung des Heldenliedes sind in altfranzösischer Sprache die *Chanson de Roland*, in mittelhochdeutscher Sprache das *Nibelungenlied*. Beide Texte sind in ihrer formalen Perfektion eher untypisch für die Gattung; sie tragen deutliche Spuren einer schriftlichen Bearbeitung in sich. Wie der Gattungsname andeutet, handelt es sich um gesungene epische Dichtung. Jauß (1961) weist darauf hin, daß der strukturelle Ursprung des Heldenliedes die Sage ist. Ein historisch wahrer Kern (Sage) verbindet sich häufig mit einer Märtyrerlegende und wird mündlich tradiert. Somit greift die *chanson de geste* in die kollektive Vergangenheit zurück, sie enthält eine „epische Wahrheit", die vom Publikum als historisch verbürgt aufgefaßt wird. Historie, Kult und Fiktion sind in dieser Gattung noch nicht getrennt.

Die schriftlich überlieferten Fassungen der *chansons de geste* bewahren zahlreiche Merkmale der Mündlichkeit beziehungsweise der Aufführungssituation, wie im folgenden dargelegt werden soll. Betrachten wir zunächst ein Textbeispiel. *Le Couronnement de Louis* beginnt mit folgenden Worten:

3.3 Drei Aufschreibesysteme

Oiez, seignor, que Deus vos seit aidanz!
Plaist vos oïr d'une estoire vaillant
Bone chançon, corteise et avenant?
Vilains joglere ne sai por quei se vant
Nul mot en die tresque on li comant.
De Looïs ne lairai ne vos chant
Et de Guillelme al Cort Nés le vaillant,
Qui tant sofri sor sarrazine gent;
De meillor ome ne cuit que nuls vos chant.

Hört, Ihr Herren, Gott möge Euch helfen!
Beliebt es Euch, von einer Geschichte von Tapferkeit
Ein gutes, höfisches und schickliches Lied zu hören?
Ich weiß nicht, worauf ein unhöfischer Spielmann stolz sein mag;
Kein Wort soll er sagen, bis man es ihm nicht befiehlt.
Von Ludwig Euch zu singen werde ich nicht unterlassen
Und von Wilhelm mit der Kurzen Nase, dem Kühnen,
Der unter den Sarazenen so sehr gelitten hat;
Von einem besseren Mann, glaube ich, wird Euch keiner singen.

Es handelt sich um eine *Publikumsadresse.* Der *Jongleur* wendet sich, bevor er mit seiner Erzählung beginnt, an seine Zuhörer und bittet um ihre Aufmerksamkeit; ähnlich wie ein Marktschreier wirbt er um die Zuwendung des Publikums und somit implizit auch um dessen Zahlungswilligkeit, denn er muß ja von seinen Darbietungen leben. Mehrfach wird dabei unterstrichen, daß es sich um eine *mündliche* Kommunikationssituation handelt („Oiez, seignor", „Plaist vos oïr"), auch daß der Vortrag *gesungen* und nicht gesprochen ist („Bone chançon", „ne lairai ne vos chant", „que nuls vos chant"). Nicht nur der Gattungsname „chançon" wird erwähnt, sondern auch der *terminus technicus* für den Vortragenden, „joglere" (nfrz. *jongleur*). Offenbar also ist der in den ersten Versen angekündigte ‚Text' Teil einer fest institutionalisierten kulturellen Praxis.

Die zitierten neun Verse bilden zusammen eine formal abgegrenzte, strophische Einheit, genannt *Laisse.* Das formale Abgrenzungsmerkmal ist die allen Versen einer Laisse (es handelt sich, wie in der altfranzösischen Heldendichtung üblich, um Zehnsilbler) gemeinsame assonierende Endung. Die Assonanz unterscheidet sich vom Reim dadurch, daß nur der letzte betonte Vokal eines Verses gleichklingen muß, nicht aber die nachfolgenden Konsonanten. Die folgenden Beispiele aus den ersten drei Laissen des *Couronnement de Louis* mögen dies illustrieren: *aidanz, vaillant, avenant; essemple, avenante, reiames; or, cors, tort.* Es muß zum Verständnis hinzugefügt werden, daß anders als im Neufranzösischen die Endungskonsonanten im 12. Jahrhundert noch ausgesprochen wurden, so daß sich die Endsilben von Wörtern wie *aidanz* und *vaillant* tatsächlich phonetisch voneinander unterschieden. Die Assonanz ermöglicht eine größere Freiheit der Wortwahl als der Reim. Ebenso ist die Länge einer Laisse, das heißt die

73

3. Literatur und ihre medialen Voraussetzungen

Anzahl der Verse, freigestellt. Beides sind Indizien dafür, daß der *Jongleur* den Text bei seiner Aufführung improvisierte. Somit trägt die Laisse in ihrer Struktur deutliche Spuren der mündlichen Vortragssituation.

Die *Improvisation* hatte zwei Gründe: Zum einen würde es die menschliche Gedächtnisleistung überfordern, Zigtausende von Versen zu speichern und sie bei Bedarf in der einmal gespeicherten Fassung unverändert wiederzugeben. Rychner (1955: 22–25) verweist in seiner grundlegenden Studie zur *chanson de geste* auf eine Untersuchung von Mathias Murko zur jugoslawischen Heldendichtung, die Anfang des 20. Jahrhunderts noch lebendig war und die einen Eindruck davon zu geben vermag, unter welchen Voraussetzungen die mittelalterliche Epik entstand. Demnach kann die Gedächtnisleistung eines Sängers außergewöhnliche Dimensionen annehmen. Murko berichtet von dem Bosnier Salko Vojnikovic, der im Jahr 1887 neunzig Heldenlieder in einer Gesamtlänge von mehr als 80.000 Versen zur Niederschrift vorgetragen habe. Zum Vergleich: Die *Ilias* und die *Odyssee* haben zusammen etwa 27.000 Verse. Zugleich aber, so betont Rychner, sei davon auszugehen, daß die jugoslawischen Sänger ihre ‚Texte' von Vortrag zu Vortrag änderten: „[...] tous les bons chanteurs sont encore des improvisateurs; ils créent eux-mêmes leurs chants, et, quand ils ne créent pas à proprement parler, ils savent combiner les chants entre eux, condenser plusieurs poèmes en un, modifier, compléter, amplifier." (Rychner 1955: 25) [„alle guten Sänger sind noch Improvisatoren; sie schaffen selbst ihre Gesänge, und auch wenn sie nicht eigentlich schöpferisch tätig sind, so verstehen sie es doch, die Gesänge miteinander zu kombinieren, mehrere Gedichte zu einem zusammenzuziehen, zu verändern, zu vervollständigen, auszudehnen."] Wie auch bei den *chansons de geste* ist keine klare Trennung zwischen Autor und Vortragendem auszumachen; der Rezitator wirkt an der Textgestalt mit; das Vorgetragene ist Teil des dem Sänger und seinem Publikum gemeinsamen kollektiven Wissens. In einem Aufschreibesystem, das sich zur Speicherung volkssprachlicher Texte des menschlichen Gedächtnisses bedient, kann es zu keinen definitiven Textgestalten kommen. Ein und dieselbe Geschichte, die der Substanz nach allen Beteiligten vertraut ist, kann in der mündlichen Vortragssituation auf hundert verschiedene Weisen erzählt werden.

Der zweite Grund für die Improvisation ist, daß der Sänger sich den Gegebenheiten der Aufführung anpassen muß. Er muß die Länge des vorzutragenden Textausschnittes auf die Aufnahmefähigkeit seines Publikums abstimmen. Dies erfordert eine souveräne Übersicht über die zu erzählende Handlung, so daß es möglich ist, in sich abgeschlossene Episoden (Handlungsteile) auszuwählen und zu präsentieren, bei Bedarf auch auszuschmücken oder zu kürzen, je nach den Reaktionen des Publikums. Daraus erklärt sich die *episodische Struktur* der meisten der überlieferten Manuskripte (mit Ausnahme der *Chanson de Roland*): „Les épisodes étaient chantés séparément; leur nombre, leur ordre sont affaire de mise par écrit plutôt que de véritable composition." (Rychner 1955: 46) [„Die Episo-

74

3.3 Drei Aufschreibesysteme

den wurden getrennt vorgesungen; ihre Anzahl, ihre Abfolge ergeben sich eher aus der Verschriftlichung als aus einer tatsächlichen Komposition."] Daneben erfordert es die Fähigkeit, auf der Ebene der sprachlichen Realisierung unter Berücksichtigung der genannten formalen, mit der musikalischen Begleitung in Zusammenhang stehenden Zwänge (Zehnsilbler, Assonanz, Laisse) den Text so zu gestalten, daß er vortragsadäquat ist: Er muß einerseits die Handlung vorantreiben, andererseits den Dialog mit dem Publikum aufrechterhalten. Letzteres geschieht durch Publikumsadressen und durch die Handlung strukturierende und das Verständnis absichernde Vor- und Rückgriffe (Rychner 1955: 51–67).

Die *Jongleurs* bedienten sich einer speziellen Darbietungstechnik, des *epischen Motiv- und Formelstils.* Rychner (1955: 126–153) weist nach, daß die überlieferten Epen zum großen Teil aus immer wiederkehrenden Motiven und Formeln bestehen. Typische Motive sind etwa die Bewaffnung der Ritter, die detaillierte Beschreibung von Schlachten, Gebete, die Überbringung von Botschaften, die Klage über den Tod des Helden. Diese in sehr vielen Epen vorkommenden Motive haben eine *mnemotechnische* Funktion, das heißt, sie dienen als Gedächtnisstütze. Sie entlasten das Gedächtnis des Sängers, der sich nicht ganze Texte wortwörtlich merken muß, sondern nur eine Abfolge von Motiven, die er dann nach Belieben ausschmücken und mit Hilfe stereotyper Formeln sprachlich gestalten kann. Bei den gängigsten Motiven ist nämlich nicht nur die inhaltliche, sondern auch die sprachliche Gestaltung weitgehend stereotyp.

Die Mündlichkeit der *chanson de geste* zeigt sich schließlich auf der Ebene der *musikalischen Komposition* beziehungsweise der strophischen Struktur (Rychner 1955: 68–125). Die Laisse ist die musikalische Basiseinheit. Jede Laisse hat eine eigene Melodie; es ist allerdings davon auszugehen, daß es sich um sehr einfache Melodien handelte (Rychner 1955: 18). Häufig hat die Laisse eine deutliche Anfangs- und Endmarkierung. Der Auftaktvers („vers d'intonation") nennt in der Regel den Namen des Helden, von dem in der Laisse die Rede ist, und er zeichnet sich durch syntaktische Inversion aus. Das Ende wird durch einen „vers de conclusion" markiert, der nicht selten in direkter Rede die sprachliche Reaktion eines der an der erzählten Handlung Beteiligten vermittelt und damit so etwas wie ein Fazit formuliert; der Abschlußvers kann sich durch seine Kürze von den anderen Versen einer Laisse unterscheiden oder Refraincharakter besitzen.

Auch die *Verknüpfung* der Laissen erfolgt nach musikalischen Prinzipien. Die durch die Untergliederung in Laissen bewirkte Diskontinuität des ‚Textes‘ wird kompensiert durch die Reprise (Wiederaufnahme). Rychner (1955: 74 ff.) unterscheidet folgende Typen der Verknüpfung durch Reprise: a) die Verkettung („enchaînement"), wobei die folgende Laisse das am Schluß der vorangegangenen Laisse Gesagte wörtlich oder in leicht variierter Form wiederaufgreift und dann fortführt; die Abfolge des Erzählten ist chronologisch-linear; b) die „reprise bifurquée", wobei ein Element einer Laisse, das nicht an deren Ende steht, in der

3. Literatur und ihre medialen Voraussetzungen

nachfolgenden Laisse wiederaufgegriffen und in abgewandelter Form entwickelt wird; dadurch wird die chronologische Linearität der Erzählung durchbrochen, ja bisweilen werden widersprüchliche Versionen eines und desselben Handlungselementes nebeneinandergestellt: „[...] cette forme exerce une influence sur la narration, puisque, brouillant le progrès chronologique, elle fait découler deux futurs du même présent." (Rychner 1955: 81) [„diese Form beeinflußt die Erzählung, da sie zwei Versionen der Zukunft aus ein und derselben Gegenwart hervorgehen läßt und somit den chronologischen Fortschritt stört."]; c) der Parallelismus zwischen zwei oder mehreren Laissen, wobei die betreffenden Laissen parallel gebaut sind und entweder analoge, variierte oder diskrepante Handlungselemente enthalten; der Handlungsfortschritt wird verlangsamt oder angehalten, wodurch der nicht-narrative, ‚lyrische' Charakter der *chanson de geste* hervorgehoben wird.

Rychner hat, wie wir sehen konnten, das Aufschreibesystem des Mittelalters rekonstruiert und den Ort markiert, den die *chanson de geste* darin einnimmt. Die im Manuskript überlieferten ‚Texte' der *chansons de geste* sind nicht ursprünglich an die Schrift gebunden, sondern sie sind ‚Mitschriften' von Werken, die mündlich aufgeführt wurden. Indem Rychner die ‚Texte' in die Kommunikationssituation stellt, für die sie geschaffen wurden, gelingt es ihm, die aus heutiger Sicht unverständlichen, scheinbar mißlungenen Textelemente (Reprisen, Wiederholungen, Varianten ein und desselben Handlungselements) als Funktionen der mündlichen Aufführung zu erfassen. Ebenso vermeidet er anachronistische Fehldeutungen und Mißverständnisse, wie sie sich zum Beispiel bei Pollmann finden, der den Unterschied zwischen *chanson de geste* und höfischem Roman als einen metaphysischen auffaßt (1966: 4), dabei aber die Differenz von Mündlichkeit und Schriftlichkeit überhaupt nicht in Rechnung stellt.

Genau diese Differenz jedoch ist wesentlich für das Verständnis der beiden narrativen Großgattungen des hohen Mittelalters, *Epos (chanson de geste)* und *Roman*, und ihr Verhältnis zueinander. Während das Epos jahrhundertelang mündlich überliefert und dann im 12. und 13. Jahrhundert gewissermaßen zu Protokoll gegeben wurde, war der im 12. Jahrhundert entstandene, also historisch jüngere höfische *Roman* von Beginn an schriftgebunden. An die Schrift aber knüpft sich der Anspruch auf Autorschaft. Ein Thomas d'Angleterre und ein Chrétien de Troyes nennen selbstbewußt ihren Namen in den von ihnen verfaßten Texten, die nicht wie die *chanson de geste* auf die einheimische Sage und Historie zurückgreifen, sondern auf die fremde bretonische Märchenwelt, die sogenannte „matière de Bretagne". Die Romane sind *nicht strophisch gegliedert*, sondern durchlaufend und somit *linear erzählend*. Sie bestehen aus paarweise gereimten Achtsilblern; die Sprache ist weniger sangbar als fortlaufend-diskursiv; nicht wie im Epos kleinteilig-parataktisch, sondern großteilig-hypotaktisch, oft die Versgrenzen überspielend. Dennoch finden sich auch in diesen Texten Hinweise auf die für das Mittelalter typische mündliche Rezeptionssituation, etwa

3.3 Drei Aufschreibesysteme

wenn Chrétien am Ende des Prologs seines *Conte du Graal* ankündigt, daß er jetzt mit der Erzählung beginnen werde, die er im Auftrag des Grafen Philipp von Flandern verfaßt habe, und sein Publikum dazu aufruft, ihm zuzuhören: „Oëz coment il s'en delivre." [„Hört, wie er seine Aufgabe erfüllt."]

Obwohl Chrétien sich im Prolog zu *Cligès* als stolzer Autor mehrerer Texte zu erkennen gibt und sich am Beginn von *Erec et Enide* von den fahrenden Sängern, die die Geschichte von Erec entstellt und zerstückelt hätten, scharf distanziert, obwohl er also Schriftlichkeit und Autorschaft für sich beansprucht, ist doch auch für seine Texte die Rezeption üblicherweise über den mündlichen Vortrag erfolgt. Diese Rezeptionssituation wird in die schriftgebundenen Texte in Form einer stilisierten, sekundären Mündlichkeit eingebaut (Butzer 1995).

Die orale Rezeption ist aufgrund der Knappheit von geschriebenen Texten in der mittelalterlichen Manuskriptkultur und des weitverbreiteten Analphabetismus auch gar nicht anders möglich. Im Aufschreibesystem des Mittelalters ist das Erzählen von unterhaltsamen, spannenden und gemeinschaftsbildenden Geschichten eine primär mündliche Angelegenheit. Das geschriebene Wort ist knapp, Manuskripte sind selten und teuer, nur wenige Menschen sind schriftkundig, außerdem sind geschriebene Texte fast ausschließlich in lateinischer Sprache verfaßt. Literatur im heutigen Sinn als schriftgebundenes, differenziertes System mit Autonomieanspruch (→ Kap. 1.3) kann es im Rahmen dieses Aufschreibesystems nicht geben. Allerdings ist der höfische Roman eine Frühform von geschriebener Literatur. Er greift auf Märchenstoffe, also auf mündliche Überlieferung zurück, bringt diese aber in eine hochartifizielle und selbstreflexive Form. Im Gegensatz zu den anonym zirkulierenden, mündlichen *chansons de geste* ist der Roman das Produkt eines Autors. Spuren der Mündlichkeit zeigen sich jedoch auch im Roman; auch dieser wird für mündliche Aufführungen geschrieben (dafür spricht nicht zuletzt auch die Versform). Man sieht daran, wie das Aufschreibesystem die Form und die Funktion der Literatur bestimmt. Die Situation ändert sich wesentlich mit der Erfindung des Buchdrucks, welcher die Voraussetzung für die Entstehung eines neuartigen Aufschreibesystems darstellt.

3.3.2 Literatur im Zeitalter von Buchdruck und humanistischer Gelehrtenkultur (16. Jahrhundert)

Die Johannes Gutenberg zugeschriebene Erfindung des Buchdrucks mit beweglichen Lettern um 1450 ist ein entscheidender medientechnischer Einschnitt. Nicht zu Unrecht hat man in diesem Zusammenhang von der „Gutenberg Galaxy" gesprochen (McLuhan 1962). Bücher müssen nun zu ihrer Vervielfältigung nicht mehr abgeschrieben werden, sondern können mechanisch und somit deutlich schneller und in größerer Anzahl reproduziert werden. Dies ist eine wesentliche Grundlage der gesamteuropäischen humanistischen Buch- und Gelehrtenkultur.

77

3. Literatur und ihre medialen Voraussetzungen

Das geschriebene Wort ist zwar immer noch wertvoll und teuer, aber es ist durch den Buchdruck allgemein verfügbar geworden. In ganz Europa entstehen Universitäten und Bibliotheken. Das Wissen wird säkularisiert, das heißt, es löst sich von der im Mittelalter beinahe ausschließlich herrschenden Bindung an die Kirche. Eine zunehmend wachsende Zahl von Menschen lernt Lesen und Schreiben. Zudem erhalten die Gelehrten Zugriff auf den im Mittelalter weitgehend verlorengegangenen Textbestand der Antike: Die im Mittelalter in Westeuropa so gut wie unbekannten altgriechischen Manuskripte werden im 15. Jahrhundert nach der Eroberung von Byzanz durch die Osmanen von griechischen Gelehrten nach Italien gebracht, von wo aus sie dann in den Kreislauf der humanistischen Bücherwelt ‚eingespeist' werden.

Obwohl sich, bedingt durch die Gründung von Universitäten in ganz Europa, schon seit der Mitte des 13. Jahrhunderts ein wachsender Bedarf an geschriebenen Texten ergeben hatte, was die Kopisten dazu zwang, Manuskripte nachgerade in Serienproduktion herzustellen (Febvre/Martin 1958: 17–37), bewirkt die Erfindung des Buchdrucks doch eine *quantitative Explosion.* Einige Zahlen mögen dies veranschaulichen. Ein in Manuskriptform sehr weit verbreiteter Text des späten Mittelalters ist *Le Voyage de Jean de Mandeville* aus dem Jahr 1356. Von ihm sind 250 Abschriften überliefert, davon 73 in deutscher und niederländischer, 50 in lateinischer, 40 in englischer und 37 in französischer Sprache; weitere Manuskripte gibt es in spanischer, italienischer, dänischer, tschechischer und irischer Sprache (ebd., 36). Es handelt sich gewissermaßen um einen Bestseller der spätmittelalterlichen Manuskriptkultur. Wie sehr sich durch den Buchdruck die Dimensionen ändern, sieht man, wenn man sich nun folgende Zahlen vor Augen hält: Von Martin Luthers Übersetzung des Neuen Testaments werden zwischen 1519 und 1535 insgesamt 87 Auflagen in hochdeutscher und 19 Auflagen in niederdeutscher Sprache gedruckt. Die Auflagenhöhe konnte bis zu 3.000 Exemplare betragen (ebd., 410). Legt man eine sicher nicht zu hoch gegriffene durchschnittliche Auflagenhöhe von 500 Exemplaren zugrunde, so kommt man auf eine Gesamtzahl von über 50.000 Exemplaren des Neuen Testaments in deutscher Sprache innerhalb von nur eineinhalb Jahrzehnten.

Die schiere Quantität der hergestellten und verkauften Bücher ist ein wichtiges Indiz für die völlig *neue Qualität der Speicherung und Übertragung von Informationen.* Diese wiederum ist die Voraussetzung für *säkulare Umwälzungen,* deren sichtbarste und nachhaltigste die Reformation ist. Die katholische Kirche und der mittelalterliche Feudalstaat reservierten die Kenntnis der Schrift und der religiösen Texte einer winzigen Elite von Klerikern. Bücher beziehungsweise Manuskripte waren kaum vorhanden. Dem breiten Volk wären die biblischen Texte ohnehin nicht zugänglich gewesen, weil die wenigsten Menschen Latein konnten und somit die Vulgata (die lateinische Fassung des Alten und des Neuen Testaments) nicht hätten lesen können. Luthers Bibelübersetzung ermöglichte es hingegen Hunderttausenden von Menschen, zum ersten Mal in der abendländi-

78

3.3 Drei Aufschreibesysteme

schen Geschichte die Grundlagentexte der christlichen Religion selbst zu lesen oder sie sich vorlesen zu lassen. Damit wurde Luthers Protest an den Mißständen der katholischen Kirche unter Berufung auf den Wortlaut der Bibel überprüfbar gemacht und auf eine solide Grundlage gestellt. Dies und die Tatsache, daß Luthers Sendschriften in Form von Flugblättern sehr rasch und massenhaft verbreitet werden konnten, war die entscheidende Voraussetzung für die Dynamik der Reformation. Hätte es den Buchdruck nicht gegeben, so wäre Luthers Kritik aus dem engen Zirkel der theologischen Auseinandersetzung nicht herausgekommen und hätte niemals eine vergleichbare Wirkung entfalten können.

Die religiösen und politischen Entwicklungen der frühen Neuzeit stehen somit in einem Bedingungszusammenhang mit der Möglichkeit, Bücher zu drucken und sie massenhaft unter das Volk zu bringen. Eine technische Innovation steht am Anfang einer gesellschaftlichen Transformation mit unabsehbaren Folgen. Besonders nachhaltig wirken sich die Veränderungen des Aufschreibesystems in jenem Bereich aus, den wir heute *Literatur* nennen. Während die volkssprachliche mittelalterliche ‚Literatur‘, wie wir gesehen haben, hauptsächlich mündliche Verbreitung fand, sorgt das Medium Buch für eine völlig neue Ausgangslage. Im Mittelalter galt mit wenigen Einschränkungen die Gleichung: Schriftkultur = Lateinisch. Nun erhielt zwar durch den Buchdruck der Bereich des geschriebenen Wortes insgesamt und somit auch die lateinische Kultur einen gewaltigen Aufschwung: Im 15. Jahrhundert lag der Anteil lateinischer Bücher bei 77 % (Febvre/Martin 1958: 351); die schon im Mittelalter bekannten antiken Autoren wurden gedruckt, viele unbekannte wurden nun entdeckt. Dies gab der philologischen Beschäftigung mit antiken Texten einen enormen Schub. Gleichzeitig aber wuchs der Anteil volkssprachlicher Texte an der Gesamtproduktion, und auch diese wurden nun – im Gegensatz zur Manuskriptkultur – massenhaft verbreitet. Es entstand ein *neuer Raum* im Bereich der Schriftlichkeit.

Wie ist dies zu verstehen? Etwas vereinfachend kann man sagen, daß im Mittelalter eine ‚Arbeitsteilung‘ zwischen Schriftlichkeit und Mündlichkeit geherrscht hat: Die wenigen Gelehrten (die Kleriker) lasen und schrieben lateinische Manuskripte, deren Gegenstand häufig, wenn auch nicht ausschließlich theologisch war. Die breite Masse konnte weder lesen noch schreiben, aber sie hatte die Möglichkeit, volkssprachliche ‚Texte‘ mündlich zu rezipieren. Zwischen Volkskultur und Gelehrtenkultur verlief ein Graben, der nicht dadurch überbrückt werden konnte, daß einige der volkssprachlichen Texte verschriftet wurden und daß diese von Klerikern kopiert oder gar selbst geschrieben wurden.

Was im Mittelalter weitgehend dem Bereich der Mündlichkeit zugehörte, verlagert sich in der frühen Neuzeit in die Sphäre der Schrift. Es entsteht nun ein quantitativ relevanter Raum *schriftlicher Volkskultur*. Die auf oraler Tradition basierende Volkskultur dringt ein in den bisher der Gelehrtenkultur vorbehaltenen Bereich der Schriftlichkeit. Dadurch aber kann der mediale Graben zwischen Volkskultur und Gelehrtenkultur geschlossen werden; die beiden treten in unmit-

3. Literatur und ihre medialen Voraussetzungen

telbaren Kontakt zueinander. Der Medienwechsel der Volkskultur ermöglicht es ihr, mit der offiziellen Gelehrtenkultur in einen Dialog zu treten. In dem durch die Erfindung des Buchdrucks im Bereich der Schriftlichkeit freigewordenen Raum entsteht die Frühform dessen, was wir – allerdings erst seit dem 18. Jahrhundert – als Literatur bezeichnen (→ Kap. 1; vgl. auch Gumbrecht 1988).

Ein exemplarisches Dokument für den skizzierten Wandel des Aufschreibesystems und die daraus sich ergebenden Folgen ist das Werk von François Rabelais (1494–1553). Bei ihm finden sich zahlreiche Spuren des epochalen medialen Wandels und des dadurch ermöglichten Dialoges zwischen Volkskultur und Gelehrtenkultur. Zunächst einige Bemerkungen zum Autor. Rabelais war Franziskaner-, dann Benediktinermönch, trat später aus dem Kloster aus und wurde Arzt, Naturwissenschafter und humanistischer Gelehrter. Er wirkte als Leibarzt des Kardinals Jean Du Bellay und reiste in dessen Gefolge mehrmals nach Rom. Autor und Herausgeber mehrerer wissenschaftlicher Schriften, wurde er doch vor allem durch ein Werk berühmt, das in der Literaturgeschichte unter dem Kurztitel *Gargantua et Pantagruel* bekannt ist und mit dem wir uns nun etwas näher beschäftigen wollen.

1532 erschien bei dem Verleger Claude Nourry in Lyon ein Buch mit dem Titel: *Pantagruel. Les horribles et espouëtables faictz et prouesses du tresrenôme Pantagruel Roy des Dipsodes/filz du grand geãt Gargantua Cõposez nouuellement par maistre Alcofrybas Nasier.* [*Pantagruel. Die schrecklichen und furchterregenden Taten und Heldentaten des hochberühmten Pantagruel König der Dipsoden/Sohn des großen Riesen Gargantua Jüngst zusammengefügt von Meister Alcofrybas Nasier* (d. i. François Rabelais).] Es war der erste von insgesamt fünf Bänden, die zwischen 1532 und 1564 publiziert wurden. Sie erzählen die Geschichte des Riesen Gargantua und seines Sohnes Pantagruel. Beide sind Könige im Land Utopien. Chronologisch steht der zweite, 1534 erschienene Band, der von Gargantua handelt, vor dem ersten, der von Pantagruel erzählt. Die Struktur des ersten und des zweiten Bandes ist analog. Zunächst wird von Abstammung, Geburt und Kindheit der beiden Helden berichtet. Sodann machen beide eine Erziehungsreise. Schließlich werden sie jeweils in einen Krieg gegen ihr Land verwickelt, den sie dank ihrer Riesenkräfte gewinnen. In den Bänden 3 bis 5, dem *Tiers Livre* (1546), dem *Quart Livre* (1548) und dem 1564 posthum erschienenen *Cinquiesme Livre* (welches allerdings mit großer Wahrscheinlichkeit nicht von Rabelais, sondern von einem anonymen Fortsetzer stammt) steht Pantagruels Freund Panurge im Mittelpunkt. Er möchte heiraten, dabei aber sicherstellen, daß ihm von seiner künftigen Gattin nicht die Hörner aufgesetzt werden. Die drei Bücher berichten von den zahlreichen Versuchen, die Panurge unternimmt, um die richtige Frau zu finden, und von den Stationen der Reise, die die beiden Freunde schließlich auf der Suche nach einem Orakel unternehmen,

3.3 Drei Aufschreibesysteme

der sogenannten *dive Bouteille* (der „göttlichen Flasche"), von der sie sich Antwort erhoffen.

Diese Handlung dient als Rahmen für die Darstellung der großen Fragen des 16. Jahrhunderts: humanistische Bildung, Kritik am Katholizismus und am Papsttum, Eroberungskriege, Entdeckungsreisen usw. In dem Werk mischen sich Satire, Groteske, Parodie, Volksbuch, Reiseerzählung, Utopie und vieles mehr. Es ist ein zentrales Zeugnis der durch die epochalen Umwälzungen des 15. und 16. Jahrhunderts (Buchdruck, Humanismus, Entdeckung Amerikas, Reformation) bewirkten Umstrukturierung des Wissens und der Entstehung eines neuen Aufschreibesystems. Volkskultur und Gelehrtenkultur treten in *Gargantua et Pantagruel* in ein dialogisches Verhältnis zueinander. Dies soll nun genauer dargestellt werden.

Im Prolog des *Pantagruel* bezieht sich der Autor ausführlich auf eine populäre Schrift mit dem Titel *Grandes et inestimables Chronicques de l'enorme geant Gargantua*, von der er voraussetzt, daß sie dem Publikum bekannt sei. Genauer: das Publikum habe die Chroniken *gelesen* („vous avez n'a gueres veu, leu et sceu" [„Ihr habt vor kurzem gesehen, gelesen und kennengelernt"]) und es habe ihnen Glauben geschenkt, „comme vrays fideles" [„wie wahre Gläubige"] (I, 215). Tatsächlich erschien am 4. August 1532, wenige Monate vor Rabelais' *Pantagruel*, in Lyon eine anonyme Schrift mit dem von Rabelais genannten Titel. Diese Schrift ist eine von mehreren überlieferten grobschlächtig-komischen „Chroniques gargantuines", in denen die volkstümliche Gestalt des Riesen Gargantua im Mittelpunkt steht und die sich in vielerlei Hinsicht thematisch mit Rabelais überschneiden (vgl. Hausmann 1979: 42–44). Diese „Chroniques" haben Rabelais entweder als Quellen gedient, oder aber er hat wie sie aus derselben Überlieferung geschöpft.

Die entscheidende Frage ist jedoch nicht, woher Rabelais seinen Stoff bezogen hat, sondern wie er das Verhältnis des *Pantagruel* zu den im Prolog genannten *Chronicques* definiert. Diese werden über den grünen Klee gelobt, weil sie wundersame Eigenschaften besäßen. So könne ein vom Jagdpech verfolgter Jäger Trost bei ihrer Lektüre finden, ein von Zahnschmerzen Geplagter könne sie in zwei warme Tücher einwickeln, diese mit einem aus Exkrementen gewonnenen Pulver bestreuen und sie sich an die Stelle des Schmerzes halten, um ihn zu lindern; ja selbst Syphilitiker und Gichtkranke, deren Leiden besonders schmerzhaft seien, fänden Erleichterung, wenn sie sich aus den *Chronicques* vorlesen ließen. Alle drei Formen der ‚Rezeption' sind nun auffälligerweise an die *Materialität des Buches* gebunden. Im semi-literalen Aufschreibesystem, aus dem die volkstümlichen Stoffe der *Chronicques* ursprünglich stammen, wäre diese Art, mit ihnen umzugehen, in Ermangelung von Büchern unmöglich gewesen. Von zentraler Bedeutung ist also offenbar der insistierende Hinweis auf die Zugehörigkeit dieser *Chronicques* zur Welt der gedruckten Bücher.

3. Literatur und ihre medialen Voraussetzungen

Nun heißt es im Prolog weiter, daß es kein Buch gebe, welches den *Chronicques* gleichkomme: „Il est sans pair, incomparable et sans parragon." (I, 217) [„Ihm kann nichts an die Seite gestellt werden, es ist unvergleichlich und beispiellos."] Zwar besäßen auch einige andere Bücher, zum Beispiel der *Orlando furioso* des Ariost oder *Huon de Bordeaux*, verborgene Fähigkeiten, doch reichten diese keinesfalls an die *Chronicques* heran. Daß die Leserschaft den unvergleichlichen Nutzen, den man aus diesem Buche ziehen könne, unfehlbar erkannt habe, zeige sich deutlich an den Verkaufszahlen: „[...] il en a esté plus vendu par les imprimeurs en deux moys qu'il ne sera acheté de Bibles en neuf ans." (I, 218) [„die Drucker haben in zwei Monaten mehr Exemplare davon verkauft, als an Bibeln in neun Jahren gekauft werden wird."] Erneut betont Rabelais die Verankerung der *Chronicques* in der Buchkultur. Diesem im Grunde unerreichbaren Buch der Superlative nun, so kündigt Rabelais an, werde er mit seinem eigenen Buch ein ebenbürtiges an die Seite stellen. Eigentlich sei seines sogar noch ein wenig besser, da glaubwürdiger als das andere. Der Grund hierfür: Er selbst sei Augenzeuge der „horribles faictz et prouesses de Pantagruel" gewesen, zu dessen Bediensteten er lange Jahre gehört habe. Das überschwengliche Lob des Volksbuches dient also letztlich der Selbsterhöhung des *Pantagruel*. Denn es geht darum, das Unüberbietbare dennoch zu übertreffen. Warum aber will der gelehrte Autor Rabelais sich ausgerechnet mit einem Volksbuch messen?

Ein Rückblick aufs Mittelalter mag uns der Antwort näherbringen. In verwandelter Gestalt finden wir nämlich zu Beginn des *Pantagruel* jenen Sprachgestus der Überbietung wieder, mit dem, wie oben (→ Kap. 3.3.1) erwähnt wurde, ein Chrétien de Troyes zu Beginn seines höfischen Romans *Erec et Enide* eine schon bekannte Geschichte auf seine Art neu und im Gegensatz zu seinen Konkurrenten richtig zu erzählen verspricht. Mit seinem Anspruch auf Künstlertum und Autorschaft setzt Chrétien sich ab von den fahrenden Sängern, die darauf angewiesen sind, mit ihren Darbietungen Geld zu verdienen („de conter vivre vuelent"), und die unter dem Zwang der weiter oben dargelegten Aufführungsbedingungen die Geschichte immer wieder abwandeln und in Episoden untergliedern müssen. Das liest sich bei Chrétien wie folgt: „d'Erec, le fil Lac, est li contes, / que devant rois et devant contes / depecier et corronpre suelent / cil qui de conter vivre vuelent." (*Erec et Enide*, V. 19–22) [„Von Erec, dem Sohne Lacs, handelt die Erzählung, welche die Leute, die vom Geschichtenerzählen leben wollen, vor ihrem Publikum von Königen und Grafen auseinanderzureißen und zu verderben pflegen." (Übers. A. Gier)] Diese durch die mündliche Überlieferung „auseinandergerissene" und „verdorbene" Geschichte will Chrétien in den Bereich der Schrift hinüberretten und sie damit dem Gedächtnis der Nachwelt in gültiger Gestalt anheimgeben: „Des or comancerai l'estoire / qui toz jorz mes iert an mimoire / tant con durra crestïantez; / de ce s'est Crestïens vantez." (V. 23–26) [„Sogleich will ich die Geschichte beginnen, die alle Tage in der Erinnerung

3.3 Drei Aufschreibesysteme

der Leute bleiben soll, solange die Christenheit besteht; dessen hat Chrétien sich gerühmt." (Übers. A. Gier)]

Chrétien führt somit einen Wettbewerb gegen die mündliche Volkskultur. Analog verhält es sich, wenn auch unter gewandelten medialen Bedingungen, bei Rabelais. Denn einen medialen Vorteil kann Rabelais gegenüber den *Chronicques* nicht mehr für sich beanspruchen. Die Volkskultur ist mittlerweile selbst verschriftlicht und droht, will man dem Prolog des *Pantagruel* glauben, der ,wahren' Schriftkultur gar den Rang abzulaufen. Die List, zu der der Humanist Rabelais hier offenbar greift, besteht darin, daß er eine Überlegenheit des Volksbuches behauptet, um sich diese dann nutzbar zu machen, indem er an ihr teilhat. Scheinbar legt auch Rabelais ein Volksbuch vor. In Wirklichkeit ist jedoch die sprachliche und gedankliche Komplexität von *Gargantua et Pantagruel* für Leser, denen die entsprechende Bildung fehlt, nur schwer zu begreifen. Das in der Einkleidung eines Volksbuches daherkommende Werk ist in Wahrheit eine *Mischform*, die aus der *Begegnung von Gelehrtenkultur und Volkskultur* resultiert. Diese Mischung verbindet sich bei Rabelais mit Parodie und grotesker Komik. Bachtin (1965) spricht in diesem Zusammenhang von Karnevalisierung, weil die mittelalterliche und frühneuzeitliche volkstümliche Lachkultur ihren Ort vor allem im Karneval hatte. Dort kommt es zu jenen mit grotesker Komik verbundenen Grenzauflösungen und Verschmelzungen, die sich auch bei Rabelais nachweisen lassen. Doch man muß bedenken, daß die Verschmelzung bei Rabelais beide Bereiche, die volkstümliche Kultur und die Gelehrtenkultur, involviert. Sein Werk ist nicht der Ort, an dem die Volkskultur ungebrochen zu Wort kommt. Rabelais parodiert sowohl die Form des grotesken und derben Volksbuches als auch die Form des Gelehrtenbuches. Er verwendet beide in unernster Form und schafft dadurch etwas völlig Neues. Diese Begegnung der beiden Kulturbereiche aber ist nur möglich vor dem Hintergrund des neuen, durch den Buchdruck geprägten Aufschreibesystems.

Der Prolog bietet auch interessante Aufschlüsse über das bei Rabelais obwaltende Epochenbewußtsein. Die *Chronicques* solle am besten jedermann auswendig lernen, „affin que, si d'adventure l'art de l'imprimerie cessoit, ou en cas que tous livres perissent, on temps advenir un chascun les peust bien au net enseigner à ses enfans, et à ses successeurs et survivens bailler comme de main en main, ainsy que une religieuse Caballe" (I, 215 f.) [„auf daß, wenn zufällig die Buchdruckkunst verlorengehen sollte oder falls alle Bücher zerstört werden sollten, in künftiger Zeit ein jeder sie (sc. die *Chronicques*) seinen Kindern in deutlicher Weise beibringen und sie seinen Erben und der Nachwelt wie von Hand zu Hand weitergeben könne, wie eine religiöse Kabbala"]. Gleich auf der ersten Seite des Textes findet sich somit ein expliziter Hinweis auf den Zusammenhang von geschriebenen Texten und kulturellem Gedächtnis. Der literarische Text konzipiert sich selbst als Grundlage der Überlieferung, als Speicher von relevantem kulturellem Wissen. Zugleich manifestiert sich ein Bewußtsein von der *Differenz des*

3. Literatur und ihre medialen Voraussetzungen

aktuellen zu dem vorangegangenen Aufschreibesystem. Im System des Buchdrucks nämlich wird Wissen schriftlich fixiert und durch die Lektüre von Büchern erworben. Sollte jedoch die Buchdruckkunst an ein Ende kommen oder sollten alle Bücher vernichtet werden, so wäre man wieder auf die im älteren Aufschreibesystem übliche Überlieferungstechnik des Auswendiglernens angewiesen, die aber offenbar mittlerweile nicht mehr geübt wird. Eine wichtige Auswirkung des technologischen und medialen Wandels ist hier zu konstatieren: das *Bewußtsein der Relativität und Historizität des eigenen Standpunktes.* Implizit liegt der Argumentation folgender Gedankengang zugrunde: So wie es jetzt, im Zeitalter des Buchdrucks, ist, war es nicht immer. Und das, was wir jetzt haben, die Speichertechnik, auf die wir vertrauen, hat auch ihre Nachteile. Sie führt zwar zu einer Entlastung des Gedächtnisses, diese Entlastung birgt aber die Gefahr in sich, daß das in die gedruckten Bücher verlagerte kulturelle Gedächtnis schlagartig zerstört werden kann.

Nun ist Rabelais kein Verfechter einer Rückkehr in die semi-literale Kultur des Mittelalters. Ganz im Gegenteil: Der Autor ist, wie schon mehrfach angedeutet wurde, nicht nur durch sein Denken, sondern auch durch seine publizistischen Aktivitäten ein Vertreter der humanistischen Gelehrtenkultur. So hat er 1532, im Erscheinungsjahr des *Pantagruel*, bei dem ebenfalls in Lyon ansässigen Verleger Gryphius eine Ausgabe der medizinischen Briefe des Ferrareser Arztes Manardi in lateinischer Sprache publiziert. Es handelt sich um eine typische Zusammenarbeit zweier humanistischer Gelehrter, die sich um die korrekte Edition wissenschaftlicher Texte bemühen, denn, so Rabelais, schon ein winziger Fehler in einem medizinischen Text könne gravierende Konsequenzen nach sich ziehen und Tausende von Menschen das Leben kosten (Kline 1963: 9). Die Buchdruckkunst ist für Rabelais demnach im Prinzip ein segnungsreiches und unverzichtbares Hilfsmittel.

Dennoch nimmt der Autor in seinem literarischen Werk eine ironische und parodistische Distanz zur humanistischen Gelehrtenkultur ein. Im VIII. Kapitel des *Pantagruel* schickt Gargantua, der Vater des Protagonisten, seinem Sohn einen Brief. Dort erteilt er ihm den Auftrag, sich in allen Wissensdisziplinen ausbilden zu lassen. Er selbst habe das auch tun wollen, aber die Zeit sei dem nicht günstig gewesen. Jenes „dunkle" und „gotische" Zeitalter aber, in dem Gargantua habe aufwachsen müssen, sei schließlich überwunden worden:

> Maintenant toutes disciplines sont restituées, les langues instaurées: Grecque, sans laquelle c'est honte que une personne se die sçavant, Hebraïcque, Caldaïcque, Latine – les impressions tant elegantes et correctes en usance, qui ont esté inventées de mon eage par inspiration divine, comme, à contrefil, l'artillerie par suggestion diabolicque. Tout le monde est plein de gens savans, de precepteurs très doctes, de librairies très amples, qu'il m'est advis que, ny au temps de Platon, ny de Ciceron, ny de Papinian, n'estoit telle commodité d'estude qu'on y voeit maintenant, et ne se fauldra plus doresnavant trouver en place ny en compaignie, qui ne sera bien ex-

84

3.3 Drei Aufschreibesysteme

poly en l'officine de Minerve. Je voy les brigans, les boureaulx, les avanturiers, les palefreniers de maintenant, plus doctes que les docteurs et prescheurs de mon temps. (I, 259)

Jetzt sind alle Disziplinen wiederhergestellt, das Studium der Sprachen eingerichtet: des Griechischen, ohne dessen Kenntnis es eine Schande ist, wenn jemand sich Gelehrter nennen will, des Hebräischen, des Chaldäischen, des Lateinischen – die heute üblichen, so eleganten und korrekten Drucke, die in meinem Zeitalter durch göttliche Eingebung erfunden wurden, so wie, im Gegenzug, die Feuerwaffen durch teuflische Einflüsterung erfunden wurden. Die ganze Welt wimmelt von Gelehrten, sehr gebildeten Hauslehrern, gut bestückten Bibliotheken, so daß ich glaube, daß es weder zu Zeiten Platons, noch Ciceros, noch Papinians solche Möglichkeiten der Bildung gab, wie man sie jetzt hier vorfindet, und von nun an sollte man keinem mehr begegnen, der nicht in Minervas Werkstatt gut ausgebildet worden ist. Mir kommen die Spitzbuben, die Henker, die Abenteurer, die Pferdeknechte von heute gebildeter vor als die Doktoren und Prediger zu meiner Zeit.

Die zitierte Stelle ist zweischneidig. Einerseits huldigt Gargantua geradezu euphorisch dem neuen, humanistischen Zeitalter, das an Gelehrsamkeit sogar die griechische und lateinische Antike noch übertreffe. Andererseits klingen in der Passage auch skeptische Untertöne an, insbesondere durch die Gegenüberstellung der göttlich inspirierten Buchdruckkunst und der teuflischen „Artillerie". Ein und dasselbe Zeitalter hat nicht nur eine Technik der Wissensvermehrung und Volksbildung erfunden, sondern auch eine Massenvernichtungstechnik. Ein zweiter argumentativer ‚Querschläger' ist der letzte Satz, in dem Gargantua die Henker, Abenteurer und Pferdeknechte der Gegenwart mit den Gelehrten und Priestern der Vergangenheit vergleicht und erstere über letztere stellt. Es ist für eine Epoche sicher kein besonders gutes Zeugnis, wenn man ihr nachsagt, sie besitze gebildete Henker. Immerhin endeten im 16. Jahrhundert neben vielen anderen auch zahlreiche Buchhändler und Verleger wegen angeblicher Häresie auf dem Scheiterhaufen.

Trotz dieser in Gargantuas Worten sich manifestierenden Skepsis und ironischen Distanz aber kann man sagen, daß Rabelais' Werk insgesamt die frühneuzeitliche Buchdruckkultur bejaht, sich der von ihr bereitgestellten Möglichkeiten bedient und keineswegs hinter sie zurückfallen möchte. Vielmehr treten in diesem Werk die Volkskultur und die Gelehrtenkultur in einen spannungsreichen und fruchtbaren Dialog ein. Dies aber ist nur möglich, weil der Buchdruck der Volkskultur einen Schriftraum zur Verfügung gestellt hat. Und die spezielle Form und ‚Machart' von Rabelais' *Gargantua et Pantagruel*, seine sprachliche Virtuosität, sein souveränes Spiel mit allen möglichen oralen und schriftlichen Texttraditionen, die Rätselhaftigkeit und Mehrdeutigkeit vieler Textstellen – all dies ist nur denkbar in einem Aufschreibesystem, das durch den Buchdruck und die allgemeine Verfügbarkeit des geschriebenen Wortes gekennzeichnet ist (vgl. auch Kline 1963: 39–53).

3. Literatur und ihre medialen Voraussetzungen

3.3.3 Literatur im Zeitalter von Presse und Massenkommunikation (19. Jahrhundert)

Die von Gutenberg entwickelte Holzpresse wurde in den Jahrzehnten nach 1450 in einigen Punkten verbessert. Vom 16. bis zum späten 18. Jahrhundert indes blieb die Drucktechnik im wesentlichen unverändert. Ein einschneidender technischer Fortschritt vollzog sich erst wieder um 1795, als die Engländer Stanhope und Walker eine Metallpresse konstruierten, die die Schnelligkeit des Druckprozesses um ein vielfaches steigerte. Dies war die technische Grundlage der im 19. Jahrhundert sich entwickelnden Massenpresse (Febvre/Martin 1958: 99). Wie die Massenpresse im politischen und gesellschaftlichen Kontext der ersten Jahrzehnte des 19. Jahrhunderts die Literatur umformte, ihr einen neuen Ort und neue Funktionen zuwies, läßt sich am Beispiel von Honoré de Balzac (1799–1850) darstellen. Balzac erzählt und analysiert nämlich selbst einen Teil dieser Geschichte in seinem Roman *Illusions perdues* (1837–1843); und in *Splendeurs et misères des courtisanes* (1838–1847) lassen sich Auswirkungen dieses Prozesses an der Textstruktur und Erzählweise direkt nachweisen.

Illusions perdues ist die in den Jahren 1821/22 spielende Geschichte zweier Freunde, des Dichters und späteren Journalisten Lucien Chardon und des Druckers David Séchard. Beide wirken durch ihre berufliche Tätigkeit in zentraler Funktion am Aufschreibesystem des frühen 19. Jahrhunderts mit. David arbeitet an einer Erfindung zur preiswerten Herstellung qualitativ hochwertigen Papiers. In einem Gespräch im ersten Teil des Romans erläutert er seiner künftigen Frau, Luciens Schwester Ève, die Probleme der Papierherstellung. Der Erzähler resümiert zur Information des Lesers jene „renseignements qui ne seront point déplacés dans une œuvre dont l'existence matérielle est due autant au papier qu'à la presse" (*Illusions perdues*, 218) [„Auskünfte, die sicher nicht fehl am Platze sind in einem Werk, dessen materielle Existenz sich ebenso sehr dem Papier wie der Presse verdankt"]. Die Thematik des Romans betrifft demnach dessen eigene Entstehungsvoraussetzungen; der Text ist autoreferentiell (selbstbezüglich) und setzt damit, wie vermittelt auch immer, eine Tradition fort, in der auch Chrétien de Troyes und Rabelais stehen.

Papier, so faßt der Erzähler Davids Erklärungen zusammen, wird aus Lumpen, das heißt aus abgetragenen und abgelegten Kleidungsstücken, hergestellt. Diese bestehen zum großen Teil aus Baumwolle und ergeben in der Herstellung grobes, wenig haltbares Papier. Da jedoch der Papierbedarf, bedingt durch die Expansion der Presse, immer größer wird, besteht die Notwendigkeit, preiswertes Papier in großen Mengen herzustellen, um eine Kostenexplosion zu vermeiden. Da das minderwertige Papier überdies die Speicherungsfähigkeit des Aufschreibesystems beeinträchtigt – „Quelle honte pour notre époque de fabriquer des livres sans durée!" (*Illusions perdues*, 222) [„Welch eine Schande für unsere Epoche, daß sie Bücher ohne Haltbarkeit herstellt!"] –, ist es erforderlich, die Le-

3.3 Drei Aufschreibesysteme

bensdauer des Papiers zu erhöhen. „Aussi le problème à résoudre est-il de la plus haute importance pour la littérature, pour les sciences et pour la politique." (221) [„Daher ist das zu lösende Problem von allerhöchster Wichtigkeit für die Literatur, für die Wissenschaften und für die Politik."]

Während sein Freund die technologischen Voraussetzungen des Aufschreibesystems verändern und optimieren möchte, wirkt Lucien als Dichter und Journalist an diesem mit. Diese beiden Tätigkeitsbereiche stehen zueinander in Konkurrenz und sind zugleich aufeinander angewiesen, wie Lucien am eigenen Leib erfahren muß. Als er, der in der Provinzstadt Angoulême als Dichter die Aufmerksamkeit und Zuneigung der adeligen Mme de Bargeton gewinnen konnte, dieser nach Paris folgt, um dort Fortune zu machen, wird er mit der ernüchternden Tatsache konfrontiert, daß man in Paris nicht gerade mit Ungeduld auf die romantischen Gedichte eines Provinzpoeten gewartet hat. Seine Sonette will niemand verlegen, ebenso wenig wie seinen Roman *L'Archer de Charles IX*.

Als ihn sein Bekannter Lousteau in die Welt des Journalismus einführt, verliert Lucien seine letzten Illusionen. So erlebt er, wie der von ihm bewunderte Schriftsteller Nathan sich untertänigst bei dem Rezensenten Blondet, der nicht älter ist als Lucien selbst, für eine wohlwollende Kritik bedankt. „À l'aspect d'un poète éminent y prostituant la muse à un journaliste, y humiliant l'Art, comme la Femme était humiliée, prostituée sous ces galeries ignobles, le grand homme de province [sc. Lucien] recevait des enseignements terribles. L'argent! était le mot de toute énigme." (*Illusions perdues*, 365) [„Der Anblick eines hervorragenden Dichters, der dort seine Muse an einen Journalisten prostituierte, seine Kunst erniedrigte, so wie die Frauen unter dieser unwürdigen Galerie erniedrigt und prostituiert wurden, erteilte dem großen Mann aus der Provinz furchtbare Lektionen. Geld! so lautete die Lösung aller Rätsel."] Von Nathans Verleger Dauriat, dem Lucien seine Manuskripte anbietet, erfährt er, daß die Literatur ein Spekulationsgeschäft ist. So hat Dauriat beispielsweise die wohlwollenden Rezensionen Blondets für 1.500 Francs gekauft. Insgesamt hat er für Besprechungen 3.000 Francs ausgegeben, durch den Verkauf des Buches aber nicht einmal 1.000 Francs verdient. Seine Spekulation ist also nicht aufgegangen. Deshalb will er künftig nur noch berühmte Autoren und Bücher verlegen, die ihm einen sicheren Gewinn einbringen. „Je ne suis pas ici pour être le marchepied des gloires à venir, mais pour gagner de l'argent et pour en donner aux hommes célèbres." (367) [„Ich bin nicht hier, um künftigen Berühmtheiten den Steigbügel zu halten, sondern um Geld zu verdienen und berühmten Männern welches zu geben."] Im Zeitalter der Massenpresse sind nur hohe Auflagen lohnend, die in die Zehntausende gehen, denn es kostet Dauriat genauso viel Geld, einen unbekannten Autor bekannt zu machen, wie es ihn kostet, einen schon bekannten Autor zu vermarkten, nur daß in letzterem Fall viel mehr Gewinn abspringt. Die literarische Produktion unterliegt also Zwängen, die sich aus dem Aufschreibesystem und dem damit verbundenen ökonomischen System ergeben. Gedruckt wird nur, was sich

3. Literatur und ihre medialen Voraussetzungen

massenhaft verkaufen läßt. Das bedeutet aber, daß Versdichtung von unbekannten Autoren wie Lucien keine Chance hat. Da das Publikum sich nur für große
Namen wie Lamartine oder Hugo interessiert, läßt sich ein unbekannter Vers-
dichter nicht vermarkten.

Der ernüchterte Lucien verdingt sich fortan als Journalist, er wird „une des
cent personnes privilégiées qui imposent des opinions à la France" (*Illusions
perdues*, 383) [„eine jener hundert privilegierten Personen, die in Frankreich ihre
Meinung durchsetzen"]: Dafür aber muß er einen hohen Preis bezahlen, den seiner persönlichen Integrität. Sein erster Feuilleton-Artikel ist eine Theaterkritik,
bei der sich das Interesse des Auftraggebers und Luciens privates Interesse an der
Hauptdarstellerin Coralie, die später seine Geliebte wird, überlagern und somit
sein kritisches Urteilsvermögen belasten. Sein Auftrag ist es, ein triviales Boule-
vardstück zu feiern und es damit zu einem kommerziellen Erfolg zu machen. Er
erfüllt diese Aufgabe glänzend und kommt so zu Ansehen, Geld und Einfluß.

Die wachsende Macht der Presse, die sich auf die hohen Auflagenzahlen
stützt, provoziert politische Einflußnahme und raubt den Journalisten ihre Unabhängigkeit. Claude Vignon, eine der Romanfiguren, analysiert dies trefflich mit
folgenden Worten:

> Le Journal au lieu d'être un sacerdoce est devenu un moyen pour les partis; de
> moyen, il s'est fait commerce; et comme tous les commerces, il est sans foi ni loi.
> [...] Un journal n'est plus fait pour éclairer, mais pour flatter les opinions. Ainsi,
> tous les journaux seront dans un temps donné lâches, hypocrites, infâmes, men-
> teurs, assassins; ils tueront les idées, les systèmes, les hommes, et fleuriront par ce-
> la même. (*Illusions perdues*, 404)

> Anstatt ein Priesteramt zu sein, ist die Zeitung ein Mittel der Parteilichkeit gewor-
> den; aus einem Mittel wurde sie zum Geschäft; und wie alle Geschäfte ist sie ohne
> Treu und Glauben. [...] Eine Zeitung macht man nicht mehr, um aufzuklären, son-
> dern um der öffentlichen Meinung zu schmeicheln. Daher werden alle Zeitungen zu
> gegebener Zeit feige, heuchlerisch, ehrlos, lügnerisch, mörderisch sein; sie werden
> Ideen, Systeme, Menschen töten, und gerade dadurch werden sie in Blüte stehen.

In diesem von Politik und Ökonomie bestimmten, moralisch indifferenten Um-
feld wird Lucien zum Karrieristen, der von der liberalen zur monarchistischen
Presse wechselt und sich schließlich gezwungen sieht, gegen seine Überzeugung
seinen einstigen Freund, den Dichter d'Arthez, zu verreißen. Dieser gehört dem
„Cénacle" an, einem Kreis liberaler junger Autoren, dem Lucien nach seiner Ankunft in Paris nahestand. Die Freunde haben ihm einst sogar den Gefallen erwiesen, sein Romanmanuskript *L'Archer de Charles IX* zu überarbeiten. Nun aber,
nachdem Lucien aus persönlichem Ehrgeiz die Fronten gewechselt hat (von den
Monarchisten erhofft er sich Unterstützung für sein Vorhaben, den Adelstitel seiner Mutter, de Rubempré, führen zu dürfen), gerät er in ein Dilemma. Entweder
er verreißt den Roman von d'Arthez, weil dieser dem gegnerischen Lager ange-

hört, oder die monarchistische Presse läßt Coralie, Luciens Geliebte, von deren Geld der mittlerweile Hochverschuldete lebt, fallen. Obwohl er d'Arthez' Roman für eines der schönsten Bücher der modernen Literatur hält, ringt er sich um Coralies willen dazu durch, eine spöttisch-herablassende Kritik zu schreiben. Immerhin zeigt er diese aus schlechtem Gewissen vor ihrer Veröffentlichung noch dem Autor und bittet ihn um Entschuldigung. D'Arthez hat sogar Verständnis für Luciens Dilemma und nimmt es auf sich, die Kritik selbst zu überarbeiten, um den Spott durch eine ernsthafte Auseinandersetzung zu ersetzen. Doch Luciens moralische Kompromisse erweisen sich schließlich als nutzlos, denn seine Pläne scheitern. Coralie fällt auf der Bühne durch und stirbt kurz darauf, Lucien wird Opfer einer politischen Intrige, seinen Adelstitel bekommt er nicht, und schließlich ist nicht nur er selbst hoch verschuldet, sondern auch sein Schwager David, auf dessen Namen er gefälschte Wechsel ausgestellt hat. Als Lucien keinen anderen Ausweg mehr sieht als den Selbstmord, begegnet er dem Abbé Carlos Herrera alias Vautrin, einem entlaufenen Galeerensträfling, der ihn vom Selbstmord abhält, da er ihn als Werkzeug für seine eigenen Pläne benutzen will.

Die aus dem Schluß von *Illusions perdues* sich entwickelnde Geschichte ist Gegenstand des Romans *Splendeurs et misères des courtisanes*. Nachdem Balzac in *Illusions perdues* die Korruption der Presse und ihren Einfluß auf die Literatur schonungslos dargestellt hat, zeigt sich dieser Einfluß nun in unmittelbarer Form in der in dem Folgeroman angewendeten Darstellungstechnik. *Splendeurs et misères* nämlich ist Balzacs Versuch, einen literarisch anspruchsvollen Roman mit den Mitteln des populären Fortsetzungsromans zu schreiben.

Zu Beginn des 19. Jahrhunderts stieg dank der zunehmenden Alphabetisierung der Bedarf an Lesestoff im breiten Volk. Bücher waren aber verglichen mit heutigen Preisen sehr teuer. Der wachsende Lesebedarf konnte erst mit Hilfe neuer Publikations- und Diffusionsformen im Bereich der Presse gedeckt werden. So wurden im Jahr 1836 die Tageszeitungen *La Presse* und *Le Siècle* gegründet. Ein Jahresabonnement kostete nur 40 Francs und nicht wie sonst üblich 80 Francs. Zum Vergleich: Ein Oktav-Band kostete zur selben Zeit etwa 7,50 Francs bei dem durchschnittlichen Tageslohn eines Arbeiters von 3 Francs (Olivier-Martin 1980: 28). Zum Preis von wenig mehr als fünf Büchern konnte man nunmehr ein ganzes Jahr lang eine Tageszeitung beziehen. Die Auflagen von *La Presse* und *Le Siècle* waren dementsprechend hoch (bis zu 35.000 Exemplare). Der niedrige Verkaufspreis war aber nur rentabel, wenn viele Annoncen geschaltet wurden; deren Anzahl wiederum hing von der Auflagenhöhe und somit von der Reichweite einer Zeitung ab. Die kommerzielle Logik machte es also erforderlich, die Leser zu ködern und bei der Stange zu halten. Ein probates Mittel hierfür wurde damals erfunden: der Fortsetzungsroman (*roman-feuilleton*).

Vom 23. Oktober bis zum 4. November 1836 erscheint in *La Presse* Balzacs Roman *La vieille fille* als „la première publication en France d'un roman dans la

3. Literatur und ihre medialen Voraussetzungen

presse quotidienne" (Guise 1964: 287) [„die erste Veröffentlichung eines Romans in der Tagespresse in Frankreich"]. Die medialen Bedingungen der Publikation eines Romans in der Tagespresse unterscheiden sich wesentlich von denen des gedruckten Buches. Die Leser können von Tag zu Tag auf das Gelesene reagieren. Zahlreiche Leser beschweren sich vor allem über die ‚Freizügigkeit' und Immoralität von Balzacs Roman, was dazu führt, daß der Herausgeber von *La Presse*, Girardin, mit dem Balzac einen Vertrag über weitere gemeinsame Projekte abgeschlossen hat, ihm folgendes schreibt:

> Il nous vient de si nombreuses réclamations contre le choix du sujet et la liberté de certaines descriptions que le gérant de *La Presse* demande à l'auteur de la *Vieille Fille* de choisir un autre sujet que celui de *La Torpille* [sc. einer Vorstufe von *Splendeurs et misères des courtisanes*], un sujet qui par les descriptions qu'il comportera soit de nature à être lu par tout le monde et fasse même opposition au premier sujet traité. Le gérant de *La Presse* demande cela instamment à l'auteur de la *Vieille Fille*. (zit. nach Guise 1964: 292)

> Es erreichen uns so zahlreiche Beschwerden über die Wahl des Themas und die Freizügigkeit gewisser Beschreibungen, daß der Herausgeber von *La Presse* den Autor von *La Vieille Fille* bittet, ein anderes Thema als das von *La Torpille* zu wählen, ein Thema, das durch die Beschreibungen, die es mit sich bringt, so beschaffen ist, daß es von jedermann gelesen werden kann und daß es dem ersten behandelten Thema sogar entgegengesetzt ist. Der Herausgeber von *La Presse* bittet den Autor von *La Vieille Fille* inständig darum.

Es wird eine regelrechte Zensur gegen Balzac verhängt. Der Herausgeber von *La Presse* versucht, ihm das Thema seines nächsten Fortsetzungsromans vorzuschreiben. Balzac will sich aber nicht recht den gegebenen Bedingungen anpassen, weder inhaltlich noch formal. Statt dessen beklagt er sich in dem 1839 verfaßten Vorwort zum zweiten Teil von *Illusions perdues*: „Le public ignore combien de maux accablent la littérature dans sa transformation commerciale." (*Illusions perdues*, 113) [„Das Publikum ahnt nicht, von wievielen Übeln die Literatur im Prozeß ihrer Verwandlung zur Ware befallen wird."]

Diese „transformation commerciale" des Romans, der sich Balzac verweigert, vollziehen in medienadäquater Weise in den Jahren 1839 bis 1841 einige seiner Kollegen: Sue, Dumas und Soulié. Eugène Sue, dessen Erfolgsroman *Les mystères de Paris* 1842/43 erscheint, wird Balzacs größter kommerzieller Konkurrent. Folgende Merkmale zeichnen Sues Roman und das Genre des *roman-feuilleton* insgesamt aus (Heidenreich 1987): Die Handlung spielt im Milieu der Armen und gesellschaftlich Ausgestoßenen; durch die hiermit verbundene soziale Anklage stellt sich der Roman zumindest vordergründig auf die Lebensbedingungen seiner Leser ein. Allerdings bleibt die Anklage systemkonform. Die vorgeschlagene Lösung besteht nämlich darin, daß die Reichen den Armen freiwillig helfen sollen; das kapitalistisch-bourgeoise Gesellschaftssystem wird nicht

90

3.3 Drei Aufschreibesysteme

fundamental in Frage gestellt. Die Handlungsmuster stammen aus den Gattungen der populären Literatur, dem Märchen, dem Abenteuerroman, dem Melodram. Die Figurendarstellung ist manichäistisch, das heißt, es gibt klare und eindeutige Gut/Böse-Oppositionen. Die Handlungsstruktur ist – medienadäquat – diskontinuierlich: Der Text besteht aus Episoden und Serien von einander ähnlichen Handlungselementen, deren Logik leicht zu durchschauen ist. Durch die Zerstückelung der Handlung wird jene Spannung erzeugt, die die Leser dazu bewegt, täglich ihre Zeitung zu kaufen, um zu erfahren, wie es mit den Helden, die immer wieder in höchste Gefahr geraten und dann in letzter Sekunde wundersam gerettet werden, weitergeht. Es entsteht ein Dialog zwischen dem Autor und seinen Lesern, die sogar Einfluß auf den Fortgang der Geschichte nehmen können. Um kurzfristig zu reagieren, muß der Autor von Tag zu Tag schreiben. Daher rührt eine gewisse stilistische Nachlässigkeit. Die Schreibweise ist somit nicht nur medienadäquat, sondern geradezu vom Medium determiniert. Damit der Fortsetzungsroman seine kommerzielle Funktion in bestmöglicher Weise erfüllen kann, muß er sich den medialen Bedingungen der kommerziellen Tagespresse anpassen und unterordnen.

Balzac, der eine so weitgehende Anpassung an die medialen Bedingungen vermeidet, sich diesen aber gleichwohl halbwegs annähert, versucht doch immer wieder, durch die Publikation seiner Romane in der Presse mit Sue zu rivalisieren. Ähnlich wie viele seiner Helden von Schulden geplagt, unternimmt er mehrere vergebliche Versuche, mit seinen Romanen Geld zu verdienen. Erst als sich nach einigen Jahren die Mode des *roman-feuilleton* erschöpft hat, kehrt mit der Publikation von *Une instruction criminelle* (dem dritten Teil von *Splendeurs et misères*) in *L'Époque* vom 7. bis zum 29. Juli 1846 der Erfolg zurück. Ein Grund dafür ist sicherlich darin zu suchen, daß es Balzac gelungen ist, die Erzähltechnik des *roman-feuilleton* mit seinen eigenen hohen literarischen Ansprüchen zu verbinden und sich damit in den Augen des Publikums wohltuend von den stereotypen Exemplaren der Gattung abzuheben.

Eine Anleihe beim Fortsetzungsroman ist etwa die Kleinteiligkeit der Handlungsführung; *Splendeurs et misères des courtisanes* besteht aus 155 relativ kurzen Kapiteln, die insbesondere im dritten und im vierten Teil schnittartig gegeneinander montiert sind. Dies ist eine spannungssteigernde Technik. Parallel und zeitgleich an verschiedenen Orten ablaufende Handlungsstränge werden alternierend erzählt. Ein weiteres Merkmal ist die Häufung melodramatischer Handlungselemente. Melodramatisch ist etwa die ‚Bekehrung‘ der Prostituierten Esther, die allein durch die Liebe zu Lucien bewirkt wird. Melodramatisch ist auch ihr Tod. Sie hat ihrem Verehrer, dem Bankier Nucingen, eine Liebesnacht geschenkt und begeht daraufhin Selbstmord. Kurz nach ihrem Tod trifft die Nachricht ein, daß sie von ihrem Großonkel, dem Wucherer Gobseck, ein Millionenvermögen geerbt hat; wäre diese Nachricht ein wenig früher eingetroffen, so wäre der Selbstmord unnötig gewesen, weil Esther sich dann nicht an Nucingen hät-

3. Literatur und ihre medialen Voraussetzungen

te verkaufen müssen, um Geld für Lucien zu besorgen. Typisch für den Fortsetzungsroman ist schließlich auch die Situierung der Handlung im Kriminal- und Polizeimilieu sowie im Gefängnis. Balzac schöpft hier übrigens aus denselben Quellen wie sein Rivale Sue, unter anderem den *Mémoires* des ehemaligen Zuchthäuslers und späteren Leiters der Geheimpolizei François-Eugène Vidocq, der das Vorbild für Vautrin abgegeben hat und den Balzac auch persönlich kannte.

Abgesehen von den genannten, vom *roman-feuilleton* übernommenen Merkmalen ist *Splendeurs et misères des courtisanes* aber einer der bedeutendsten und virtuosesten Texte der *Comédie humaine* und stellt somit keine billige Konzession an den Publikumsgeschmack dar. Er ist in die zyklische Struktur des Balzacschen Gesamtwerks vollständig integriert und bildet die Fortsetzung von *Illusions perdues*. Ähnlich wie schon bei Rabelais verbinden sich Elemente der Hochkultur mit denen der Populärkultur. Anders als bei Rabelais aber dient diese Mischung nicht der parodistisch-subversiven Distanzierung, sondern hat den Zweck, ein möglichst großes Publikum zu gewinnen, denn der moderne Berufsschriftsteller muß vom Verkauf seiner Bücher leben. Daher muß Balzac einfacher, didaktischer schreiben, als er dies sonst zu tun pflegt. Der Roman ist auf zwei Ebenen rezipierbar; vordergründig als spannender Unterhaltungs- und Kriminalroman; für eingeweihte Leser aber als ein wichtiger Mosaikstein der *Comédie humaine*, in der Balzac die gesellschaftliche Wirklichkeit seiner Zeit vollständig darzustellen versucht hat.

Ziel dieses Kapitels war es zu zeigen, daß der *Ort und die Funktion von Literatur* in Wechselwirkung mit den *Kommunikationsmedien* stehen, über die eine Kultur verfügt. Ausgangspunkt der Betrachtung war die Medientheorie von W. Benjamin, derzufolge die Wahrnehmung und die Funktion des Kunstwerks entscheidend von den *technischen Reproduktionsmöglichkeiten* beeinflußt wird. Die Medien wirken sich aber nicht nur auf die Wahrnehmung, sondern auch auf die Struktur, die ‚Machart‘ literarischer Texte aus, wie am Beispiel dreier historisch verschiedener *Aufschreibesysteme* dargestellt wurde. In der semiliteralen mittelalterlichen *Manuskriptkultur* war Literatur im Bereich der *Mündlichkeit* und der Volks- bzw. Laienkultur angesiedelt. Die überlieferten Texte der *chansons de geste* tragen zahlreiche Spuren der oralen Aufführungssituation in sich. Auch der von Beginn an für die Schrift entworfene höfische Roman wurde mündlich vorgelesen. Die Erfindung des *Buchdrucks* führte in der Renaissance zur Verschriftlichung der Volkskultur und somit zum Kontakt von Gelehrtenkultur und Volkskultur. Die Auswirkungen dieser Begegnung wurden an Rabelais’ *Gargantua et Pantagruel* gezeigt, einem Text, in dem sich ein ausgesprochenes, auf die Neuerung des Buchdrucks bezogenes Epochenbewußtsein manifestiert. Zugleich ist der Text ein frühes Zeugnis jener kritischen Distanz zur herrschenden Kultur, die ein (mögliches) Kennzeichen von neuzeitlicher Literatur ist. Die Untersuchung zweier Romane von Balzac konnte schließlich zeigen, welchem Form- und Funktionswandel die Literatur im Zeitalter der *Presse* und *Massenkommunikation* und der daraus resultierenden kommerziellen Zwänge unterliegt. Trotz der historisch und medientechnisch bedingten Unterschiede haben die hier untersuchten Texte von Chrétien, Rabelais und Balzac aber auch eine Gemeinsamkeit. Sie reflektieren nämlich jeweils ihren eigenen medialen Status und gewinnen ihre Identität, indem sie sich mit vorhandenen populären Textformen offensiv auseinandersetzen. Dies ist nicht zuletzt der Grund dafür, daß sie ins kulturelle Langzeitgedächtnis eingegangen sind.

Literaturhinweise

Balzac, Honoré de, *Illusions perdues*, in: *La Comédie humaine, V. Études de mœurs: Scènes de la vie de province*. Édition publiée sous la direction de Pierre-Georges Castex, Paris 1977, 1–732.

——, *Splendeurs et misères des courtisanes*, in: *La Comédie humaine, VI. Études de mœurs: Scènes de la vie parisienne*. Édition publiée sous la direction de Pierre-Georges Castex, Paris 1977, 393–935.

——, *Splendeurs et misères des courtisanes*. Édition établie par Pierre Citron, Paris 1968. [Enthält im Gegensatz zur Pléiade-Ausgabe die ursprüngliche Kapiteleinteilung des Romans.]

Chrétien de Troyes, *Erec et Enide. Erec und Enide*. Altfranzösisch/Deutsch. Übersetzt und herausgegeben von Albert Gier, Stuttgart 1987.

——, *Le roman de Perceval ou Le conte du Graal*. Publié d'après le ms. fr. 12576 de la Bibliothèque Nationale par William Roach. Seconde édition revue et augmentée, Genève-Paris 1959.

Le Couronnement de Louis. Chanson de geste du XIIᵉ siècle, éditée par Ernest Langlois. Deuxième édition revue, Paris 1925.

Rabelais, François, *Œuvres complètes*. Introduction, notes, bibliographie et relevé de variantes par Pierre Jourda, 2 Bde, Paris 1962.

Assmann, Jan/Assmann, Aleida/Hardmeier, Christof (Hg.) (1983), *Schrift und Gedächtnis. Beiträge zur Archäologie der literarischen Kommunikation*, München.

Bachtin, Michail (1965), *Rabelais und seine Welt. Volkskultur als Gegenkultur*, aus d. Russ. v. G. Leupold, hg. v. R. Lachmann, Frankfurt/M. 1995.

Benjamin, Walter (1931), „Kleine Geschichte der Photographie", in: W. B., *Das Kunstwerk im Zeitalter seiner technischen Reproduzierbarkeit. Drei Studien zur Kunstsoziologie*, Frankfurt/M. 1977, 45–64.

—— (1936), „Das Kunstwerk im Zeitalter seiner technischen Reproduzierbarkeit", in: W. B., *Das Kunstwerk im Zeitalter seiner technischen Reproduzierbarkeit. Drei Studien zur Kunstsoziologie*, Frankfurt/M. 1977, 7–44.

—— (1939/40), „Über einige Motive bei Baudelaire", in: W. B., *Charles Baudelaire. Ein Lyriker im Zeitalter des Hochkapitalismus*, hg. v. R. Tiedemann, Frankfurt/M. 1974, 101–149.

3. Literatur und ihre medialen Voraussetzungen

Bumke, Joachim ([8]1997), *Höfische Kultur. Literatur und Gesellschaft im hohen Mittelalter*, München.

Butzer, Günter (1995), „Das Gedächtnis des epischen Textes. Mündliches und schriftliches Erzählen im höfischen Roman des Mittelalters", in: *Euphorion* 89, 151–188.

Faulstich, Werner (1994), *Grundwissen Medien*, München [2]1995.

Febvre, Lucien/Martin, Henri-Jean (1958), *L'apparition du livre*, Paris 1971.

Flusser, Vilém (1996), *Kommunikologie*, in: *Schriften*, hg. v. S. Bollmann u. E. Flusser, Bd. 4, Mannheim.

Goody, Jack/Watt, Ian (1968), „The Consequences of Literacy", in: J. Goody (Hg.), *Literacy in Traditional Societies*, Cambridge, 27–68.

Grivel, Charles (Hg.) (1988), *Appareils et machines à représentation*, Mannheim.

Großklaus, Götz (1995), *Medien-Zeit, Medien-Raum. Zum Wandel der raumzeitlichen Wahrnehmung in der Moderne*, Frankfurt/M.

Guise, René (1964), „Balzac et le roman-feuilleton", in: *L'Année balzacienne*, 285–338.

Gumbrecht, Hans Ulrich (1983), „Schriftlichkeit in mündlicher Kultur", in: Assmann/Assmann/Hardmeier 1983, 158–174.

—— (1988), „Beginn von ‚Literatur'/Abschied vom Körper?", in: Smolka-Koerdt et al. 1988, 15–50.

Gumbrecht, Hans Ulrich/Pfeiffer, K. Ludwig (Hg.) (1988), *Materialität der Kommunikation*, Frankfurt/M.

Hausmann, Frank-Rutger (1979), *François Rabelais*, Stuttgart.

Havelock, Eric A. (1982), *The Literate Revolution in Greece and its Cultural Consequences*, Princeton.

Heidenreich, Peter (1987), *Textstrategien des französischen Sozialromans im 19. Jahrhundert am Beispiel von Eugène Sues „Les Mystères de Paris" und Victor Hugos „Les Misérables"*, München.

Jakobson, Roman (1960), „Linguistics and Poetics", in: ders., *Selected Writings*, hg. v. S. Rudy, Bd. 3: *Poetry of Grammar and Grammar of Poetry*, The Hague-Paris-New York 1981, 18–51.

Jauß, Hans Robert (1961), „Epos und Roman – Eine vergleichende Betrachtung an Texten des XII. Jahrhunderts", in: H. R. J., *Alterität und Modernität der mittelalterlichen Literatur*, München 1977, 310–326.

Kittler, Friedrich A. ([3]1995), *Aufschreibesysteme 1800 • 1900*, München.

Kline, Michael B. (1963), *Rabelais and the Age of Printing*, Genève.

Kloock, Daniela/Spahr, Angela (1997), *Medientheorien. Eine Einführung*, München.

McLuhan, Marshall (1962), *The Gutenberg Galaxy. The Making of Typographic Man*, Toronto.

—— (1964), *Die magischen Kanäle. Understanding Media*, aus d. Engl. v. M. Amann, Dresden-Basel 1994.

Olivier-Martin, Yves (1980), *Histoire du roman populaire en France de 1840 à 1980*, Paris.

Pollmann, Leo (1966), „Von der *Chanson de geste* zum höfischen Roman in Frankreich", in: *Germanisch-Romanische Monatsschrift* 47, 1–14.

Rommel, Bettina (1997), *Rabelais zwischen Mündlichkeit und Schriftlichkeit. Gargantua: Literatur als Lebensführung*, Tübingen.

Rösler, Wolfgang (1983), „Schriftkultur und Fiktionalität. Zum Funktionswandel der griechischen Literatur von Homer bis Aristoteles", in: Assmann und Assmann/Hardmeier 1983, 109–122.

Literaturhinweise

Rychner, Jean (1955), *La chanson de geste. Essai sur l'art épique des jongleurs*, Genève-Lille.

Schütz, Erhard/Wegmann, Thomas (1996), „Literatur und Medien", in: H. L. Arnold/H. Detering (Hg.), *Grundzüge der Literaturwissenschaft*, München, 52–78.

Smolka-Koerdt, Gisela/Spangenberg, Peter M./Tillmann-Bartylla, Dagmar (Hg.) (1988), *Der Ursprung von Literatur. Medien, Rollen, Kommunikationssituationen zwischen 1450 und 1650*, München.

Spangenberg, Peter M. (1995), „Mediengeschichte – Medientheorie", in: J. Fohrmann/H. Müller (Hg.), *Literaturwissenschaft*, München, 31–76.

Teuber, Bernhard (1989), *Sprache – Körper – Traum. Zur karnevalesken Tradition in der romanischen Literatur aus früher Neuzeit*, Tübingen.

Wunberg, Gotthart (1991), „Mnemosyne. Literatur unter den Bedingungen der Moderne: ihre technik- und sozialgeschichtliche Begründung", in: A. Assmann/D. Harth (Hg.), *Mnemosyne. Formen und Funktionen der kulturellen Erinnerung*, Frankfurt/M., 83–100.

4. Theorie und Geschichte literarischer Gattungen

Bekanntlich verwendet man in der Literaturwissenschaft Begriffe wie *lyrische, narrative* und *dramatische* Texte. Die damit verbundene Ordnung beziehungsweise Einteilung wurde nicht erst von der Literaturwissenschaft erfunden, sondern sie hat eine lange Tradition im Bereich der Literatur selbst. Seit Anfang des 19. Jahrhunderts spricht man von Lyrik, Epos und Drama als den drei angeblichen „Naturformen der Poesie" (Goethe). Zuvor schon gab es Gattungsbezeichnungen und Einteilungen (Tragödie, Komödie, Epos, Schäferspiel, Madrigal, Novelle usw.), und auch heute werden neben den drei Oberbegriffen weiterhin zahlreiche speziellere Gattungsbegriffe verwendet: Roman, Melodram, Kurzgeschichte, Prosagedicht, Hörspiel usw. Dies deutet darauf hin, daß bei den am Literatursystem beteiligten Akteuren (bei Autoren, Lesern, Wissenschaftlern usw.) ein Bewußtsein für die *Relevanz von typischen Ähnlichkeiten und Unterschieden* im Bereich der literarischen Texte existiert; weder sind alle Texte gleich, noch ist jeder Text einzigartig. Andererseits besteht offenbar das Bedürfnis, diese Unterschiede *systematisierend zu benennen*. Ziel dieses Kapitels ist es, die Funktion von Gattungsbegriffen für die Literatur wie für die Literaturwissenschaft aus theoretischer und aus historischer Perspektive zu erhellen.

4.1 Gattungsbegriffe aus theoretischer Sicht

4.1.1 Etymologie und Begriffsverwendung

Der Begriff *Gattung* (frz. *genre*) stammt sprachgeschichtlich vom spätmittelhochdeutschen *gatunge* ab, welches sich herleitet von *gate*, ‚Genosse, der einem gleich ist' (Köster 1969: 353). Das dem zugrundeliegende ältere Wort *gegate* bedeutet soviel wie ‚Zusammengefügtes'. Verwendet wird der Begriff *Gattung* in der Logik im Sinne von ‚Oberbegriff, der mehrere in wesentlichen Merkmalen übereinstimmende Artbegriffe umfaßt' (ebd.); in der Biologie als ‚Oberbegriff im Rangstufensystem der Pflanzen und Tiere (Gattung/Art)'; und schließlich allgemein als ‚Oberbegriff für durch Ähnlichkeit oder Verwandtschaft Zusammengehöriges' (ebd.). Der lateinische Begriff *genus*, ‚Geburt, Abstammung, Herkunft, Geschlecht', von dem sich die französische Bezeichnung *genre* etymologisch herleitet, kommt von *gignere*, ‚erzeugen, gebären, schaffen, hervorbringen'. Ähnlich wie an dem deutschen Begriff *Gattung*, in dem Wörter wie *Gatte* und *begat-*

4.1 Gattungsbegriffe aus theoretischer Sicht

ten mit anklingen, erkennt man an dem lateinischen Lexem *genus* die Nähe zum Bereich der natürlichen Reproduktion, der Biologie.

4.1.2 Vom Chaos zur Ordnung: Weltaneignung durch Klassifikation

Die Nähe des Gattungsbegriffs zum Bereich der Biologie ist signifikant, denn das Erkennen von Verwandtschaftsbeziehungen zwischen Objekten setzt voraus, daß man von der vielgestaltigen Oberfläche der Erscheinungen abstrahiert und vordringt zu einer Tiefendimension, in der die Ähnlichkeiten des scheinbar Heterogenen sichtbar werden. An einem Beispiel aus der Biologie mag dies klar werden: Oberflächlich betrachtet ist der Wal ein Fisch, da er im Wasser lebt und äußere Merkmale eines Fisches besitzt: zu Flossen zurückgebildete Gliedmaßen, fischförmiger Körper. Der Naturforscher erkennt nun, daß der Wal in Wirklichkeit ein Säugetier ist, weil er keine Kiemenatmung, sondern Lungenatmung hat und weil er sich wie ein Säugetier fortpflanzt. In ähnlicher Weise erkennt der Literaturkundige Zusammenhänge, die auf den ersten Blick nicht sichtbar sind: strukturelle Ähnlichkeiten und Unterschiede zwischen Texten, die es ermöglichen, den jeweiligen Text einer bestimmten Gruppe oder Klasse von Texten zuzurechnen. Dies ist, wie unten zu zeigen sein wird, sowohl für die Produktion als auch für die Rezeption von Texten relevant.

Wenn man literarische Texte klassifiziert und die so gewonnenen Klassen mit Gattungsnamen belegt, so scheint dies zunächst einmal einer typischen geistigen Aktivität des Menschen zu entspringen, die sich auch in anderen Wissensbereichen manifestiert. Das *Ordnen und Klassifizieren* ist Ausdruck des jeglicher Wissenschaft vorausgehenden Wunsches, sich die Welt anzueignen und sie zu verstehen. Grundlage solcher Aneignung ist die *Benennung*, wie schon in der Biblischen Schöpfungsgeschichte, ganz zu Beginn des Alten Testaments, nachzulesen ist: „Gott, der Herr, formte aus dem Ackerboden alle Tiere des Feldes und alle Vögel des Himmels und führte sie dem Menschen zu, um zu sehen, wie er sie benennen würde. Und wie der Mensch jedes lebendige Wesen benannte, so sollte es heißen. Der Mensch gab Namen allem Vieh, den Vögeln des Himmels und allen Tieren des Feldes." (Genesis 2, 19–20) In der Bibelstelle kommt die bekannte Auffassung zum Ausdruck, wonach die Sprache eine bloße Nomenklatur sei, eine einfache Zuordnung von Wörtern und Dingen. Im Zusammenhang mit dem Saussureschen Zeichenmodell (→ Kap. 2.3.1) wurde darauf hingewiesen, daß diese Vorstellung der Komplexität des Zusammenhangs von Sprache, Bedeutung und Wirklichkeit nicht gerecht wird. Doch im vorliegenden Kontext können wir von dieser Problematik absehen.

Der Akt des Benennens also ist ein erster, wesentlicher und noch vorwissenschaftlicher Schritt der Abstraktion, setzt er doch voraus, daß man, um einen einmal gegebenen Namen korrekt wiederzuverwenden, die Identität in der Diffe-

97

4. Theorie und Geschichte literarischer Gattungen

renz der Erscheinungen erkennt. Es gibt nämlich, um ein Beispiel aus der Welt der Pflanzen zu wählen, nicht *den Baum*, sondern es gibt nur einzelne *Bäume*. Kein Baum gleicht exakt dem anderen, und doch erkenne ich das ihnen Gemeinsame, das es mir erlaubt, sie als Bäume zu bezeichnen im Gegensatz zu Büschen oder Sträuchern. Jenseits der Oberfläche der Erscheinungen erkenne ich ihre Struktur. Analoges gilt für die Literatur: Kein Drama gleicht exakt dem anderen, und doch erkennen die Zuschauer aufgrund gemeinsamer relevanter Merkmale, ob es sich bei dem jeweiligen Stück um eine Tragödie oder um eine Komödie handelt.

Die durch Benennung erfolgende Aneignung der Objektwelt durch den Menschen ist indes nicht in jeder Hinsicht analog zu dem, was passiert, wenn man literarische Texte bestimmten Gattungen zurechnet. Analog sind die beiden Vorgänge insofern, als in beiden Fällen bestimmten Objekten (hier den „Vögeln des Himmels" oder den „Tieren des Feldes", da den literarischen Texten) bestimmte Namen gegeben werden, etwa *Amsel, Drossel, Fink, Star; Sonett, Komödie, Epos, Novelle*. Das Vielgestaltige der individuellen Erscheinungen wird reduziert auf wiederkehrende Typen. Weltaneignung vollzieht sich als Erkenntnis und Benennung, als Reduktion von Komplexität. Der Unterschied ist jedoch folgender: Den Vögeln ist es – salopp gesagt – ziemlich egal, wie wir sie nennen. Sie wären auch dann Vögel, wenn wir sie fälschlich als Fische identifizieren würden. Wir sagen beispielsweise *Walfisch*, obwohl der Wal kein Fisch ist. Identifizieren wir hingegen eine Tragödie fälschlich als eine Komödie, indem wir bei ihrer Aufführung permanent lachen, so entsteht ein Problem. Die Natur dieses Problems genauer zu erfassen, wird Gegenstand der folgenden Ausführungen sein.

Die Literatur ist eine *Objektwelt zweiten Grades*. Sie besteht aus *Texten*, das heißt aus menschengemachten Objekten, die sich desselben Instruments bedienen wie unsere primäre Weltaneignung: der *Sprache*. Nun sind literarische Texte, wie wir bereits mehrfach gesehen haben, selbstreflexiv, das heißt, sie kommunizieren über sich selbst, beziehungsweise es wird im Literatursystem über sie kommuniziert, etwa in Form von Poetiken, Vorworten, Kommentaren, Briefen des Autors an den Verleger oder im Bereich von Literaturkritik und Literaturwissenschaft. Dies bedingt die Ausprägung von Gattungskonzepten und -begriffen, die dann in die Struktur der einzelnen Texte eingehen. Wie Kuon (1988) im Anschluß an Coseriu gezeigt hat, haben Gattungen einen analogen Status wie Sprachen: So wie ein Sprecher, um sprechen zu können, über ein Sprachbewußtsein und eine Kenntnis der *langue* verfügen muß, benötigt er, um Texte produzieren oder rezipieren zu können, ein Gattungsbewußtsein. „Die Objektivität der Gattungen gründet in ihrer Existenz als Technik und Wissen einer Gemeinschaft" (Kuon 1988: 242). Da Literatur nur funktionieren kann, wenn sie in einem kommunikativen Zusammenhang steht, ist die Kenntnis des dem jeweiligen Text zugrundeliegenden Gattungsbegriffs von entscheidender Bedeutung für seine Produktion und Rezeption. Es ist für einen literarischen Text keineswegs beliebig, welchen

4.1 Gattungsbegriffe aus theoretischer Sicht

Namen wir ihm geben, das heißt, welchen Gattungsbegriff wir ihm zuschreiben. Der Gattungsbegriff nämlich ermöglicht in ganz elementarer Weise die Kommunikation zwischen Autor, Text und Rezipienten. Diese Kommunikation bedarf gewisser Konventionen, so daß man Gattungen auch als *Sets von Konventionen* (Raible 1980: 325–327) auffassen kann.

4.1.3 Gattungen als kommunikationssteuernde Konventionen

a) Sprechen und Texte als Handlung

Sprechen hat Handlungscharakter – so lautet eine der wichtigsten Erkenntnisse der neueren, pragmatisch orientierten Linguistik. Der Handlungscharakter des Sprechens wurde insbesondere von der Sprechakttheorie herausgearbeitet (vgl. Searle 1969). Um zu verstehen, was damit gemeint ist, müssen wir uns auf das von Saussure (1916: 30) eingeführte Begriffspaar *langue/parole* besinnen (→ Kap. 2.3.1). Die *langue* ist das Sprach*system*, die in jedem Sprecher vorhandene Sprach- und Sprech*kompetenz*, die es ihm ermöglicht, in einer bestimmten Sprache zu kommunizieren. Die Kompetenz ist eine latente, eine *virtuelle* Fähigkeit. Sie wird *aktualisiert*, das heißt umgesetzt in Form von Äußerungsakten oder, wie man auch sagt, Sprechakten (*parole*, Ebene der Performanz). Sprache ist materiell nur greifbar als *parole*, in Form von Sprechakten, als *langue* existiert sie lediglich ideell, im Geist der Sprachbenutzer. Grammatiken und Wörterbücher sind der Versuch, die *langue* zu rekonstruieren und in Form eines Regelwerkes zu materialisieren.

Sprechakte sind eingebunden in lebensweltliche *Handlungszusammenhänge*, in bestimmte *typische Situationen*: Man kann als Sprachbenutzer jemandem eine Frage stellen, ihm Auskunft erteilen, um Hilfe bitten, einen Wunsch äußern, einen Befehl geben, jemanden beraten, zum Essen einladen, an einer Konversation teilnehmen, eine Geschichte erzählen usw. Will man erfolgreich kommunizieren, so wird man sein Sprachverhalten der jeweiligen Situation anpassen, also bestimmte *Konventionen der Kommunikation* befolgen, die teils von der Logik und den Gesetzen der Sprache abhängen (Befolgung grammatischer Regeln, interne Kohärenz des Äußerungsaktes, geordnete Informationsvergabe, Adäquation zwischen Sprechintention und sprachlicher Form), teils von den nichtsprachlichen, situativen Kontextbedingungen vorgegeben werden (soziale Beziehungen zwischen den Sprechern, Ort und Zeit des Sprechakts, Privatheit oder Öffentlichkeit usw.). Sprache existiert nicht abstrakt, sondern nur konkret in Form von Sprechakten, die bestimmten situationsabhängigen Normen und Konventionen gehorchen und dementsprechend klassifizierbar sind.

Nun gibt es Sprechakte nicht nur in Form von mündlicher Rede, sondern auch in schriftlich fixierter Form, in Gestalt von Texten. Hinweisschilder, Ge-

4. Theorie und Geschichte literarischer Gattungen

brauchsanweisungen, Briefe, Nachrichten, Kommentare, wissenschaftliche Texte usw. – all dies sind, wie wir wissen, pragmatische Texte, sie sind ebenso wie mündliche Sprechakte in einen lebensweltlichen Zusammenhang, eine Situation eingebunden und erfüllen innerhalb dieser Situation eine bestimmte, den mündlichen Sprechakten analoge Funktion: Sie informieren, instruieren, appellieren, dekretieren, beraten usw. In der Linguistik spricht man von *Textsorten*, um diese Art von Texten zu bezeichnen und zu klassifizieren. Pragmatische Texte unterliegen wie mündliche Sprechakte bestimmten Konventionen. So ist es beispielsweise üblich, einen Brief mit Absender und Adresse zu versehen, ihn zu datieren, eine Anrede zu verwenden und eine Grußformel („Mit freundlichen Grüßen" oder „Veuillez agréer l'expression de mes sentiments les meilleurs"). Die Nichterfüllung dieser Konventionen wird den Aussagecharakter eines Briefes verändern (Weglassen der Anrede impliziert Unhöflichkeit, Schlampigkeit, mangelnde Rücksichtnahme o. ä.), in bestimmten Fällen kann eine Verletzung der Konventionen – etwa wenn man die Angabe der eigenen Adresse vergißt – eine Beantwortung erschweren, wenn nicht unmöglich machen und somit den Sprechakt mißlingen lassen. Auch Zeitungsartikel richten sich nach bestimmten Konventionen: mehrfach hierarchisierte Überschrift, Zwischenüberschriften, Bildunterschriften, typographische Hervorhebung besonders wichtiger Passagen, Zusammenfassungen; bei Nachrichten erfolgt die Anordnung der Informationen nach deren Wichtigkeit; bei Reportagen greifen Anfang und Schluß oft ineinander (Beginn mit individualisierender Anekdote, die das Problem veranschaulicht; Analyse, Präsentation der Recherche; Abschluß der zu Beginn suspendierten Anekdote).

Da pragmatische Texte *Gebrauchstexte* sind, bei denen es darauf ankommt, daß die Informationsübermittlung möglichst schnell und reibungslos erfolgt, beruhen die sie steuernden Konventionen auf Prinzipien wie: Redundanz, Mehrfachcodierung, formale Strukturierung mit Hilfe von deutlichen Gliederungssignalen usw. Die Stabilität solcher Markierungen erhöht die Wiedererkennbarkeit und trägt zur Reduzierung von Komplexität bei, welche Voraussetzung für die Vermittlung und Aufnahme von Information ist. Indem solche Konventionen für jede Textsorte je unterschiedlich selegiert und kombiniert werden, kommt es zu einer Ausdifferenzierung und Abgrenzung einzelner Textsorten gegeneinander sowie zu einer damit korrelierenden internen *Typisierung*. Die dadurch gewährleistete schnelle Erkennbarkeit der Textsortenzugehörigkeit trägt zur raschen und adäquaten Rezeption des Textes bei. Sie ermöglicht darüber hinaus, um beim Beispiel der Zeitung zu bleiben, die gezielte Auswahl von Texten aus der scheinbar chaotischen Fülle von Informationen. Wer zum allerersten Mal eine Zeitung in die Hand nimmt, kennt die darin üblichen Textsortenkonventionen nicht und wird zunächst Mühe haben, sich gezielt zu informieren. Man mache die Probe aufs Exempel und greife zu einer Zeitung, zu deren regelmäßigen Lesern man nicht gehört; die Rezeption wird einem deutlich erschwert vorkommen.

4.1 Gattungsbegriffe aus theoretischer Sicht

b)   Literarische Texte als entpragmatisierte Sprechakte

Nun kommt es auch vor, daß pragmatische Texte in entpragmatisierter Funktion auftauchen. Etwas vereinfacht gesagt, hat man es dann mit Literatur zu tun. Dies bedeutet nicht, daß literarische Texte den Charakter von Sprechakten verlieren. Es handelt sich, wie schon dargelegt wurde (→ Kap. 1.4), bei literarischen Texten um inszenierte Sprechakte, die nicht unmittelbar auf einen lebensweltlichen Handlungszusammenhang bezogen sind; es sind simulierte Sprechhandlungen. Exemplarisch wird der Simulationscharakter literarischer Sprechhandlungen auf der Bühne sichtbar: Wenn in Edmond Rostands *Cyrano de Bergerac* (1897) Roxane und Christian heiraten, so gehen die Schauspieler, die diese Handlung auf der Bühne vollziehen, dadurch keine Verpflichtung im realen Leben ein. Auch andere literarische Textsorten stehen unter den Gesetzen der Als-ob-Handlung. Wenn Jorge Semprún in seinem Roman *L'Algarabie* (1981) behauptet, daß Paris nach den Maiunruhen 1968 zum Schauplatz eines Bürgerkriegs geworden sei, so muß er sich für diese der historischen Wahrheit widersprechende Darstellung vor keinem Gericht wegen Geschichtsfälschung, Täuschung oder Betrug verantworten.

Literarische Texte sind nicht Gebrauchs-, sondern *Wiedergebrauchstexte,* das heißt, sie sind situationsabstrakt (→ Kap. 2.6.3). Dennoch liegt ihnen idealiter eine Situation zugrunde, da auch sie per definitionem eingebettet sind in einen kommunikativen Zusammenhang, der in der Regel seine Spuren im Text hinterläßt in Form der textinternen Pragmatik. Jeder literarische Text entspricht – in wie auch immer vermittelter Form – einem Sprechakt oder läßt sich als Kombination verschiedener einfacher Sprechakte beschreiben (Todorov 1986).

Die ursprüngliche situative Einbettung literarischer Textsorten, ihre Rückführbarkeit auf pragmatische Textsorten oder einfache Formen im Sinne von Jolles (1930) mag an folgenden Beispielen sichtbar werden: Das Helden-Epos (→ Kap. 3.3.1) könnte man als eine stilisierte Form des Botenberichts über kriegerische Ereignisse beschreiben. Der höfische Roman (→ Kap. 3.3.1) läßt sich als Amplifikation (Ausdehnung) und Weiterentwicklung der einfachen Form Märchen beschreiben. Der Briefroman ist eine Ansammlung von Briefen, die nicht an den jeweiligen in der Anrede genannten Adressaten geschickt, sondern dem anonymen Leser unterbreitet werden. Das Liebesgedicht ist eine stilisierte Form der Liebeserklärung. *À la recherche du temps perdu* von Marcel Proust ist die Autobiographie einer fiktiven Figur. Literarische Texte also kommen genau wie mündliche Sprechakte und pragmatische Texte, denen sie strukturell entsprechen, in der Regel als bestimmte, definierbare Textsorten vor. Das heißt, in jedem individuellen literarischen Text sind überindividuelle diskursive Konventionen vorhanden, aus deren spezifischer Kombination sich die Eigenart einer bestimmten Gattung erschließen läßt: Literarische Texte erzählen, sie beschreiben, sie fordern zu einer Verhaltensänderung auf, sie bieten die Vorlage für inszenierte Als-ob-

4. Theorie und Geschichte literarischer Gattungen

Handlungen usw. – all das gibt es prinzipiell auch bei nicht-literarischen Texten. Natürlich haben literarische Texte auch Eigenschaften, die über diejenigen von pragmatischen Texten hinausgehen, doch lassen sich diese Eigenschaften ebenfalls als Resultat der Kombination einfacher Sprechhandlungen beschreiben. Literarische Texte zeichnen sich gegenüber nicht-literarischen durch Stilisierung, höhere Komplexität und Artifizialität aus, vor allem aber durch einen Rahmen, der sie als inszenierte Sprechakte erkennbar macht (→ Kap. 1.3 und 1.4).

c)   Gebrauchssituation und Gattungskonventionen

Literarische Texte sind nun, obwohl sie als Wiedergebrauchstexte zur Entpragmatisierung neigen, genau wie pragmatische Texte ursprünglich bestimmten institutionellen Gebrauchszusammenhängen zugeordnet. Aus diesen Gebrauchszusammenhängen ergeben sich die Gattungskonventionen. Einige Beispiele mögen dies illustrieren: Die griechische Tragödie und Komödie hatten ihren Ort im politischen Handlungssystem der athenischen Polis. Der institutionelle Rahmen waren die Feste zu Ehren des Gottes Dionysos. Die Staatsbürger sollten durch das Betrachten der Schauspiele sittlich gebessert werden, indem sie sich (dies gilt für die Tragödie) von negativen Affekten wie Jammer (*eleos*) und Schaudern (*phobos*) durch Identifikation mit den Helden befreiten (*katharsis*, ‚Reinigung‘). Die erst in alexandrinischer Zeit terminologisch nachweisbare lyrische Poesie (sie war in der Antike keineswegs gleichbedeutend mit der seit der Romantik vertrauten Ausdrucks- und Erlebnisdichtung) verdankt ihren Namen der Tatsache, daß bestimmte Gedichtformen gesungen und mit der Leier (griech. *lyra*) begleitet wurden. Die ursprüngliche Nähe zur Musik ist der Grund, weshalb das Gattungskonzept Lyrik zumindest bis weit ins 19. Jahrhundert hinein Musikalität, Rhythmus, Reim und Strophenform impliziert. Die idealisierende Liebesdichtung des Mittelalters hat ihren Sitz in der höfischen Festkultur, sie wurde mündlich vorgetragen; die starke Konventionalität dieser Gattung steht in einem Zusammenhang mit der strengen Kodifizierung und Ritualisierung der Umgangsformen in der höfischen Kultur.

Die pragmatischen Gebrauchszusammenhänge literarischer Texte und deren Institutionalisierung sind eine wichtige Erklärung für die Ausbildung stabiler Gattungen. Dies gilt nicht nur für die antike oder die mittelalterliche Dichtung. Im 19. Jahrhundert etwa entsteht in Frankreich der Feuilletonroman (→ Kap. 3.3.3). Er hat seinen festen Ort in der Zeitung, wo er die Bindung der Leser an das jeweilige Blatt fördern soll. Die Publikationsbedingungen wirken sich in ganz entscheidendem Maße auf die Gattungskonventionen aus (Notwendigkeit der Unterbrechung bedingt kleinteilige Darstellungstechnik; Notwendigkeit der Spannungserzeugung bedingt mehrsträngige Handlungsführung; serialisierte Publikation bedingt Serialisierung des Dargestellten). Je stabiler die institutionelle

4.1 Gattungsbegriffe aus theoretischer Sicht

Verankerung einer Textsorte, je schärfer umrissen die Bedürfnisse der an der literarischen Kommunikation Beteiligten, desto ausgeprägter und stabiler ist die Identität einer Gattung. Dies gilt in der Moderne nur noch für die Unterhaltungs- und Konsumliteratur, nicht jedoch für die Höhenkammliteratur, die ganz gezielt immer wieder gegen Konventionen verstößt. Doch auch der systematische Normbruch ist von einer Metaebene aus betrachtet wiederum ein konventionelles Merkmal.

d)   Gattungspoetik

Häufig ist die literarische Praxis von poetologischer Reflexion begleitet. So gab es von der Antike bis zum 18. Jahrhundert eine in manchen Epochen wie der italienischen Renaissance und dem französischen Klassizismus sehr stark ausgeprägte, in anderen wie dem Mittelalter weniger profilierte Theoriebildung, deren wesentlicher Bestandteil stets eine Gattungstheorie war. Insbesondere die klassizistischen, sich an der *Poetik* des Aristoteles orientierenden Gattungstheorien waren taxonomisch (nach analytischen Gesichtspunkten klassifizierend) und normativ. Die klassizistische Gattungspoetik diente der Anweisung zur Herstellung literarischer Texte. Seit dem frühen 19. Jahrhundert indes gelten die alten Gattungstheorien nicht mehr; sie werden ersetzt durch die uns bekannte Gattungstrias Epik (in neuerer Terminologie: Narrativik) – Lyrik – Dramatik, die nicht taxonomisch, also nach analytischen Kriterien erstellt ist, sondern als das Korrelat angeblicher „Naturformen der Poesie" (Goethe) definiert wird (das Epische, das Lyrische, das Dramatische). Außerdem werden diese angeblichen Naturformen ontologisiert, das heißt, die Gattungstheoretiker schreiben ihnen häufig weitreichende philosophische, psychologische oder anthropologische Bedeutungen zu.
      Hintergrund dieses Umbruchs in der Geschichte der Gattungstheorie ist die allmähliche Herauslösung der Literatur aus öffentlichen Zusammenhängen, ihre zunehmende Privatisierung, die einhergeht mit der Ausdifferenzierung der modernen kapitalistisch-bürgerlichen Gesellschaft und der wachsenden Zirkulation *von Büchern, die das private, von öffentlichen Zusammenhängen abgekoppelte* Lesen erst ermöglichen. Begleiterscheinung dieser Autonomisierung der Literatur ist eine Neuordnung des überkommenen Gattungssystems, eine dezidierte Abkehr von der klassizistischen Regelpoetik, die Entstehung neuer, gemischter Gattungen und die Auf- oder Abwertung vorhandener Gattungen. Damit stellt sich die Aufgabe einer historischen Betrachtung.

4. Theorie und Geschichte literarischer Gattungen

4.2 Gattungsbegriffe aus historischer Sicht

4.2.1 Die *Gattungshierarchie des Klassizismus*

In Montesquieus *Lettres persanes* (1721) besucht ein durch Frankreich reisender Perser, mit Namen Rica, eine „große Bibliothek in einem Derwischkloster" [„une grande bibliothèque dans un couvent de dervis"] und läßt sich den dort befindlichen Buchbestand zeigen und erläutern (Briefe CXXXIII bis CXXXVII). Nachdem ihm der Bibliothekar theologische, mystische, kasuistische, rhetorische, metaphysische, naturwissenschaftliche und historiographische Schriften usw. gezeigt hat, führt er seinen ausländischen Gast schließlich zu den Büchern der Dichter, „c'est-à-dire ces auteurs dont le métier est de mettre des entraves au bon sens et d'accabler la raison sous les agréments, comme on ensevelissoit autrefois les femmes sous leurs ornements et leurs parures." (*Lettres persanes*, 337) [„das heißt jener Autoren, deren Beruf es ist, den gesunden Menschenverstand zu behindern und die Vernunft unter Ausschmückungen niederzudrücken, so wie man früher die Frauen unter ihrem Schmuck und ihrer Kleidung begrub."] Unter den hier in guter platonistischer Tradition als wahrheitsverschleiernd abgewerteten Erzeugnissen dichterischer Einbildungskraft werden im folgenden verschiedene Gruppen unterschieden: die „poëmes épiques", von welchen Kenner behaupten, daß es nur zwei davon gebe (nämlich die *Ilias* und die *Odyssee*) und daß man überhaupt keine neuen mehr herstellen könne; die Bücher der „poëtes dramatiques", bei denen zu unterscheiden sind „les comiques, qui nous remuent si doucement" [„die komischen, die uns so sanft bewegen"] und „les tragiques, qui nous troublent et nous agitent avec tant de violence" [„die tragischen, die uns beunruhigen und in so gewaltsamen Aufruhr versetzen"]; sodann die Bücher der „lyriques, [...] qui font de leur art une harmonieuse extravagance" [„der Lyriker, die aus ihrer Kunst eine harmonische Extravaganz machen"] und die der „auteurs des idylles et des églogues, qui plaisent même aux gens de Cour par l'idée qu'ils leur donnent d'une certaine tranquillité qu'ils n'ont pas, et qu'ils leur montrent dans la condition des bergers" [„der Autoren der Idyllen und Eklogen, welche selbst den Höflingen durch die Idee gefallen, welche sie ihnen von einer gewissen Ruhe vermitteln, über die diese nicht verfügen, und die sie ihnen in den Lebensbedingungen der Schäfer vor Augen führen"]; die gefährlichsten der vorhandenen Bücher seien die Sammlungen von Epigrammen, „qui sont de petites flèches déliées qui font une plaie profonde et inaccessible aux remèdes" [„welche kleine scharfe Pfeile sind, die eine tiefe und unheilbare Wunde schlagen"]; schließlich gibt es noch die Romane, „dont les auteurs sont des espèces de poëtes qui outrent également le langage de l'esprit et celui du cœur; ils passent leur vie à chercher la nature et la manquent toujours" [„deren Autoren so etwas wie Dichter sind, die gleichermaßen die Sprache des Geistes und die des Herzens übertreiben;

4.2 Gattungsbegriffe aus historischer Sicht

sie verbringen ihr Leben damit, die Natur zu suchen, und verfehlen sie doch immer"].

Epische Gedichte, Komödien, Tragödien, lyrische Dichtungen, Idyllen, Eklogen, Epigramme, Romane: diese Gattungen repräsentieren für das von dem persischen Reisenden besuchte Frankreich offenbar die *poésie*. Interessant ist die Stelle aus Montesquieus Roman deshalb, weil hier einem Besucher aus einer fremden Kultur, der persisch-islamischen, das Selbstverständnis abendländischer Dichtkunst vermittelt werden soll. Hinzu kommt, daß der Vermittler selbst, ein Mönch, in bezug auf diese Dichtkunst ein Außenstehender ist, was sich zum Beispiel in der erwähnten Abwertung der Dichter als Verschleierer der Wahrheit äußert. Berücksichtigt man diese doppelte Außensicht und die aus ihr resultierende satirische Verfremdung, so kann man sich aus ihr Aufschlüsse über wesentliche Merkmale und insbesondere die Funktion von Gattungen erwarten, denn das Wesentliche als das Selbstverständliche und somit nicht Kommentierungsbedürftige bleibt dem Blick des mit einem System von innen her Vertrauten oft verborgen, während es sich dem kritischen Blick des Außenstehenden trotz satirischer Überzeichnung leichter enthüllen mag.

Auffällig an der Auflistung ist zweierlei: Zum einen gehorcht sie keinem ersichtlichen systematischen Ordnungsprinzip – am Beginn und am Ende stehen das Epos und der Roman, also narrative Textsorten. Dazwischen befinden sich die als dramatische Textsorten gekennzeichneten Gattungen Komödie und Tragödie. Außerdem nennt der Mönch nicht näher definierte lyrische Gattungen sowie Schäferdichtungen (Idyllen und Eklogen) und satirische Dichtungen (Epigramme). All dies wirkt aus heutiger Sicht ziemlich heterogen und ungeordnet. Zum anderen sind die genannten Gattungen mit bestimmten Wertungen verbunden und diese Wertungen wiederum teilweise mit bestimmten Wirkungen auf den Rezipienten. An erster Stelle steht das Epos als eine überlebte, nicht reproduzierbare Gattung, der der höchste Rang offenbar nur aus Respekt vor der unerreichten Größe der antiken Meisterwerke des im Text nicht explizit genannten Homer zu gebühren scheint. Danach kommen die beiden Hauptgattungen des Dramas, deren Autoren als „poëtes par excellence" und als „maîtres des passions" bezeichnet werden und denen das höchste Prädikat zuerkannt wird, weil sie starke Wirkungen im Zuschauer hervorrufen. Negativ beurteilt werden hingegen die Verfasser lyrischer Gedichte und die Romanautoren, die einen, weil sie stilistisch von einer gedachten Norm abweichen („harmonieuse extravagance"), die anderen, weil sie die Nachahmung der Natur durch Übertreibung verfehlen. Wir halten am Ende dieser Annäherung an das Wesen und die Funktion der Gattungen im Klassizismus fest, daß sie

a) *ordnenden Charakter* haben, auch wenn sie selbst nicht unbedingt in eine logisch-systematische Ordnung gebracht sind, und daß sie

b) eingebettet sind in eine *Hierarchie*, die zusammenhängt mit *wirkungsästhetischen* Kriterien. Die bei Montesquieu aus einer gewissen ironischen Distanz

4. Theorie und Geschichte literarischer Gattungen

betrachtete Gattungseinteilung ist integraler Bestandteil der auch im 18. Jahrhundert noch normativ gültigen, wenngleich in allmählicher Auflösung begriffenen *doctrine classique.*

4.2.2 Die romantische Gattungstriade
und die problematische Stellung der Lyrik

Etwa 100 Jahre nach Montesquieu macht Goethe sich Gedanken über die logische Ordnung der Gattungen. In den 1819 erschienenen *Noten und Abhandlungen zu besserem Verständnis des west-östlichen Divans* schreibt er:

> Allegorie, Ballade, Cantate, Drama, Elegie, Epigramm, Epistel, Epopöe, Erzählung, Fabel, Heroide, Idylle, Lehrgedicht, Ode, Parodie, Roman, Romanze, Satire.
> – Wenn man vorgemeldete Dichtarten, die wir alphabetisch zusammengestellt, und noch mehrere dergleichen methodisch zu ordnen versuchen wollte, so würde man auf große, nicht leicht zu beseitigende Schwierigkeiten stoßen. Betrachtet man obige Rubriken genauer, so findet man, daß sie bald nach äußeren Kennzeichen, bald nach dem Inhalt, wenige aber einer wesentlichen Form nach benamst sind. Man bemerkt schnell, daß einige sich nebeneinander stellen, andere sich andern unterordnen lassen. (Goethe, 187)

Um in die Vielfalt der Dichtarten oder Gattungen „zu didaktischen oder historischen Zwecken" eine „rationellere[] Anordnung" zu bringen, schlägt Goethe daher folgende Einteilung vor:

> Es gibt nur drei echte Naturformen der Poesie: die klar erzählende, die enthusiastisch aufgeregte und die persönlich handelnde: Epos, Lyrik und Drama. Diese drei Dichtweisen können zusammen oder abgesondert wirken. In dem kleinsten Gedicht findet man sie oft beisammen, und sie bringen eben durch diese Vereinigung im engsten Raume das herrlichste Gebild hervor, wie wir an den schätzenswertesten Balladen aller Völker deutlich gewahr werden. [...] Im französischen Trauerspiel ist die Exposition episch, die Mitte dramatisch, und den fünften Akt, der leidenschaftlich und enthusiastisch ausläuft, kann man lyrisch nennen. (Goethe, 187 f.)

Diese Einteilung, die *Trias* Epik/Lyrik/Drama, ist uns vertrauter als die Gattungshierarchie des Klassizismus. Wir benützen sie auch heute noch, sie ist eines der wesentlichen Ordnungsmuster unserer Literaturwissenschaft. Der Vergleich zwischen dem klassizistischen und dem goethezeitlichen Gattungssystem und der explizit erhobene Neuigkeitsanspruch der Goetheschen Einteilung verweisen uns indes auf den grundsätzlich *historisch relativen Charakter von Gattungssystemen*. Während im Klassizismus die Reihenfolge der Gattungen nicht von ihrer logischen oder ‚natürlichen' Zusammengehörigkeit bestimmt war, sondern von ihrem Stellenwert innerhalb einer Hierarchie, die auf wirkungsästhetischen und

4.2 Gattungsbegriffe aus historischer Sicht

normativen Kriterien beruhte, postuliert Goethe eine naturgegebene Einteilung, indem er die historische Vielfalt auf drei transhistorische Grundprinzipien reduziert, die gleichberechtigt miteinander interagieren können – das Epische, das Lyrische und das Dramatische. Goethe führt somit eine konzeptuelle Unterscheidung ein, die er mit dem Gegensatz zwischen „Dichtarten" und „Naturformen" benennt. Die Naturformen sind abstrakte Prinzipien, die innerhalb der konkreten Dichtarten (sprich: historisch je unterschiedlich realisierten Gattungen) wirksam werden und deren Gestalt und Charakter bestimmen.

Genette (1979) legt ausführlich dar, daß Goethe die Gattungstrias nicht erfunden hat. Sie gehört zum Gemeingut zunächst der deutschen, später der französischen und europäischen Romantik, nachdem sie bereits in der Mitte des 18. Jahrhunderts bei dem französischen Poetiker Abbé Batteux nachweisbar ist, dessen Schriften von Johann Adolf Schlegel, dem Vater der Gebrüder Schlegel, ins Deutsche übersetzt wurden. Betrachten wir nun die Logik der Goetheschen Trias etwas genauer, so können wir allerdings nicht umhin, ihr eben jenen Vorwurf zu machen, den Goethe seinerseits gegenüber den traditionellen Gattungen erhebt: daß sie „bald nach äußeren Kriterien, bald nach dem Inhalt [...] benamst" ist, das heißt: die Definition ist nicht konsistent. Denn die „klar erzählende" und die „persönlich handelnde" ‚Naturform', die erzählende und die dramatische Dichtung also, unterscheiden sich durch das *Redekriterium* oder, wie Aristoteles in seiner *Poetik* sagt, die „Art und Weise, in der man [...] Gegenstände nachahmen kann. Denn es ist möglich, mit Hilfe derselben Mittel dieselben Gegenstände nachzuahmen, hierbei jedoch entweder zu berichten – in der Rolle eines anderen, wie Homer dichtet, oder so, daß man unwandelbar als derselbe spricht – oder alle Figuren als handelnde und in Tätigkeit befindliche auftreten zu lassen" (*Poetik*, Kap. 3, Übers. M. Fuhrmann). Auf dieser Ebene der pragmatischen Fundierung lassen sich tatsächlich überzeitliche Darstellungsmodi (von Genette 1979 als „modes" bezeichnet) oder, wie Hempfer (1973: 27) sagt, Schreibweisen unterscheiden (wobei Hempfer allerdings zu Unrecht neben die narrative und die dramatische die satirische Schreibweise stellt; das Satirische nämlich läßt sich nicht auf der Ebene der Pragmatik, sondern nur inhaltlich begründen). Den überzeitlichen Schreibweisen lassen sich dann Einzelgattungen (Tragödie, Komödie, Epos, Roman usw., von Genette „genres" genannt) als historisch je unterschiedliche Realisierungen dieser Schreibweisen gegenüberstellen.

Diese Differenzierung zwischen „mode" und „genre" kann man nicht auf die Lyrik anwenden. Denn die dritte der angeblichen Naturformen Goethes, die „enthusiastisch aufgeregte" Lyrik, läßt sich nicht, wie Aristoteles sagen würde, durch die Art und Weise der Nachahmung, sondern allenfalls durch die Mittel (Rhythmus, Sprache, Melodie) oder aber durch den Gegenstand der Nachahmung definieren. Sie steht den beiden anderen ‚Naturformen' folglich nicht logisch gleichberechtigt gegenüber. Ihr Stellenwert bleibt problematisch, er läßt sich eigentlich nur negativ definieren als das, was an literarischen Texten übrigbleibt,

4. Theorie und Geschichte literarischer Gattungen

wenn man alle anderen, logisch einheitlich definierten Gattungen abzieht (→ Kap. 6.1). ‚Lyrik‘ wäre also ohne genauere historische Spezifizierung zunächst einmal lediglich ein klassifikatorischer Sammelbegriff, der der Sprachökonomie dient (Hempfer 1973: 28).

In den folgenden Kapiteln werden wir die drei ‚Großgattungen‘ der narrativen, der dramatischen und der lyrischen beziehungsweise poetischen Texte genauer betrachten. Zu Beginn eines jeden Teils wird noch einmal auf die Probleme der Abgrenzung der jeweiligen ‚Großgattung‘ eingegangen. Das Hauptanliegen der Kapitel aber wird es sein, typische Merkmale der jeweiligen Gattungen zu beschreiben, die für die Textanalyse von Bedeutung sind.

Gattungsbegriffe werden nicht nur in der Literaturwissenschaft, sondern auch im Literatursystem selbst verwendet. Sie dienen einerseits der *Klassifikation* und der Herstellung von Ordnung. Andererseits sind Gattungen *Konventionen*, die die literarische *Kommunikation* steuern; das Gattungsbewußtsein von Produzenten und Rezipienten läßt sich in Analogie zum Sprachbewußtsein setzen. In dieser Hinsicht sind literarische Texte mit pragmatischen Texten zu vergleichen: Beide sind Sprechakte, die bestimmten situationsbedingten Regeln unterworfen sind. Literarische Gattungen lassen sich als *Kombination einfacher Sprechakte* beschreiben. Allerdings ist zu beachten, daß literarische Sprechakte *entpragmatisiert* sind, das heißt, sie haben als inszenierte Sprechakte keine unmittelbaren lebensweltlichen Konsequenzen, sie sind einer unmittelbaren Gebrauchssituation enthoben. Aus historischer Sicht gibt es unterschiedliche Gattungssysteme, wie am Beispiel des *klassizistischen* und des *romantischen* Gattungssystems gezeigt wurde. Die romantische Gattungstrias ist bis heute ein zentrales Ordnungsraster des Literatursystems, doch ist zu bedenken, daß sie auf heterogenen Definitionskriterien beruht.

Literaturhinweise

Aristoteles, *Poetik*. Griechisch/Deutsch. Übersetzt und herausgegeben von Manfred Fuhrmann, Stuttgart 1987.

Goethe, Johann Wolfgang, „Noten und Abhandlungen zu besserem Verständnis des west-östlichen Divans", in: *Werke. Hamburger Ausgabe*, Bd. 2: *Gedichte und Epen II*. Textkritisch durchgesehen und kommentiert von Erich Trunz, München [12]1981, Nachdruck München 1982, 126–267.

Montesquieu, Charles-Louis de Secondat, baron de, *Lettres persanes*, in: *Œuvres complètes*. Texte présenté et annoté par Roger Caillois, 2 Bde, Paris 1949, Bd. 1, 129–386.

Literaturhinweise

Fohrmann, Jürgen (1988), „Remarks Towards a Theory of Literary Genres", in: *Poetics* 17, 273–285.

Genette, Gérard (1979), „Introduction à l'architexte", in: Genette/Todorov 1986, 89–159.

Genette, Gérard/Todorov, Tzvetan (Hg.) (1986), *Théorie des genres,* Paris.

Hempfer, Klaus W. (1973), *Gattungstheorie. Information und Synthese,* München.

Jauß, Hans Robert (1970), „Littérature médiévale et théorie des genres", in: Genette/Todorov 1986, 37–76.

Jolles, André (1930), *Einfache Formen. Legende, Sage, Mythe, Rätsel, Spruch, Kasus, Memorabile, Märchen, Witz,* Tübingen [6]1982.

Köhler, Erich (1977), „Gattungssystem und Gesellschaftssystem", in: *Romanistische Zeitschrift für Literaturgeschichte* 1, 7–22.

Köster, Rudolf et al. (Hg.) (1969), *DBG Lexikon der deutschen Sprache,* Berlin-Darmstadt-Wien.

Kuon, Peter (1988), „Möglichkeiten und Grenzen einer strukturellen Gattungswissenschaft", in: J. Albrecht/J. Lüdtke/H. Thun (Hg.), *Energeia und Ergon. Sprachliche Variation – Sprachgeschichte – Sprachtypologie. Studia in honorem Eugenio Coseriu,* Bd. 3, Tübingen, 237–252.

Meyer, Holt (1995), „Gattung", in: M. Pechlivanos et al. (Hg.), *Einführung in die Literaturwissenschaft,* Stuttgart-Weimar, 66–77.

Raible, Wolfgang (1980), „Was sind Gattungen? Eine Antwort aus semiotischer und textlinguistischer Sicht", in: *Poetica* 12, 320–349.

Saussure, Ferdinand de (1916), *Cours de linguistique générale,* hg. v. C. Bally, A. Sechehaye und A. Riedlinger, Paris 1967.

Searle, John R. (1969), *Speech Acts. An Essay in the Philosophy of Language,* Cambridge u. a. 1990.

Segre, Cesare (1985), „Generi", in: C. S., *Avviamento all'analisi del testo letterario,* Torino, 234–263.

Stempel, Wolf-Dieter (1972), „Gibt es Textsorten?", in: E. Gülich/W. Raible (Hg.), *Textsorten. Differenzierungskriterien aus linguistischer Sicht,* Frankfurt/M., 175–182.

—— (1979), „Aspects génériques de la réception", in: Genette/Todorov 1986, 161–178.

Todorov, Tzvetan (1987), „L'origine des genres", in: T. T., *La notion de littérature et autres essais,* Paris, 27–46.

Tynjanov, Jurij (1924), „Das literarische Faktum", in: J. Striedter (Hg.), *Russischer Formalismus. Texte zur allgemeinen Literaturtheorie und zur Theorie der Prosa,* München [4]1988, 393–431.

—— (1927), „Über die literarische Evolution", in: J. Striedter (Hg.), *Russischer Formalismus. Texte zur allgemeinen Literaturtheorie und zur Theorie der Prosa,* München [4]1988, 433–461.

Voßkamp, Wilhelm (1992), „Gattungen", in: H. Brackert/J. Stückrath (Hg.), *Literaturwissenschaft. Ein Grundkurs,* erw. Ausg., Reinbek 1995, 253–269.

5. Narrative und dramatische Texte

Im vorausgehenden Kapitel (→ 4.2.2) wurde dargelegt, inwiefern es problematisch ist, die literarischen Texte in narrative, dramatische und lyrische einzuteilen. Diese Dreiteilung stammt aus der Romantik und sie besaß lange Zeit unangefochtene Gültigkeit sowohl im Bereich des Literatursystems als auch in der Literaturwissenschaft. Nichtsdestoweniger ist die Triade logisch und systematisch unhaltbar, denn lyrische Texte beruhen auf andersartigen Definitionskriterien als erzählende und dramatische Texte. Sie können daher mit letzteren gattungssystematisch nicht auf eine Stufe gestellt werden. Dem wird in der Gliederung dieses Buches Rechnung getragen: Während die lyrischen als Teilbereich der poetischen Texte in Kapitel 6 behandelt werden, sollen hier die narrativen und die dramatischen Texte näher untersucht werden. Dabei ist zu bedenken, daß es zwischen den beiden Gruppen zahlreiche Berührungspunkte und Überschneidungen gibt; poetische Texte können narrative und dramatische Elemente enthalten, und umgekehrt können narrative und dramatische Texte poetisch strukturiert sein. Wenn hier also die beiden Gruppen einander gegenübergestellt werden, so hat dies mehr mit einer unterschiedlichen Fokussierung zu tun als mit einer systematischen Unterscheidung.

Die erzählenden und die dramatischen Texte indes kann man sehr wohl systematisch miteinander vergleichen und voneinander unterscheiden. Vergleichbar sind sie, weil sie etwas mitteilen, das sich in Raum und Zeit entfaltet: eine *Geschichte*, das heißt eine Abfolge (Sukzession) von Ereignissen. Diese Ereignisse werden normalerweise von menschlichen oder menschenähnlichen Subjekten erlebt und herbeigeführt. Die Subjekte sind (intentional) Handelnde; was ihnen widerfährt und was sie gestalten, ist *Handlung*. Die *Mitteilung* der Handlung kann nun aber entweder durch eine Vermittlungsinstanz erfolgen, einen Erzähler, der sich direkt an sein Publikum wendet und diesem die Handlung sprachlich vergegenwärtigt. Oder aber die Mitteilung erfolgt szenisch: Schauspieler verkörpern die handelnden Figuren und führen die Handlung unmittelbar vor Augen. Dabei kommunizieren sie in der Regel zwar miteinander, nicht jedoch direkt mit dem Publikum; es fehlt eine zwischen Publikum und Schauspielern sprachlich vermittelnde Instanz.

Narrative Texte zeichnen sich somit durch die *Anwesenheit einer Vermittlungsinstanz* aus, die eine *abwesende Wirklichkeit sprachlich vergegenwärtigt*. Als Vortragender in einer mündlichen Aufführungssituation ist der Erzähler körperlich anwesend; bei geschriebenen Texten ist er textuell anwesend, als Aussagesubjekt. Dramatische Texte hingegen *vergegenwärtigen die abwesende Wirk-*

lichkeit szenisch, machen sie also zu einer physisch anwesenden Wirklichkeit, *ohne sich dabei einer zwischen Szene und Publikum vermittelnden Instanz zu bedienen.* Im geschriebenen Text sind die handelnden Figuren als Sprecherrollen markiert, die dann bei der Aufführung von realen Schauspielern besetzt werden. Im folgenden sollen die beiden Großgattungen im einzelnen betrachtet werden.

5.1 Narrative Texte

5.1.1 Die Grundkomponenten narrativer Texte

Ein narrativer Text besteht aus drei Grundkomponenten: 1. dem *(geschriebenen) Text,* der von einer Erzählinstanz als Aussagesubjekt vermittelt wird, und 2. der von dem Text *erzählten Geschichte.* Der Text ist ein Signifikant (syntaktische Ebene), die Geschichte dessen Signifikat (semantische Ebene). Der Text wird in der französischen Erzähltheorie als *discours* oder *récit* bezeichnet, die Geschichte als *histoire* (Todorov 1966, Genette 1972); diese Begriffe können auch im Deutschen verwendet werden. 3. Der Text als Signifikant trägt in sich Spuren des Erzählaktes, der ihn hervorgebracht hat *(narration),* er ist Produkt und Bestandteil einer Kommunikationssituation (pragmatische Ebene).

Eine Geschichte existiert nicht an sich, unabhängig vom jeweiligen Text, der sie vermittelt. Dies gilt selbst dann, wenn die Geschichte ‚wahr‘, das heißt nicht erfunden, nicht fiktiv ist. Denn eine Geschichte – auch die journalistisch recherchierte oder die historiographisch dokumentierte Geschichte – ist stets das Produkt einer Auswahl und einer wertenden Verknüpfung von Elementen, die ihre Bedeutung nicht dadurch erhalten, daß sie wirklichkeitskonform sind, sondern dadurch, daß sie in einen strukturellen Bezug zu anderen Elementen innerhalb der Geschichte gestellt werden. Diesen Bezug stiftet der narrative Text. Die Wirklichkeit an sich bedeutet nichts, erst die zeichenhafte Modellierung der Wirklichkeit durch den Menschen verleiht ihr eine Bedeutung. Das Erzählen von Geschichten ist eine elementare Möglichkeit der Sinngebung. Dementsprechend antworten viele Erzählungen auf ein Rätsel oder eine Frage und bieten somit sinnstiftende Erklärungen an. Ein Beispiel hierfür ist Balzacs Erzählung *Sarrasine* (1830), die aus einer Rahmen- und einer Binnenerzählung besteht. In der Rahmenhandlung begegnen der Ich-Erzähler und seine Begleiterin bei einem Fest der Familie Lanty einem rätselhaften Alten, der androgyne Züge trägt und bei den Umstehenden eine mit Faszination gepaarte Abscheu hervorruft. Das Rätsel dieser Person lüftet der Erzähler, indem er seiner Begleiterin die Geschichte des Mannes erzählt. In dieser Binnenerzählung erfährt man, daß es sich um den Kastraten Zambinella handelt, der in der Mitte des 18. Jahrhunderts berühmt und reich wurde. Diese faszinierende Erzählung hat Barthes (1970) einer detaillierten und aufschlußreichen Analyse unterzogen.

5. Narrative und dramatische Texte

Eine auf nachweisbaren Fakten beruhende Geschichte ist das Produkt einer reflexiven, wertenden, perspektivischen Auseinandersetzung mit der Wirklichkeit. Diese Auseinandersetzung versucht die Wirklichkeit zu deuten und zu verstehen. Sie stellt *keine Abbildung oder Kopie der Wirklichkeit* dar. Das kann sie allein schon deshalb nicht, weil sie *selektiv* sein muß: Sie muß aus der potentiell unendlichen Menge aller Fakten eine notwendig endliche Menge auswählen. Dadurch schafft sie eine Wirklichkeit, die nur innerhalb der Erzählung existiert. Dies gilt um so mehr im Falle fiktiver Geschichten, deren Elemente nicht aus der Wirklichkeit ausgewählt sind, sondern als erfundene allenfalls wirklichkeitsanalogen oder -konformen Status besitzen können. Selbst wenn sie wie bei Stendhal oder Balzac den Anspruch haben, realistisch zu sein, sind sie kein Abbild der Wirklichkeit. Sie sind aber auch nicht Fälschung oder Lüge, sondern stellen ein *Modell* der Wirklichkeit dar. Ein Modell beruht auf Abstraktion und Interpretation, es zielt auf Infragestellung und Sinngebung (→ Kap. 1.4, 6.5). Wollen wir einen narrativen Text analysieren, so dürfen wir uns daher nicht auf die bloße Betrachtung der erzählten Geschichte (*histoire*) beschränken, sondern wir müssen stets auch berücksichtigen, *wie* diese Geschichte erzählt, das heißt, wie sie vom Text modelliert wird (*discours*).

In den folgenden drei Teilkapiteln werden zunächst die narrative Kommunikationssituation (wer erzählt die Geschichte und an wen wendet er sich? → Kap. 5.1.2), sodann die beiden Ebenen *histoire* (was wird erzählt? → Kap. 5.1.3) und *discours* (wie wird erzählt? → Kap. 5.1.4) behandelt.

5.1.2 Die narrative Kommunikationssituation

Es muß unterschieden werden zwischen der textexternen und der textinternen Pragmatik des Erzähltextes. Dieser hat nämlich einen textexternen *Autor* und einen textinternen *Erzähler* (→ Kap. 2.6.3 und 6.3.1). *Autor* kommt von lat. *auctor* und bedeutet ‚Urheber'. Der Autor ist als Urheber und Produzent des Textes eine reale Person, während der Erzähler eine textuelle Instanz ist, eine Sprecherrolle. Bei mündlichen Erzählungen in Alltagssituationen ist der Autor mit dem Erzähler in der Regel identisch. In juristischen Zusammenhängen ist diese Identität sogar einklagbar. Jemand, der Zeuge eines Verkehrsunfalls wurde und vor Gericht aussagt, erzählt, wie er den Ablauf des Unfalls gesehen hat. Was der Zeuge als Erzähler behauptet, muß er als Autor beglaubigen und gegebenenfalls beeidigen können. Inhalt eines solchen Eides ist, daß der Erzähler mit dem Autor identisch ist. Wenn der Zeuge als Erzähler sich die Version eines anderen Autors, etwa seines in den Unfall verwickelten Freundes, den er schützen will, zu eigen machte, wenn also Autor und Erzähler der Zeugenaussage zwei verschiedene Personen wären, so läge ein Meineid vor.

112

5.1 Narrative Texte

In bestimmten Situationen kommt es jedoch auch im Alltag zu einer Trennung von Autor und Erzähler, etwa wenn man einen Witz gehört hat und diesen dann weitererzählt. Witze sind Wiedergebrauchstexte, sie wandern von Erzähler zu Erzähler, so daß zwangsläufig eine Trennung von Autor und Erzähler erfolgt. Allerdings kennt man normalerweise den Autor eines Witzes gar nicht. Ein Witz ist gewissermaßen ein anonymer, mündlich zirkulierender literarischer Text. Er hat viele Erzähler, aber keinen Autor, deshalb fällt die Trennung von Autor und Erzähler hier nicht unmittelbar auf.

Das ist bei literarischen Erzähltexten anders. Diese sind als Wiedergebrauchstexte, wie wir wissen (→ Kap. 2.6.3), situationsabstrakt. Infolgedessen wird die Differenz von textexternem und textinternem Niveau aktualisiert. Der *Autor* hat den Text geschrieben, er ist eine *außerhalb des Textes stehende, reale Instanz*; der *Erzähler* ist hingegen ein *nur im Text anwesendes Aussagesubjekt*, er vertritt im Text die Position des Autors. Auf der Seite der Rezeption stehen dieser Doppelung der *reale, textexterne Leser* und dessen *textinterner Stellvertreter* spiegelbildlich gegenüber. Der textinterne Leser kann vom Erzähler direkt angesprochen werden; bisweilen entwirft dieser sich seinen Leser gar als fiktive Gestalt; in diesem Fall kann man vom *erzählten Leser* sprechen. Die Leserrolle ist jedoch prinzipiell dem Text implizit eingeschrieben: Der *implizite Leser* ist diejenige Instanz, für die der Text idealiter geschrieben ist, der Kommunikationspartner, der den Text adäquat und vollständig versteht. Kein realer Leser wird jemals einen Text vollständig verstehen, denn jeder Lesevorgang ist selektiv und perspektivisch. Der implizite und der reale Leser kommen daher niemals ganz zur Deckungsgleichheit. Ebenso wenig ist der reale Autor mit seinem Erzähler oder seinem impliziten Autor, der dem impliziten Leser korrespondierenden idealen Autorinstanz (s. u.), identisch. Im Text steckt mehr an Sinnbezügen, als ein Autor absichtsvoll hineinlegen und ein einzelner Leser je erkennen kann. Das Kommunikationssystem narrativer Texte läßt sich wie folgt darstellen:

realer Autor (1)	impliziter Autor (2a)	Erzähler (2b)	handelnde Figuren (3)	erzählter Leser (2b')	impliziter Leser (2a')	realer Leser (1')
textextern	*textintern (extradiegetisch)*		*diegetisch*	*textintern (extradiegetisch)*		*textextern*
Sender (1)	Sender (2)		Botschaft	Empfänger (2')		Empfänger (1')

Erläuterungen. Unproblematisch sind das *textexterne Kommunikationsniveau* (1) und das *diegetische Niveau* (3). Ein realer Autor (1) schreibt einen Roman und adressiert diesen an ein Publikum, das ihn kaufen und lesen soll (1'). Die Kommunikation zwischen dem Autor und seinen Lesern steht unter den Bedingungen des Literatursystems. Bei Realbeziehungen zwischen Autor und Publikum kommt es in der Regel auch zu einer Kommunikation über den literarischen Text, etwa bei Dichterlesungen. In vielen Fällen aber geht es weniger um den Text als um

5. Narrative und dramatische Texte

den dahinter stehenden Menschen. Dieser kann wie Zola oder Sartre zur moralischen Instanz werden oder als *poète maudit* wie Verlaine oder Genet die Stelle des gesellschaftlichen Außenseiters einnehmen usw. Werk und Person stellen in den Augen der Öffentlichkeit meist eine diffuse Einheit dar. Die Literaturwissenschaft unterscheidet dagegen die einzelnen Ebenen der Kommunikation. Die Ebene (3) ist die erzählte Welt (Diegese), in der die Figuren miteinander interagieren und kommunizieren.

Das spezifische Merkmal von Erzähltexten, durch das sie sich von dramatischen Texten unterscheiden, ist auf der Ebene (2) angesiedelt, der Ebene der *textinternen Kommunikation* zwischen Sender und Empfänger. Auf dieser Ebene stehen sich Autor und Leser als textuelle Instanzen gegenüber. Der *Erzähler* (2b) ist das offizielle Aussagesubjekt des Textes. Alles, was im Text explizit gesagt wird, ist dem Erzähler zuzuschreiben. Er kann als bloße Sprecherrolle vorkommen und außerhalb der erzählten Welt stehen (Er-Erzähler, *heterodiegetischer* Erzähler). Der Erzähler kann jedoch auch Teil der erzählten Welt sein (Ich-Erzähler, *homodiegetischer* Erzähler). Beim Ich-Erzähler sind zwei Fälle zu unterscheiden: Entweder er erzählt seine eigene Geschichte (Ich als Held) oder die eines anderen (Ich als Zeuge). Im ersten Fall, der klassischen Ich-Erzählung (*autodiegetischer* Erzähler), ist der Erzähler mit dem Helden der Geschichte identisch; das Ich des Erzählers ist jedoch durch die zeitliche Distanz vom Ich des Helden zu unterscheiden (*erzählendes Ich* vs *erlebendes Ich*). Im zweiten Fall, wenn der Ich-Erzähler die Geschichte eines anderen erzählt, spricht man von einem *peripheren* Ich-Erzähler (Stanzel 1979: 263–267). (Die Begriffe *hetero-*, *homo-* und *autodiegetisch* stammen von Genette 1972: 251 ff.)

Der Erzähler wendet sich bisweilen direkt an seinen Leser (2b'), wie dies etwa zu Beginn von Balzacs *Le père Goriot* (1834/35) geschieht:

> Ainsi ferez-vous, vous qui tenez ce livre d'une main blanche, vous qui vous enfoncez dans un moelleux fauteuil en vous disant: „Peut-être ceci va-t-il m'amuser.“ Après avoir lu les secrètes infortunes du père Goriot, vous dînerez avec appétit en mettant votre insensibilité sur le compte de l'auteur, en le taxant d'exagération, en l'accusant de poésie. Ah! sachez-le: ce drame n'est ni une fiction, ni un roman. *All is true*, il est si véritable, que chacun peut en reconnaître les éléments chez soi, dans son cœur peut-être. (*Le père Goriot*, 50; im Text kursiv)

> So werden Sie es machen, Sie, der Sie dies Buch in Ihrer weißen Hand halten, Sie, der Sie sich's in einem weichen Sessel bequem gemacht haben und sich sagen: „Vielleicht wird mich das hier unterhalten.“ Nachdem Sie vom verborgenen Unglück des alten Goriot gelesen haben, werden Sie mit Appetit Ihr Mahl zu sich nehmen und Ihre Gefühllosigkeit dem Autor in die Schuhe schieben, indem Sie ihn der Übertreibung bezichtigen, ihn der Poesie anklagen. Ach! seien Sie versichert: dieses Drama ist weder eine Fiktion noch ein Roman. *All is true*, es ist so wahrhaftig, daß ein jeder seine Bestandteile bei sich selbst entdecken kann, vielleicht sogar in seinem Herzen.

5.1 Narrative Texte

Der Erzähler entwirft hier eine konkrete Vorstellung von seinem Leser, der dadurch zum *erzählten Leser* (2b') wird: Er stellt sich dessen Aussehen und seinen sozialen Stand vor (die weiße Hand ist ein Indiz für bürgerlichen Wohlstand im Gegensatz zur braunen Hand des Bauern oder des Arbeiters), den Ort der Lektüre (im bequemen Sessel) und die Einstellung des Lesers zum Text (Wunsch, sich zu unterhalten, fehlende Sensibilität für die Qualitäten des Textes). Das Ziel dieses Leserentwurfs ist es, wie der abschließende Appell an den vorgestellten Leser zeigt, eine mögliche negative Einstellung der realen Leser zu verändern. Der erzählte Leser ist nicht selten das Negativbild eines Lesers, auf dessen Kosten sich der Erzähler amüsiert oder dessen Einstellungen er korrigieren möchte. So führt der Erzähler von Diderots *Jacques le fataliste* (1773–75) einen permanenten Dialog mit seinem Leser. Diesem werden Fragen in den Mund gelegt; er wird dadurch zum dauernd anwesenden Partner des Erzählers, zum erzählten Leser, der so gut wie Jacques und sein Herr eine fiktive Figur ist (allerdings auf extradiegetischer Ebene). Der erzählte Leser ist nicht mit dem realen Leser gleichzusetzen; die beiden Instanzen sind ebenso getrennt wie der reale Autor und der Erzähler.

Nicht in jedem Text ist die Rolle des Lesers so stark ausgeprägt wie in *Jacques le fataliste*. Jeder Erzähltext aber ist für einen Leser geschrieben. Dieser *implizite Leser* (2a') ist dazu aufgerufen, die dem Text eingeschriebene Summe von Bedeutungen zu aktualisieren. Etwas schematisch könnte man sagen, daß er einerseits das verstehen muß, was explizit gesagt wird; andererseits muß er ,zwischen den Zeilen lesen', das heißt, er muß das im Text Implizierte verstehen. Das Implizierte ist das, was angedeutet, aber nicht ausgesprochen wird. Aufgrund eines lange Zeit gültigen Konvenienzgebotes werden Liebesszenen häufig implizit dargestellt. Ein berühmtes Beispiel ist die Kutschenfahrt, die im I. Kapitel des dritten Teils von Flauberts *Madame Bovary* (1856/57) erzählt wird. Nach langer Zeit begegnet Emma Bovary ihrem früheren Verehrer Léon wieder. Sie verabreden sich zu einem Rendezvous in der Kathedrale von Rouen. Doch Emma bekommt Skrupel und schreibt Léon einen Brief, in dem sie ihm erklärt, daß sie sich mit ihm nicht treffen möchte. Diesen Brief will sie ihm persönlich übergeben, da sie seine Adresse nicht weiß. Daher erscheint sie entgegen ihrem eigentlichen Wunsch schließlich doch zum vereinbarten Rendezvous. Nach der gemeinsamen Besichtigung der Kathedrale drängt Léon Emma in eine Kutsche und befiehlt dem Kutscher, ohne bestimmtes Ziel durch die Stadt zu fahren. Nun verwendet der Text mehr als eine Seite, um zu erzählen, wie die Kutsche durch alle möglichen Straßen und Viertel Rouens fährt; wie der Kutscher vor Verständnislosigkeit und Anstrengung ganz verzweifelt ist, aber jedesmal, wenn er anhalten möchte, von einer aus dem Wageninneren kommenden Stimme ermahnt wird, weiterzufahren. Schließlich weist der Erzähler darauf hin, daß die Bürger der Provinzstadt mit Staunen eine scheinbar endlos durch die Stadt fahrende Kutsche mit geschlossenen Vorhängen beobachten. Das Kapitel endet mit folgenden Worten:

5. Narrative und dramatische Texte

Une fois, au milieu du jour, en pleine campagne au moment où le soleil dardait le plus fort contre les vieilles lanternes argentées, une main nue passa sous les petits rideaux de toile jaune et jeta des déchirures de papier, qui se dispersèrent au vent et s'abattirent plus loin, comme des papillons blancs, sur un champ de trèfles rouges tout en fleur.

Puis, vers six heures, la voiture s'arrêta dans une ruelle du quartier Beauvoisine, et une femme en descendit qui marchait le voile baissé, sans détourner la tête. (*Madame Bovary*, 515)

Einmal, um die Mittagszeit, mitten auf dem Lande, als die Sonne mit stärkster Kraft auf die alten versilberten Laternen herabschien, schob sich eine entblößte Hand unter den kleinen Vorhängen aus gelbem Tuch hervor und ließ Papierfetzen fallen, die vom Winde zerstreut wurden und weiter entfernt wie weiße Schmetterlinge auf einem mit rotem Klee bewachsenen, in voller Blüte stehenden Feld niederfielen.

Dann, gegen sechs Uhr, hielt die Kutsche in einer Gasse des Quartier Beauvoisine, und eine Frau stieg aus, die mit gesenktem Schleier, ohne den Kopf zu wenden, davonging.

Ohne daß dies im Text ausgesprochen würde, kann der Leser erschließen, daß es zwischen Emma und Léon in der Kutsche zu einer Liebesbegegnung gekommen ist. Ein deutliches Indiz dafür ist die entblößte Hand, die die Papierfetzen aus der Kutsche wirft. Denn hierbei kann es sich nur um jenen Brief handeln, den Emma Léon eigentlich geben wollte und der nunmehr gegenstandslos geworden ist: Anstatt Léon auszuweichen, hat sie sich ihm hingegeben. Die Liebesbegegnung selbst wird also nicht erzählt. Was hingegen erzählt wird, ist so arrangiert, daß der Leser daraus Rückschlüsse auf das Nicht-Gesagte ziehen kann. Die erzählerische Präsentation richtet sich somit an einen impliziten Leser, der in der Lage ist, die Lücken und Leerstellen des Textes zu füllen und dadurch die Geschichte zu rekonstruieren. (Zum Begriff des *impliziten Lesers* vgl. Iser 1972, zum Begriff der *Leerstelle* im Zusammenhang mit einer Theorie des Lesens vgl. Iser 1975a und 1975b.)

So, wie der Leser im Text sowohl implizit als auch explizit vorhanden sein kann, ist auch der Erzähler nicht die einzige Stellvertreterinstanz des Autors im Text; über ihm steht der *implizite Autor* (2a). Häufig ist der Erzähler jemand, der explizit kommentiert und wertet. Allerdings stimmen die expliziten nicht immer mit den impliziten, vom Text vorgenommenen Bewertungen überein. An solchen Stellen wird der implizite Autor als das übergeordnete Aussagesubjekt des Textes greifbar. Der implizite Autor steht gewissermaßen für die Textintention (die nicht zu verwechseln ist mit der Intention des realen Autors). Manifest wird der implizite Autor beispielsweise in Erzähleraussagen, die von der Handlung dementiert werden. In Voltaires *Candide ou l'Optimisme* (1759) finden sich zahlreiche Beispiele für wertende, meist ironische Erzähleraussagen, die nicht im Einklang mit der erzählten Geschichte stehen. Das VI. Kapitel etwa trägt die Überschrift:

116

5.1 Narrative Texte

„Comment on fit un bel auto-da-fé pour empêcher les tremblements de terre, et comment Candide fut fessé" (*Candide*, 157) [„Wie man ein schönes Autodafé veranstaltete, um Erdbeben zu verhindern, und wie Candide der Hintern versohlt wurde"]. Candide und sein Lehrmeister Pangloss befinden sich in Lissabon. Nach einem schrecklichen Erdbeben, das 30.000 Bewohner das Leben gekostet und drei Viertel der Stadt zerstört hat, beschließt man, eine öffentliche Hinrichtung zu veranstalten, denn: „[...] il était décidé par l'université de Coïmbre que le spectacle de quelques personnes brûlées à petit feu, en grande cérémonie, est un secret infaillible pour empêcher la terre de trembler." (Ebd.) [„von der Universität Coimbra wurde entschieden, daß das Spektakel einiger bei großer Zeremonie auf kleiner Flamme gerösteter Personen ein unfehlbares Geheimmittel sei, um die Erde am Beben zu hindern."] Candide und Pangloss werden wegen angeblicher Ketzerei verhaftet, und man bringt sie „dans des appartements d'une extrême fraîcheur, dans lesquels on n'était jamais incommodé du soleil" (158) [„in Gemächer von extremer Frische, in denen man niemals von der Sonne belästigt wurde"]. Nach dem Autodafé, bei dem Candide ausgepeitscht und Pangloss gehenkt wird, heißt es dann lapidar: „Le même jour la terre trembla de nouveau avec un fracas épouvantable." (Ebd.) [„Am selben Tag bebte die Erde erneut mit schrecklichem Getöse."] Durch die Untertreibungen des Erzählers und seine scheinbare Distanz zu dem Erzählten („un bel auto-da-fé", „appartements d'une extrême fraîcheur") wird der Eindruck erweckt, es sei alles gar nicht so schlimm. Spätestens der Hinweis auf das darauf folgende Erdbeben aber, das durch das Autodafé ja gerade verhindert werden sollte, dementiert die Gleichgültigkeit des Erzählers. Diese ist eine ironische, die dazu dient, das Schreckliche, den von der Inquisition beförderten Aberglauben, mit besonderer Schärfe bloßzulegen und anzuklagen. Diese Anklage geht auf das Konto des impliziten Autors. (Der Begriff des *impliziten Autors*, des „implied author", stammt von Booth 1961: 70–77.)

Die narrative Kommunikationssituation besteht aus verschiedenen Komponenten. Es ist zu unterscheiden zwischen der textexternen und der textinternen Ebene. Auf der Seite des Senders (Produktion) finden wir den *realen Autor* (textextern) und dessen textinternen Stellvertreter, den *Erzähler*. Der Erzähler ist das explizite Aussagesubjekt. Über dem Erzähler steht die Instanz des *impliziten Autors*. Er ist das Subjekt aller Äußerungen und Mitteilungen des Textes, auch derer, die nicht explizit formuliert sind, aber dennoch dem Text entnommen werden können. Auf der Seite des Empfängers (Rezeption) steht textextern dem realen Autor der *reale Leser* gegenüber. Auf textinterner Ebene ist die Instanz des *impliziten Lesers* im Text selbst vorgegeben; es ist die vom Text als Mitteilung vorgesehene Adressatenrolle. Wenn der Erzähler seinen Leser direkt anspricht und ihn mit konkreten Merkmalen ausstattet, ihn sozusagen zum fiktiven Mitspieler macht, dann spricht man vom *erzählten Leser*.

5. Narrative und dramatische Texte

5.1.3 Die Ebene der Geschichte (histoire)

Eine Geschichte beruht in der Regel auf *Handlung,* das heißt der *intentionalen Veränderung* einer gegebenen Situation. *Handlung* ist ein engerer Begriff als *Geschichte.* Handlung ist stets intentional, während die Geschichte aus Handlung besteht, aber auch nicht-intentionale Vorgänge und Geschehnisse umfaßt (zum Beispiel das Wetter, Naturkatastrophen usw.). Das VI. Kapitel von Voltaires *Candide,* aus dem bereits im vorigen Kapitel zitiert wurde, stellt beide Formen der Situationsveränderung einander gegenüber. Das Autodafé ist intentionales Handeln, welches darauf abzielt, künftige Erdbeben zu verhindern. Das Erdbeben hingegen ist nicht-intentionales Geschehen, das von menschlichen Handlungen unbeeinflußt bleibt. Als dominant gegenüber menschlichem Handeln erweist sich das Geschehen und widerlegt dadurch den Aberglauben der Inquisition. Auch das Geschehen ist somit Teil der erzählten Geschichte, und es wirkt sich sogar handlungsleitend aus, indem es Teil jener Erfahrungen ist, welche dem von Pangloss gepredigten philosophischen Optimismus widersprechen und Candides naiven Glauben an die Lehre seines Meisters zunehmend erschüttern.

Gegenstand der Geschichte sind neben Handlung und Geschehen die *Merkmale und Eigenschaften* der Figuren und des Handlungsraumes. Diese sind indes funktional in die Geschichte eingebettet und werden vom Text in der Regel nur insofern berücksichtigt, als sie die Intentionen der Figuren und die Entwicklung der Handlung erklären können beziehungsweise zu ihrem Verständnis vorauszusetzen sind. Sie haben *handlungsmotivierende* Funktion. Merkmale und Eigenschaften unterliegen normalerweise einem anderen Vermittlungsmodus als Handlung und Geschehen: Sie werden nicht erzählt, sondern *beschrieben.* Sie sind statisch, nicht dynamisch. Doch ist die Beschreibung (Deskription) nicht unbedingt bloßes ornamentales Beiwerk der Erzählung, sondern sie kann in den Fortschritt der Handlung mit einbezogen werden, indem sie die Elemente präsentiert, die für die Entwicklung der Handlung ausschlaggebend sind. (Zum Gegensatz von Erzählen und Beschreiben vgl. Genette 1966: 168–171.)

Wenn Handlung intentional ist, so setzt sie *Handlungsträger* voraus, die bestimmte Ziele und Zwecke verfolgen: die Eroberung einer Prinzessin, das Finden eines Schatzes, die Verführung einer begehrten/geliebten Person, den Ausbruch aus einer gegebenen Ordnung, die Ausprägung einer eigenen Identität, sozialen Aufstieg usw. Handlungsträger sind in den meisten Fällen Personen. Das Französische unterscheidet hier terminologisch sinnvoll zwischen *personne* als lebensweltlicher Person und *personnage* als fiktiver Figur. Da wir diese Differenzierung im Deutschen nicht nachvollziehen können, empfiehlt es sich, statt von Personen von *Figuren* zu sprechen, denn die Handlungsträger sind keine Personen aus Fleisch und Blut, sondern *êtres de papier.*

Handlung entfaltet sich in der *Zeit.* Sie vollzieht sich als Übergang von einem Ausgangs- in einen Endzustand, der sich in mindestens einer Hinsicht von dem Ausgangszustand unterscheidet, und sei es auch nur durch die Differenz der in der Zwischenzeit erfolgten Handlung und durch das Bewußtsein dieser Differenz bei den handelnden Figuren. Handlung beruht also ganz elementar auf Veränderung. Schließlich entfaltet die Handlung sich auch im *Raum*. Die Figuren sind räumlich situiert, und diese Situierung wird vom Text mit Bedeutung versehen (semantisiert): Der Handlungsraum ist bedeutungsvoll gegliedert.

Die genannten Elemente – Geschehen und Handlung als Entfaltung in Raum und Zeit sowie Handlungsträger – sind *dramatischen* und *narrativen* Texten gemeinsam. Dadurch unterscheiden sie sich von *argumentativen* (etwa Essay, Traktat, Predigt, wissenschaftliche Untersuchung) und von *deskriptiven* Texten (Bildbeschreibung, Frauenpreis, Charakterbeschreibung usw.). Letzteren fehlt die zeitliche, ersteren die zeitliche und die räumliche Dimension. Nun können dramatische und narrative Texte durchaus auch deskriptive und/oder argumentative Elemente enthalten, diese Elemente sind jedoch punktuell, sie dominieren nicht die textuelle Makrostruktur, die von der Geschichte bestimmt wird.

Im folgenden sollen zum einen einige Aspekte der Handlungsstruktur (Segmentierung der Handlung und Aktantenmodell → Kap. 5.1.3.1) genauer untersucht, zum anderen soll die Semantisierung des Raumes (→ Kap. 5.1.3.2) dargestellt werden. Als Beispieltext greifen wir mehrfach auf Guy de Maupassants Novelle *Une partie de campagne* (1881) zurück, die aufgrund ihrer Kürze schnell gelesen werden kann und deren Kenntnis für das Verständnis der folgenden Ausführungen zwar nicht unbedingt erforderlich ist, dieses aber erleichtert.

5.1.3.1 Segmentierung der Handlung; Aktantenmodell

Das dominante Element einer Geschichte ist die Handlung. Diese folgt trotz mannigfaltiger Unterschiede auf der Textoberfläche in den meisten Fällen einer bestimmten Logik, das heißt, sie ist rückführbar auf abstrakte Schemata. Um solche Schemata analytisch zu entwickeln, muß man die Handlung auf das Wesentliche reduzieren und sie in relevante Einheiten zerlegen (segmentieren). In einfachen, volkstümlichen Erzählformen wie dem Märchen ist der Schematismus der Handlung am größten. Propp (1928) hat ein aus mehreren hundert Texten bestehendes Corpus russischer Zaubermärchen vergleichend analysiert und ist zu dem Ergebnis gekommen, daß das Zaubermärchen aus maximal 31 Handlungseinheiten besteht. Diese Einheiten nennt Propp *Funktionen*. Zur Illustration seien hier einige Funktionen angeführt (nach Propp 1928: 31–66):

II. Dem Helden wird ein Verbot erteilt (*Verbot*).
III. Das Verbot wird verletzt (*Verletzung des Verbots*).
VIII. Der böse Gegenspieler fügt einem Familienmitglied einen Schaden oder Verlust zu (*Schädigung*).

5. Narrative und dramatische Texte

IX. Ein Unglück oder der Wunsch, etwas zu besitzen, werden verkündet, dem Helden wird eine Bitte bzw. ein Befehl übermittelt, man schickt ihn aus oder läßt ihn gehen (*Vermittlung, verbindendes Moment*).

XIV. Der Held gelangt in den Besitz des Zaubermittels (*Empfang eines Zaubermittels*).

XVI. Der Held und sein Gegner treten in einen direkten Zweikampf (*Kampf*).

XVIII. Der Gegenspieler wird besiegt (*Sieg*).

XIX. Das anfängliche Unglück wird gutgemacht bzw. der Mangel wird behoben (*Liquidierung, Aufhebung des Unglücks oder Mangels*).

XXX. Der Feind wird bestraft (*Strafe*).

XXXI. Der Held vermählt sich und besteigt den Thron (*Hochzeit und Thronbesteigung*).

Die Handlungsfunktionen müssen nicht alle in jedem Einzelmärchen realisiert sein. Häufig liegen auch Varianten der einzelnen Funktionen vor oder Funktionen werden zusammengezogen. In jedem Fall, so Propp, sind die von ihm durch Analyse entdeckten Funktionen miteinander kompatibel, das heißt, sie können alle miteinander kombiniert werden und eine syntagmatische Reihe bilden. Viele Funktionen sind komplementär aufeinander bezogen, etwa Verbot und Verletzung des Verbots oder Schädigung/Mangel und Liquidierung des Mangels; wenn zu Beginn des Märchens ein Verbot ausgesprochen wird, so darf der Leser erwarten, daß dieses Verbot im Verlauf der Geschichte übertreten wird usw. In solchen ‚Regeln' manifestiert sich die Logik des Zaubermärchens. In komplexen Fällen kann sich die Abfolge aller oder eines Teils der Funktionen wiederholen. Die 31 Funktionen und ihre Kombinationsmöglichkeiten sind das Grundmuster, gewissermaßen die Grammatik des Zaubermärchens. Den Funktionen zugeordnet sind insgesamt sieben verschiedene *Handlungsträger* (Propp 1928: 79 f.): 1. der *Held*, 2. die *gesuchte Gestalt* (häufig eine Zarentochter), 3. der *Sender* (der Zar, der den Helden beauftragt, seine verschwundene Tochter zu suchen), 4. der *Gegenspieler* oder Schadenstifter (der die Zarentochter geraubt hat), 5. der *Schenker* (der dem Helden ein Zaubermittel verschafft), 6. der *Helfer* (der dem Helden bei der Lösung einer schweren Aufgabe oder bei der Flucht hilft), 7. der *falsche Held* (der unrechtmäßige Ansprüche auf die Zarentochter erhebt).

Man kann, wie Nolting-Hauff (1974) am Beispiel von Chrétiens *Yvain* gezeigt hat, das Proppsche Schema zur Analyse der Struktur des Chrétienschen Artusromans verwenden (zu Chrétien de Troyes → Kap. 3.3.1). Dabei wird sichtbar, daß auch diese komplexe literarische Kunstform letztlich auf die Proppschen Funktionen zurückgeführt werden kann. Während jedoch im Märchen in der Regel beinahe jedem Satz eine Funktion zugeordnet werden kann, sind im Roman die einzelnen Funktionen durch Dialoge, Beschreibungen usw. stärker ausgedehnt. Daher kann das zugrundeliegende Schema nicht durch bloße Segmentierung des Textes, sondern erst durch Resümieren der Handlung, also ein weitergehendes Abstrahieren von der Textoberfläche gewonnen werden (Nolting-Hauff

120

5.1 Narrative Texte

1974: 139). Dieser Befund ist nun insofern für die Erzähltextanalyse bedeutsam, als der Artusroman neben dem hellenistischen Liebesroman der prominenteste Vertreter einer Tradition des Märchenromans ist, die für die Geschichte des Romans bis in die Gegenwart hinein wirksam ist, also einen Großteil der uns bekannten Romantexte abdeckt. Bis zum 18. Jahrhundert war der Märchenroman die dominante Romangattung, erst danach wurde er von einem Romantyp abgelöst, der sich als Antiroman konstituierte. Das seit dem 18. Jahrhundert dominante Paradigma des Antiromans, das sich etwa im komischen Roman bei Diderot oder in den Desillusionsromanen von Balzac oder Flaubert besonders deutlich manifestiert, verdrängt indes nicht den Märchenroman, sondern weist diesem einen neuen Ort im Literatursystem zu. Seither nämlich ist der Märchenroman vor allem im trivialen oder halb-trivialen Bereich der Literatur beheimatet, etwa im Schauerroman, im Detektiv- und Kriminalroman oder im *science-fiction*-Roman. Im 20. Jahrhundert wird das Märchenschema auch in Spielfilmen und Fernsehserien angewendet. Ein Großteil der uns bekannten narrativen Texte ist somit im Rekurs auf die Proppschen Funktionen analysierbar, wobei bedacht werden muß, daß das Schema vielfach abgewandelt und verschleiert wird.

In der französischen Erzähltheorie wurde das Proppsche Schema weiterentwickelt und allgemeiner formuliert. Greimas (1966: 172 ff.) reduziert die Anzahl der Handlungsträger auf sechs und weist ihnen abstraktere Namen zu: Subjekt, Objekt, Sender, Empfänger, Adjuvant, Opponent. Diese Handlungsträger nennt er *Aktanten*, die er terminologisch abgrenzt von den *Akteuren*. Akteure sind Handlungsträger in einem konkreten Text, Aktanten sind abstrakte Handlungsrollen, die sich erst durch die vergleichende Analyse eines größeren Textcorpus ergeben. Die Akteure besetzen in einem Text die Aktantenpositionen. Die Aktanten sind Träger einer Handlung, die sich auf das elementare Schema eines Satzes reduzieren läßt. Die Funktionen der Aktanten sind syntaktischen Funktionen analog: *Subjekt* und *Objekt* stehen zueinander in einer Beziehung des Begehrens; das Subjekt sucht/will/begehrt das Objekt. Die Suche des Subjekts nach dem begehrten Objekt vollzieht sich im Rahmen einer Gesellschaft und ihres Wertesystems. Aus diesem leiten sich die Aktanten *Sender* und *Empfänger* ab. Greimas nennt beispielhaft die mittelalterliche Gralserzählung. Der Ritter Perceval (Subjekt) sucht den Heiligen Gral (Objekt). Auf die Suche geschickt wird der Ritter von Gott (Sender). Nutznießer (Empfänger) der Suche ist die gesamte Menschheit, die durch den Heiligen Gral erlöst werden soll. Der Sender kann jedoch auch mit dem Objekt, der Empfänger mit dem Subjekt übereinstimmen. *Adjuvant* und *Opponent* versuchen das Begehren des Subjekts zu unterstützen beziehungsweise zu behindern. Aus der Sicht des Subjekts verkörpern sie die beiden Pole einer fundamentalen Werteopposition, nämlich die Kräfte des Guten und des Bösen. Der elementare Satz, auf den die Handlungsstruktur sich reduzieren läßt, lautet demnach in etwa: Ein Subjekt begehrt/sucht/erstrebt ein Objekt im Auftrag eines Senders; dabei kämpft es gegen einen Opponenten und kann die Hilfe eines Ad-

5. Narrative und dramatische Texte

juvanten in Anspruch nehmen; Ziel ist die Übergabe des Objekts an den Empfänger.

Im Gegensatz zu den Proppschen Funktionen und Handlungsträgern, deren auf das Märchen begrenzte Gültigkeit außer Frage steht, erhebt Greimas mit seinem Aktantenmodell den Anspruch auf Generalisierbarkeit. In einem späteren Aufsatz entwirft er sogar das Modell einer allgemeinen Erzählgrammatik (Greimas 1970: 157–184). Diese Allgemeingültigkeit wurde nicht zu Unrecht in Frage gestellt, etwa von Warning (1979: 558–561), der darauf hinweist, daß Greimas seine Beispiele vornehmlich aus dem Bereich des Märchens wähle und daß deshalb seine Theorie vor allem auf einfache Texte mit magischem Weltbild anwendbar sei. Dennoch bietet sich das Aktantenmodell als Analyseschema an, mit dessen Hilfe man die zwischen den Handlungsträgern bestehenden Relationen in einem Erzähltext häufig gut beschreiben kann. Natürlich muß man dabei von den tatsächlichen Gegebenheiten des Textes ausgehen und darf sich nicht dazu verleiten lassen, das Schema dem Text einfach überzustülpen. Im folgenden wollen wir die Probe aufs Exempel machen und zeigen, wie man bei einer konkreten Textanalyse mit dem Aktantenschema arbeiten kann.

Beispielanalyse: Maupassant, Une partie de campagne

In Maupassants Novelle *Une partie de campagne* treten folgende handelnden Figuren auf: M. Cyprien Dufour, Mme Pétronille Dufour, ihre Tochter Henriette, die Großmutter, der Lehrling von M. Dufour, der Henriettes Verlobter ist; schließlich zwei Bootsfahrer, von denen der eine Henri heißt und der andere namenlos bleibt. Diese sieben Figuren befinden sich zueinander in einem Geflecht von Beziehungen (*Figurenkonstellation*). Im Zentrum steht die kleinbürgerliche Familie Dufour: M. Dufour, Besitzer eines Eisenwarengeschäfts in Paris, und seine Frau sowie deren heiratsfähige Tochter Henriette; begleitet werden sie von der Großmutter und dem Lehrling. Diese Figuren sind Teil einer Familie beziehungsweise einer Wirtschaftsgemeinschaft. Sie unterscheiden sich nach Geschlecht und Alter: Drei Frauen stehen zwei Männern jeweils unterschiedlichen Alters gegenüber. Sieht man von der Großmutter ab, die weder ökonomisch noch sexuell aktiv ist und sich im Verlauf der Geschichte darauf beschränkt, eine Katze zu streicheln, so ergibt sich folgende Ordnung: Die Frauen (Mutter und Tochter) stehen in einem biologischen Reproduktionsverhältnis zueinander, die Männer (Meister und Lehrling) in einem ökonomischen Produktionsverhältnis. Das Verhältnis zwischen Frauen und Männern ist somit asymmetrisch. Diese Asymmetrie manifestiert sich nicht zuletzt in dem bei den Frauen und den Männern unterschiedlich ausgeprägten sexuellen Begehren und gewinnt dadurch handlungsauslösende Funktion.

5.1 Narrative Texte

Die Gruppe gehört dem Bereich des städtischen Lebens zu. Die Handlung vollzieht sich indes großenteils während eines Ausflugs ins Grüne, worauf schon der Titel deutlich hinweist. Die Begegnung der Dufour-Gruppe mit den beiden Bootsfahrern erfolgt also auf fremdem Territorium, sie hat feiertagsbedingten Ausnahmecharakter, findet sie doch an Mme Dufours Namenstag statt (*Une partie de campagne*, 244). Die beiden jungen Männer, denen die Familie Dufour bei der Landpartie begegnet, sind in jeder Hinsicht gegensätzlich zur Gruppe der Städter modelliert. Sie sind sportlich und durchtrainiert, mit dem Leben auf dem Land vertraut, sind in diesem Bereich zu Hause. Als Besitzer zweier prächtiger Jollen gehören sie einer sozial und ökonomisch über den Dufours stehenden Schicht an. Durch ihre Differenz zu den Männern der Familie wecken sie das Interesse von Mutter und Tochter.

Die Figuren zerfallen somit in zwei Teilgruppen, die sich oppositiv und zugleich komplementär zueinander verhalten. Diese spannungsvolle Konstellation ist Voraussetzung für die weitere Handlungsentwicklung. Die Figuren haben unterschiedliche Handlungsziele. Im Mittelpunkt stehen Pétronille und Henriette. Sie sind *Subjekt* der Handlung. Ihr *Objekt* ist es, männliches Begehren zu erwecken. Dabei ist die Mutter von dem Wunsch nach einem sexuellen Abenteuer geleitet, während die sexuell noch unerfahrene Tochter ein aus der Literatur vermitteltes Liebesideal zu verwirklichen sucht (sie identifiziert sich mit Romeo und Julia, s. u.).

Die Dominanz des weiblichen Elements kommt nicht allein darin zum Ausdruck, daß der Ausflug anläßlich des Namenstages der Mutter und auf Initiative derselben stattfindet. Sowohl die Mutter als auch ihre Tochter werden noch vor der Begegnung mit den jungen Männern ausführlich beschrieben, und zwar in der Schaukelszene. Beide sind schön, wenngleich die Schönheit der Mutter durch Übergewicht etwas beeinträchtigt ist. Beide werden als begehrenswert beschrieben, und beide bieten sich den Blicken der Männer dar. Die sie begleitenden Männer zeigen indes nur wenig libidinöses Interesse. Sie richten im weiteren Verlauf ihr Begehren vor allem auf Essen und Trinken. Zwischen dem Handlungsziel der Frauen und den Möglichkeiten zu seiner Verwirklichung klafft somit eine Lücke. Diese Lücke wird durch die beiden attraktiven Fremden geschlossen. Sie nämlich haben im Gegensatz zu den Dufour-Männern das Ziel, die Frauen zu verführen. Vor allem haben sie die passenden Hilfsmittel: die Angeln, mit denen sie M. Dufour und den Lehrling dazu bewegen, an Land zu bleiben, und die Jollen, mit denen sie währenddessen die beiden Frauen ‚entführen'. Die Bootsfahrer sind *Adjuvant* des Begehrens von Mutter und Tochter. Sie helfen ihnen, indem sie den *Opponenten*, nämlich den Ehemann und den Lehrling, vorübergehend ausschalten. Sie substituieren bei der Verführungshandlung die Männer der Familie Dufour als die legitimen Sexualpartner. Die Verführungshandlung ist somit bereits in der Figurenkonstellation angelegt: einerseits in der Nicht-Koinzidenz der Handlungsziele von Frauen und Männern auf Dufour-Seite, ande-

5. Narrative und dramatische Texte

rerseits in der Komplementarität von Dufour-Gruppe und den beiden Bootsfahrern.

Das Begehren des Subjekts ist eingebettet in überindividuelle Zusammenhänge. Dies zeigt sich besonders deutlich bei Henriette, deren Liebesabenteuer im Vordergrund steht. Der Gesang einer Nachtigall weckt in ihr den Gedanken an ein literarisch vermitteltes Liebesideal:

> Un rossignol! c'est-à-dire l'invisible témoin du rendez-vous d'amour qu'invoquait Juliette sur son balcon; cette musique du ciel accordée aux baisers des hommes; cet éternel inspirateur de toutes les romances langoureuses qui ouvrent un idéal bleu aux pauvres petits cœurs des fillettes attendries! (*Une partie de campagne*, 251)

> Eine Nachtigall! das heißt die unsichtbare Zeugin der Liebesbegegnungen, die von Julia auf ihrem Balkon angerufen wurde; diese Musik des Himmels, die mit den Küssen der Menschen in Einklang stand; diese ewige Anregerin aller schmachtenden Liebesabenteuer, die den armen kleinen Herzen gerührter Mädchen ein Ideal zum Träumen eröffnen!

Wenn sie im folgenden, begleitet vom Gesang der Nachtigall, eine Liebesbegegnung mit Henri hat, so steht ihre Hingabe unter dem Zeichen der Literatur, vertreten durch Shakespeares *Romeo and Juliet*. Das literarisch vermittelte Liebesideal ist somit der *Sender* für Henriettes Begehren. Die Literatur aber ist ein Teilbereich der bürgerlich-kapitalistischen Gesellschaft, der die Dufour-Familie und die beiden jungen Männer angehören. Diese Gesellschaft leistet sich Maupassants Darstellung zufolge einen trivialisierten Umgang mit Literatur als Ausflucht und Ventil, welches vor allem Menschen benötigen, die in ihrer gesellschaftlichen Funktion nicht aufgehen, die ein die Wirklichkeit temporär außer Kraft setzendes und diese dadurch erträglich machendes Ideal brauchen. In diesem Sinne wäre als *Empfänger* von Henriettes Begehren ebenfalls die bürgerliche Gesellschaft zu betrachten. Denn sie profitiert von der evasorischen Funktion der Literatur. Die illegitime Partnersubstitution wird nämlich am Ende der Geschichte wieder rückgängig gemacht. Nach der Rückkehr aus dem Naturbereich in den städtischen Bereich der Ordnung heiratet Henriette den Lehrling von M. Dufour, der als Schwiegersohn das Eisenwarengeschäft eines Tages übernehmen soll. Der Endzustand, der scheinbar nahtlos an den Ausgangszustand anschließt, annulliert indes nicht das zwischen den beiden Zuständen Geschehene, wie man im letzten Abschnitt erkennt: Die unglücklich verheiratete Henriette gesteht ihrem einstigen Geliebten, daß sie jenes außergewöhnliche Ereignis nicht vergessen könne. Die bürgerliche (Sexual-)Ordnung ist somit weiterhin latent gefährdet.

Man kann nun die erzählte Geschichte auf ein *abstraktes Handlungsgerüst* reduzieren: Planung und Durchführung eines Ausflugs von der Stadt aufs Land – Überschreiten der Grenze zwischen städtischem und ländlichem Raum (Fahrt mit der Kutsche) – sinnliche Vergnügungen im ländlichen Raum (Schaukeln, Essen,

5.1 Narrative Texte

Katzestreicheln usw.) – Begegnung mit attraktiven Fremden – Überschreiten einer zweiten Grenze (Bootsfahrt), Eindringen in den Raum der Sexualität – doppelter sexueller Tabubruch (Mutter und Tochter) – Rückkehr a) in den ersten Naturbereich, b) in den städtischen Bereich der bürgerlichen Ordnung (Hochzeit) – spätere Rückkehr an den Ort des Tabubruchs: dissonantes Ende (Gegeneinander von literarisch vermitteltem Liebesideal und bürgerlicher Ordnung, die sich gegenseitig dementieren, aber durch ihre Koexistenz zugleich auch bestätigen, im Sinne eines Komplementärverhältnisses).

Die Analyse der Maupassant-Novelle hat gezeigt, daß die Greimasschen Aktanten sich auch in einem relativ komplexen Text nachweisen lassen, der in der Tradition des realistischen Romans steht, also nichts Märchenhaftes an sich hat. Die vier Hauptaktanten (Subjekt, Objekt, Opponent und Adjuvant) konnten relativ leicht ermittelt werden. Subjekt, Opponent und Adjuvant sind von je zwei Akteuren besetzt; das Objekt hingegen ist kein Akteur, sondern die Erfüllung eines Begehrens; so heißt es etwa in bezug auf Henriette, sie habe einen „besoin vague de jouissance" (*Une partie de campagne*, 251) [„unbestimmtes Verlangen nach Genuß"], der Mutter wird eine „curiosité féminine qui était peut-être du désir" (249) zugeschrieben [„weibliche Neugierde, die vielleicht Begehren war"]. Aktanten und Akteure sind wie gesagt nicht identisch: Aktanten sind abstrakte semantische Funktionen, Akteure konkrete, individuelle Handlungsträger. Wenn nun nach unserer Analyse die beiden Bootsfahrer die Stelle des Adjuvanten besetzen, so wird auch klar, daß dies abhängig ist von der Perspektive, aus der die Handlung betrachtet wird. In der hier gewählten Perspektive stehen Henriette und ihre Mutter im Mittelpunkt und besetzen daher die Subjektposition. Man könnte die Handlung jedoch auch aus der Perspektive der beiden jungen Männer betrachten; dann wären sie das Subjekt, und ihr Objekt die Eroberung der beiden Frauen. Allerdings erzählt der Text die Geschichte weitgehend aus der Perspektive der beiden Frauen, so daß die zweite Aktantenstruktur im Text nur virtuell vorhanden ist, aber nicht erzählerisch verwirklicht wird. Als schwieriger erwies sich die Ermittlung der beiden Aktanten Sender und Empfänger. Diese sind häufig abstrakte Instanzen, die menschliches Verhalten normativ bewerten: die Ideologie einer Gesellschaft, die Religion, die Literatur usw.

Insgesamt zeigt sich, daß der Nachweis, ob – und wenn ja, in welcher Weise – das Aktantenmodell in einem Text realisiert ist, eine eingehende Analyse des Textes voraussetzt. Man sollte dabei nicht zwanghaft versuchen, jede Position zu besetzen. Manchmal sind Positionen mehrfach besetzt, manchmal zusammengezogen oder sie fallen ganz aus. Denkbar ist auch, daß mehr als die sechs von Greimas postulierten Positionen realisiert sind. Schließlich gibt es auch Texte, insbesondere solche aus dem 20. Jahrhundert, bei denen die Handlungsebene stark reduziert ist (etwa von Samuel Beckett, Nathalie Sarraute, Claude Simon); hier ist das Modell kaum gewinnbringend anzuwenden, weil das Wesentliche sol-

5. Narrative und dramatische Texte

cher Texte nicht die Handlungsebene ist. Dennoch ist das Modell in Texten, die dominant auf Handlung beruhen, eine nützliche Hilfe zur analytischen Durchdringung der Handlungsstruktur. Außerdem hat es den Vorzug, daß die verschiedenartigsten Texte mit Hilfe des Aktantenmodells vergleichbar werden. Das Modell ist somit ein wichtiges analytisches Hilfsmittel, sofern man es nicht dogmatisch anwendet. Auch ist darauf hinzuweisen, daß das Modell keine erschöpfende Analyse eines Textes ermöglicht, sondern nur dazu beiträgt, die Logik der Handlung sichtbar zu machen. Schließlich muß man bei der Anwendung des Modells auch die Erzählperspektive, den Erzählmodus (→ Kap. 5.1.4.2), mit berücksichtigen.

5.1.3.2 *Die Semantisierung des Raumes*

Der Raum, in dem die Handlung sich abspielt, ist nicht neutraler Schauplatz oder Hintergrund, sondern er wird in literarischen Texten, wie Lotman (1972: 311–340) gezeigt hat, mit Bedeutung versehen. Die menschliche Wahrnehmung und Vorstellungskraft sind grundsätzlich räumlich ausgerichtet. Daher sind *räumliche Oppositionen* wie hoch vs niedrig, rechts vs links, nah vs fern usw. stets auch mit *kulturspezifischen Bedeutungen* verknüpft, etwa gut vs schlecht, recht vs unrecht, vertraut vs fremd. Da literarische Texte Modelle der Welt sind, operieren auch sie mit den in einer Kultur gültigen bedeutungshaften Raumoppositionen. Der Handlungsraum eines Textes ist in sich gegliedert, wobei das einfachste Modell die Zweiteilung ist. Die zwei Teilräume sind durch eine *Grenze* voneinander getrennt, die normalerweise unüberschreitbar ist. So ist in mythologischen Texten die Welt in den Raum der Lebenden und den Raum der Toten (Unterwelt, Hades, Paradies u. ä.) eingeteilt. Die Grenze zwischen beiden Teilräumen, die auch konkret als ein Fluß oder der Eingang zu einer Höhle markiert sein kann, ist nur von Helden zu überschreiten (Aeneas, Odysseus, Orpheus). Ein Text, der einem Helden eine solche ereignishafte Grenzüberschreitung erlaubt, ist *sujethaft*. Diese Grenzüberschreitung ist ein revolutionäres Element. Ein sujetloser Text bestätigt hingegen die Unüberschreitbarkeit der Grenze. In vielen Texten ist der Raum nicht zweigeteilt, sondern mehrfach gegliedert.

Betrachten wir nun die Handlung von *Une partie de campagne* unter dem Gesichtspunkt ihrer räumlichen Strukturierung, so erkennen wir, daß der Handlungsraum in zwei durch eine Grenze voneinander getrennte Teilräume zerfällt: *Stadt* und *Land*. Der Übergang vom städtischen in den ländlichen Raum wird zu Beginn ausführlich dargestellt, nicht ohne ironische Querschläger. Die Stadtbewohner erwarten nämlich in ihrer klischeehaften Vorstellung vom Land eine Idylle: „En arrivant au pont de Neuilly, M. Dufour avait dit: ,Voici la campagne enfin!' et sa femme, à ce signal, s'était attendrie sur la nature." (*Une partie de campagne*, 244) [„Bei der Ankunft an der Brücke von Neuilly hatte M. Dufour ge-

126

5.1 Narrative Texte

sagt: ‚Endlich sind wir auf dem Lande!', und seine Frau hatte auf dieses Signal hin Rührung angesichts der Natur gezeigt."] Tatsächlich aber begegnet ihnen eine „campagne interminablement nue, sale et puante" (245) [„unendlich kahle, schmutzige und stinkende Landschaft"], die ein Bild des Verfalls und der Zerstörung bietet. Ursache dieser Zerstörung sind die Armut der Bevölkerung und die Industrialisierung. Die ihre ästhetischen Erwartungen störende Anti-Idylle wird indes von den Ausflüglern nicht weiter zur Kenntnis genommen. Das Erreichen der ländlichen Idylle von Bezons ist somit nur um den Preis der Ausblendung jener häßlichen Wirklichkeit möglich, die man durchqueren muß, um dorthin zu gelangen. Dadurch aber ist die Idylle von Beginn an trügerisch und doppelbödig.

Von den beiden Räumen – dem städtisch-alltäglichen und dem ländlich-außergewöhnlichen – wird vor allem letzterer ausführlich dargestellt. Ersterer wird eher indirekt, ex negativo charakterisiert. Dabei erweist sich der städtische Raum als Raum des Alltags, der finanziellen und sexuellen Ökonomie, der bürgerlichen Ordnung; der ländliche Raum hingegen ist der Raum des Festes, der finanziellen und sexuellen Verausgabung, der gestörten Ordnung. Die Basisopposition ist *Ordnung vs Gegenordnung* beziehungsweise *Norm vs ereignishafte Normdurchbrechung*, wobei der Raum der Gegenordnung den sexuell frustrierten Frauen als temporärer Fluchtraum dient. Cyprien Dufour und sein Schwiegersohn in spe gehören dem Raum der Ordnung zu, während die beiden sportlichen und wohlhabenden Bootsfahrer in der Sphäre der Gegenordnung angesiedelt sind (auch wenn sie selbst, wie man vermuten darf, aus Paris stammen). Die Frauen stellen das Bindeglied zwischen beiden Räumen dar, ihnen gelingt der vorübergehende Wechsel in den anderen Raum. Mit Lotman gesprochen liegt somit ein *ereignishafter Raumwechsel* vor, der indes am Ende wieder rückgängig gemacht wird. Daß den beiden Frauen die *Grenzüberschreitung* gelingt, ist eine Bestätigung für unsere obige Analyse der Aktantenstruktur (→ Kap. 5.1.3.1), wonach die Frauen das Subjekt der Handlung sind; denn die Grenzüberschreitung ist nach Lotman nur dem Helden, das heißt dem Subjekt möglich.

Der Raum ist *mehrfach untergliedert*. Zu Beginn des Textes erfolgt der Übergang vom Innenraum der Stadt in den Außenraum der Natur. Dieser Übergang ist nicht abrupt, sondern er wird als Prozeß dargestellt. Zweimal muß die Seine überquert werden, bis der erwartete idyllische Ort erreicht ist, wobei der Zwischenraum der Anti-Idylle von den Ausflüglern nicht beachtet wird. Bezons ist indes noch nicht die Endstation des Ausflugs. Innerhalb des Naturraumes erfolgt ein zweiter Übergang, den die beiden Frauen in Begleitung der Bootsbesitzer vollziehen, nachdem diese die Dufour-Männer substituiert haben. Das Wasser als Grenze dient nun auch als Medium des Übergangs: Man rudert über den Fluß zu einer Insel, der *île aux Anglais*. Auf dieser Insel befindet sich eine dichte Vegetation, in die man förmlich eindringen muß: „[...] ils pénétrèrent dans un inextricable fouillis de lianes, de feuilles et de roseaux, dans un asile introuvable qu'il fallait connaître et que le jeune homme appelait en riant ‚son cabinet particulier'."

127

5. Narrative und dramatische Texte

(*Une partie de campagne*, 252) [„sie drangen in ein undurchdringliches Gewirr von Lianen, Blättern und Schilf ein, in ein unauffindbares Asyl, dessen Lage man kennen mußte und das der junge Mann lachend ‚sein Privatkabinett' nannte."] Ziel des Ausflugs ist somit ein im Außenraum der Natur gelegener, geschützter Innenraum.

Die Insel ist zugleich ein Ort der zivilisatorisch gebändigten Natur, angezeigt durch den Wasserfall eines nahegelegenen Stausees, und ein Ort der sexualisierten Natur, angezeigt durch die tagsüber singende Nachtigall, was die Brutzeit der Vögel und somit Sexualität indiziert. Natur und Kultur verschmelzen in diesem Raum zu einer unauflöslichen Einheit, denn die Nachtigall ist einerseits Teil der Natur, andererseits konnotiert sie literarisch vermittelte Liebe: Sie verweist auf die berühmte Balkonszene in Shakespeares *Romeo and Juliet* (III/5), auf die, wie wir schon gesehen haben, explizit angespielt wird: „Un rossignol! c'est-à-dire l'invisible témoin des rendez-vous d'amour qu'invoquait Juliette sur son balcon [...]." In diesem ambivalenten Raum – teils Natur, teils Kultur – kommt es dann zu einer Liebesbegegnung zwischen Henri und Henriette. Der Text zeigt damit an, daß die menschliche Sexualität kein rein natürliches Phänomen ist, sondern eine Synthese aus natürlichen Trieben und kultureller Praxis.

Die Analyse hat gezeigt, daß der Text auf klaren Raumoppositionen beruht. Die räumliche Opposition Stadt vs Land korreliert mit der semantischen Opposition Kultur vs Natur. Daß der sexuelle Normverstoß eine Grenzüberschreitung darstellt, wird durch die räumliche Bewegung der Figuren unterstrichen. Die Beschaffenheit des Naturraumes, in dem die Liebesbegegnung stattfindet, zeigt auch den synthetisch-ambivalenten Charakter der Sexualität an: Es handelt sich um einen Innenraum im Außenraum der Natur, auf einer scheinbar naturbelassenen Insel gelegen, an der jedoch ein künstlicher Staudamm angelegt wurde. Die genaue Analyse von räumlichen Strukturen und deren Semantik hilft uns also, mögliche Bedeutungsdimensionen eines Textes zu erkennen, die bei einer bloßen Analyse *der Handlungsstruktur verborgen bleiben würden.*

Die *Geschichte* als Signifikat eines narrativen Textes beruht auf intentionaler und nicht-intentionaler Veränderung: *Handlung* und *Geschehen.* Handlung setzt Handlungsträger voraus. Sie ist eine in Raum und Zeit sich entfaltende *Situationsveränderung.* Die Handlung läßt sich segmentieren. Einfache Texte wie zum Beispiel Märchen bestehen aus einer geringen Anzahl stereotyper Handlungselemente, der von Propp so genannten *Funktionen.* Auch komplexere Texte, etwa der Artusroman, lassen sich strukturell auf das Handlungsschema des Märchens zurückführen. Da Handlung und Handlungsträger funktional zusammenhängen, ist auch das Inventar möglicher Handelnder begrenzt. Greimas, der die Handlung aller Erzählungen auf je einen Basissatz zu reduzieren versucht, unterscheidet sechs *Aktanten,* die er in Analogie zu syntaktischen Funktionen benennt: Subjekt, Objekt, Sender, Empfänger, Adjuvant, Opponent.

5.1 Narrative Texte

> Der *Raum* ist, wie Lotman gezeigt hat, in literarischen Texten bedeutungshaltig (semantisiert). Der Raum der erzählten Geschichte zerfällt in mindestens zwei durch eine *Grenze* voneinander getrennte Teilräume. Wenn eine Figur des Textes über diese Grenze versetzt wird, so handelt es sich um ein narratives Ereignis; der Text ist sujethaft, er stellt eine kulturell vorgegebene Ordnung in Frage.

5.1.4 Die Ebene der textuellen Vermittlung (discours)

Die Geschichte wird vom Text in einer bestimmten Art und Weise vermittelt. Der Erzähler wählt einzelne Elemente der (realen oder fiktiven) Geschichte aus und bringt sie in eine bestimmte Ordnung, indem er kausale, finale, modale und temporale Verknüpfungen herstellt, indem er das Erzählte perspektiviert, kommentiert und bewertet.

Nach Genette läßt sich der *discours* (die Vermittlungsebene) nach folgenden Kriterien beschreiben: 1. nach der *Zeitstruktur*; relevant sind hier Anordnung, Dauer und Frequenz, wobei stets die Relation zwischen der Zeit der Geschichte (= erzählte Zeit) und der Zeit des Erzählakts (= Erzählzeit) zu berücksichtigen ist; 2. nach dem *Erzählmodus* (Verhältnis zwischen Erzähler- und Figurenrede, Erzählperspektive: „wer nimmt wahr?"); 3. nach der *Erzählstimme* („wer spricht?": Ich-Erzählung, Du-Erzählung, Er-Erzählung; wie ist das Verhältnis zwischen dem Erzähler und der erzählten Welt, ist er Teil der Handlungswelt oder steht er außerhalb, ist er in zeitlicher Nähe oder Distanz angesiedelt? usw.). Einige Aspekte von Punkt 3 wurden oben (Kap. → 5.1.2) bereits behandelt. Im folgenden sollen die Punkte 1 und 2 vertieft werden.

5.1.4.1 Zeitstruktur

a)   Dauer: Das Verhältnis von Erzählzeit und erzählter Zeit

Da eine Erzählung aus den beiden Komponenten Geschichte und (textuelle) Vermittlung besteht, impliziert sie eine Überlagerung zweier Zeitebenen, nämlich der Zeit der Geschichte (*erzählte Zeit*) und der Zeit des Erzählens (*Erzählzeit*). Der Terminus *Erzählzeit* ist streng genommen nur dann angebracht, wenn tatsächlich mündlich erzählt wird. In diesem Falle nämlich nimmt der Erzählakt eine meßbare Zeitdauer in Anspruch. Bei geschriebenen Texten hingegen sollte man genauer von der Lesezeit sprechen. Da diese jedoch individuell stark variiert, ist sie als Maßstab wenig brauchbar. Meßbar ist die Erzählzeit daher letztlich nicht als Zeit, sondern als räumliche Ausdehnung des Textes (Anzahl der Wörter, Zeilen und Seiten).

129

5. Narrative und dramatische Texte

Die Erzählzeit als Textlänge steht nun in einem bestimmten Verhältnis zur erzählten Zeit, also der Zeitdauer, die die erzählte Geschichte in Anspruch nimmt. Hierbei sind folgende Relationen möglich (Genette 1972: 122–144):

1. Die *(deskriptive) Pause*: Erzählzeit = n, erzählte Zeit = 0. Der Erzähler beschreibt ein Element der erzählten Welt; hierfür benötigt er eine bestimmte Zeitdauer (Erzählzeit = n), während die Zeit der Geschichte nicht voranschreitet (erzählte Zeit = 0). Eine Pause auf der Ebene der erzählten Zeit kann auch durch einen Exkurs, einen Kommentar oder eine Reflexion des Erzählers entstehen. Durch Pausen wird das Erzähltempo verlangsamt.

2. Die *Szene*: Erzählzeit = erzählte Zeit. Die Darstellung eines in sich geschlossenen Teils der Geschichte nimmt ebensoviel Zeit in Anspruch wie das Dargestellte. Die Erzählform, in der eine solche Deckungsgleichheit von Erzählzeit und erzählter Zeit idealtypisch erreicht wird, ist die Dialogwiedergabe, also die Annäherung des Erzähltextes an den dramatischen Text. Allerdings muß hier berücksichtigt werden, daß eine völlige Deckungsgleichheit unmöglich ist, weil weder von der Textlänge noch von der Lesedauer ein Rückschluß auf die tatsächliche Dauer einer Szene möglich ist; so werden etwa Sprechpausen oder Tempowechsel nicht exakt wiedergegeben. Die Dialogwiedergabe ist somit nur ein konventionelles Merkmal für zeitdeckendes Erzählen. Je größer der Anteil von direkter Rede in einem Erzähltext, desto mehr nähert er sich der Deckungsgleichheit von Erzählzeit und erzählter Zeit an.

3. Die *Raffung*: Erzählzeit < erzählte Zeit. Ein Ausschnitt aus der erzählten Geschichte wird ‚gekürzt‘ wiedergegeben. Der Grad der Raffung ist variabel. Ein Beispiel für eine starke Raffung ist das 15. Kapitel des 1. Teils von Balzacs *Splendeurs et misères des courtisanes*, welches den Titel trägt: „Chapitre ennuyeux car il explique quatre ans de bonheur" [„Langweiliges Kapitel, denn es legt vier Jahre des Glücks dar"]. Das fünfseitige Kapitel berichtet zusammenfassend die Ereignisse einer Zeit von vier Jahren. Um den extremen Raffungscharakter zu verdeutlichen, sei hinzugefügt, daß der Roman rund 550 Seiten lang ist und daß die Handlung im wesentlichen in den Jahren 1824 bis 1830 spielt. Zunächst werden einige Monate der Jahre 1824/25 dargestellt, bevor dann nach dem durch die Raffung markierten Zeitsprung sich alles auf die Zeit vom August 1829 bis zum Mai 1830 konzentriert, wobei fast die Hälfte des Romantextes einen Zeitraum von wenigen Tagen im Mai 1830 erzählt. – Die Raffung hat eine große Amplitude: Sie kann im Prinzip die gesamte Skala zwischen der Szene und der Ellipse (s. Punkt 4) abdecken, also zwischen der zeitdeckenden Wiedergabe und der völligen Auslassung eines Elementes der Geschichte. Sie ist daher ein flexibles Mittel zur Gestaltung des Erzähltempos.

4. Die *Ellipse*: Erzählzeit = 0, erzählte Zeit = n. Die Ellipse ist eine Lücke, eine Aussparung im Text, dergestalt, daß einer bestimmten Zeitdauer der erzählten Geschichte auf der Ebene des Erzählens nichts korreliert. Wird etwas für den Handlungsverlauf Unwichtiges weggelassen, so fällt das nicht weiter ins Ge-

wicht. Besonders eindringlich wirkt hingegen die Aussparung eines Handlungshöhepunktes, etwa wenn im 15. Kapitel des Ersten Buches von Stendhals *Le Rouge et le noir* (1830) Julien Sorel das Zimmer von Mme de Rênal betritt und sie ihm Vorwürfe ob seiner Kühnheit macht:

> Il ne répondit à ses reproches qu'en se jetant à ses pieds, en embrassant ses genoux. Comme elle lui parlait avec une extrême dureté, il fondit en larmes.
>
> Quelques heures après, quand Julien sortit de la chambre de Mme de Rênal, on eût pu dire, en style de roman, qu'il n'avait plus rien à désirer.

> Seine einzige Reaktion auf ihre Vorwürfe war es, sich ihr zu Füßen zu werfen und ihre Knie zu küssen. Da sie mit äußerster Härte zu ihm sprach, brach er in Tränen aus.
>
> Einige Stunden später, als Julien Mme de Rênals Zimmer verließ, hätte man in der Sprache der Romane sagen können, daß er nichts mehr zu wünschen übrig hatte.

Diese Ellipse hat mehrere Funktionen. Zum einen erspart es sich der Erzähler, Juliens und Mme de Rênals Begegnung in stereotypen und daher trivialen Worten („en style de roman") darzustellen. Außerdem gewinnt durch die Aussparung des endlich erreichten Zieles der Eroberung von Mme de Rênal rückwirkend der bis zu diesem Ziel zurückgelegte Weg, gewinnen die Anstrengungen des ehrgeizigen und sich minderwertig fühlenden Julien eine um so größere Bedeutung. Der Weg ist für ihn wichtiger als das Ziel. Schließlich wird durch die Ellipse die Vorstellungskraft des Lesers stärker angeregt als durch eine explizite Darstellung.

5. Die *Dehnung*: Erzählzeit > erzählte Zeit. Sie wäre laut Genette (1972: 130) als eine Art verlangsamte Szene aufzufassen. Da die Figurenrede nicht gedehnt werden kann, ist eine solche Verlangsamung nur auf der Ebene der Erzählerrede, etwa durch minutiöse und detaillierte Beschreibung, möglich. Da die Beschreibung jedoch dem Bereich der Pause angehört, könnte man die Dehnung auch als Kombination aus Pause und Szene analysieren. In jedem Fall, so Genette, ist die dehnende Darstellung keine kanonische Form der Zeitgestaltung; sie taucht erst im 20. Jahrhundert auf (etwa bei Proust oder Claude Simon).

Bei der Analyse eines Erzähltextes ist darauf zu achten, in welcher Abfolge Pausen, Szenen, Raffungen, Dehnungen und Ellipsen verwendet werden und in welchem quantitativen und qualitativen Verhältnis sie zueinander stehen. *Une partie de campagne* etwa erzählt weitgehend szenisch den Ablauf des Tages, an dem der Ausflug stattfindet. Eingeschoben in die szenische Darstellung finden sich deskriptive Pausen, so gleich zu Beginn, als der Anblick der Kutsche beschrieben wird oder die anti-idyllische Landschaft, die die Ausflügler durchqueren. Besonders wichtig ist dann die Beschreibung der beiden Frauen, als sie nach der Ankunft in Bezons auf Schaukeln steigen und sich dem Blick der Männer darbieten.

5. Narrative und dramatische Texte

Diese deskriptive Pause ist wichtig, weil sie deutlich die erotische Thematik ankündigt, auf die der Text zusteuert, wenn es etwa von Henriette heißt: „C'était une belle fille de dix-huit à vingt ans; une de ces femmes dont la rencontre dans la rue vous fouette d'un désir subit, et vous laisse jusqu'à la nuit une inquiétude vague et un soulèvement des sens." (*Une partie de campagne*, 246) [„Es war ein schönes Mädchen von 18 bis 20 Jahren; eine jener Frauen, die einen, wenn man ihnen auf der Straße begegnet, in plötzlichem Verlangen entbrennen lassen, einen bis zum Abend in vage Unruhe stürzen und einem die Sinne aufwühlen."] Nach der Liebesbegegnung enthält der Text eine Ellipse: Zunächst wird der ekstatische Gesang der Nachtigall als Metapher und Metonymie (→ Kap. 6.4) des Liebesaktes dargestellt. Dann wendet sich der Erzähler von der Nachtigall wieder dem Liebespaar zu: „Mais il [sc. le rossignol] se tut, écoutant sous lui un gémissement tellement profond qu'on l'eût pris pour l'adieu d'une âme. Le bruit s'en prolongea quelque temps et s'acheva dans un sanglot. / Ils étaient bien pâles, tous les deux, en quittant leur lit de verdure." (253) [„Aber sie verstummte und vernahm unter sich ein Stöhnen, das so tief war, daß man es für den Abschied einer Seele hätte halten können. Das Geräusch hielt noch einige Zeit an und endete dann in einem Schluchzen. / Sie waren beide recht blaß, als sie ihr Bett im Grünen verließen."] Zwischen dem letzten Seufzer der sexuellen Ekstase und dem Verlassen des ‚Liebesnestes' vergeht eine unbestimmte Zeit, die nicht erzählt wird. Der Text legt hier gewissermaßen einen Schnitt zwischen die beiden Handlungssegmente. Diese Ellipse markiert die vorübergehende Zeitentrücktheit, die sich mit einem Liebesakt verbindet, die Unmöglichkeit, sofort wieder in den normalen Lebensrhythmus zurückzukehren.

Größere Ellipsen finden sich dann am Ende des Textes: Zwei Monate nach dem Ausflug betritt Henri das Eisenwarengeschäft Dufour in Paris und erfährt, daß Henriette mittlerweile den Lehrling geheiratet hat. Im darauffolgenden Jahr schließlich kommt es zu einer erneuten, diesmal aber durch die Gegenwart von Henriettes Ehemann gestörten Begegnung der Liebenden auf der Insel. Damit zerfällt die Erzählung insgesamt in zwei ungleiche Teile: Während die Ereignisse des Ausfluges weitgehend szenisch und kontinuierlich erzählt werden, besteht der zweite Teil des Textes aus zwei diskontinuierlichen Fragmenten, die durch Ellipsen scharf gegeneinander abgegrenzt sind: das erwachende Liebesverlangen, die vom Gesang der Nachtigall begleitete Grenzüberschreitung, die Poesie der Liebe auf der einen Seite als kontinuierliche und erfüllte Zeit – auf der anderen Seite der desillusionierende Alltag als fragmentarische, leere, schnell verfliegende Zeit. So zeigt sich, daß auch die Zeitstruktur ein wichtiges Element der Bedeutungsstruktur eines Textes ist.

5.1 Narrative Texte

b)   *Die chronologische Ordnung und die Erzählfrequenz*

In der Wirklichkeit gibt es eine *zeitliche Ordnung,* die zugleich auch eine *logische* sein kann. Die Ursache eines Ereignisses muß diesem zeitlich vorausgehen. Man kann nicht sterben, bevor man nicht geboren wurde. Ebenso wenig kann man behaupten, der Zweite Weltkrieg sei die Ursache des Ersten gewesen; in umgekehrter Form ist diese Behauptung hingegen logisch möglich (wenngleich sie damit natürlich noch nicht bewiesen ist; ein logisches Verhältnis ist nicht automatisch ein faktisch wahres Verhältnis). Auch eine Geschichte hat eine chronologische Ordnung; die Ereignisse finden in einer bestimmten Reihenfolge statt und sind normalerweise in einer kausalen oder finalen Kette aufeinander bezogen. Am Beispiel des Zaubermärchens (→ Kap. 5.1.3.1) könnte man dies wie folgt exemplifizieren: Es wird ein Verbot verhängt, dieses Verbot wird übertreten; *dadurch* ist es dem Gegenspieler möglich, die Zarentochter zu rauben. *Weil* die Zarentochter geraubt wurde, beauftragt der Zar den Helden, sie wieder zurückzubringen. *Aufgrund* dieses Auftrages macht der Held sich auf den Weg usw. Die kursiv gesetzten logischen Konnektoren markieren die Kausalkette. Wenn dem Helden von einem Schenker nun im Verlauf der Handlung ein Zaubermittel überreicht wird, so kann man dies allerdings nicht kausal auf die Ausgangslage zurückführen. Vielmehr ist diese Funktion final motiviert: *Damit* der Held bei seiner Suche nach der Zarentochter erfolgreich ist, muß er von dem Schenker ein Hilfsmittel erhalten. In gewisser Weise könnte man sogar argumentieren, daß alle Funktionen des Zaubermärchens final motiviert sind, denn das positive Ende steht ja von vornherein fest: Die gestörte Ordnung muß wiederhergestellt werden. Wie dem auch sei, die zeitliche Ordnung der Geschichte entspricht einer logischen (kausalen oder finalen) Ordnung.

Nun muß die Abfolge, in der die Ereignisse erzählt werden, nicht unbedingt derjenigen entsprechen, in der sie sich ereignet haben (sollen). Eine Erzählung kann *chronologisch* oder *nicht-chronologisch* organisiert sein. Chronologisch-lineares Erzählen zeichnet sich durch die zeitliche Parallelität von *histoire* und *discours* aus. Betrachten wir als Beispiel folgende Erzählung aus den *Exercices de style* (1947) von Raymond Queneau:

> Un jour vers midi du côté du parc Monceau, sur la plate-forme arrière d'un autobus à peu près complet de la ligne S (aujourd'hui 84), j'aperçus un personnage au cou fort long qui portait un feutre mou entouré d'un galon tressé au lieu de ruban. Cet individu interpella tout à coup son voisin en prétendant que celui-ci faisait exprès de lui marcher sur les pieds chaque fois qu'il montait ou descendait des voyageurs. Il abandonna d'ailleurs rapidement la discussion pour se jeter sur une place devenue libre.
>
> Deux heures plus tard, je le revis devant la gare Saint-Lazare en grande conversation avec un ami qui lui conseillait de diminuer l'échancrure de son pardessus en en

5. Narrative und dramatische Texte

faisant remonter le bouton supérieur par quelque tailleur compétent. (*Exercices de style*, „Récit")

Eines Tages erblickte ich gegen Mittag in der Gegend des Parc Monceau auf der hinteren Plattform eines annähernd vollbesetzten Omnibusses der Linie S (der heutigen Linie 84) einen Mann mit ziemlich langem Hals und einem Hut aus weichem Filz, um den eine Litze anstatt eines Bandes gewunden war. Dieses Individuum sprach plötzlich seinen Nebenmann an und behauptete, dieser trete ihm jedesmal, wenn Passagiere ein- oder ausstiegen, absichtlich auf die Füße. Er beendete übrigens schnell die Diskussion, um sich auf einen freigewordenen Sitzplatz zu stürzen.

Zwei Stunden später sah ich ihn erneut vor dem Bahnhof Saint-Lazare, in ein lebhaftes Gespräch mit einem Freund vertieft, der ihm riet, den Ausschnitt seines Überziehers zu verkleinern, indem er sich von einem kundigen Schneider den oberen Knopf höhersetzen lasse.

Die Reihenfolge der Handlungselemente auf der Ebene der Geschichte ist folgende: [1. Ausgangssituation: Der Erzähler befindet sich in einem Bus, das heißt, er ist zuvor in diesen Bus eingestiegen.] – 2. Ihm fällt ein Mann mit langem Hals und ungewöhnlichem Filzhut auf. – 3. Dieser Mann beschuldigt seinen Nachbarn, ihm absichtlich auf die Füße zu steigen. – 4. Der Mann beendet den Streit. – 5. Er setzt sich auf einen freigewordenen Sitzplatz. – – [6. Neue Ausgangssituation: Der Erzähler befindet sich vor dem Bahnhof Saint-Lazare, das heißt, er hat sich inzwischen dorthin begeben.] – 7. Ihm fällt erneut der Mann mit dem langen Hals auf. – 8. Dieser führt ein Gespräch mit einem Freund, der ihm empfiehlt, den Ausschnitt seines Überziehers verkleinern zu lassen. – Die Reihenfolge der Handlungselemente auf Geschichtsebene entspricht der ihrer Anordnung auf der Ebene des Textes. Dieser ist nüchtern und unspektakulär. Er konstatiert in detaillierter Form Sachverhalte und konstruiert eine geordnete Welt des Alltäglichen, in der bereits minimal ungewöhnliche Erscheinungen und Ereignisse (ein auffällig langer Hals, ein seltsamer Hut, ein Streit im Bus, eine zufällige Wiederbegegnung mit einem Unbekannten) die Aufmerksamkeit eines Beobachters auf sich ziehen. Die zeitliche Parallelität von *histoire* und *discours* suggeriert Ordnung und Normalität. Diese Erzählung konstruiert ein analoges Modell der erzählten Welt: Die zeitliche Ordnung der (fiktiven) ‚Wirklichkeit' ist auch die Ordnung des Textes. Dadurch wird die subjektive Beteiligung, die Involvierung des Beobachters und Erzählers so weit wie möglich reduziert. Dementsprechend werden Wertungen objektiviert in Form von Beschreibungen, Figurenrede wird in Erzählerrede übersetzt usw.

Betrachten wir nun als Gegenbeispiel folgenden, ebenfalls von Queneau stammenden Text:

Tu devrais ajouter un bouton à ton pardessus, lui dit son ami. Je le rencontrai au milieu de la Cour de Rome, après l'avoir quitté se précipitant avec avidité vers une place assise. Il venait de protester contre la poussée d'un autre voyageur, qui, disait-

5.1 Narrative Texte

il, le bousculait chaque fois qu'il descendait quelqu'un. Ce jeune homme décharné était porteur d'un chapeau ridicule. Cela se passa sur la plate-forme d'un S complet ce midi-là. (*Exercices de style*, „Rétrograde")

Du solltest dir einen zusätzlichen Knopf an deinen Überzieher nähen lassen, sagte sein Freund zu ihm. Ich traf ihn mitten auf der Cour de Rome, nachdem ich ihn zuletzt gesehen hatte, als er sich begierig auf einen Sitzplatz stürzte. Er hatte sich eben noch über die Rempelei eines anderen Passagiers beschwert, der, wie er sagte, ihn jedesmal anstieß, wenn jemand ausstieg. Dieser hagere junge Mann trug einen lächerlichen Hut. Das Ganze trug sich auf der Plattform eines an diesem Mittag vollbesetzten S-Busses zu.

Hier sind die Handlungselemente auf der Textoberfläche in folgender, nicht-chronologischer Reihenfolge angeordnet: 8 – 7 – 6 – 5 – 3 – 2 – 1. Das einzige Element, das gegenüber dem zuerst zitierten Text entfällt (oder zumindest nicht explizit erwähnt wird), ist der Hinweis darauf, daß der Fremde den Streit beendet (4). Ansonsten ist die Geschichtsebene beider Texte identisch, es ist aus dem zweiten Text auch eindeutig die Reihenfolge der Handlungselemente zu rekonstruieren. Der wesentliche Unterschied liegt also in der Anordnung der Elemente auf der Textoberfläche und in deren unterschiedlicher Gewichtung und Perspektivierung. *Histoire* und *discours* stehen zueinander in einem extremen Diskrepanzverhältnis hinsichtlich ihrer Zeitstruktur. Hier muß man die Frage stellen, was für eine Funktion diese Diskrepanz hat. Auffällig ist, daß sich der Text durch eine starke Unmittelbarkeit auszeichnet. Der Erzähler berichtet das zuletzt erlebte Ereignis zuerst. Das zuletzt Erlebte aber ist aus der Sicht des Erzählers das zeitlich Nächste, es steht ihm gewissermaßen noch am lebendigsten vor Augen. Auch beginnt sein Text ohne Einleitung, ohne Situierung, unmittelbar mit direkter Figurenrede. Die Handlungsträger werden zunächst gar nicht vorgestellt. Dadurch versetzt der Erzähler den Adressaten seines Textes viel unmittelbarer in seine Gedankenwelt und in die Situation, wie er sie erlebt hat. Alles, was sich an den ersten Satz des Textes anschließt, läßt sich als nachgeschobene Motivierung für den jeweils zuvor geäußerten Satz lesen. Die Kausalität wird scheinbar umgekehrt: Die Ursache folgt auf die Wirkung. Dies aber entspricht der Art und Weise, wie man in der Regel die Umwelt erfährt. Zunächst nimmt man etwas wahr (eine Wirkung), dann versucht man zu verstehen, warum es einem aufgefallen ist, man rekonstruiert die Ursache. Der Fremde fällt dem Erzähler bei der zweiten Begegnung nur auf, weil er ihm zuvor im Bus schon aufgefallen ist. Was war dort passiert? Er hatte sich mit einem anderen Reisenden gestritten. Warum war er ihm überhaupt aufgefallen? Weil er einen lächerlichen Hut aufhatte. Die Subjektivität und Spontaneität des Textes äußern sich nicht nur in dieser chronologischen Rückläufigkeit, sondern auch im Fehlen argumentativer Konnektoren und in der expliziten Bewertung des Fremden („Ce jeune homme décharné était porteur d'un chapeau *ridicule*.")

5. Narrative und dramatische Texte

Es zeigt sich, daß die Anordnung der *histoire*-Elemente auf *discours*-Ebene ein wichtiges Strukturmerkmal ist. Die bloße Feststellung, daß ein Text chronologisch oder nicht-chronologisch strukturiert ist, genügt allerdings nicht, um den Text ausreichend zu charakterisieren. Vielmehr ist, wie dies vorgeführt wurde, bei der Analyse darauf zu achten, mit welchen anderen Textmerkmalen die zeitliche Ordnung des Textes im Zusammenhang steht und welche Bedeutungseffekte sich daraus ergeben. Es ist hier darauf hinzuweisen, daß die beiden dargestellten Ordnungsmöglichkeiten (streng chronologisches und umgekehrt chronologisches Erzählen) nur einen kleinen Ausschnitt aus dem Spektrum der Möglichkeiten bilden. Es sind zahlreiche andere Ordnungen denkbar. Um sich das klarzumachen, muß man lediglich eine gegebene Zahlenreihe in allen möglichen Permutationen anordnen: $1 - 2 - 3 - 4 - 5$; $1 - 3 - 4 - 2 - 5$; $3 - 5 - 4 - 2 - 1$; usw.

Wenn ein Element, das auf der Ebene der Geschichte ganz am Anfang steht, auf der Ebene des Textes erst am Ende erzählt wird, so hat auch das eine Funktion, die es zu analysieren gilt. Im Kriminalroman etwa wird der Mord, der ja die Handlung in Gang bringt und somit am Anfang steht, erst ganz am Schluß erzählt, denn die *raison d'être* des Kriminalromans ist es, diesen Mord aufzuklären und den Leser bis zur Aufklärung in Spannung zu versetzen. Wenn in Flauberts *Éducation sentimentale* (1869) der gescheiterte Bordellbesuch der beiden Freunde Frédéric und Deslauriers, der das früheste der erzählten Ereignisse ist, erst ganz zuletzt mitgeteilt wird, so hat das nichts mit der Auflösung einer erzeugten Spannung zu tun, sondern es handelt sich um einen ironischen Nachschlag; eine Geschichte, die aus einer Serie von gescheiterten Lebensentwürfen besteht, findet ihren ,krönenden' Abschluß im Nachtrag eines Ereignisses, das in seinem Scheitern alle späteren Ereignisse schon vorwegnimmt. Auch hier gilt: Das formale Element der Zeitstruktur muß nicht nur festgestellt, sondern es muß auch dessen Semantik bestimmt werden.

Die Abweichung von der Chronologie der Geschichte auf der Textoberfläche nennt man *Anachronie*. Genette (1972: 82) unterscheidet hier die vorausdeutenden Anachronien (*Prolepsen*) und die zurückgreifenden Anachronien (*Analepsen*). Eine Prolepse besteht darin, ein auf der Zeitachse der Geschichte später gelegenes Ereignis vorwegzunehmen. Eine Analepse greift auf ein auf der Zeitachse früher situiertes Ereignis zurück. Dies kann in ausführlich erzählender oder in erwähnender beziehungsweise bloß andeutender Form geschehen.

Der eben erwähnte Bordellbesuch, an den sich Frédéric und Deslauriers am Ende der *Éducation sentimentale* wehmütig erinnern, ist eine narrativ ausgestaltete Analepse. Im Jahre 1837 haben die beiden als Halbwüchsige sich ein Herz gefaßt und sind mit Blumensträußen ausgestattet in das allseits verfemte Etablissement der „Turque" gegangen. Doch im entscheidenden Moment hat Frédéric der Mut verlassen:

136

5.1 Narrative Texte

Mais la chaleur qu'il faisait, l'appréhension de l'inconnu, une espèce de remords, et jusqu'au plaisir de voir, d'un seul coup d'œil, tant de femmes à sa disposition, l'émurent tellement, qu'il devint très pâle, et restait sans avancer, sans rien dire. Toutes riaient, joyeuses de son embarras; croyant qu'on s'en moquait, il s'enfuit; et, comme Frédéric avait l'argent, Deslauriers fut bien obligé de le suivre.
(*L'Éducation sentimentale*, 456)

Aber die Hitze, die dort herrschte, die Angst vor dem Unbekannten, eine Art Gewissensbisse, ja sogar das Vergnügen, auf einen einzigen Blick so viele Frauen zu sehen, die ihm zur Verfügung standen, nahmen ihn so sehr mit, daß er sehr blaß wurde und stehenblieb, ohne etwas zu sagen. Alle lachten, erheitert ob seiner Verlegenheit; im Glauben, man mache sich über ihn lustig, ergriff er die Flucht; und da Frédéric das Geld hatte, mußte Deslauriers wohl oder übel ihm nachfolgen.

Im zweiten Kapitel des ersten Teils, also ganz zu Beginn des Romans, wird auf dasselbe Ereignis schon einmal kurz angespielt. Die beiden Freunde kommen bei einem Spaziergang an dem Bordell vorbei, Deslauriers zieht den Hut und sagt: „Vénus, reine des cieux, serviteur! Mais la Pénurie est la mère de la Sagesse. Nous a-t-on assez calomniés pour ça, miséricorde! / Cette allusion à une aventure commune les mit en joie. Ils riaient très haut, dans les rues." (*L'Éducation sentimentale*, 49) [„Venus, Himmelskönigin, ergebenster Diener! Aber die Not ist die Mutter der Weisheit. Erbarmen, hat man uns wegen dieser Geschichte nicht schon genug verleumdet! / Diese Anspielung auf ein gemeinsam erlebtes Abenteuer erheiterte sie. Sie lachten sehr laut auf den Straßen."] Diese Allusion, deren Bedeutung dem Leser an dieser Stelle verborgen bleibt, ist ebenfalls eine Analepse. Sie weist auf dasselbe Ereignis zurück wie die narrativ ausgeführte Analepse des Schlusses. Zugleich weist die frühe Analepse auf die spätere voraus. Sie kündigt die ausführliche Erklärung an, die der Text an dieser Stelle noch verweigert. Das bleibt allerdings implizit.

Das Gegenstück zur Analepse ist die Prolepse, die Vorausdeutung auf ein späteres Ereignis der Geschichtsebene. Ein Beispiel hierfür findet sich in Prousts berühmter Madeleine-Episode:

Et dès que j'eus reconnu le goût du morceau de madeleine trempé dans le tilleul que me donnait ma tante (quoique je ne susse pas encore et dusse remettre à bien plus tard de découvrir pourquoi ce souvenir me rendait si heureux), aussitôt la vieille maison grise sur la rue, où était sa chambre, vint comme un décor de théâtre s'appliquer au petit pavillon [...] (*Recherche*, I, 47)

Und sobald ich den Geschmack des in Lindenblütentee getauchten Madeleine-Stückes, das mir meine Tante gab, wiedererkannt hatte (obwohl ich noch nicht wußte, warum mich diese Erinnerung so glücklich machte, und dies auch erst sehr viel später erfahren würde), tauchte sofort das alte graue Haus auf, das an der Straße gelegen war, auf die man von ihrem Schlafzimmer aus blickte, und schloß sich wie ein Bühnenbild an den kleinen Pavillon an [...].

5. Narrative und dramatische Texte

Indem der Erzähler beim Genuß eines in Lindenblütentee getauchten Gebäckstückes sich an eine analoge Geschmacksempfindung aus seiner Kindheit erinnert, taucht ein vergessen geglaubter Teil seiner Vergangenheit aus der Tiefe der Erinnerung wieder empor. Die Bedeutung dieses Vorgangs aber begreift er zu diesem Zeitpunkt noch nicht. Erst viel später, als ihm während einer Matinée im Hause Guermantes eine ganze Serie analoger Erinnerungserlebnisse zuteil wird, wird ihm klar, daß er diese unfreiwilligen Erinnerungen schöpferisch nutzbar machen und sie in einen Roman umsetzen muß, der sein eigenes Leben zum Gegenstand hat. Das textsyntagmatisch am Anfang liegende Madeleine-Erlebnis wird durch die in Parenthese gestellte Prolepse mit der am Ende liegenden Matinée Guermantes verknüpft. – Prolepsen und Analepsen sind, wie die Beispiele zeigen, Eingriffe in die Chronologie der Geschichte; sie dienen unter anderem dazu, auf der Ebene des *discours* die Textkohärenz zu erhöhen und die Rezipierbarkeit des Textes abzusichern.

Neben der Dauer und der Anordnung gibt es einen dritten Aspekt, unter dem man die Zeitstruktur von Erzähltexten betrachten kann: die *Frequenz* (Häufigkeit) des Erzählten und des Erzählens. Hat das Erzählte einmal oder mehrfach stattgefunden? Wird es einmal oder mehrmals erzählt? Die Bedeutsamkeit der Frequenz als einer Kategorie des Erzählens läßt sich daran ablesen, daß sie in vielen Sprachen verbmorphologisch markiert wird. So kann man im Französischen (im Gegensatz zum Deutschen) an den Formen der Vergangenheitstempora erkennen, ob ein Sachverhalt sich einmal oder mehrmals abgespielt hat. Das *passé simple* dient dem *singulativen* Erzählen, das heißt der einmaligen Mitteilung einmaliger Ereignisse, das *imparfait* dient (unter anderem) dem *iterativen* Erzählen, das heißt der einmaligen Mitteilung wiederholt stattfindender Ereignisse (die zweite wichtige Funktion des *imparfait* ist die des Imperfektiven, es versprachlicht Zustände, die schon und noch im Gange sind, während sich etwas ereignet, das dann im *passé simple* markiert wird). Eine weitere Möglichkeit ist das *repetitive* Erzählen, das heißt die mehrfache Mitteilung eines einmaligen Ereignisses.

Der Normalfall des Erzählens ist der Singulativ. Das erklärt sich daraus, daß jede Geschichte etwas Einmaliges hat; sonst lohnte es sich in der Regel gar nicht, sie zu erzählen. Das Habituelle und Vorhersagbare oder auch das Imperfektive können normalerweise nicht Grundlage eines Erzähltextes werden. Wenn dies dennoch geschieht, so hat das eine das Ereignishafte reduzierende Wirkung, wie man bei Queneau sieht:

> C'était midi. Les voyageurs montaient dans l'autobus. On était serré. Un jeune monsieur portait sur sa tête un chapeau qui était entouré d'une tresse et non d'un ruban. Il avait un long cou. Il se plaignait auprès de son voisin des heurts que ce dernier lui infligeait. Dès qu'il apercevait une place libre, il se précipitait vers elle et s'y asseyait.

5.1 Narrative Texte

Je l'apercevais plus tard, devant la gare Saint-Lazare. Il se vêtait d'un pardessus et un camarade qui se trouvait là lui faisait cette remarque: il fallait mettre un bouton supplémentaire. (*Exercices de style*, „Imparfait")

Es war Mittag. Die Passagiere stiegen in den Omnibus. Es war eng. Ein junger Herr trug auf seinem Kopf einen Hut, um den eine Litze anstatt eines Bandes gewickelt war. Er hatte einen langen Hals. Er beschwerte sich ständig bei seinem Nebenmann über die Stöße, die dieser ihm versetzte. Immer wenn er einen freien Platz erblickte, stürzte er sich darauf und setzte sich.

Später sah ich ihn vor dem Bahnhof Saint-Lazare. Er war mit einem Überzieher bekleidet, und ein Kamerad, der dort anwesend war, machte folgende Bemerkung: Er solle sich einen zusätzlichen Knopf annähen lassen.

Beim Lesen dieser Abfolge von Zustandsbeschreibungen und habituellen Handlungen wartet man mit wachsendem Unmut darauf, daß endlich etwas passieren möge. Am Ende des ersten Abschnitts nimmt das Beschriebene geradezu absurde Züge an: Immer wenn der Fremde einen freien Platz sieht, stürzt er darauf zu und setzt sich. Es scheint sich um einen Zwangsneurotiker zu handeln, der sich auf jeden freigewordenen Platz setzen muß. Man sieht, daß ein Erzähltext nur schwer auf dem *imparfait* beruhen kann. Dennoch gibt es in der Moderne Autoren, die das herkömmliche Erzählen subvertieren, indem sie weitgehend iterativ erzählen. Der berühmteste von ihnen ist Proust, dem das Kunststück gelingt, einen intellektuell spannenden Roman zu schreiben, obwohl den erzählten Ereignissen weitgehend das Ereignishafte fehlt, weil sie iterativ sind.

5.1.4.2 *Erzählmodus (Distanz und Fokalisierung)*

In seiner bekannten Untersuchung zur Erzähltheorie unterscheidet Stanzel (1964) drei „typische Erzählsituationen": die auktoriale, die personale und die Ich-Erzählsituation. Stanzels Unterscheidungen stellen komplexe Beschreibungskategorien dar, die aus einer Kombination von Erzählstimme („wer spricht?") und Erzählmodus („wer nimmt wahr?") resultieren. Die auktoriale und die personale Erzählsituation unterscheiden sich von der Ich-Erzählsituation durch die Stellung des Erzählers zur erzählten Welt. Der Ich-Erzähler ist Teil der erzählten Welt, der auktoriale und der personale Erzähler dagegen stehen außerhalb (→ Kap. 5.1.2). *Die Ich-Erzählsituation steht zu den beiden anderen Erzählsituationen somit hinsichtlich der Erzählstimme in Opposition.* Auktoriale und personale Erzählsituation hingegen unterscheiden sich voneinander durch das Merkmal des Erzählmodus: Wenn der Erzähler seine Distanz zur erzählten Welt und sein Mehrwissen durch Leseranreden, Kommentare usw. deutlich manifestiert und wenn er die Geschichte gewissermaßen aus einer übergeordneten (‚olympischen') Perspektive

5. Narrative und dramatische Texte

beobachtet, dann handelt es sich um eine auktoriale Erzählsituation (typisches Beispiel: Balzac). Scheint der Erzähler hingegen hinter der erzählten Welt zu verschwinden und bedient er sich einer handelnden Figur als Perspektivträger (Reflektor), aus dessen Augen die Geschichte erzählt wird, so handelt es sich um eine personale Erzählsituation (typisches Beispiel: Flaubert).

Aus dem Gesagten wird deutlich, daß die Stanzelschen Erzählsituationen sich aus der Kombination von mindestens zwei Merkmalen ergeben. Sie sind spezieller und daher analytisch weniger brauchbar als die von Genette entwickelten Kategorien. Denn Genette hält im Gegensatz zu Stanzel die beiden Merkmale Erzählmodus und Erzählstimme auseinander. Mit dem Erzählmodus wollen wir uns nun genauer beschäftigen. Genette erläutert diese Kategorie wie folgt:

> On peut en effet raconter *plus ou moins* ce que l'on raconte, et le raconter *selon tel ou tel point de vue;* et c'est précisément cette capacité, et les modalités de son exercice, que vise notre catégorie du *mode narratif:* la „représentation", ou plus exactement l'information narrative a ses degrés; le récit peut fournir au lecteur plus ou moins de détails, et de façon plus ou moins directe, et sembler ainsi [...] se tenir à plus ou moins grande *distance* de ce qu'il raconte; il peut aussi choisir de régler l'information qu'il livre, non plus par cette sorte de filtrage uniforme, mais selon les capacités de connaissance de telle ou telle partie prenante de l'histoire (personnage ou groupe de personnages), dont il adoptera ou feindra d'adopter ce que l'on nomme couramment la „vision" ou le „point de vue", semblant alors prendre à l'égard de l'histoire [...] telle ou telle *perspective*. (Genette 1972: 183 f.; Kursivierungen im Text)

> Man kann nämlich das, was man erzählt, *mehr oder weniger* erzählen und *aus dem und dem Blickwinkel;* genau diese Fähigkeit und die Modalitäten ihrer Umsetzung meint unsere Kategorie des *Erzählmodus:* Die „Repräsentation" oder genauer die narrative Information hat ihre Abstufungen; die Erzählung kann dem Leser mehr oder weniger Details darbieten, und das auf mehr oder weniger direkte Art und Weise, und kann sich somit [...] in einer mehr oder weniger großen *Distanz* zum Erzählten zu halten scheinen; sie kann auch die vermittelte Information nicht mehr durch diese Art uniformer Filterung regulieren, sondern gemäß den Kenntnismöglichkeiten der einen oder anderen an der Handlung beteiligten Instanzen (Figur oder Figurengruppe); die Erzählung wird dann von diesen Instanzen das, was man gewöhnlich „vision" oder „point de vue" nennt, übernehmen oder so tun als ob, und sie wird dadurch den Eindruck erwecken, als nähme sie zur Geschichte [...] die und die *Perspektive* ein.

Die beiden Teilaspekte des Erzählmodus heißen demnach *Distanz* und *Perspektive.* Ein Maximum an Distanz zwischen dem Leser und der erzählten Geschichte wird erreicht durch ein Maximum an erzählerischer Vermittlungstätigkeit (*récit d'événements*, berichtendes Erzählen). Dies hat schon Platon in der *Politeia* (III. Buch) beschrieben und durch das Gegensatzpaar Darstellung (*Diegesis*) vs Nachahmung (*Mimesis*) zum Ausdruck gebracht. Zur Illustration wählt er folgende

5.1 Narrative Texte

Stelle aus der *Ilias* (Erster Gesang, V. 33–42); Agamemnon hat Apollons Priester Chryses beleidigt, der nun seinen Gott um Vergeltung anfleht:

[...] Da fürchtete sich der Greis und gehorchte dem Wort / Und schritt hin, schweigend, das Ufer entlang des vieltosenden Meeres. / Und betete dann viel, als er abseits war, der Alte, / Zu Apollon, dem Herrn, den geboren hatte die schönhaarige Leto: / „Höre mich, Silberbogner! der du schützend um Chryse wandelst / Und um Killa, die hochheilige, und über Tenedos mit Kraft gebietest, / Smintheus! wenn ich dir je den lieblichen Tempel überdacht habe, / Oder wenn ich dir jemals verbrannte fette Schenkel / Von Stieren oder Ziegen, so erfülle mir dies Begehren: / Büßen sollen die Danaer [sc. die Griechen] meine Tränen mit deinen Geschossen!"

(Übers. Wolfgang Schadewaldt)

Diese Stelle, eine Mischung aus Darstellung (Erzählerrede) und Nachahmung (Figurenrede), schreibt Platon wie folgt zu einer „reinen Darstellung" um:

Der Alte aber ward, wie er dies hörte, von Furcht erfaßt und ging schweigend davon; als er aber aus dem Bereiche des Lagers heraus war, flehte er inständig zum Apollo, indem er ihn bei seinen Beinamen anrief und ihn an seine Schuldnerpflicht gemahnte, nämlich an alles, was er jemals durch Erbauung von Tempeln oder Darbringen von Opfern von ihm Wohlgefälliges empfangen habe; um deswillen, so flehte er, sollten die Achaier [sc. die Griechen] durch seine Geschosse büßen für seine Tränen. (*Der Staat*, 98)

(Übers. Otto Apelt)

Anstatt wörtlich die Figurenrede zu zitieren, verlegt sich der „rein darstellende" Erzähler darauf, diese in seinen eigenen Worten zusammenfassend wiederzugeben. Der „darstellende" Erzähler schiebt sich deutlich zwischen die Welt der Figuren und die des Lesers und erzeugt somit den Eindruck von Distanz. Umgekehrt überläßt der „nachahmende" Erzähler seinen Figuren selbst das Wort, so daß der Eindruck von Nähe und Unmittelbarkeit entsteht. In beiden Fällen indes sind die vorhandene beziehungsweise aufgehobene Distanz nur Effekte des Erzählmodus, der Erzähler ist nämlich in beiden Fällen gleichermaßen als Vermittlungsinstanz vorhanden, während die erzählte Welt und die in ihr handelnden Figuren gleichermaßen abwesend sind. Es ändert sich nicht die Tatsache des Erzählens, sondern nur dessen Art und Weise, eben der Erzählmodus hinsichtlich der Distanz.

Dem *récit d'événements* steht der *récit de paroles* gegenüber, also die Wiedergabe von Figurenrede. Je mehr die Figuren zu Wort kommen, desto geringer erscheint die Distanz zwischen Leser und erzählter Geschichte. Hierbei lassen sich folgende Formen unterscheiden (Genette 1972: 191–193):

1. Die *narrativierte Rede* („discours *narrativisé*, ou *raconté*"): Genette gibt folgendes Beispiel (Abwandlung einer Proust-Stelle): „J'informai ma mère de ma décision d'épouser Albertine." [„Ich unterrichtete meine Mutter von meiner Ent-

5. Narrative und dramatische Texte

scheidung, Albertine zu heiraten."] Hier faßt die Erzählerrede ein zwischen dem Erzähler und seiner Mutter geführtes Gespräch zusammen, Figurenrede wird also in Erzählerrede umgesetzt. Dies ist auch bei Gedanken möglich: „Je décidai d'épouser Albertine." [„Ich beschloß, Albertine zu heiraten."]

2. Die *indirekte Rede* („discours *transposé*, au style indirect"): „Je dis à ma mère qu'il me fallait absolument épouser Albertine." [„Ich sagte zu meiner Mutter, daß ich unbedingt Albertine heiraten müsse."] – Oder: „Je pensai qu'il me fallait absolument épouser Albertine." [„Ich dachte, daß ich unbedingt Albertine heiraten müsse."]

In den Fällen 1 und 2 dominiert die Erzählerrede, das heißt, das als Wiedergabe fremder Rede Präsentierte ist mehr oder weniger deutlich überformt von der Rede des Erzählers, beziehungsweise die Unterordnung der Figurenrede unter die Erzählerrede ist syntaktisch markiert („Je dis/pensai que...").

3. Die *erlebte Rede* („style indirect libre"): „J'allai trouver ma mère: il me fallait absolument épouser Albertine." [„Ich suchte meine Mutter auf: Ich mußte unbedingt Albertine heiraten."] Hier liegt eine Mischform von Erzähler- und Figurenrede vor; syntaktisch handelt es sich um Erzählerrede, semantisch, zum Teil auch lexikalisch liegt Figurenrede vor (beziehungsweise könnte sie vorliegen – das ist nicht immer eindeutig zu entscheiden), denn „il me fallait absolument épouser Albertine" ist nicht die Meinung des rückblickenden Erzählers, sondern die des erlebenden Ichs, der handelnden Figur. Es liegt auf der Ebene des Erzählten eine *implizite textinterne Redesituation* vor, aus der heraus das vom Erzähler Gesagte von einer Figur geäußert werden kann/könnte/geäußert wurde. Dies gilt analog für die Erzählung in der dritten Person; vgl. folgende Stelle aus *Madame Bovary* (II, 10 – Emma hat einen Brief von ihrem Vater erhalten und verfällt nach der Lektüre in sinnierendes Nachdenken):

> Elle resta quelques minutes à tenir entre ses doigts ce gros papier. [...] Comme il y avait longtemps qu'elle n'était plus auprès de lui [sc. bei ihrem Vater], sur l'escabeau dans la cheminée, quand elle faisait brûler le bout d'un bâton à la grande flamme des joncs marins qui pétillaient! ... Elle se rappela des soirs d'été tout pleins de soleil. Les poulains hennissaient quand on passait, et galopaient, galopaient ... Il y avait sous sa fenêtre une ruche à miel, et quelquefois les abeilles, tournoyant dans la lumière, frappaient contre les carreaux comme des balles d'or rebondissantes. Quel bonheur dans ce temps-là! quel espoir! quelle abondance d'illusions! Il n'en restait plus maintenant! [...] (*Madame Bovary*, 449)

> Sie verweilte einige Minuten und hielt dieses grobe Papier zwischen ihren Fingern. [...] Wie lange war es schon her, daß sie nicht mehr bei ihm war, auf dem Hocker beim Kamin, wenn sie die Spitze eines Stockes von der großen Flamme versengen ließ, die das knisternde Seeschilf erzeugte! ... Sie erinnerte sich an sonnenglühende Sommerabende. Die Fohlen wieherten, wenn man vorbei kam, und sie galopierten, galopierten ... Unter ihrem Fenster war ein Bienenkorb, und manchmal stießen die im Licht umherschwirrenden Bienen wie hüpfende goldene Bälle gegen die

5.1 Narrative Texte

Fensterscheiben. Was war das damals für ein Glück! was für eine Hoffnung! welch Überschuß an Illusionen! Jetzt waren keine mehr da! [...]

Zahlreiche Merkmale affektischer Rede (Betonung der expressiven Sprachfunktion durch Ausrufezeichen, insistierende und intensivierende Wiederholungen, Vergleiche, Emphase) durchziehen die normalerweise nüchtern-analytische, „impassible" Erzählerrede und legen den Schluß nahe, daß der Erzähler hier die Rede der Figur in seine eigene Rede einfließen läßt. In jedem Fall ist zu konstatieren, daß die erlebte Rede nicht eindeutig als Redewiedergabe gekennzeichnet ist, es fehlt zum Beispiel ein die textinterne Redesituation markierendes *verbum dicendi* o. ä., so daß es der Interpretation des Lesers überlassen bleibt, die Redevermischung aufzulösen und die Einzelteile dem Erzähler beziehungsweise den Figuren zuzuordnen (diese Zuordnung sollte allerdings nicht willkürlich, sondern nach Maßgabe kontextueller Plausibilitätskriterien erfolgen). Besonders greifbar wird die erlebte Rede, wenn das deiktische System des Erzählers und das der Figuren miteinander vermischt werden, wie es etwa in *Une partie de campagne* der Fall ist:

> Au rond-point de Courbevoie, une admiration les avait saisis devant l'éloignement des horizons. À droite, là-bas, c'était Argenteuil, dont le clocher se dressait; [...]. À gauche, l'aqueduc de Marly se dessinait [...] et l'on apercevait aussi, de loin, la terrasse de Saint-Germain; tandis qu'en face, au bout d'une chaîne de collines, des terres remuées indiquaient le nouveau fort de Cormeilles. Tout au fond, [...] (*Une partie de campagne*, 244)

> Am Sternplatz von Courbevoie waren sie angesichts der Weite des Horizonts in Bewunderung verfallen. Dort hinten rechts lag Argenteuil, dessen Kirchturm aufragte; [...]. Links zeichnete sich das Aquädukt von Marly ab [...] und man sah auch, von weitem, die Terrasse von Saint-Germain; während gegenüber, am Ende einer Hügelkette, die umgegrabene Erde das neue Fort von Cormeilles anzeigte. Ganz hinten [...]

Die unterstrichenen Ausdrücke beziehen sich auf das Zeigfeld der Figuren. Für den Erzähler und den Leser ist Argenteuil nicht „dort hinten rechts" und Saint-Germain nicht „von weitem" zu sehen. Die Orientierungsmarken im Raum sind nur interpretierbar aus der Perspektive der Figuren. Daß aber in der Erzählerrede solche Begriffe nicht als relationale Raumangaben (etwa: „En regardant à droite, ils aperçurent Argenteuil [...]"), sondern als Deiktika, also absolut verwendet werden, ist ein Zeichen für die Vermischung von Erzähler- und Figurenrede. Dem Passus liegt somit erlebte Rede zugrunde.

4. Die *direkte Rede* („discours *rapporté*"). Es handelt sich um durch ein *verbum dicendi* („er sagte/dachte" o. ä.) eingeleitete und durch Anführungszeichen oder anderweitig eindeutig markierte und von der Erzählerrede abgegrenzte Figurenrede. Hier erscheint die Distanz zwischen dem Leser und der erzählten Ge-

schichte am geringsten, denn die Figuren kommen wie im Drama (allerdings durch einen Erzähler vermittelt) selbst zu Wort.

5. Der *innere Monolog* („monologue intérieur" oder, wie Genette vorschlägt, „discours *immédiat*"). Dieser (nach punktuellen Ansätzen etwa bei Stendhal erst im späten 19. und 20. Jahrhundert systematisch realisierte) Spezialfall der Figurenrede läßt sich als *direkte Rede ohne Markierung* analysieren: Die Erzählerrede koinzidiert vollständig mit der Figurenrede, beziehungsweise die Erzählerrede wird von der Figurenrede ‚kolonialisiert'. Anders als bei der indirekten und der erlebten Rede sind keine Spuren der Erzählerdeixis mehr vorhanden. Die Merkmale des Narrativen gehen im Extremfall verloren, die scheinbar ungefilterte Wiedergabe von Gedanken mündet ins Assoziative und Inkohärente (*stream of consciousness*). Als ‚Erfinder' des inneren Monologs gilt Édouard Dujardin, aus dessen Roman *Les lauriers sont coupés* (1887/88) folgende Textstelle stammt (der Erzähler hat sich in ein Restaurant begeben und sein Abendessen bestellt):

> Ainsi, je vais dîner; rien là de déplaisant. Voilà une assez jolie femme; ni brune ni blonde; ma foi, air choisi; elle doit être grande; c'est la femme de cet homme chauve qui me tourne le dos; sa maîtresse plutôt; elle n'a pas trop les façons d'une femme légitime; assez jolie, certes. Si elle pouvait regarder par ici; elle est presque en face de moi; comment faire? A quoi bon? Elle m'a vu. Elle est jolie; et ce monsieur paraît stupide; malheureusement je ne vois de lui que le dos; je voudrais bien connaître aussi sa figure; c'est un avoué, un notaire de province; suis-je bête! Et le consommé? La glace devant moi reflète le cadre doré; le cadre doré qui est donc derrière moi […]. On est commodément; confortablement. Voici le consommé, le consommé fumant; attention à ce que le garçon ne m'en éclabousse rien. Non; mangeons. Ce bouillon est trop chaud; essayons encore. Pas mauvais. (*Les lauriers sont coupés*, 21)

> So werde ich denn zu Abend essen; keine unangenehme Vorstellung. Da ist eine ziemlich hübsche Frau, weder brünett noch blond; sieht wahrhaftig vornehm aus; sie muß groß sein; sie ist die Frau des kahlköpfigen Mannes, der mit dem Rücken zu mir sitzt; oder eher seine Geliebte; sie benimmt sich kaum wie eine legitime Frau; ziemlich hübsch, fürwahr. Wenn sie doch zu mir herschauen könnte; sie sitzt mir beinahe gegenüber; wie soll ich's einrichten? Wozu? Sie hat mich gesehen. Sie ist hübsch; und dieser Herr scheint dumm zu sein; leider sehe ich nur seinen Rücken; ich würde gern auch wissen, wie sein Gesicht aussieht; er ist Anwalt oder Notar in der Provinz; bin ich blöd! Und meine Suppe? Im Spiegel vor mir sieht man den goldenen Rahmen, den goldenen Rahmen, der sich folglich hinter mir befindet […]. Man sitzt hier angenehm, bequem. Da kommt meine Suppe, meine dampfend heiße Suppe; bloß aufpassen, daß der Kellner mich nicht vollkleckert. Nein; dann wollen wir mal essen. Diese Suppe ist zu heiß; wollen noch mal probieren. Nicht schlecht.

Der Text liest sich wie die Aufzeichnung von Gedanken. Zwischen dem erlebenden und dem erzählenden Ich besteht keinerlei Distanz. Das Wahrgenommene

5.1 Narrative Texte

wird unmittelbar, ohne den ordnenden Eingriff eines Erzählers, versprachlicht. Deshalb wechselt der Fokus der Aufmerksamkeit ohne Überleitung vom Gedanken an das bevorstehende Abendessen („Ainsi, je vais dîner ...") zu der begehrenswerten Frau („Voilà une assez jolie femme ...") und dem Mann in ihrer Begleitung, der einer möglichen Kontaktaufnahme im Wege steht („... cet homme chauve ..."), über die Überlegungen, wie ein Kontakt hergestellt werden könnte („Si elle pouvait regarder par ici ..."), zurück zum erwarteten Essen („Et le consommé?"), sodann von der Wahrnehmung der Inneneinrichtung des Restaurants („La glace devant moi reflète le cadre doré ...") hin zur Konzentration auf das endlich eingetroffene Mahl („Voici le consommé ..."). Zeit vergeht, Handlung und Geschehen finden statt, ohne daß ein Erzähler dabei Regie führte. Das wahrnehmende Bewußtsein und die Erzählstimme sind ununterscheidbar. Diese Form der Präsentation ermöglicht es, Alltägliches zu erzählen und Wahrnehmungsvorgänge minutiös zu versprachlichen. Dadurch werden dem Roman ganz neue Gegenstandsbereiche erschlossen. – Die Möglichkeiten der Darstellung von Gedanken und von Bewußtsein untersucht ausführlich Cohn (1978).

Die *Erzählperspektive* (*point de vue, vision, aspect* oder, wie Genette sagt, *focalisation*) hängt mit der Distanz eng zusammen. Je größer die Distanz, das heißt, je manifester die Präsenz eines vermittelnden Erzählers, desto weniger wahrscheinlich ist es, daß ein eingeschränkter Blickpunkt, eine *Fokalisierung*, vorliegt. Umgekehrt ist das Fehlen von Spuren des Erzählers ein Indiz für die Einschränkung der Perspektive, für fokalisiertes Erzählen. Der Erzähler verschwindet gewissermaßen hinter seinen Figuren und gibt vor, nicht mehr zu wissen als sie. Genette (1972: 206) unterscheidet im Anschluß an Todorov (1966) drei Fälle:

1. Erzähler > Figur(en): der Erzähler weiß mehr als die Figur(en) oder genauer: Er sagt mehr, als jede einzelne der Figuren weiß (*Null-Fokalisierung*);

2. Erzähler = Figur(en): der Erzähler sagt nur soviel, wie eine bestimmte Figur weiß (*interne Fokalisierung*); die Figur, die als Wahrnehmungsfokus fungiert, nennt man *Reflektor* (Stanzel 1979);

3. Erzähler < Figur(en): der Erzähler sagt weniger, als die Figur(en) weiß/wissen (*externe Fokalisierung*). Die erzählte Welt wird aus der Perspektive eines unbeteiligten, außenstehenden Beobachters dargestellt; dies impliziert auch den Verzicht auf die Mitteilung psychischer Vorgänge. Die externe Fokalisierung findet sich in konsequenter Form erst im 20. Jahrhundert, zum Beispiel im französischen *nouveau roman* der fünfziger Jahre, sie kommt aber punktuell in vielen Texten vor, etwa wenn zu Beginn eines Romans der künftige Held eingeführt, aber noch nicht vorgestellt wird, so daß der Leser und der Erzähler gewissermaßen von außen auf ihn blicken.

Der ‚Normalfall' ist die *Null-Fokalisierung*, das Erzählen aus einer Position des Mehrwissens, der Überlegenheit des Erzählers gegenüber den Figuren. Para-

5. Narrative und dramatische Texte

digmatisch ist hierfür der Balzacsche Erzähler, etwa zu Beginn von *Le père Goriot*:

> Madame Vauquer, née de Conflans, est une vieille femme qui, depuis quarante ans, tient à Paris une pension bourgeoise établie rue Neuve-Sainte-Geneviève, entre le quartier latin et le faubourg Saint-Marceau. Cette pension, connue sous le nom de la Maison Vauquer, admet également des hommes et des femmes, des jeunes gens et des vieillards, sans que jamais la médisance ait attaqué les mœurs de ce respectable établissement. Mais aussi depuis trente ans ne s'y était-il jamais vu de jeune personne, et pour qu'un jeune homme y demeure, sa famille doit-elle lui faire une bien maigre pension. Néanmoins, en 1819, époque à laquelle ce drame commence, il s'y trouvait une pauvre jeune fille. En quelque discrédit que soit tombé le mot drame par la manière abusive et tortionnaire dont il a été prodigué dans ces temps de douloureuse littérature, il est nécessaire de l'employer ici: non que cette histoire soit dramatique dans le sens vrai du mot; mais, l'œuvre accomplie, peut-être aura-t-on versé quelques larmes *intra muros et extra*. Sera-t-elle comprise au-delà de Paris? [...] (*Le père Goriot*, 49)

> Madame Vauquer, geborene de Conflans, ist eine alte Frau, die seit vierzig Jahren in Paris eine bürgerliche Pension in der Rue Neuve-Sainte-Geneviève besitzt, zwischen dem Quartier Latin und dem Faubourg Saint-Marceau gelegen. Diese Pension, die unter dem Namen La Maison Vauquer bekannt ist, nimmt gleichermaßen Männer und Frauen, Junge und Alte auf, ohne daß jemals böse Zungen die in diesem respektablen Hause herrschenden Sitten angegriffen hätten. Aber seit dreißig Jahren hatte man dort auch keinen jungen Menschen mehr erblickt, und damit ein junger Mann dort wohnt, muß ihm seine Familie schon eine sehr karge Unterstützung gewähren. Dennoch befand sich dort im Jahr 1819, zum Zeitpunkt, da dieses Drama beginnt, ein armes Mädchen. Wenngleich das Wort Drama infolge der mißbräuchlichen und gewaltsamen Art und Weise, in der es in diesen Zeiten schmerzhafter Literatur großzügig verwendet worden ist, in Mißkredit gefallen ist, ist es doch notwendig, es hier zu benützen: Nicht, daß diese Geschichte im wahren Sinn des Wortes dramatisch wäre; aber vielleicht wird man, wenn das Werk vollendet ist, ein Paar Tränen *intra muros et extra* vergossen haben. Wird man es jenseits von Paris verstehen? [...]

Der Erzähler markiert seine Überperspektive, seine völlige Unabhängigkeit von den Figuren durch genaueste Angaben über die Elemente der erzählten Geschichte (Figuren, Handlungsort und -zeit) und durch Reflexionen und Kommentare über die Handlungswelt wie auch über die Kommunikationssituation und Gattungsbezeichnung des Textes. Die Null-Fokalisierung beruht auf der Distanz des Erzählers zur Geschichte und auf der deutlich markierten Differenz zwischen Erzähler und Figuren beziehungsweise zwischen Erzählakt und erzählter Geschichte. Diese Differenz äußert sich im weiteren Verlauf des Romans dann auch darin, daß die handelnden Figuren unabhängig von der Handlung nach einer vom Erzähler gewählten Ordnung, also deduktiv, und nicht induktiv nach der internen Logik der Geschichte präsentiert werden:

146

5.1 Narrative Texte

À l'époque où cette histoire commence, les internes étaient au nombre de sept. Le premier étage contenait les deux meilleurs appartements de la maison. [...] Les deux appartements du second étaient occupés [...]. Le troisième étage se composait de quatre chambres [...]. (*Le père Goriot*, 55 f.)

Zum Zeitpunkt, da diese Geschichte beginnt, wohnten sieben Interne in der Pension. In der ersten Etage lagen die zwei besten Wohnungen des Hauses. [...] Die beiden Wohnungen des zweiten Stocks waren belegt [...]. Die dritte Etage bestand aus vier Zimmern [...].

Anders die *interne Fokalisierung*, die bei Flaubert oder bei Maupassant vorliegt. Während der Balzacsche Erzähler völlig unabhängig von der erzählten Geschichte seine Informationen mitteilt, erkennt man in *Une partie de campagne* von Beginn an eine Gebundenheit des Erzählens an die erzählte Geschichte. Dies wird zum Beispiel in der Verwendung des *plus-que-parfait* deutlich, eines Rückschautempus, das in den ersten Abschnitten dominiert. Der eigentliche Einsatz der Geschichte wird dann durch das *passé simple* „La voiture s'arrêta [...]" markiert. Alles, was zuvor im *plus-que-parfait* berichtet wurde, ist vorzeitig zu diesem Moment der Ankunft am Zielort, ist also perspektivisch angebunden an ein Ereignis der erzählten Geschichte und somit auch an die Wahrnehmungsperspektive der Figuren. Das Vorhandensein eines Wahrnehmungsfokus innerhalb der Handlungswelt ist darüber hinaus vielfach markiert. So werden die Figuren als Handelnde eingeführt, das heißt, ihre Erwähnung gehorcht den Erfordernissen der Präsentation der Handlungselemente. Mme Dufour wird erwähnt im Zusammenhang mit dem seit fünf Monaten auf ihren Wunsch hin geplanten Ausflug. Dabei wird aber noch nicht gesagt, wer Mme Dufour ist, aus welchen sozialen Verhältnissen sie stammt, wie alt sie ist usw.; dies erfolgt später bei geeignetem Anlaß. Ebenso ist es mit den anderen Figuren des Textes, sie alle werden als Teil der Geschichte, als Handelnde eingeführt. Darüber hinaus werden von Beginn an deutlich Wahrnehmungsvorgänge als Teil der erzählten Geschichte benannt: „pour *voir* le paysage", „On *apercevait* encore", „on s'était mis à *regarder* la contrée", „une *admiration* les avait saisis devant l'éloignement des horizons [...]", „l'on *apercevait* aussi", „on *entrevoyait*" usw. Die Familie Dufour ist dabei zum Teil Gegenstand der Wahrnehmung, hauptsächlich aber Trägerin der Wahrnehmung, somit eine kollektive Reflektorfigur.

Wie sehr der Fokus der Wahrnehmung im Inneren der Handlungswelt verankert ist, zeigt sich – und hier erweist sich das Zusammenwirken von Distanz und Perspektive als den beiden Komponenten des Erzählmodus – an dem Verhältnis zwischen Erzähler- und Figurenrede. Häufig nämlich finden wir bei interner Fokalisierung jene Verschmelzung von Erzähler- und Figurenrede, die man als *erlebte Rede* bezeichnet. Dies soll an einem weiteren Beispiel verdeutlicht werden (man vergleiche auch das oben, S. 143, analysierte Beispiel aus *Une partie de campagne*: „Au rond-point de Courbevoie [...]"):

5. Narrative und dramatische Texte

„Tiens! cria tout à coup le jeune homme aux cheveux jaunes qui furetait dans le terrain, en voilà des bateaux qui sont chouet!" On alla voir. Sous un petit hangar en bois étaient suspendues deux superbes yoles de canotiers, fines et travaillées comme des meubles de luxe. Elles reposaient côte à côte, pareilles à deux grandes filles minces, en leur longueur étroite et reluisante, et donnaient envie de filer sur l'eau par les belles soirées douces ou les claires matinées d'été, de raser les berges fleuries où les arbres entiers trempent leurs branches dans l'eau, où tremblote l'éternel frisson des roseaux et d'où s'envolent, comme des éclairs bleus, de rapides martins-pêcheurs.

Toute la famille, avec respect, les contemplait. „Oh! ça oui, c'est chouet", répéta gravement M. Dufour. [...] (*Une partie de campagne*, 247 f.)

„Schau an!", rief plötzlich der junge Mann mit strohgelbem Haar, der die Gegend durchstöberte, „hier sind aber tolle Boote!" Man ging, sie sich anzusehen. In einem kleinen Holzhangar hingen zwei prächtige Ruderboote, fein gearbeitet wie Luxusmöbel. Sie ruhten Seite an Seite und glichen in ihrer schmalen, glänzenden Länge zwei großen, schlanken Mädchen, und man bekam Lust, an schönen milden Abenden oder an hellen Sommermorgen über das Wasser zu gleiten, dicht an den mit Blumen bewachsenen Ufern entlangzufahren, wo ganze Bäume ihre Äste ins Wasser hängen lassen, wo das ewig zitternde Schilf wächst und von wo flinke Eisvögel wie blaue Blitze in die Luft schießen.

Die ganze Familie betrachtete sie respektvoll. „Oh, ja, die sind toll", wiederholte mit ernster Miene M. Dufour. [...]

Gegenstand der zitierten Passage sind die Betrachtung der Boote durch die Familienmitglieder und die Gefühle und Wunschträume, die der Anblick der Boote in ihnen hervorruft. Eingespannt zwischen zwei den Passus begrenzende direkte Reden findet sich die eigentliche *Beobachtungssituation* („On alla voir."), gefolgt von einer Beschreibung des unerwarteten Anblicks. Die Beschreibung äußerer Wahrnehmungen geht dann über in eine längere Passage, deren Gegenstand die emotionalen Reaktionen der Beobachter auf die beobachteten Objekte sind. Diese Passage wird mit einem Vergleich vorbereitet, der aus der Handlungswelt heraus motiviert scheint; man vergleiche die Schaukelszene, in der mit Henriette eine „grande fille mince" schon ausgiebig zu betrachten war. Die Passage beginnt schließlich mit „et donnaient envie de filer sur l'eau [...]" – es handelt sich um die poetisch gehaltene Versprachlichung von Wunschträumen und Projektionen, die ohne weiteres an die Perspektive der Figuren rückgebunden werden können, da sie sich aus trivialromantischen Sprachklischees und Versatzstücken zusammensetzen, die mit der ansonsten vom Erzähler verwendeten, teils nüchternen, teils spöttisch-ironischen Redeform kontrastieren.

Die beschriebenen Merkmale (Rückschautempus, Präsentation der Figuren als Handelnde und aus der Geschichte heraus, Markierung von Wahrnehmungssituationen innerhalb der Handlungswelt, erlebte Rede) ergeben den Befund, daß der Maupassant-Text weitgehend intern fokalisiert ist. Das schließt nicht aus, daß er auch Elemente nicht-fokalisierten Erzählens enthalten kann, und es heißt vor

5.1 Narrative Texte

allem nicht, daß der Erzähler abwesend wäre. Letzteres kann in einem Erzähltext niemals der Fall sein. Die scheinbare Abwesenheit des Erzählers ist nur ein Effekt des gewählten Erzählmodus. Distanz und Perspektive sind variable Instrumente der narrativen Modellierung, die Einstellungen können sich von Abschnitt zu Abschnitt ändern, weshalb es zumindest bei der Analyse der Mikrostruktur wenig nützt, wie Stanzel von globalen Erzählsituationen zu sprechen. Vielmehr muß man, wie dies hier punktuell vorgeführt wurde, eine mikrostrukturelle Feinanalyse vornehmen. Geeignete Instrumente hierfür sind die von Genette entwickelten Kategorien.

Die Vermittlungsebene wurde in diesem Kapitel unter dem Aspekt der *Zeitstruktur* und des *Erzählmodus* betrachtet. Für die Zeitstruktur eines narrativen Textes relevant ist erstens das *Verhältnis zwischen Erzählzeit und erzählter Zeit* (Aspekt der *Dauer*). Dabei lassen sich folgende Relationen unterscheiden: die Pause, die Szene, die Raffung, die Ellipse und die Dehnung. Zweitens kann man nach der *Anordnung* der Geschichtselemente auf der Textoberfläche fragen (chronologisches oder nicht-chronologisches Erzählen). Drittens interessiert die *Frequenz* des Erzählten (singulativ, iterativ, repetitiv). Die Kategorie des Erzählmodus beinhaltet die Teilaspekte *Distanz* und *Perspektive*. Zwischen der maximalen Distanz (*récit d'événements*) und der minimalen Distanz (*récit de paroles*) gibt es Zwischenstufen: die narrativierte Rede, die indirekte Rede, die erlebte Rede, die direkte Rede und den inneren Monolog. Je geringer die Distanz zwischen der Welt der Figuren und den Lesern, desto stärker ist die Erzählung *fokalisiert*, das heißt, sie ist an einen textinternen Wahrnehmungsträger (Reflektor) angebunden. Je größer die Distanz, desto stärker ist die Präsenz eines vermittelnden, perspektivisch über der Handlungswelt stehenden Erzählers. Man unterscheidet Null-Fokalisierung und interne sowie externe Fokalisierung.

5.2 Dramatische Texte

5.2.1 Zur Abgrenzung von dramatischen und narrativen Texten

Gemeinsamkeiten und Unterschiede zwischen dramatischen und narrativen Texten wurden schon zu Beginn dieses Kapitels angesprochen (S. 110). Hier wollen wir uns der Frage noch einmal aus einer etwas anderen Perspektive nähern. Literarische Texte sind Sprechakte, die keine unmittelbar lebensweltliche Gültigkeit besitzen. Sie *simulieren zeichenhaft eine Wirklichkeit*, die in mancher, nicht in jeder Hinsicht der uns vertrauten Wirklichkeit ähnelt, jedoch keinesfalls mit ihr gleichzusetzen ist. Daher bezeichnet Aristoteles im 1. Kapitel seiner *Poetik* die Dichtkunst insgesamt als Nachahmung (*Mimesis*). Besonders deutlich wird der Nachahmungs- beziehungsweise Simulationscharakter literarischer Sprechakte

5. Narrative und dramatische Texte

und Handlungen im Theater. Wenn der fiktionale ein inszenierter Diskurs ist (→ Kap. 1.4), dann erfüllt das Theater dies auf exemplarische Weise. Sagt eine Schauspielerin zu ihrem Kollegen auf der Bühne während der Aufführung „Ich liebe dich", so gilt dieser Sprechakt, selbst wenn er einem realen Sprechakt täuschend ähnlich ist, nur für die von beiden Schauspielern verkörperten Figuren. Die Liebeserklärung ist Teil der Rolle, sie verpflichtet nicht die diese Rolle spielende reale Person zu irgendwelchen Folgehandlungen. Stirbt eine Figur auf der Bühne, so hindert dies nicht den Schauspieler, den Schlußapplaus am Ende der Vorstellung durchaus lebendig entgegenzunehmen.

Literarische Texte sind also *entpragmatisierte Sprechakte* (→ Kap. 4.1.3.b) und als solche grundsätzlich fiktional, selbst wenn das in ihnen Dargestellte historisch verbürgt sein sollte. Ihr Gegenstand mag wahr oder erfunden (fiktiv) sein, ihr pragmatischer Status ist stets fiktional, das heißt, für sie gelten nicht dieselben Wahrheitsbedingungen wie für lebensweltliche Sprechakte. *Fiktional* ist, wie wir wissen, nicht synonym mit *fiktiv* (→ Kap. 1.4): Ersteres bezieht sich auf den Status der Sprechsituation, der *énonciation*, letzteres auf den des *énoncé*, des Inhalts der Mitteilung. Es handelt sich um ein inszeniertes, simuliertes Sprechen und Handeln, um *Als-ob-Handlungen.* Jemand tut auf der Bühne so, als ob er König Ödipus oder Julius Caesar wäre. Oder jemand gibt als Erzähler eines Romans vor, er könnte sich in die Psyche der handelnden Figuren hineinversetzen, ja sogar deren Gedanken lesen. Das kann er natürlich nur unter der Voraussetzung, daß die Figuren, selbst wenn sie reale Vorbilder in der Wirklichkeit haben, Teil eines fiktiven Universums sind, über welches der Erzähler verfügen kann.

Dramatische und *narrative* Texte sind in gleicher Weise fiktional. Sie simulieren zeichenhaft Wirklichkeit. Gemeinsam ist ihnen ebenfalls, daß dieser Wirklichkeit eine sich in Raum und Zeit entfaltende *Geschichte* zugrundeliegt. Basis dieser Geschichte ist, wie im Kapitel über narrative Texte gezeigt wurde, Handlung, das heißt eine von Handlungsträgern erlebte und/oder herbeigeführte, für die Handlungsträger relevante und für das Publikum bedeutsame und daher mitteilenswerte Situationsveränderung. Die Frau des Königs Artus wird geraubt, wodurch die Ordnung der Artusgesellschaft gestört wird. Der Musterritter Lancelot, der der Königin in höfischer Liebe zugetan ist, zieht aus und erobert sie unter großen Gefahren und unter Einsatz seines Lebens zurück (Chrétien de Troyes, *Le Chevalier de la charrette*). Phèdre, die Gemahlin des Königs Thésée, liebt ihren Stiefsohn Hippolyte; als sie fälschlicherweise glaubt, ihr Mann sei tot, läßt sie sich von ihrer Leidenschaft hinreißen und gesteht Hippolyte ihre Liebe. Dieser Tabubruch (Verstoß gegen das Inzestverbot) führt schließlich nach Thésées Rückkehr zur Katastrophe, das heißt zu Phèdres und Hippolytes Tod (Racine, *Phèdre*).

Der *Unterschied* zwischen dramatischen und narrativen Texten liegt in der *Art und Weise der Simulation.* Diese erfolgt im narrativen Text durch den Erzähler, der zwischen der Welt der Figuren und der Welt der Rezipienten *sprachlich*

150

5.2 Dramatische Texte

vermittelt. Im Drama hingegen wird die simulierte Wirklichkeit durch Schauspieler, Bühnenbild, Requisiten, Beleuchtung usw. *direkt vor Augen geführt*. Im Vergleich zu narrativen Texten sind dramatische Texte somit einerseits *defizient*, fehlt ihnen doch der Erzähler, der die Figuren präsentiert, ihre Geschichte berichtet, kommentiert, durch Reflexionen, Wertungen, Vor- und Rückgriffe usw. den Leser orientiert und textuelle Kohärenz stiftet (vgl. die Ebene 2b im obigen Kommunikationssystem, S. 113; sie fehlt im Drama). Andererseits eignet dramatischen Texten, die ja im Hinblick auf eine Inszenierung geschrieben sind und bei denen deshalb stets die Aufführung mitzudenken ist, gegenüber Erzähltexten ein *Überschuß an sinnlicher Konkretheit*: Die handelnden Figuren werden nicht als Abwesende von einem Erzähler bloß sprachlich vergegenwärtigt, sondern stehen als Schauspieler real auf der Bühne und sind somit akustisch, visuell, olfaktorisch wahrnehmbar. Sie interagieren sprachlich, mimisch, gestisch, ja sogar körperlich (im Duell oder bei Liebesszenen). Auch der Handlungsraum ist als Bühnenbild sinnlich konkret. Hinzu kommt, daß Inszenierungen Licht- und Klangeffekte mit einbeziehen können. Man spricht deshalb von der „Plurimedialität der Textrepräsentation" (Pfister 1977: 24). Dem Fehlen der Ebene 2b steht somit die sinnlich wahrnehmbare Präsenz der Ebene 3 gegenüber.

Aus semiotischer Perspektive läßt sich die *Spezifizität des Theaters* wie folgt beschreiben (Fischer-Lichte 1983): Das Theater gehört wie auch Malerei, Bildhauerei, Dichtung und Musik zu den „kulturellen Systemen, die Bedeutung auf der Grundlage ästhetischer Codes erzeugen" (Fischer-Lichte 1983: 14). Wie Malerei und Bildhauerei verwendet das Theater *ikonische* Zeichen (→ Kap. 2.5), das heißt, zwischen Signifikant und Signifikat besteht eine Ähnlichkeitsbeziehung: Ein Mensch, der auf der Bühne steht, verkörpert zeichenhaft einen anderen Menschen, ein Stuhl ist das Zeichen für einen Stuhl. (Natürlich kann ein Mensch auch Zeichen für einen Löwen sein oder – etwa im elisabethanischen Theater mit gesprochener, nicht real vorhandener Dekoration – für einen Gegenstand, das heißt, es gibt auf dem Theater prinzipiell auch nicht-ikonische, das heißt indizielle und symbolische Zeichen.) Wie Dichtung bedient das Theater sich *sprachlicher* Zeichen. Doch während dichterische Texte ausschließlich aus Sprache bestehen und ihre Fiktionen mit Hilfe der Sprache hervorbringen, ist auf dem Theater die Sprache in der Regel nur als Figurenrede vorhanden, als Teil der Fiktion und nicht als diese hervorbringende, übergeordnete Instanz. Das Theater bedient sich *heterogenen Zeichenmaterials* (Sprache, Bewegung, Gestik, Mimik, Requisiten, Maske, Frisur, Musik, Bühnenbild usw.). Die Zeichen vermögen „grundsätzlich in materieller Hinsicht dieselben Zeichen zu sein wie diejenigen, die sie bedeuten sollen" (Fischer-Lichte 1983: 181). Im Gegensatz zu Dichtung/Literatur, Malerei und Bildhauerkunst ist das theatralische Kunstwerk als Aufführung *transitorisch*: Es existiert wie ein musikalisches Werk nur im jeweiligen Vollzug und präsupponiert daher die *Simultaneität von Produktion und Rezeption*; im Unterschied zur (Instrumental)-Musik aber bedient das Theater sich bedeutungshaltiger Zeichen.

5. Narrative und dramatische Texte

5.2.2 Text und Aufführung (Drama und Theater); die theatralische Kommunikationssituation

Es ist zu unterscheiden zwischen dem schriftlich fixierten *dramatischen Text* und seiner *theatralischen Inszenierung und Aufführung*. Die Inszenierung ist die zwischen dem geschriebenen Text und seiner Aufführung vermittelnde Arbeit aller beteiligten Personen. Sie umfaßt unter anderem die Lektüre und Bearbeitung des Textes, die Verteilung der Rollen auf die Schauspieler, den Entwurf des Bühnenbildes, der Kostüme und Masken sowie die Probenarbeit. In Zeiten des Regietheaters stehen all diese Aktivitäten unter der Leitung eines Regisseurs. Dies ist nicht zwingend so, denn Inszenierungen können auch ohne Regisseur im Team erarbeitet werden. Die Aufführung ist der Versuch, die bei der Inszenierungsarbeit entwickelten Ideen konkret umzusetzen. Die Inszenierung produziert also in gewisser Weise eine den Text interpretierende *langue* (Regelsystem), die jeweiligen Aufführungen sind *parole*-Akte als konkrete Realisierungen der *langue* (→ Kap. 2.3.1 und 4.1.3).

Während der einmal fixierte Text konstant bleibt, ändert sich das Drama von Inszenierung zu Inszenierung, ja von Aufführung zu Aufführung. Der Unterschied zwischen geschriebenem Text und Aufführung ist aber nicht nur der zwischen Schriftlichkeit und Mündlichkeit, er ist ein qualitativer, der sich semiotisch beschreiben läßt. Während der geschriebene Text sich ausschließlich verbaler Zeichen bedient, verbindet die Aufführung verbale mit non-verbalen Zeichen. Eine Aufführung ist niemals die bloße rezitierende Verlebendigung des geschriebenen Textes, sondern aufgrund ihrer *Plurimedialität* viel mehr; umgekehrt kann eine Aufführung nicht alle im Text angelegten Bedeutungen realisieren. *Text und Aufführung können niemals semantisch äquivalent sein, weil sie semiotisch nicht äquivalent sind*; es kommt allenfalls zu einer semantischen Überschneidung in einem Kernbereich von Sprache, Figuren und Handlung (Ubersfeld 1977: 11–19).

Geschriebener Text und Aufführung unterscheiden sich grundlegend durch ihre *Kommunikationssituation*. Beim geschriebenen Text sind Produktion und Rezeption zeitlich getrennt, und es kommuniziert ein einzelner Autor mit einem Publikum, das aus einzelnen Lesern besteht. Die Rezeption ist in der Regel ein individueller Vorgang und sie kann aufgrund der zeitlichen Trennung von der Produktion diese nur mittelbar beeinflussen, etwa indem ein Autor antizipierend oder reagierend auf den Erwartungshorizont des Lesepublikums eingeht (vgl. die Anmerkungen zum *roman-feuilleton* → Kap. 3.3.3). Die Rezeption geschriebener Texte ist übrigens nicht zwangsläufig ein individueller Vorgang. Lange Zeit war das Vorlesen aus Büchern in Gesellschaft eine übliche Form der Rezeption. Produktion und Rezeption aber sind bei geschriebenen Texten immer zeitlich getrennt. Bei der Aufführung dagegen sind die beiden Vorgänge simultan. Es kommt dadurch zu einer direkten *Überlagerung zweier Kommunikationssysteme*: des inneren, fiktiven Systems der Bühnenfiguren und des äußeren, realen Systems

152

5.2 Dramatische Texte

des Publikums, die lediglich getrennt sind durch eine imaginäre *vierte Wand* (Pfister 1977: 19 ff.). Das bedeutet, daß es zu *Rückkoppelungseffekten* (Applaus, Buhrufe, Gespanntheit oder Desinteresse) zwischen Publikum und Bühne kommen kann. Die Produktion wird anders als bei geschriebenen Texten unmittelbar in ihrem Vollzug von der Rezeption beeinflußt. Der (zumindest potentiell) individuellen Produktion und Rezeption geschriebener Texte steht die grundsätzlich *kollektive Produktion und Rezeption* der Aufführung gegenüber (Pfister 1977: 29). Denn auf der Bühne wird jeder Mitwirkende, vom Regisseur über die Schauspieler bis hin zum Bühnenbildner und dem Beleuchtungstechniker, zum Mitautor der Aufführung.

Trotz ihrer semiotischen Differenz sind der geschriebene Text und seine Aufführung – zumindest in unserer Kultur, die immer noch im wesentlichen eine Kultur des geschriebenen Wortes ist – aneinander gebunden. Wer Corneille, Molière oder Racine aufführt, setzt sich zu den geschriebenen Dramentexten, die von diesen Autoren überliefert sind, in Bezug und muß seine Inszenierung an den Texten messen lassen. Umgekehrt ist jeder Dramentext im Hinblick auf eine Aufführung geschrieben; er ist gewissermaßen die Partitur einer möglichen Aufführung. Für die wenigsten der überlieferten Dramentexte gilt dies nicht. Als Ausnahme ließe sich etwa Mussets romantisches Drama *Lorenzaccio* (1834) anführen, welches vom Autor als Lesedrama konzipiert wurde. Doch wurde auch dieses Stück in der Folge aufgeführt (erstmals 1896). In der italienischen Stegreifkomödie, der *commedia dell'arte*, die im 17. Jahrhundert auch das französische Theater beeinflußt hat, ist der Stellenwert des geschriebenen Textes stark reduziert zugunsten der von professionellen Schauspielern virtuos ausagierten *Improvisation*. Die Handlung folgt stereotypen Mustern und ist nur skizzenhaft in Form von Szenarien (*canovacci*) aufgezeichnet.

Ein grundlegend anderes Verhältnis zwischen Text und Aufführung besteht im Bereich des Films. Zwar kommen auch Filme in der Regel nicht ohne Drehbuch zustande, doch da der Film als Endprodukt selbst ein durch technische Speicherung fixierter ‚Text‘ ist, ist das Verhältnis zwischen Drehbuch und Film nicht dem zwischen dramatischem Text und (ihrem Wesen nach einmaliger) Aufführung analog. Außerdem wird die endgültige Gestalt eines Films in ganz entscheidendem Maße erst auf dem Schneidetisch bestimmt. Daraus erklärt es sich, daß bei der feuilletonistischen oder wissenschaftlichen Auseinandersetzung mit Filmen deren Verhältnis zum Drehbuch keine maßgebliche Rolle spielt und daß man den Film als Kunstwerk sui generis ansieht.

Historisch betrachtet waren auch Erzähltexte, etwa die mittelalterliche *chanson de geste*, Gegenstand von Aufführungen. Die epische Tradition entstand aus mündlicher Überlieferung (→ Kap. 3.3.1); Spielleute oder *Jongleurs* lernten die Epen auswendig und trugen sie einem weitgehend leseunkundigen Publikum vor. Der Vortrag wurde musikalisch begleitet. Vergleicht man die *epische Vortragssituation* mit der *theatralischen Aufführung*, so wird der Unterschied zwischen narrativen und dramatischen Texten besonders deutlich: Der *Jongleur* ist, von der musikalischen Begleitung einmal abgesehen, der einzige Aufführende, er berichtet von einer mythischen, aber als historisch geltenden Vergangenheit, die er sprachlich vergegenwärtigt. Er erzählt die Handlung, beschreibt deren räumlich-zeitliche und situative Umstände, kommentiert, faßt zusammen usw. Selbst wenn die handelnden Figuren in direkter Rede zu Wort kommen, ist es doch der *Jongleur*, der ihre Rede zitiert. Allein der Vermittler ist anwesend, das Vermittelte ist abwesend, es wird rein sprachlich vergegenwärtigt. Der Vermittler steht zwischen dem Publikum und der erzählten Welt und kommuniziert direkt mit dem Publikum. Bei einer Theateraufführung hingegen sind mehrere Handelnde auf der Bühne anwesend. Sie agieren im Rahmen einer Handlung, die im Augenblick der Rezeption vor den Augen des Publikums stattfindet. Die Handlung wird nicht sprachlich vergegenwärtigt, sondern unmittelbar und körperlich konkret – natürlich auch mit Hilfe der Sprache in Form von Figurenrede – vorgestellt. Was fehlt, ist der Erzähler, die inszenierte Handlung steht für sich selbst. Die handelnden Figuren kommunizieren miteinander, nicht mit dem Publikum. Es scheint, als befände sich zwischen Bühne und Publikum eine unsichtbare vierte Wand. Peter Szondi spricht in diesem Zusammenhang von der „Absolutheit" des Dramas gegenüber dem Autor und dem Publikum (vgl. Pfister 1977: 22). Selbst wenn sich auf der Bühne eine Erzählinstanz befindet, etwa der Chor in der griechischen Tragödie oder der Erzähler im epischen Theater, so hat diese nicht denselben ‚verdeckenden' Stellenwert wie im Erzähltext, der ja ganz ohne die reale Präsenz der handelnden Figuren auskommt. Der Chor steht nicht vor den anderen Figuren, sondern neben ihnen.

5.2.3 Der Zusammenhang zwischen Textgestalt und Theater als Institution

Die Produktion von dramatischen Texten setzt die Existenz des Theaters als öffentlicher Institution voraus. Viele, aber nicht alle Kulturen kennen eine solche Institution. Jorge Luis Borges führt in seiner Erzählung *La busca de Averroes* (*Die Suche des Averroes*, 1949 in der Sammlung *El Aleph* erschienen) mit der Titelfigur, einem arabischen Philosophen des Mittelalters, einen Menschen vor, der einer Kultur zugehört, in der das Theater als Institution unbekannt ist. In unserem Kulturkreis hingegen gibt es, wie in vielen anderen Kulturkreisen auch, die Institution des Theaters, und zwar seit der Antike (zur weltweiten Verbreitung des Theaters s. Fischer-Lichte 1983: 7). Das Theater ist die institutionalisierte Form einer anthropologisch universellen Erscheinung, des *Spiels* (Pfister 1977: 30). Dies wird in der genannten Erzählung von Borges aus ironischer Perspektive deutlich. Averroes, der Kommentator des Aristoteles, weiß nicht, was das Theater ist. Aus dem Nachdenken über die mögliche Bedeutung der Begriffe *Tragödie*

5.2 Dramatische Texte

und *Komödie* wird er gerissen, als Kinder vor seinem Fenster spielen. Das Spiel der Kinder ist imitativ, sie ahmen typische Handlungsweisen der Erwachsenen nach. Sie *sind nicht* der Muezzin, das Minarett und die Gemeinde der Gläubigen, sondern sie *tun so, als ob* sie es wären. Genau dies ist das Prinzip literarischer Fiktionalität, das im Theater, wie eingangs erläutert wurde, idealtypisch zur Geltung kommt. Für Averroes ist das Spiel der Kinder allerdings so banal und alltäglich, daß er nicht weiter darüber nachdenkt und somit die manifeste Antwort auf seine Frage übersieht. Demnach, so insinuiert Borges, gibt es offenbar auch in der islamischen Kultur des Mittelalters das Spiel als Alltagserscheinung, nicht jedoch als gesellschaftliche Institution. (Zur grundlegenden Affinität von Literatur, Kultur und Spiel vgl. Höfner 1995.)

Die Zusammengehörigkeit von Text und Aufführung bedingt eine vielfach enge Kooperation des Autors mit der Institution. Manch berühmter Dramatiker war professioneller Schauspieler (Shakespeare, Molière), Dramaturg (Lessing), offizieller Autor eines Theaters (Goldoni, Pirandello) oder hat seine Stücke selbst inszeniert (Goethe, Beckett). In einem ganz grundsätzlichen Sinn ist das Theater das *institutionelle* und *mediale Apriori* der dramatischen Textproduktion. So lassen sich etwa Zusammenhänge zwischen den Gegebenheiten der Bühne und der Handlungsstruktur dramatischer Texte nachweisen. Ein zentrales Beispiel hierfür ist die klassizistische Regel der *drei Einheiten*:

> Sie fordert für das Drama die Einheit der Handlung, des Ortes und der Zeit, d. h. eine einzige, linear und kontinuierlich durchgeführte Handlung, die sich an einem Ort (kein Schauplatzwechsel) innerhalb eines Tages (ca. 24 Stunden) ereignet. Diese Theorie basiert zwar auf der aristotelischen Definition der Tragödie als Nachahmung einer einzigen und vollständigen Handlung, die sich über nicht viel mehr als einen „Sonnenumlauf" erstrecken soll, praktisch aber bedeutet sie die Übertragung der besonderen Gegebenheiten der griechischen Orchestrabühne auf die völlig anders geartete Guckkastenbühne. (Geiger/Haarmann 1978: 120 f.)

Die *Orchestrabühne* griechischer Amphitheater, bestehend aus einem runden *Orchestra*-Platz und einer dahinter situierten *Skene* (Bühnenhaus) unter freiem Himmel, ermöglicht allein die Darstellung von Handlung im Freien. In der Skene kann nur verdeckte Handlung stattfinden, etwa die Tötung Klytaimnestras durch Orestes in Sophokles' *Elektra* (5. Jahrhundert v. Chr.). Aus diesen Bedingungen ergibt sich sozusagen automatisch die Einheit des Ortes. Zudem ist durch die permanente Anwesenheit des Chores auf der Bühne die Einheit der Handlung gewährleistet. Die Unmöglichkeit des Schauplatzwechsels erzwingt schließlich eine Konzentration der dargestellten Handlung auf wenige Stunden. Die drei Einheiten, die so explizit und als strenge Regel bei Aristoteles gar nicht formuliert werden (dort heißt es lediglich: „die Tragödie versucht, sich nach Möglichkeit innerhalb eines einzigen Sonnenumlaufs zu halten oder nur wenig darüber hinauszugehen", *Poetik*, Kap. 5, Übers. M. Fuhrmann), erweisen sich somit als

155

5. Narrative und dramatische Texte

Konsequenz der institutionellen Voraussetzungen des griechischen Theaters. Dieses war nicht illusionistisch, was sich allein schon aufgrund der äußeren Dimensionen der Amphitheater verbot: „[...] das in Epidaurus faßte vierzehntausend, das in Ephesus vierundzwanzigtausend Zuschauer. Das Publikum ist in einem Über-Halbrund um die Spielfläche gruppiert, was ein illusionistisches Bühnenbild unmöglich macht" (Pfister 1977: 42).

Ganz im Gegensatz dazu wirken die drei Einheiten auf der in der italienischen Renaissance entstandenen, bis heute üblichen *Guckkastenbühne* illusionsbildend. Die klassizistische Poetik, die sich eng an Aristoteles anlehnte, forderte eine strenge Einhaltung der drei Einheiten. Dabei verkannte man, daß aufgrund der geänderten bühnentechnischen Bedingungen die drei Einheiten nun eine ganz andere Funktion erhielten. Durch die deutliche Trennung zwischen Bühne und Zuschauerraum und bedingt durch die Tatsache, daß das Theater sich in einem Gebäude befindet und somit künstliches Licht verwendet werden muß, entsteht – ähnlich wie heute im Kino – eine illusionierende Wirkung, die durch die strenge Befolgung der drei Einheiten und die daraus resultierende Angleichung von Darstellungszeit und dargestellter Zeit noch befördert wird. Unter den Bedingungen des elisabethanischen Theaters (*Shakespearebühne*) hingegen, das ohne illusionierendes Bühnenbild auskommt und sich statt dessen der gesprochenen Dekoration bedient, entsteht eine Dramenform, die die drei Einheiten nicht kennt. Der Kunstgriff der gesprochenen Dekoration, bei der die Schauspieler ein nicht real vorhandenes Bühnenbild durch verbale Mittel vor Augen stellen, ermöglicht häufige Szenenwechsel und erleichtert die Darstellung einer mehrsträngigen Handlung, die räumlich und zeitlich keinen Beschränkungen unterliegt.

Ein weiterer die Handlungsstruktur bedingender Faktor ist die theaterspezifische *Rezeption*, die sich grundlegend von der Rezeption geschriebener Texte unterscheidet. Während man einzelne Stellen eines Buches nach Belieben wiederholt lesen und somit das Buch nicht-linear rezipieren kann, ist eine Aufführung transitorisch und irreversibel; man kann sie allenfalls in toto mehrfach rezipieren. Das bedeutet, daß es bei hoher Komplexität der Handlung, Unüberschaubarkeit der Figurenkonstellation oder allzu ungewöhnlicher, poetischer Sprachverwendung leicht zu Verständnisproblemen kommen kann. Dem wird in der klassizistischen Dramenpoetik unter anderem Rechnung getragen durch die aus den drei Einheiten resultierende Konzentration der Handlung und die zahlenmäßige Beschränkung der handelnden Figuren. Die Aufführungsdauer eines klassizistischen Dramas ist so bemessen, daß sie die Konzentrationsfähigkeit des Publikums nicht überfordert (zwei bis drei, maximal vier Stunden). Ein Drama von Racine oder Molière läßt sich ohne radikale Kürzungen problemlos in drei Stunden aufführen. Zum Vergleich: Antoine Vitez' stark gekürzte Inszenierung von Paul Claudels 1919 bis 1924 entstandenem Drama *Le soulier de satin* aus dem Jahr 1987 dauerte ca. 10 Stunden (die Länge des Textes beträgt 500 Seiten, gegenüber den 60 bis 100 Seiten eines klassischen Dramas). Die Komplexität eines solchen Mammut-

5.2 Dramatische Texte

stückes erschließt sich natürlich nicht bei einer einmaligen Rezeption der Aufführung.

Dramatische Texte beruhen wie auch narrative Texte auf einer *Geschichte*, bestehend aus Handlung und Geschehen. Der Unterschied liegt in der Art und Weise, wie diese Geschichte vermittelt wird. Dramatische Texte haben (normalerweise) *keinen Erzähler*; die Figuren der Handlung sprechen für sich selbst beziehungsweise werden bei einer Aufführung von Schauspielern verkörpert. Die Aufführung ist *plurimedial*; dadurch unterscheidet sie sich semiotisch vom geschriebenen Text, der bloß ihr verbales Substrat ist. Es *überlagern* sich im Theater das *äußere* und das *innere Kommunikationssystem*, die nur durch eine imaginäre *vierte Wand* voneinander getrennt sind. Darsteller und Zuschauer sind kopräsent. Dadurch kommt es zu *Rückkoppelungseffekten* zwischen Bühne und Zuschauerraum. Die *Aufführung* ist im Unterschied zum Text nicht dauerhaft, sondern *transitorisch*. Zwischen den *Konventionen* dramatischer Texte und der *Institution* Theater bestehen enge Zusammenhänge; so sind etwa die klassizistischen Einheiten der Zeit, des Ortes und der Handlung eine Konsequenz aus den Gegebenheiten der griechischen Orchestrabühne.

5.2.4 Die Ebenen des dramatischen Textes

Der dramatische Text besteht aus zwei auch in Erzähltexten vorkommenden Komponenten: einer dargestellten *Geschichte* und der *diskursiven Präsentation* (dem Text) dieser Geschichte (vgl. zum folgenden ausführlich Pfister 1977: 265 ff.). Geschichte und Präsentation verhalten sich zueinander wie Signifikat und Signifikant. Da bei dramatischen im Vergleich zu narrativen Texten die Erzählinstanz ausfällt, ist der Text in gewisser Weise ‚ärmer'. Die Betrachtung der Vermittlungsebene müßte aber ergänzt werden durch die Analyse der jeweiligen (plurimedialen) theatralischen Präsentation. Das kann im Rahmen dieser Einführung nicht geleistet werden. Wir wollen im folgenden die Ebene der Geschichte untersuchen (→ Kap. 5.2.4.1) und daran einige Anmerkungen zur textuellen Vermittlung anschließen (→ Kap. 5.2.4.2).

5.2.4.1 Die Ebene der Geschichte

a)   Geschichte – Handlung – Konflikt

Die Geschichte als Signifikat eines dramatischen Textes setzt nach Pfister das Vorhandensein dreier Elemente voraus: „[...] eines oder mehrerer menschlicher, bzw. anthropomorphisierter Subjekte, einer temporalen Dimension der Zeit-

5. Narrative und dramatische Texte

erstreckung und einer spatialen Dimension der Raumausdehnung." (1977: 265)
Diese drei Elemente allein sind indes normalerweise nicht hinreichend, um einen
dramatischen Text zu konstituieren. Sonst würde es ja genügen, mehrere Figuren
auf die Bühne zu stellen und diese sich eine Zeitlang hin und herbewegen zu lassen. Damit wären alle drei Bedingungen (menschliche Subjekte sowie räumliche
und zeitliche Ausdehnung) erfüllt, und dennoch hätte man noch kein zufrieden-
stellendes Theaterstück. Es müssen also zusätzliche Bedingungen erfüllt sein. Die
überwiegende Mehrzahl der uns bekannten dramatischen Texte zeichnet sich
durch Handlung aus. *Handlung* ist ein engerer Begriff als *Geschichte*; er beinhaltet den Aspekt der *intentionalen Veränderung* einer gegebenen Situation (→ Kap.
5.1.3). Die Figuren wollen einen ihnen unliebsamen Zustand verändern und in einen angestrebten Zustand verwandeln. So möchte Shakespeares Hamlet seinen
ermordeten Vater rächen und seinen Stiefvater des Mordes überführen. In Molières *École des femmes* fürchtet Arnolphe nichts mehr, als daß er von seiner künftigen Ehefrau betrogen werden könnte. Deshalb möchte er sein Mündel Agnès heiraten, die er im Kloster hat erziehen lassen und die deshalb, wie er glaubt, un-
schuldig, unwissend und unterwürfig ist und niemals auf die Idee käme, ihm
Hörner aufzusetzen. Handelnde Figuren leiten Intrigen ein, sie haben Pläne, deren Umsetzung in der Regel zu Konflikten führt, die die Erreichung des inten-
dierten Zieles oft verhindern. Während die Geschichte die *Gesamtheit* des Dargestellten ist, also auch Unveränderliches (die Struktur des Raumes; Alter, Geschlecht, Aussehen, Familienstand der Figuren) sowie nicht-intentionales Geschehen (zum Beispiel den Sturm in Shakespeares *King Lear*) umfaßt, ist die
Handlung als intentional herbeigeführte Situationsveränderung ein – wenn auch
wesentlicher – *Teilaspekt* der Geschichte.

Abstrakt läßt sich Handlung als *Dreischritt* darstellen: Auf eine *Ausgangssituation* folgt ein *Veränderungsversuch*, der schließlich zu einer *veränderten Situation* führt (Pfister 1977: 269). Aufgrund der Konfliktstruktur vieler Dramen ist
die veränderte Situation meist nicht die ursprünglich angestrebte. Der Dreischritt
kann sich je nach Komplexität der Ausgangssituation und des darin enthaltenen
Konfliktpotentials auch mehrfach hintereinander vollziehen.

Betrachten wir als Beispiel Edmond Rostands *Cyrano de Bergerac* (1897),
wobei wir uns auf die Skizzierung der im Mittelpunkt stehenden Liebeshandlung
beschränken. Cyrano und Christian lieben Roxane, die auch von dem Intriganten
Guiche begehrt wird; Roxane liebt Christian [Ausgangssituation, I. Akt]. Roxane
gesteht ihrem Cousin Cyrano ihre Liebe zu Christian und bittet Cyrano, sich des
Geliebten anzunehmen (II/6). Cyrano und Christian schließen einen Pakt (II/10):
Cyrano ist häßlich, aber geistreich, Christian ist schön, aber dumm. Nur gemeinsam können sie die schöne und geistreiche Roxane gewinnen. „Je serai ton esprit,
tu seras ma beauté." (II/10) [„Ich werde dein Verstand sein, du meine Schönheit."] Fortan leiht Cyrano Christian seine Stimme, das heißt, er schreibt für ihn
Liebesbriefe oder souffliert ihm in der Balkonszene (III/7) die passenden Lie-

5.2 Dramatische Texte

besworte [Veränderungsversuch]. Diese Strategie führt schließlich dazu, daß Roxane und Christian heiraten (III/13) [geänderte Situation = neue Ausgangssituation]. Der düpierte Rivale Guiche rächt sich daraufhin an den Liebenden, indem er Christian und Cyrano an die Front schickt [Veränderungsversuch]. Dies führt dazu, daß Christian verwundet wird und stirbt, und zwar unter solchen Umständen, die es Cyrano aus Gründen der Pietät gegenüber dem verstorbenen Freund unmöglich machen, Roxane die Wahrheit über seine Autorschaft an den Liebesbriefen zu sagen (IV/10) [geänderte Situation = neue Ausgangssituation]. Damit ist für Cyrano die erste Ausgangssituation unter verschärften Bedingungen wiederhergestellt, weil seine Liebe nun definitiv unerfüllbar geworden ist. Erst als er 15 Jahre später bei einem Attentat tödlich verletzt wird, sagt er Roxane sterbend die Wahrheit (V/5) [Veränderungsversuch]. Roxane erkennt, daß sie in Wahrheit Cyrano und Christian beziehungsweise Cyrano in Christian geliebt hat (V/6) und daß sie ihren Geliebten nun zum zweiten Mal verliert: „Je n'aimais qu'un seul être et je le perds deux fois!" [„Ich liebte nur ein einziges Wesen und verliere es zweimal!"] [geänderte Situation]. Die dargestellte Sukzession von Situationsveränderungen, die man je nach Fokussierung auch noch verfeinert beschreiben könnte, ist eine *Handlungssequenz*, deren einzelne Elemente man als *Handlungsphasen* bezeichnen kann (Pfister 1977: 269).

Traditionell ist das abendländische Drama durch Handlung und *Konflikt* geprägt; erst in jüngerer Zeit gibt es auch handlungsarme oder gar handlungslose Dramen. Ein Konflikt ist das Aufeinanderprallen entgegengesetzter Handlungsziele. Asmuth unterscheidet nach der Art des jeweils zentralen Konflikts folgende historisch unterschiedlichen Dramentypen:

1. die antike Schicksalstragödie (z. B. Sophokles' „König Ödipus"), 2. die im christlichen Mittelalter wurzelnde Psychomachie (z. B. Calderóns Autos sacramentales oder Jakob Bidermanns „Cenodoxus"), 3. das höfische Drama des 17. und 18. Jh.s mit dem hierfür kennzeichnenden Wertekonflikt von Ehre und Liebe (z. B. bei Corneille), 4. das mit dem bürgerlichen Trauerspiel (z. B. Lessings „Emilia Galotti") im 18. Jh. aufkommende, bis in unsere Zeit reichende soziale Drama, 5. das bewußtseinsanalytische Drama neueren Datums (z. B. in Form des absurden Theaters). (Asmuth 1980: 146)

Die antike Schicksalstragödie (1) stellt den Konflikt zwischen den überlegenen Göttern und den gegen sie aufbegehrenden Menschen dar. Der mittelalterlichen Psychomachie (2) liegt der Konflikt zwischen christlichen Tugenden und heidnischen Lastern zugrunde (der Begriff *Psychomachie* bedeutet soviel wie ‚Kampf um die Seele'). Im höfischen Drama (3) geht es nicht mehr um den Konflikt zwischen Diesseits und Jenseits, sondern um den innerweltlichen Konflikt zwischen den gesellschaftlichen Normen Liebe und Ehre (berühmte Beispiele sind Corneilles *Cid* und Lessings *Minna von Barnhelm*). Das soziale Drama (4) stellt Grup-

159

5. Narrative und dramatische Texte

penkonflikte dar, die sich aus sozialen Hierarchieverhältnissen ergeben. Asmuth nennt als einschlägiges Beispiel das bürgerliche Trauerspiel (Lessing, Schiller), in dem der Konflikt zwischen Bürgertum und Adel dargestellt wird. Im französischen Bereich wäre etwa an das im Florenz des 16. Jahrhunderts angesiedelte Verschwörungsdrama *Lorenzaccio* von Musset zu denken, das in der Nachfolge von Schillers *Verschwörung des Fiesco zu Genua* steht. Im bewußtseinsanalytischen Drama (5) schließlich werden innerpsychische Konflikte dargestellt. „Hervorstechende Merkmale sind Identitätsverlust bis zur Persönlichkeitsspaltung und Aneinandervorbeireden der Gesprächspartner." (Asmuth 1980: 148) Ein Beispiel ist Luigi Pirandellos Einakter *Sogno (ma forse no)* [*Ich träume (aber vielleicht auch nicht)*] aus dem Jahr 1931, in dem ein innerer Konflikt der Protagonistin in Form eines auf der Bühne dargestellten Alptraums auseinandergelegt wird.

Das Pirandello-Beispiel deutet an, daß im Drama des 20. Jahrhunderts die Dimension der Handlung zunehmend reduziert wird – ein Traum ist als Ausdruck des Unbewußten nicht-intentional und besitzt folglich keinen Handlungscharakter. Exemplarisch für diese „Reduktion der Handlung auf Geschehen" (Pfister 1977: 270) sind die Stücke Becketts (*En attendant Godot, Fin de partie, Oh les beaux jours!*). An die Stelle situationsverändernden Handelns tritt der Zeitvertreib durch Reden und Spiel. Ein Drama muß demnach nicht unbedingt auf Handlung beruhen. Wo die Handlung reduziert wird oder ausfällt, rücken andere Darstellungsmittel in den Vordergrund: das theatralische Spiel, die Komik der Figuren, die poetische Sprache. Der dramatische Text ist nun nicht mehr dominant syntagmatisch, sondern dominant paradigmatisch (→ Kap. 2.3.3) organisiert, das heißt, es gibt keinen Handlungsfortschritt, sondern ein in sich kreisendes Geschehen. So endet etwa der II. Akt von *En attendant Godot* (1953) wörtlich exakt wie der I. Akt: „ESTRAGON. — Alors, on y va? / VLADIMIR. — Allons-y. / *Ils ne bougent pas.* / RIDEAU." [„ESTRAGON. — Also, gehen wir? / VLADIMIR. — Gehen wir. / *Sie bewegen sich nicht von der Stelle.* / VORHANG."] Die beiden Akte stellen nur einen paradigmatischen Ausschnitt aus einem potentiell unendlichen Geschehen dar: dem Warten auf Godot, das sich niemals erfüllen wird, weil Godot nicht kommt. Die Paradoxie dieses Wartens findet nicht zuletzt ihren Niederschlag in dem Widerspruch zwischen Reden und Handeln: Die in Vladimirs Aufforderung enthaltene Intention wird nicht in Handlung umgesetzt.

Um es noch einmal zu sagen: Das bloße Vorhandensein der im Zusammenhang mit der Geschichte genannten drei Elemente (Subjekte, Ausdehnung in Raum und Zeit) reicht nicht aus, um einen aufführungsfähigen dramatischen Text zu konstituieren. Hinzu kommt entweder die Intentionalität und Konflikthaftigkeit einer Handlung oder, wenn die traditionell dominanten Elemente Handlung und Konflikt ausfallen, eine zusätzliche Strukturierung auf paradigmatischer Ebene. Ein einfaches Beispiel: Die bloße ungeordnete und zufällige Bewegung von Figuren auf der Bühne gilt normalerweise nicht als Teil einer theatralischen Aufführung. Wenn diese Bewegung jedoch durch Wiederholungsmuster und

160

5.2 Dramatische Texte

Rhythmisierung tanzähnlich strukturiert oder gar choreographiert ist und musikalisch begleitet wird, so steigt die Wahrscheinlichkeit, daß das Ganze als Inszenierung wahrgenommen wird (Tanztheater, Ballett).

Exkurs: Unterschiede der Handlungsstruktur in Tragödie und Komödie

Die beiden historisch wichtigsten dramatischen Gattungen sind die Tragödie und die Komödie. Der wesentliche Unterschied zwischen den beiden liegt auf der Ebene der Handlungsstruktur (vgl. Warning 1976 und 1996). Die Tragödie ist das hauptsächliche Demonstrationsobjekt der Aristotelischen *Poetik*. Was Aristoteles beschrieben hat, galt vom 16. bis zum 18. Jahrhundert, im Zeitalter des europäischen Klassizismus, als vorbildhaft und normativ. Wenn man Auskunft über die Tragödie erhalten möchte, ist daher der Rückgriff auf Aristoteles unumgänglich. Er definiert die Tragödie auf der Basis der Handlung (*mythos*). Unter Handlung versteht er die *Zusammenfügung* der Geschehnisse (*ton pragmaton systasis*). Diese darf nicht willkürlich und beliebig sein. Die dargestellte Handlung muß vielmehr in sich geschlossen und vollständig sein, das heißt, sie muß Anfang, Mitte und Ende haben:

> Ein Anfang ist, was selbst nicht mit Notwendigkeit auf etwas anderes folgt, nach dem jedoch natürlicherweise etwas anderes eintritt oder entsteht. Ein Ende ist umgekehrt, was selbst natürlicherweise auf etwas anderes folgt, und zwar notwendigerweise oder in der Regel, während nach ihm nichts anderes mehr eintritt. Eine Mitte ist, was sowohl selbst auf etwas anderes folgt als auch etwas anderes nach sich zieht. (*Poetik*, Kap. 7)
>
> (Übers. Manfred Fuhrmann)

Dieser Definition entspricht übrigens genau die oben erwähnte strukturalistische Bestimmung von Handlung: Ausgangssituation – Veränderungsversuch – geänderte Situation (Pfister 1977: 269).

Da es in der Dichtung im Gegensatz zur Geschichtsschreibung nicht darum geht, das Wirkliche, sondern das Mögliche darzustellen, ist es, so Aristoteles, erforderlich, daß die Zusammenfügung der Geschehnisse nach den Gesetzen der *Wahrscheinlichkeit* und der *Notwendigkeit* erfolge (*Poetik*, Kap. 9). Die Handlung sollte nicht episodisch sein, denn die Elemente einer episodischen Handlung folgen nicht nach Wahrscheinlichkeit und Notwendigkeit aufeinander. Die tragische Handlung aber muß so beschaffen sein, daß sie Schaudern (*phobos*) und Jammer (*eleos*) im Zuschauer hervorruft und in diesem eine Reinigung (*katharsis*) von diesen Affekten bewirkt. „Diese Wirkungen kommen vor allem dann zustande, wenn die Ereignisse wider Erwarten eintreten und gleichwohl folgerichtig auseinander hervorgehen." (Kap. 9, Übers. M. Fuhrmann) Wesentlicher Bestandteil der tragischen Handlung ist daher die Wende (*metabasis*). Aristoteles unter-

5. Narrative und dramatische Texte

scheidet einfache und komplizierte Handlungen, wobei er letzteren den Vorzug gibt. Bei den einfachen Handlungen erfolgt die Wende ohne *Peripetie* und *Wiedererkennung (anagnorisis)*, bei den komplizierten mit diesen beiden Elementen. Die Peripetie ist „der Umschlag dessen, was erreicht werden soll, in das Gegenteil". Die Wiedererkennung ist „ein Umschlag von Unkenntnis in Kenntnis" (Kap. 11, Übers. M. Fuhrmann). Damit die tragischen Wirkziele erreicht werden, darf weder ein Makelloser schuldlos den Umschlag vom Glück ins Unglück erleben, noch darf ein Bösewicht seiner gerechten Strafe zugeführt werden. Vielmehr muß ein Held im Mittelpunkt stehen, „der nicht trotz seiner sittlichen Größe und seines hervorragenden Gerechtigkeitsstrebens, aber auch nicht wegen seiner Schlechtigkeit und Gemeinheit einen Umschlag ins Unglück erlebt, sondern wegen eines Fehlers" (Kap. 13, Übers. M. Fuhrmann). Diesen Fehler nennt Aristoteles *hamartia*.

Zusammenfassend kann man sagen, daß der tragische *mythos* nach Aristoteles eine in sich geschlossene Handlung ist, deren einzelne Elemente nach den Gesetzen der Wahrscheinlichkeit und Notwendigkeit so zusammengefügt sind, daß sich ein Spannungsbogen vom tragischen Fehlgriff des Helden über Peripetie und Wiedererkennung zur Katastrophe ergibt. Das Tragische ist also kein isolierbares Moment, etwa nur die Katastrophe, sondern Korrelat einer komplexen Handlungsfügung.

Ganz anders verhält es sich nun aber in der Komödie, zu der sich bei Aristoteles leider nur ganz knappe Hinweise finden. Wir folgen hier der Analyse von Warning (1976 und 1996). Im Unterschied zur Tragödie liegt in der Komödie kein tragischer Fehlgriff (*hamartia*), sondern eine bloß lächerliche Fehlhandlung (*hamartema*) vor, die nicht zu einer Katastrophe führt. Die Harmlosigkeit der lächerlichen Fehlhandlung ist der Grund dafür, daß diese sich beliebig oft wiederholen kann, eben weil sie konsequenzlos bleibt. Ein grundlegendes Prinzip der Komödie und geradezu die Quelle des Komischen ist daher ihre *Episodenhaftigkeit* (wodurch sie sich von der Tragödie unterscheidet). Das Komische in der Komödie beruht auf dem Prinzip der Wiederholung und Reihung. Diese paradigmatische Organisation operiert aber auf der Basis einer syntagmatischen Handlung, die wie die Tragödienhandlung einem strengen Aufbaugesetz gehorchen kann, aber nicht muß. Anders als die Tragödie definiert sich die Komödie nicht über die Zusammenfügung der Handlungselemente zu einer syntagmatischen Kette, sondern über die *Doppelung der Handlungsstruktur*, die in eine syntagmatische Handlung und eine paradigmatische Serie komischer Fehlhandlungen zerfällt.

Die syntagmatische Handlung der Komödie hat Eduard von Hartmann als „anderweitige Handlung" bezeichnet. Komische Wirkungen sind schwerer durch die Struktur der Handlung zu erzielen als durch die Aneinanderreihung komischer Episoden. Die anderweitige Handlung muß so gewählt sein, daß sie zur Komik der Episoden paßt:

5.2 Dramatische Texte

Die Schwierigkeit, eine lang ausgesponnene und doch in sich konsequente komische Handlung zu gestalten, schreckt von diesem Unternehmen ab, das ohnehin wenig lohnend scheint, weil das Nachklingen der ästhetischen Lust nicht proportional mit der Größe dieses Aufbaus wächst; die Leichtigkeit des Gestaltens von kurz zusammengedrängten komischen Handlungen dagegen ladet gleichsam dazu ein, die rasch vorüberrauschende komische Wirkung durch öftere Wiederholung zu steigern und die ganze Reihe dieser komischen Wirkungen auf den Grund einer anderweitigen Handlung aufzuheften oder in dieselbe einzuflechten. Bedingung [...] ist dabei nur, daß die Handlung, in welche die Reihe von komischen Wirkungen verwebt wird, eine solche ist, deren ästhetische Wirkung nicht durch das Einflechten des Komischen beeinträchtigt, sondern womöglich gehoben wird, und ebenso, daß sie die komischen Wirkungen nicht beeinträchtigt, sondern unterstützt. (E. von Hartmann, zit. nach Warning 1996: 911)

Die syntagmatische, anderweitige Handlung dient der Serie komischer Fehlhandlungen sozusagen als Grundlage und Sprungbrett. Betrachten wir als Beispiel Molières *Tartuffe* (1664/69). Die anderweitige Handlung dieser Komödie dreht sich um Marianes Eheschließung. Mariane, die Tochter Orgons, möchte Valère heiraten (I/3); Orgon hingegen möchte Mariane dem scheinheiligen Tartuffe zur Frau geben (II/1). Dieser Konflikt wird am Ende zugunsten Marianes gelöst: Nachdem Tartuffe als Verbrecher verhaftet worden ist, willigt Orgon in die Hochzeit von Mariane und Valère ein (V/7). Eine wesentliche Rolle spielt innerhalb dieser Handlung das Paar Orgon/Tartuffe. Sie beide sind die komischen Helden des Stücks. Tartuffe hat durch seine gespielte Frömmigkeit in Orgon einen bedingungslosen Anhänger gefunden. Wenn es, wie Molière in der *Préface* des Stückes sagt, das Ziel der Komödie ist, „die Laster der Menschen zu korrigieren" [„de corriger les vices des hommes" – *Tartuffe*, 885], indem sie sie der Lächerlichkeit preisgibt, so werden im *Tartuffe* zwei Laster Zielscheibe des Spottes: Tartuffes Scheinheiligkeit und Orgons blinde Gläubigkeit, die ihn in Opposition zu seiner Familie stellt und ihn schließlich aus lauter Unvernunft die Familie sogar in Gefahr bringen läßt.

Die eigentliche Komik wird nun innerhalb der anderweitigen Handlung paradigmatisch und seriell entfaltet, etwa wenn Orgon in I/4 nach zweitägiger Abwesenheit in sein Haus zurückkehrt und sich nach dem Befinden der Familienmitglieder erkundigt. Man teilt ihm mit, daß seine Frau Elmire krank gewesen sei, er aber fällt sogleich der Dienerin ins Wort, um nach Tartuffe zu fragen. Dieser ließ es sich während Orgons Abwesenheit ostentativ gutgehen. Orgons bange Frage „Et Tartuffe?" und seine Bemerkung „Le pauvre homme!" werden viermal wiederholt. Dieses Verhalten steht in keinem angemessenen Verhältnis zur Situation, denn die kranke Elmire wird von Orgon keiner Nachfrage gewürdigt. Aus der übertriebenen und völlig unangebrachten Sorge um den gesunden Tartuffe bei gleichzeitigem Desinteresse an der Krankheit seiner eigenen Frau, das heißt aus der Diskrepanz zwischen dem zu erwartenden und dem tatsächlichen Verhalten, entsteht eine durch die Serialisierung noch verstärkte komische Wirkung. Es ist eine komische Fehlhandlung, die das Laster, den zu korrigierenden Fehler Orgons, durch paradigmatische Wiederholung deutlich exponiert: Er setzt falsche Prioritäten, ihm ist der fremde Tartuffe wichtiger als seine Ehefrau. Aus dieser Verhaltensdisposition resultiert dann auch der die Familie beinahe ins Unglück stürzende Konflikt zwischen Orgon und seinem Sohn, der erst durch das Eingreifen der staatlichen Macht am Ende glücklich gelöst wird.

Die Komik hat eine ambivalente Funktion. Einerseits wird das Laster durch sie bloßgestellt. Andererseits aber bereiten die Fehlhandlungen des komischen Helden, sein Starrsinn und seine Unbelehrbarkeit dem Publikum auch großes Vergnügen. Man freut sich an den komischen Kabinettstückchen des Helden, an der Maßlosigkeit und Widervernunft seines Lasters. Das Paradigmatische dieser Komik steht also quer zum Handlungsfortschritt, und in bestimmten Komödientypen dominiert es gar völlig die Syntagmatik der Handlung (etwa in der Farce oder der *commedia dell'arte*).

b) Figuren und Aktanten

Untrennbar mit der Handlung verknüpft sind die *Figuren* als *Handlungsträger*. Die Tatsache, daß bei einer Aufführung reale Personen die Rollen der Handlungsträger verkörpern, verleitet bei naiver Betrachtungsweise zu der Annahme, die Handlungsträger hätten einen Charakter, eine Psyche, so als wären sie tatsächlich reale Personen. Diese Betrachtungsweise verkennt jedoch, daß die Figuren eines dramatischen Textes außerhalb des Textes und der Aufführung kein Eigenleben besitzen. Sie existieren nur innerhalb der Fiktion, und die Schauspieler simulieren die Existenz dieser fiktiven Figuren. Selbst wenn historische Personen als Handelnde in einem Theaterstück auftreten (etwa Karl V. in Hugos *Hernani* oder Cyrano de Bergerac in Rostands gleichnamigem Stück), interessieren sie im Zusammenhang des Textes doch nicht als reale Personen, sondern allein im Hinblick auf ihren Stellenwert als Strukturelement des Textes. Dieser Stellenwert ist durch ihre Beziehungen zu den anderen Figuren des Textes und somit durch ihre Funktion innerhalb der Handlung definiert. Um diese Funktion zu erfassen, empfiehlt sich der Rückgriff auf das strukturalistische *Aktantenmodell* (→ Kap. 5.1.3.1). Dieses beruht, wie wir gesehen haben, auf der Annahme, daß sich die Geschichtsebene narrativer und dramatischer Texte bei aller Mannigfaltigkeit der jeweiligen Oberflächenstruktur auf eine relativ invariante Tiefenstruktur zurückführen lasse. Demnach gilt es, die Handlungsstruktur in die Form eines Basissatzes zu bringen, dessen syntaktische Funktionen den Handlungsrollen (Aktanten) entsprechen. Dabei unterscheidet Greimas (1966: 172 ff.) folgende sechs Aktanten: Subjekt, Objekt, Sender, Empfänger, Adjuvant und Opponent. Der Basissatz würde dann in etwa lauten: Ein Subjekt begehrt/sucht/erstrebt ein Objekt im Auftrag eines Senders; dabei kämpft es gegen einen Opponenten und kann die Hilfe

5.2 Dramatische Texte

eines Adjuvanten in Anspruch nehmen; Ziel ist die Übergabe des Objekts an den Empfänger. Damit ist noch nichts darüber ausgesagt, ob das Ziel erreicht oder verfehlt wird, denn beides ist grundsätzlich möglich.

Am Beispiel von *Cyrano de Bergerac* läßt sich dies wie folgt illustrieren: Cyrano (*Subjekt*) liebt Roxane (*Objekt*) und möchte sie für sich gewinnen. Seine Liebe ist indes kein bloß individuelles Gefühl, sondern hängt mit gesellschaftlichen Normen zusammen. Den Anspruch auf Liebe muß man sich durch positive Eigenschaften erwerben. Roxane darf daher von ihrem Geliebten erwarten, daß er nicht nur schön, sondern auch tapfer und geistreich sei. Cyrano ist sowohl tapfer als auch geistreich: Diese Eigenschaften werden bei seinem spektakulären Auftritt im Hôtel de Bourgogne paradigmatisch vorgestellt und kommen in der Fechtszene, in der er zugleich mit dem Degen und mit dem poetischen Wort seinen Gegner besiegt (I/4), virtuos zur Deckungsgleichheit. Wenn Cyrano also die schöne und geistreiche Roxane begehrt, so genügt er mit diesem Begehren einem gesellschaftlichen Normanspruch, und seine Eigenschaften rechtfertigen sein Begehren. Die Gesellschaft erweist sich als *Sender* seines Liebesbegehrens. Cyrano selbst ist der potentielle *Empfänger*, vorausgesetzt es gelänge ihm, das begehrte Objekt zu erwerben. Aber auch die normgebende Gesellschaft, vertreten durch die Institution des Preziösentums oder die Académie Française, ist potentieller Empfänger. Nun läßt sich allerdings Cyranos Begehren nicht verwirklichen. Er selbst steht sich im Wege, genauer seine Häßlichkeit, für die als *pars pro toto* (→ Kap. 6.4) seine überdimensionale Nase steht. Die Nase ist somit *Opponent* des Begehrens. Cyranos Freund Le Bret hingegen ist *Adjuvant*: Er fordert Cyrano auf, Roxane seine Liebe zu gestehen.

Wie bei den narrativen Texten zeigt sich auch hier, daß Aktantenpositionen nicht zwangsläufig mit Figuren besetzt sein müssen. Ein Kollektiv, eine abstrakte Norminstanz, eine Eigenschaft, ein Objekt – all diese Instanzen können Aktanten sein. Aktantenstellen können auch mehrfach besetzt sein, ebenso wie ein und dieselbe Figur an verschiedenen Aktantenpositionen auftauchen kann: Cyrano ist zugleich Subjekt und (potentieller) Empfänger. Die Mehrfachbesetzung zeigt sich in *Cyrano de Bergerac* besonders deutlich. Neben Le Bret fungieren auch Ragueneau und Lignière als Adjuvanten. In Montfleury, Guiche/Richelieu, Valvert, dem Mousquetaire und dem Fâcheux stehen Cyrano an verschiedenen syntagmatischen Stellen der Handlung eine ganze Reihe von Opponentenfiguren gegenüber. Handlungsstrukturell am bedeutsamsten ist Guiche, hinter dem der Einfluß Richelieus steht. Indem Guiche die ihm gegebene politische Macht ausspielt, gelingt es ihm, das Glück der Liebenden zu zerstören. Damit zeigt sich auch, daß die Privatsphäre und die politische Sphäre zueinander in Opposition stehen.

Besonders interessant aber ist die doppelte Besetzung des Subjekts. Nicht allein Cyrano ist Subjekt, sondern auch der schöne, aber geistlose Christian. Keiner von beiden allein könnte Roxane erobern, nur zusammen gelingt es ihnen, ihre

Liebe zu gewinnen, indem der häßliche Cyrano dem schönen Christian seine Feder und somit seinen Verstand leiht. Doch beruht dieser Gewinn auf einer Täuschung, er ist von kurzer Dauer und teuer erkauft. Getäuscht wird zum einen der Rivale Guiche, was dessen Rache zur Folge hat, und zum anderen das Objekt des Begehrens, Roxane, die über die wahre Identität ihres Geliebten im unklaren gelassen wird. Die Täuschung hat somit eine ambivalente Funktion. Einerseits ist sie die Voraussetzung für die Erlangung des Objekts, andererseits führt sie zum endgültigen Verlust desselben: Christian stirbt an der Front an den Folgen von Guiches Rache, was wiederum zur Folge hat, daß auch Cyrano sein Liebesobjekt endgültig verliert. Es zeigt sich, daß weder Cyrano noch Christian selbstbestimmt handeln und ihr Objekt erlangen können. Somit hat keiner von ihnen allein den Status eines Subjekts. Sie sind keine je alternative Besetzung der Subjektstelle, sondern ein zusammengesetztes Subjekt.

Ubersfeld (1977: 60), die das Aktantenmodell für die Analyse dramatischer Texte fruchtbar macht, weist darauf hin, daß das Begehren des Subjekts nach einem Objekt, welches das zentrale handlungsgenerierende Element ist, niemals unabhängig von dem Auftrag eines Senders (der Gesellschaft oder einer ihrer Norminstanzen) sein könne. Daraus folgert sie, daß es im Drama keine Autonomie des Subjekts geben kann. Dieses ist immer in das Wertesystem einer Gesellschaft eingebunden. Menschliches Handeln ist immer auch soziales Handeln. Diese Analyse ist für die überwiegende Mehrheit aller Dramen bis zum 20. Jahrhundert sicherlich zutreffend.

Das Aktantenmodell macht deutlich, daß Figuren im Drama nicht um ihrer selbst willen auftreten, sondern als Handlungsträger. Figuren und Handlung sind wechselseitig aufeinander bezogen: Ohne Figuren gibt es keine Handlung, ohne Handlung keine Figuren (Pfister 1977: 220). Auch aus diesem Grunde wäre es verfehlt, in Bühnenfiguren reale Personen sehen zu wollen, die einen menschlichen Charakter hätten. Beschreiben läßt sich die dramatische Figur einerseits, wie wir mit Hilfe des Aktantenmodells gezeigt haben, in ihrer Funktion als Handlungsträger, andererseits als komplexes *Bündel von Merkmalen*. Man kann zunächst die konstanten Merkmale der Figuren bestimmen: Position innerhalb der Familie, sozialer Stand, Alter, Aussehen, Verhaltensweisen, Überzeugungen usw. Sodann ist danach zu fragen, welchen Ort die Figuren im Gesamtgefüge des Textes einnehmen. Die Analyse muß hierbei die speziellen Techniken der *Figurencharakterisierung* berücksichtigen. Pfister (1977: 250–264) unterscheidet die *auktoriale* und die *figurale* Charakterisierung. Beide können explizit und implizit sein. *Explizit auktoriale* Charakterisierungen sind etwa sprechende Namen oder die Beschreibung der Figur im Nebentext. *Implizit auktorial* sind implizit charakterisierende Namen und die Korrespondenz- und Kontrastrelationen zu den anderen Figuren. Vielfältiger sind die figuralen Charakterisierungstechniken. *Explizit figural* werden Figuren durch Eigen- und Fremdkommentar charakterisiert. Ein Bei-

5.2 Dramatische Texte

spiel für den expliziten *Eigenkommentar* einer Figur ist der Monolog, mit dem Harpagon, Molières Geiziger, auf den Verlust seines im Garten vergrabenen Geldes reagiert:

> [...] Hélas! mon pauvre argent, mon pauvre argent, mon cher ami! on m'a privé de toi; et puisque tu m'es enlevé, j'ai perdu mon support, ma consolation, ma joie; tout est fini pour moi, et je n'ai plus que faire au monde: sans toi, il m'est impossible de vivre. C'en est fait, je n'en puis plus; je me meurs, je suis mort, je suis enterré. (*L'Avare*, IV/7)

> [...] Ach! mein armes Geld, mein armes Geld, mein lieber Freund! man hat mich von dir getrennt; und da du mir weggenommen wurdest, habe ich meine Stütze, meinen Trost, meine Freude verloren; alles ist für mich vorbei, und mir bleibt auf dieser Welt nichts mehr zu tun: ohne dich kann ich unmöglich leben. Es ist vorbei, ich kann nicht mehr; ich sterbe, ich bin tot, ich bin begraben.

Hier formuliert Harpagon in nicht zu überbietender Deutlichkeit seine geradezu symbiotische Beziehung zum Geld. Er kann ohne sein Geld nicht leben. Daraus erklärt sich sein Geiz, der im Verlauf des Stückes sich in vielfacher Weise manifestiert. Zahlreiche *Fremdkommentare* zeichnen in stets neuen Varianten das Bild des Geizigen. Gebündelt werden diese Fremdkommentare durch Harpagons Diener Maître Jacques, der seinem Herrn auf dessen Wunsch mitteilt, wie die Leute über ihn reden:

> Monsieur, puisque vous le voulez, je vous dirai franchement qu'on se moque partout de vous; qu'on nous jette de tous côtés cent brocards à votre sujet; et que l'on n'est point plus ravi que de vous tenir au cul et aux chausses, et de faire sans cesse des contes de votre lésine. [...] Enfin voulez-vous que je vous dise? On ne saurait aller nulle part où l'on ne vous entende accommoder de toutes pièces; vous êtes la fable et la risée de tout le monde; et jamais on ne parle de vous, que sous les noms d'avare, de ladre, de vilain et de fesse-mathieu. (*L'Avare*, III/1)

> Mein Herr, da Ihr es wollt, werde ich Euch offen sagen, daß man sich überall über Euch lustig macht; daß man von allen Seiten hundert gegen Euch gerichtete Sticheleien nach uns wirft; und daß man kein größeres Vergnügen kennt, als Euch bei den Rockschößen festzuhalten und sich pausenlos Geschichten über Euren Geiz zu erzählen. [...] Nun, soll ich es Euch sagen? Wo immer man auch hingeht, hört man die Leute gegen Euch vom Leder ziehen; Ihr seid Tagesgespräch und Gespött bei allen Leuten; und alle nennen Euch einen Geizkragen, einen Dieb, einen Spitzbuben und einen Wucherer.

Die *figurale* Charakterisierung ist darüber hinaus auch *implizit*, und zwar einerseits sprachlich (sprachliches Verhalten, Idiolekt, Soziolekt, Dialekt, Stilhöhe, Stimmqualität des Schauspielers), andererseits außersprachlich (Physiognomie und Mimik, Statur und Gestik, Maske, Kostüm, Requisiten, non-verbales Verhalten, Schauplatz). Die implizite figurale Charakterisierung fällt in den Bereich der

5. Narrative und dramatische Texte

Aufführung, insofern sie von Eigenschaften des Schauspielers (Stimmqualität, Physiognomie, Statur), insbesondere aber, insofern sie von der Inszenierung abhängig ist (Mimik, Gestik, Maske, Kostüm, Requisiten usw.).

Die Analyse der Figuren muß rückbezogen werden auf die Handlung und den sie fundierenden *Konflikt* beziehungsweise die damit verbundenen basalen *Werteoppositionen*. Dies wollen wir am Beispiel von Molières *Tartuffe* darstellen. Orgon ist in zweiter Ehe mit Elmire verheiratet und hat von seiner verstorbenen ersten Frau zwei erwachsene Kinder: Mariane und Damis. In seinem Haushalt lebt seit einiger Zeit der bigotte Tartuffe, an dessen geheuchelter Frömmigkeit Orgon einen Narren gefressen hat. Tartuffes Anwesenheit spaltet die Familie in zwei ungleiche Gruppen: Orgon und seine Mutter Mme Pernelle sind bedingungslose Bewunderer des Scheinheiligen, während alle anderen – neben Orgons Frau und Kindern sind dies sein Schwager Cléante und die Dienerin Dorine – Tartuffes böse Absichten durchschauen und Orgon die Augen zu öffnen versuchen.

Die Merkmale und Eigenschaften der Figuren werden explizit in Verbindung gebracht mit übergeordneten Wertbegriffen. Im I. Akt verläßt Mme Pernelle das Haus, weil sie erbost darüber ist, daß man Tartuffe nicht genügend Respekt erweise. Ihr Sohn Orgon ist vorübergehend abwesend. Im Streit zwischen Mme Pernelle und den anderen Familienmitgliedern wird Tartuffe widersprüchlich *charakterisiert (explizit figurale Charakterisierung durch Fremdkommentar):* Mme Pernelle hält ihn für wahrhaft fromm, die anderen halten ihn für einen Scheinheiligen, der es auf Orgons Ehefrau abgesehen habe (I/1). In der folgenden Szene erklärt die Dienerin Dorine dem Schwager Cléante, der sich über Mme Pernelles Unvernunft wundert, daß Orgon noch viel unvernünftiger sei als seine Mutter:

> Nos troubles l'avaient mis sur le pied d'homme sage,
> Et pour servir son prince il montra du courage;
> Mais il est devenu comme un homme hébété,
> Depuis que de Tartuffe on le voit entêté;
> Il l'appelle son frère, et l'aime dans son âme
> Cent fois plus qu'il ne fait mère, fils, fille, et femme.
> C'est de tous ses secrets l'unique confident,
> Et de ses actions le directeur prudent;
> Il le choie, il l'embrasse, et pour une maîtresse
> On ne saurait, je pense, avoir plus de tendresse;
> [...]
> (*Tartuffe*, I/2)

Während der Unruhen war er wohl als besonnener Mann erschienen, / und um seinem Fürsten zu dienen, hatte er Mut gezeigt; / aber er ist geradezu stumpfsinnig geworden, / seit man ihn in Tartuffe vernarrt sieht; / er nennt ihn seinen Bruder und liebt ihn aus tiefster Seele, / hundertmal mehr als er Mutter, Sohn, Tochter und Frau

5.2 Dramatische Texte

liebt. / Ihm allein vertraut er alle seine Geheimnisse an, / und unmerklich wird jeder seiner Schritte von ihm gelenkt. / Er umhegt ihn, er verhätschelt ihn, und für eine Geliebte / könnte man, glaube ich, nicht mehr Zärtlichkeit aufbringen; [...]

(Übers. Hartmut Köhler)

Unter dem Einfluß von Tartuffe hat Orgon sich vom umsichtigen, um das Wohl seiner Familie und seines Fürsten besorgten Vater und Untertanen zu einem „homme hébété", einem Stumpfsinnigen gewandelt, der sich von Tartuffe wie von einer Mätresse dirigieren läßt und darüber seine Familie gefährdet. Vernunft hat sich in Unvernunft verkehrt. Die Opposition „homme sage" vs „homme hébété" oder abstrakter: Vernunft vs Unvernunft kehrt im folgenden immer wieder. So fragt Dorine ihren Herrn angesichts von dessen Absicht, Tartuffe mit seiner Tochter Mariane zu vermählen: „Quoi? se peut-il, Monsieur, qu'avec *l'air d'homme sage* / Et cette large barbe au milieu du visage, / Vous soyez assez *fou* pour vouloir? ..." (II/2; Kursivierung T. K.) [„Was denn? Kann es sein, gnädiger Herr, daß Ihr mit Eurem gesetzten Aussehen / und diesem breiten Schnurrbart mitten im Gesicht / verrückt genug wärt, um ...?" (Übers. H. Köhler)]. Orgon scheint äußerlich vernünftig zu sein, sein Verhalten aber ist das eines Unvernünftigen. Neben der Opposition Vernunft vs Unvernunft liegt Dorines Aussage der Gegensatz zwischen Sein und Schein, zwischen Wahrheit und Lüge zugrunde. Diese Opposition kehrt ebenfalls mehrfach wieder, denn sie betrifft vor allem den Titelhelden Tartuffe. Dieser ist in Wahrheit ein entflohener Verbrecher, der die Rolle des Frommen nur zum Schein spielt und Orgons Gutgläubigkeit skrupellos ausnützt. Alle außer Orgon erkennen das und versuchen es ihm zu erklären. So sagt Cléante zu seinem Schwager: „Hé quoi? vous ne ferez nulle distinction / Entre l'hypocrisie et la dévotion?" (I/5) [„Ja wie? Wollt Ihr keinen Unterschied machen / zwischen geheuchelter und echt empfundener Frömmigkeit?" (Übers. H. Köhler)] und wirft ihm vor, er verwechsle Maske und Gesicht, Täuschung und Aufrichtigkeit, Schein und Wahrheit usw. Im III. Akt wird Tartuffe von Damis dabei belauscht, wie er Elmire eine Liebeserklärung macht, worauf Damis den Heuchler bei Orgon anklagt. Um sich zu retten, sagt Tartuffe die Wahrheit, wohl wissend, daß der zu seinen Gunsten voreingenommene Orgon sie ihm nicht abnehmen wird (explizit figurale Charakterisierung durch Eigenkommentar): „Non, non: vous vous laissez *tromper à l'apparence*, / Et je ne suis rien moins, hélas! que ce qu'on pense; / Tout le monde me prend pour un homme de bien; / Mais la *vérité pure* est que je ne vaux rien." (III/6; Kursivierung T. K.) [„Nein, nein, Ihr laßt Euch durch den Schein trügen: / Ich bin leider nichts weniger als was man denkt. / Alle Welt hält mich für einen Ehrenmann, / doch die reine Wahrheit ist, daß ich nichts tauge." (Übers. H. Köhler)]

Der *Wertekonflikt* des Textes läßt sich also durch folgende Oppositionsreihe ausdrücken: Wahrheit vs Lüge, Vernunft vs Unvernunft, Sein vs Schein, wahre Frömmigkeit vs Scheinheiligkeit. Tartuffe verkörpert jeweils den negativen Wert. Im semantischen Raum der Unvernunft befinden sich neben Tartuffe auch Orgon

5. Narrative und dramatische Texte

und Mme Pernelle. Ziel der anderen Figuren ist es, Orgon wieder in den Raum der Vernunft zurückzuholen, in dem sie selbst sich befinden. Die Figuren stehen sich somit am Beginn des Stückes in zwei Gruppen gegenüber. Der durch diese paradigmatische Opposition, die nicht nur eine Figurenopposition, sondern auch eine Werteopposition ist, sich manifestierende Konflikt wird syntagmatisch gelöst, indem Orgon und Mme Pernelle wieder in den Bereich der Vernunft zurückdirigiert werden, so daß Tartuffe am Ende als Bösewicht isoliert ist und somit den Bereich der Vernunft, der familialen und gesetzlichen Ordnung, nicht mehr gefährden kann.

Je nach historischem Dramentyp unterscheidet man verschiedene *Konzeptionen von Figuren*. Die Figuren des mittelalterlichen Dramas verkörpern meist abstrakte Begriffe (Laster und Tugenden, Fortuna, Tod und Teufel, die Seele usw.), es handelt sich um *Personifikationen* (Allegorien). Die die Figuren charakterisierenden Merkmale sind von geringer Anzahl und Komplexität. Auch geht die Personifikation völlig in der Funktion auf, den jeweiligen Begriff in seinen Ursachen und Auswirkungen zu veranschaulichen; „sowohl das Aussehen einer solchen Figur als auch ihre Repliken und ihr Verhalten sind von dieser Funktion her total bestimmt" (Pfister 1977: 244). Eine Personifikation ist eine eindimensionale Figur, das heißt, sie zeichnet sich durch wenige und in sich stimmige Merkmale aus. Eine Entwicklung ist bei einer solchen Figur nicht möglich.

Auf einer höheren Komplexitätsstufe steht der *Typ*. Er zeichnet sich durch eine Kombination von unterschiedlichen Merkmalen aus, etwa durch soziale Zugehörigkeit (Adliger, Bürger, Soldat, Diener usw.) und durch Charaktereigenschaften (Eifersucht, Geiz, Melancholie usw.). Als Typen findet man in der Renaissance und im Klassizismus etwa den Geistlichen, den Höfling, den Gelehrten, den Parvenü, den Prahlhans usw. Die Typen sind bezogen auf die zeitgenössische Charakterologie und Sozialtypologie, also das in der frühen Neuzeit gültige Menschenbild. Dieses war von der Humoralpathologie in der Nachfolge des Hippokrates und von den Charakterporträts des Theophrast, also von der Antike beeinflußt. Die Tatsache, daß man die Menschen in Typen einteilte, kam dem Theater insofern entgegen, als sich aus Gründen der darstellerischen Ökonomie ein bestimmtes festes Typenrepertoire herausgebildet hatte: der Geizhals, der Schurke, der Clown, der eifersüchtige Ehemann, der *miles gloriosus* (der aufschneiderische, in Wirklichkeit aber feige Soldat, zum Beispiel Falstaff bei Shakespeare oder Matamore in Corneilles *Illusion comique*). Die sogenannten Charakterkomödien Molières (*Le Misanthrope*, *L'Avare*, *Le Tartuffe* usw.) beziehen sich auf das jeweilige Charakterparadigma schon im Titel. Obwohl die Typen strukturell komplexer sind als die mittelalterlichen Personifikationen, sind auch sie in der Regel nicht entwicklungsfähig.

In neuerer Zeit gibt es auf dem Theater auch Versuche, die Typenhaftigkeit der Figuren in Richtung auf *Individualisierung* zu überschreiten. Die Konzeption

5.2 Dramatische Texte

des Individuums beruht auf der Annahme, jeder Mensch sei einmalig und daher nicht kategorisierbar. Darstellbar wird solche Individualität durch die Häufung von die Figur charakterisierenden Details, die die Mehrdimensionalität der Figur betonen und somit „die Illusion einer komplexen Gestalt" (Platz-Waury 1978: 73) hervorrufen. Verwirklicht wird eine solche Konzeption vor allem im Naturalismus. Dagegen gibt es im Drama des 20. Jahrhunderts Tendenzen, den emphatischen Individualitätsbegriff des 19. Jahrhunderts zu negieren. Im expressionistischen und später im absurden Drama finden die Erfahrungen der Entfremdung, des Identitätsverlustes und der Entmenschlichung ihren Niederschlag: Die Figuren sind Marionetten, unfähig zu autonomem Handeln, sie haben eine fragmentierte Identität und sind entindividualisiert.

Wie bei narrativen unterscheidet man bei dramatischen Texten die Ebene der *Geschichte* und die Ebene der *textuellen Vermittlung*. Die Geschichtsebene ist gekennzeichnet durch *Handlung* und *Konflikt*. Dramentypen lassen sich historisch differenzieren nach der jeweils vorherrschenden Konfliktart (Götter vs Menschen, Kampf um die Seele, Liebe vs Ehre, Konflikte zwischen sozialen Gruppen, innerpsychische Konflikte). Im Drama des 20. Jahrhunderts gibt es auch Formen des handlungsarmen, dominant auf Geschehen basierenden Dramas (Beckett). Tragödie und Komödie unterscheiden sich auf der Ebene der Handlungsstruktur; während die Tragödie sich durch eine syntagmatische Zusammenfügung der Geschehnisse auszeichnet, ist die Komödie dominant paradigmatisch organisiert. Wie auch in Erzähltexten läßt sich die Handlung des dramatischen Textes mit Hilfe des *Aktantenmodells* beschreiben. Die *Wertkonflikte* eines Dramas korrelieren meist mit der Opposition von Figuren oder Figurengruppen. Die handelnden *Figuren* lassen sich in Personifikationen, Typen und Individuen unterteilen.

5.2.4.2 Die Ebene der (textuellen) Vermittlung

a) Haupttext und Nebentext

Betrachtet man die graphische Gestalt eines dramatischen Textes, so erkennt man auf den ersten Blick zwei grundsätzlich zu unterscheidende Ebenen: die Rede der Figuren (*Haupttext*) und jene Textelemente, die in der Regel durch Kursivdruck, Kapitälchen, Fettdruck o. ä. vom Haupttext unterschieden sind und die man als *Nebentext* bezeichnet. Es handelt sich um Gliederungssignale (Akt, Szene, Auftritt), um die Namen der Figuren sowie um Bühnenanweisungen (Beschreibung des Handlungsraums, der Figuren, der Requisiten usw., Regiebemerkungen). Die Ausführlichkeit des Nebentextes ist ein autor- und epochenspezifisches Merkmal. Von der schlichten Feststellung „La scène est à Paris", mit der die Handlung in

5. Narrative und dramatische Texte

Molières *Tartuffe* situiert wird, bis hin zu den seitenlangen, minutiösen Bühnenanweisungen eines Jean Genet sind zahlreiche Zwischenstufen möglich. Tendenziell ist der Nebentext im modernen und im zeitgenössischen Drama ausführlicher als im klassizistischen Drama.

Der Haupttext ist als Figurenrede der vom Autor fixierbare Kernbereich eines Dramas, auf welchem die zumindest partielle Identität von geschriebenem Text und Aufführung beruht. Dabei ist zu bedenken, daß dieser Haupttext niemals exakt in der vom Autor fixierten Form auf der Bühne realisiert wird: Er wird gekürzt, von den Schauspielern in einer je individuellen Art und Weise rezitiert und durch seine Wechselwirkungen mit den non-verbalen Zeichen der Aufführung in seiner Bedeutung affiziert und interpretiert. Der Nebentext macht den Haupttext durch die Zuordnung von Rede und Figur überhaupt erst lesbar, sodann gibt er Hinweise und Anregungen für eine mögliche Inszenierung. Außerdem strukturiert er durch die Szenen- und Akteinteilung die Textoberfläche.

b) Die Segmentierung der Textoberfläche

Dramatische Texte sind in aller Regel gegliedert. Die Segmentierung der Textoberfläche steht in engem Zusammenhang mit der szenischen Präsentation und der Anwesenheit der Figuren auf der Bühne. Wenn sich die Konfiguration, das heißt die Anzahl der gleichzeitig auf der Bühne anwesenden Figuren, unter Beibehaltung der raum-zeitlichen Kontinuität durch Abgang oder Auftritt mindestens einer Figur ändert, so handelt es sich um einen *Auftritt* als kleinste Segmentierungseinheit (vgl. hierzu und zum folgenden Pfister 1977: 312–318; einen aufschlußreichen historischen Abriß gibt Asmuth 1980: 37–40). In der französischen Tradition heißt diese Segmentierungseinheit *scène*. Die nächstgrößere Segmentierungseinheit ist die Zusammenfassung einer Reihe von Auftritten, markiert durch den Abgang aller Figuren von der Bühne und/oder die Unterbrechung der raumzeitlichen Kontinuität (Zeitsprung beziehungsweise Schauplatzwechsel). In der Shakespeare-Tradition heißt diese Segmentierungseinheit *scene*, in der französischen Tradition *acte*. Der totale Konfigurationswechsel und/oder die Durchbrechung der raum-zeitlichen Kontinuität markiert die wichtigste Segmentierungseinheit eines Dramas.

Die Segmentierungen sind bedeutsam im Hinblick auf die Zeitstruktur eines Dramas (durch Herstellung von Kontinuität und Diskontinuität), sie ermöglichen die Verbindung der szenisch dargestellten mit der nicht-dargestellten Handlung (Pfister 1977: 315) und, sofern vorhanden, die Verknüpfung verschiedener Handlungsstränge. Somit ersetzen sie bis zu einem gewissen Grad die kommentierende und strukturierende Funktion des Erzählers.

5.2 Dramatische Texte

c) Zeitstruktur

Im Unterschied zum Erzähltext, wo zwischen Erzählzeit und erzählter Zeit eine ganze Bandbreite von Relationen möglich ist (Deckungsgleichheit, Pause, Raffung, Dehnung, Ellipse; → Kap. 5.1.4.1.a), deren Mischung sehr flexibel gehandhabt werden kann, tendiert das Drama aufgrund der ihm eigenen szenischen Präsentation zumindest innerhalb einer durch raum-zeitliche Kontinuität charakterisierten Segmentierungseinheit zur *Kongruenz von Zeit der Darstellung und dargestellter Zeit*. Die Handlung vollzieht sich vor den Augen des Publikums. Somit sind innerhalb eines Aktes (beziehungsweise einer *scene*) als raumzeitlicher Kontinuität auch die Zeit der Rezeption und die dargestellte Zeit kongruent.

Nun gibt es im dramatischen Text grundsätzlich auch die Möglichkeit einer *Nicht-Kongruenz* von Darstellungszeit und dargestellter Zeit. Die Notwendigkeit dafür liegt auf der Hand. Nicht alles, was zu einer Handlung gehört, kann auf der Bühne dargestellt werden. Insbesondere die *Vorgeschichte* wird nicht präsentiert, sondern von den Figuren erzählend oder andeutend mitgeteilt. Die Vorgeschichte, verstanden als „die zu Beginn des Stücks geltenden Voraussetzungen der Handlung" (Asmuth 1980: 103), ist Teil der *Exposition*. Diese fällt häufig, aber nicht zwangsläufig mit dem ersten Akt zusammen und stellt die handelnden Figuren und den dominanten handlungsleitenden Konflikt vor (vgl. Asmuth 1980: 102–113).

Es wurde bereits darauf hingewiesen, daß die Aufführungsdauer ein bestimmtes Maß nicht überschreiten sollte, um nicht die Aufmerksamkeit des Publikums zu überfordern. Zur dargestellten Zeit sagt Aristoteles: „[...] die Tragödie versucht, sich nach Möglichkeit innerhalb eines einzigen Sonnenumlaufs zu halten oder nur wenig darüber hinauszugehen; das Epos verfügt über unbeschränkte Zeit und ist also auch in diesem Punkte anders [...]" (*Poetik*, Kap. 5, Übers. M. Fuhrmann). Selbst wenn man nun wie im klassizistischen Drama die Einheit der Zeit für verbindlich erachtet und die dargestellte Handlung auf 24 Stunden beschränkt, ergibt sich eine Diskrepanz zwischen Darstellungszeit und dargestellter Zeit. Diese Diskrepanz resultiert aus der durch zeitliche Diskontinuität bewirkten Ausdehnung der dargestellten Zeit: Wenn während einer Aufführung insgesamt drei Stunden szenischer Handlung präsentiert werden, so sind dies Handlungsausschnitte aus einer Gesamtdauer von bis zu 24 Stunden. Die durch Zeitsprünge entstehenden Lücken (Ellipsen) können nun aber, soweit sie für das Verständnis der Handlung relevant sind, nicht-szenisch präsentiert werden, etwa durch *Botenbericht*. Der Botenbericht informiert die Bühnenfiguren und das Publikum über Ereignisse, die zwischenzeitlich passiert sind, aber nicht dargestellt wurden. Es handelt sich um eine Form der *verdeckten Handlung*, nämlich der zeitlich verdeckten Handlung. Eine andere Form der verdeckten Handlung ist die räumlich verdeckte Präsentation, die Mauerschau (*Teichoskopie*). Sie besteht darin, einen

5. Narrative und dramatische Texte

auf der Bühne sichtbaren Beobachter eine für das Publikum nicht sichtbare Handlung mitteilen zu lassen. Die Teichoskopie ist ein dramaturgisches Mittel zur indirekten Darstellung beispielsweise von Schlachten oder Massenszenen, die auf der Bühne schwer zu realisieren sind. Darüber hinaus dient sie ähnlich wie die Ellipse im narrativen Text der Anregung der Vorstellungskraft, sie hat suggestive Wirkung (Platz-Waury 1978: 94).

Mehr als in narrativen Texten ist im Drama die zeitliche Abfolge der dargestellten Ereignisse *chronologisch-linear.* Dies ist eine weitere Konsequenz aus dem Fehlen einer vermittelnden Erzählinstanz, die Abweichungen von der Chronologie markieren und somit nachvollziehbar machen kann. Verstöße gegen die Chronologie ergeben sich allerdings im Drama durch die bereits genannten Verfahren nicht-szenischer Präsentation: Ein Botenbericht ist ein chronologischer Rückgriff (Analepse); die nach dem Handlungseinsatz (*point of attack*) im I. Akt nachgetragene Vorgeschichte ist ebenfalls eine Analepse. Auch spannungserzeugende Vorwegnahmen und Vorausdeutungen (Prolepsen) sind im Drama möglich, zum Beispiel durch Absichtsbekundungen oder Prophezeiungen (Asmuth 1980: 115 ff.). Die auf der Ebene der Figurenrede verankerten narrativen Strukturen ermöglichen somit auch im Drama die Anwendung typisch narrativer Präsentationsverfahren und der daraus resultierenden strukturellen Besonderheiten (zu Analepse und Prolepse → Kap. 5.1.4.1.b).

d)   Formen und Funktionen der Rede

Die dramatische Rede steht im Spannungsfeld von Mündlichkeit und Kunstcharakter. Geschrieben im Hinblick auf eine Aufführung, trägt sie Merkmale von Mündlichkeit in sich. Dies kann ganz elementar bedeuten, daß lautliche, morphosyntaktische und lexikalische Strukturen und Merkmale mündlicher und alltäglicher Rede (Umgangssprache, Dialekt, Soziolekt) vorliegen. In der italienischen *commedia dell'arte* sprechen die komischen Figuren Dialekt, wie überhaupt die Komödie Elemente der Mündlichkeit im Rahmen des mittleren und niederen Stils zuläßt. In der Moderne findet Mündlichkeit auch Eingang ins ernste Drama, so bei Jean Genet, der in den Regiebemerkungen zu *Haute Surveillance* (1949) schreibt: „Le texte est établi dans le français habituel des conversations et orthographié exactement, mais les acteurs devront le dire avec ces altérations qu'y apporte toujours l'accent faubourien." (*Haute Surveillance,* 181) [„Der Text ist im üblichen Konversationsfranzösisch verfaßt und bedient sich einer korrekten Orthographie, aber die Schauspieler sollen ihn mit den Entstellungen sprechen, die für den Vorstadtakzent typisch sind."] Andererseits ist die dramatische Rede wie literarische Rede allgemein stilisierte Rede, deren Kunstcharakter mehr oder weniger deutlich hervorgehoben sein mag, doch niemals ganz zu übersehen ist. Merkmale dieses Kunstcharakters sind zum einen die *Rhetorisierung,* das heißt

5.2 Dramatische Texte

die Verwendung rhetorischer Figuren und Tropen (→ Kap. 6.4), zum anderen die insbesondere in der klassizistischen Tragödie obligatorische *Verssprache* (→ Kap. 6.2). Zum Kunstcharakter gehört auch – jenseits von Rhetorisierung und Verssprache – die besonders korrekte und deutliche Aussprache der Schauspieler, die in ihrer Elaboriertheit von alltäglicher Rede abweicht.

Trotz der plurimedialen Präsentation liegt im Drama der Schwerpunkt auf der sprachlichen Dimension, das heißt auf der szenischen (zeitdeckenden) Präsentation (→ Kap. 5.2.4.2.c). Da die Sprache hier deutlicher als in anderen literarischen Gattungen Handlungscharakter besitzt (Pirandello spricht treffend von *azione parlata*, ‚gesprochener Handlung'), liegt der besondere Reiz vieler Dramen in der *Konflikthaftigkeit der Rede*, etwa bei Racine, wo es zu wahren verbalen Duellen zwischen den ihrer Leidenschaft ausgelieferten Figuren kommt, Duellen, in denen mindestens ebenso viel ungesagt bleibt, wie explizit gesagt wird. Das Drama lebt in diesem Fall von der Spannung zwischen dem Gesagten und dem nicht Dargestellten.

Wenn Handlung auf der Bühne vor allem als *azione parlata* erscheint, dann ist ein Hauptmerkmal der dramatischen Rede ihr performativer Charakter, der sich in der *Dominanz der appellativen Sprachfunktion* ausdrückt (→ Kap. 2.6.2). Auf der Bühne wird intrigiert, beleidigt, zum Duell gefordert, werden Liebesgeständnisse abgelegt, Mordpläne geschmiedet, Aufstände geplant, Revolutionen angezettelt usw. Zu all diesen Zwecken benötigen die handelnden Figuren Hilfe, müssen sie jemanden überreden, überzeugen, begeistern usw. Daher ist dramatische Rede dominant appellativ, was aber selbstverständlich die referentielle (semantische) und die expressive Sprachfunktion nicht ausschließt, ebenso wenig wie die poetische, die metasprachliche und die phatische.

Der Kunstcharakter, die Artifizialität und Fiktionalität dramatischer Rede finden ihren strukturellen Niederschlag im *doppelten Adressatenbezug*. Wie oben bereits angesprochen wurde (→ Kap. 5.2.2), überlagern sich in der theatralischen Rezeptionssituation ein internes und ein externes Kommunikationssystem, die beide (zumindest in der uns vertrauten Guckkastenbühne) durch eine unsichtbare vierte Wand getrennt sind. Es hat den Anschein, als kommunizierten die handelnden Figuren ausschließlich miteinander. In Wirklichkeit jedoch ist jedes Wort, das die Figuren aneinander richten, zugleich auch an die Zuschauer adressiert. Die Figuren kommunizieren binnenfiktional zwar *miteinander*, aber sie kommunizieren zugleich *für das externe Publikum*. Dies wird besonders deutlich, wenn die vierte Wand überspielt wird, das heißt, wenn die Figuren sich direkt an das Publikum wenden (*a-parte*-Sprechen, *ad spectatores*). Auch der dramatische Monolog, der auf der Bühne selbst ja keinen Adressaten hat, richtet sich an das Publikum, denn nur die Existenz eines Publikums macht es sinnvoll, eine Figur gewissermaßen laut denken zu lassen.

5. Narrative und dramatische Texte

e) Informationsvergabe

Da von einer Handlung in aller Regel nur Ausschnitte präsentiert werden können und da nicht immer alle Figuren gleichzeitig auf der Bühne sind, kommt es zwangsläufig zu *Differenzen der Informiertheit* zwischen den Figuren sowie zwischen Figuren und Publikum. Aus diesen Differenzen entsteht Spannung. Zu Beginn eines Dramas wissen die Figuren oder zumindest ein Teil von ihnen mehr als das Publikum. Dieses Wissensgefälle wird in der Regel durch den Nachtrag der Vorgeschichte in der Exposition abgebaut. Sodann verfolgen die Zuschauer die Handlung in actu und sind deshalb normalerweise besser informiert als die einzelnen Figuren. Grundsätzlich sind zwar zwei Relationen zwischen Figuren- und Zuschauerinformiertheit denkbar (Pfister 1977: 79–90), nämlich die *diskrepante* und die *kongruente* Informiertheit, doch zeigt sich, daß die kongruente Informiertheit nur der „Grenzfall diskrepanter Informiertheit" ist, „bei dem die Diskrepanz den Wert Null annimmt" (ebd., 86). Ein Beispiel für kongruente Informiertheit ist Becketts *En attendant Godot*, wo die Kongruenz aus dem Fehlen einer Vorgeschichte und der permanenten Anwesenheit von Vladimir und Estragon auf der Bühne resultiert. Da in dem Drama indes die gestellten Fragen nicht beantwortet werden, handelt es sich genauer um eine „Kongruenz der Uninformiertheit" (ebd., 87). Der Normalfall ist somit die diskrepante Informiertheit, die in den meisten Fällen als Informationsvorsprung der Zuschauer realisiert ist. Nach Lessing ist es dieser Informationsvorsprung, aus dem die besondere Anteilnahme der Zuschauer resultiert (ebd., 82).

Ein Beispiel für diskrepante Informiertheit mit Wissensvorsprung der Zuschauer ist die berühmte Szene aus Molières *Tartuffe* (IV/5), in der Elmire Orgon die Augen öffnen möchte über Tartuffes Heuchelei und deshalb, während Orgon unter einem Tisch versteckt ist, Tartuffe zum Schein eine Liebeserklärung macht, an deren Aufrichtigkeit Tartuffe jedoch erst glauben will, wenn den Worten auch Taten folgen. In dieser Szene wissen die Zuschauer schon, daß Tartuffe ein gerissener Betrüger ist, der unter der Maske der Frömmigkeit die Gutgläubigkeit seines Gastgebers Orgon schamlos ausnutzt und zugleich dessen Frau Elmire den Hof macht. Orgon hingegen weiß dies noch nicht, soll es aber jetzt auf drastische Weise erfahren. Tartuffe seinerseits ahnt nicht, daß ihm von Elmire eine Falle gestellt wird und daß Orgon mithört. Aus der Tatsache, daß in Wahrheit drei Figuren anwesend sind, geht hervor, daß Elmires Replik auf der Bühne doppelt adressiert ist; vordergründig ist sie an Tartuffe gerichtet, eigentlich aber an den versteckten Orgon, der offenbar trotz der Deutlichkeit von Tartuffes Worten immer noch nicht überzeugt ist:

> Enfin je vois qu'il faut se résoudre à céder,
> Qu'il faut que je consente à vous tout accorder,
> Et qu'à moins de cela je ne dois point prétendre
> Qu'on puisse être content, et qu'on veuille se rendre.

5.2 Dramatische Texte

Sans doute il est fâcheux d'en venir jusque-là,
Et c'est bien malgré moi que je franchis cela;
Mais puisque l'on s'obstine à m'y vouloir réduire,
Puisqu'on ne veut point croire à tout ce qu'on peut dire,
Et qu'on veut des témoins qui soient plus convaincants,
Il faut bien s'y résoudre, et contenter les gens.
Si ce consentement porte en soi quelque offense,
Tant pis pour qui me force à cette violence;
La faute assurément n'en doit pas être à moi.

(*Tartuffe*, IV/5)

Ich sehe nun doch ein, daß ich mich entschließen muß nachzugeben, / daß ich einverstanden sein muß, Euch alles zu gewähren, / und daß ich mit weniger als dem nicht verlangen darf, / daß man zufrieden ist und drein sich ergeben will. / Zweifellos ist es fatal, daß es so weit kommt, / und es ist gewiß gegen meinen Willen, diesen Schritt zu tun. / Aber da man sich darauf versteift, mich so weit zu treiben, / da man dem, was ich sage, nicht glauben will, / und Bekundungen wünscht, die überzeugender sind, / muß ich mich wohl dazu entschließen, und jedermann zufriedenstellen. / Wenn diese Zustimmung irgendeinen Fehltritt in sich birgt, / dann ist's eben zum Schaden dessen, der mich zu diesem Vergehen zwingt; / die Schuld liegt dabei ganz sicher nicht bei mir.

(Übers. Hartmut Köhler)

Die Unbestimmtheit von „on" ermöglicht die doppelte Lesbarkeit der Aussage: Orgon muß erkennen, daß er damit gemeint ist; er nämlich zwingt Elmire, indem er handfeste Beweise für Tartuffes Ruchlosigkeit will, bis zum Äußersten zu gehen und Tartuffe zu Willen zu sein; Tartuffe hingegen bezieht, wie seine Antwort zeigt, die Aussage auf sich: „Oui, Madame, on s'en charge; et la chose de soi ..." [„Ja, meine Gnädige, ich nehme es auf mich; und die Sache selbst ..." (Übers. H. Köhler)]. Elmires Rede ist somit in Wahrheit dreifach adressiert: an Orgon, an Tartuffe und an das Publikum. Die drei Adressaten verfügen über einen je unterschiedlichen Wissensstand.

Aus dem Informationsvorsprung der Zuschauer kann sich der Effekt der *dramatischen Ironie* ergeben. Sie „tritt immer dann auf, wenn die sprachliche Äußerung oder das außersprachliche Verhalten einer Figur für den Rezipienten aufgrund seiner überlegenen Informiertheit eine der Intention der Figur widersprechende Zusatzbedeutung erhält." (Pfister 1977: 88) Wenn Tartuffe, um Elmires religiöse Skrupel zu zerstreuen, sagt, daß sie der Geheimhaltung sicher sein dürfe, so weiß der Zuschauer, daß die Geheimhaltung im vorliegenden Fall nicht gegeben sein kann, weil Orgon unter dem Tisch versteckt ist. Aus dieser Diskrepanz resultieren die Spannung des Zuschauers und seine Hoffnung auf die Bestrafung des Bösewichts. Solche Hoffnung wird allerdings an dieser Stelle nicht erfüllt, denn es wird Tartuffe gelingen, seinen Hals noch einmal aus der Schlinge zu ziehen. Dadurch wird die dramatische Ironie doppelbödig. Zunächst ist Tartuffe der Ahnungslose, der nicht wie die Zuschauer weiß, daß ihm eine Falle gestellt

5. Narrative und dramatische Texte

wurde. Dann wendet sich das Blatt, und Tartuffe düpiert durch seine Gerissenheit sowohl die Bühnenfiguren als auch das Publikum.

Auf der Vermittlungsebene unterscheidet man *Haupt-* und *Nebentext*. Die Textoberfläche ist segmentiert in *scènes* und *actes*: Die *scène* ergibt sich durch den Auftritt oder Abgang einer Figur, der *acte* durch Unterbrechung der raumzeitlichen Kontinuität. Aufgrund der *szenischen*, also tendenziell *zeitdeckenden Darstellungsweise* gibt es im Drama weniger Diskrepanzen zwischen der Zeit der Geschichte und der Zeit der Vermittlung als in narrativen Texten. Ellipsen können durch dramaturgische Mittel wie Botenbericht gefüllt werden. Die Zeitstruktur ist in der Regel chronologisch-linear. In der dramatischen Rede dominiert die appellative Funktion. Monolog und Dialog zeichnen sich durch einen *doppelten Adressatenbezug* aus; sie sind zugleich an die Bühnenfiguren und an das Publikum gerichtet. Zwischen Zuschauern und Publikum kommt es in der Regel zu *Differenzen der Informiertheit*, die dramaturgisch nutzbar gemacht werden können (Erzeugung von Spannung, dramatische Ironie).

Literaturhinweise

Aristoteles, *Poetik*. Griechisch/Deutsch. Übersetzt und herausgegeben von Manfred Fuhrmann, Stuttgart 1987.

Balzac, Honoré de, *Le père Goriot*, in: *La Comédie humaine, III. Études de mœurs: Scènes de la vie privée*. Édition publiée sous la direction de Pierre-Georges Castex, Paris 1976, 1–290.

——, *Splendeurs et misères des courtisanes*. Édition établie par Pierre Citron, Paris 1968.

Borges, Jorge Luis, *La busca de Averroes*, in: *Obras completas I*, Barcelona 1996, 582–588.

Diderot, Denis, *Jacques le fataliste et son maître*, in: *Œuvres*. Texte établi et annoté par André Billy, Paris 1951, 475–711.

Dujardin, Édouard, *Les lauriers sont coupés*, Paris 1989.

Flaubert, Gustave, *Madame Bovary. Mœurs de province*, in: *Œuvres, I*. Édition établie et annotée par Albert Thibaudet et René Dumesnil, Paris 1951, 291–611.

——, *L'Éducation sentimentale. Histoire d'un jeune homme*, in: *Œuvres, II*. Texte établi et annoté par Albert Thibaudet et René Dumesnil, Paris 1952, 31–457.

Genet, Jean, *Haute surveillance*, in: *Œuvres complètes*, Bd. 4, Paris 1968, 177–213.

Homer, *Ilias*. Neue Übertragung von Wolfgang Schadewaldt, Frankfurt/M. 1975.

Maupassant, Guy de, *Une partie de campagne*, in: *Contes et nouvelles, I*. Texte établi et annoté par Louis Forestier, Paris 1974, 244–255.

Molière (d. i. Jean-Baptiste Poquelin), *L'École des femmes*, in: *Œuvres complètes*. Textes établis, présentés et annotés par Georges Couton, Bd. I, Paris 1971, 527–626.

——, *Le Tartuffe ou l'Imposteur*, in: *Œuvres complètes*. Textes établis, présentés et annotés par Georges Couton, Bd. I, Paris 1971, 831–984.

Literaturhinweise

——, *Le Tartuffe ou l'Imposteur*. Französisch/Deutsch. Übersetzt und herausgegeben von Hartmut Köhler, Stuttgart 1986.

——, *L'Avare*, in: *Œuvres complètes*. Textes établis, présentés et annotés par Georges Couton, Bd. II, Paris 1971, 505–583.

Platon, *Der Staat [= Politeia]*, in: *Sämtliche Dialoge*. Herausgegeben und mit Einleitungen, Literaturübersichten, Anmerkungen und Registern versehen von Otto Apelt, Bd. V, Leipzig 1923, Nachdruck Hamburg 1998.

Proust, Marcel, *À la recherche du temps perdu*. Édition publiée sous la direction de Jean-Yves Tadié, 4 Bde, Paris 1987–89.

Queneau, Raymond, *Exercices de style*, Paris 1995.

Rostand, Edmond, *Cyrano de Bergerac*. Comédie héroïque en cinq actes en vers. Herausgegeben von Konrad Harrer und Élise Harrer, Stuttgart 1996.

Stendhal (d. i. Henri Beyle), *Le Rouge et le Noir. Chronique du XIXe siècle*. Texte établi avec sommaire biographique, introduction, bibliographie, variantes, notes et dossier documentaire par Pierre-Georges Castex, Paris 1989.

Voltaire (d. i. Jean-Marie Arouet), *Candide ou l'Optimisme. Traduit de l'allemand de M. le docteur Ralph. Avec les additions qu'on a trouvées dans la poche du docteur, lorsqu'il mourut à Minden, l'an de grâce 1759*, in: Voltaire, *Romans et contes*. Édition établie par Frédéric Deloffre et Jacques Van den Heuvel, Paris 1979, 145–233.

Asmuth, Bernhard (1980), *Einführung in die Dramenanalyse*, 4., verb. u. erg. Aufl., Stuttgart-Weimar 1994.

Barthes, Roland (1966), „Introduction à l'analyse structurale des récits", in: *Communications* 8, 1–27.

—— (1970), *S/Z*, Paris 1986.

Booth, Wayne C. (1961), *The Rhetoric of Fiction*, London 1991.

Bremond, Claude (1966), „La logique des possibles narratifs", in: *Communications* 8, 60–76.

Cohn, Dorrit (1978), *Transparent Minds. Narrative Modes for Presenting Consciousness in Fiction*, Princeton.

Fischer-Lichte, Erika (1983), *Semiotik des Theaters. Eine Einführung*. Bd. 1: *Das System der theatralischen Zeichen*, Tübingen [4]1998.

Friedman, Norman (1955), „Point of View in Fiction: the Development of a Critical Concept", in: *Publications of the Modern Language Association of America [=PMLA]* 70, 1160–1184.

Geiger, Heinz/Haarmann, Hermann (1978), *Aspekte des Dramas. Eine Einführung in die Theatergeschichte und Dramenanalyse*, 4., neubearb. u. erw. Aufl., Opladen 1996.

Genette, Gérard (1966), „Frontières du récit", in: *Communications* 8, 152–163.

—— (1972), „Discours du récit. Essai de méthode", in: G. G., *Figures III*, Paris, 65–273.

—— (1983), *Nouveau discours du récit*, Paris.

Greimas, Algirdas J. (1966), *Sémantique structurale*, Paris.

—— (1970), *Du sens*, Paris.

Höfner, Eckhard (1995), „Zum Begriff des Spiels in der Kultur und in den Kulturwissenschaften", in: Europa-Universität Viadrina Frankfurt (Oder), *Universitätsschriften 8: Antrittsvorlesungen II*, 193–223.

Iser, Wolfgang (1972), *Der implizite Leser. Kommunikationsformen des Romans von Bunyan bis Beckett*, München [2]1979.

5. Narrative und dramatische Texte

—— (1975a), „Die Appellstruktur der Texte. Unbestimmtheit als Wirkungsbedingung literarischer Prosa", in: R. Warning (Hg.), *Rezeptionsästhetik. Theorie und Praxis*, München ²1979, 228–252.

—— (1975b), „Der Lesevorgang. Eine phänomenologische Perspektive", in: R. Warning (Hg.), *Rezeptionsästhetik. Theorie und Praxis*, München ²1979, 253–276.

Jolles, André (1930), *Einfache Formen. Legende, Sage, Mythe, Rätsel, Spruch, Kasus, Memorabile, Märchen, Witz*, Tübingen ⁶1982.

Kablitz, Andreas (1988), „Erzählperspektive – Point of view – Focalisation. Überlegungen zu einem Konzept der Erzähltheorie", in: *Zeitschrift für französische Sprache und Literatur* 98, 237–255.

Kanzog, Klaus (1976), *Erzählstrategie. Eine Einführung in die Normeinübung des Erzählens*, Heidelberg.

Kolckenbrock-Netz, Jutta (1988), „Diskursanalyse und Narrativik. Voraussetzungen und Konsequenzen einer interdisziplinären Fragestellung", in: J. Fohrmann/H. Müller (Hg.), *Diskurstheorien und Literaturwissenschaft*, Frankfurt/M., 261–283.

Lotman, Jurij M. (1972), *Die Struktur literarischer Texte*, aus d. Russ. v. R.-D. Keil, München ²1986.

Nolting-Hauff, Ilse (1974), „Märchen und Märchenroman. Zur Beziehung zwischen einfacher Form und narrativer Großform in der Literatur", in: *Poetica* 6, 129–178.

Pagnini, Marcello (1970), „Versuch einer Semiotik des klassischen Theaters", in: V. Kapp (Hg.), *Aspekte objektiver Literaturwissenschaft. Die italienische Literaturwissenschaft zwischen Formalismus, Strukturalismus und Semiotik*, Heidelberg 1973, 84–100.

Petersen, Jürgen H. (1992), „‚Mimesis' versus ‚Nachahmung'. Die *Poetik* des Aristoteles – nochmals neu gelesen", in: *Arcadia* 27, 3–46.

Pfister, Manfred (1977), *Das Drama. Theorie und Analyse*, München.

Platz-Waury, Elke (1978), *Drama und Theater. Eine Einführung*, Tübingen ⁴1994.

Propp, Vladimir (1928), *Morphologie des Märchens*, aus d. Russ. v. C. Wendt, hg. v. K. Eimermacher, München 1972.

Schwanitz, Dietrich (1990), „Das Drama", in: D. S., *Systemtheorie und Literatur. Ein neues Paradigma*, Opladen, 99–151.

Stanzel, Franz K. (1964), *Typische Formen des Romans*, Göttingen ¹²1993.

—— (1979), *Theorie des Erzählens*, Göttingen ⁴1989.

Stempel, Wolf-Dieter (1973), „Erzählung, Beschreibung und der historische Diskurs", in: R. Koselleck/W.-D. Stempel (Hg.), *Geschichte – Ereignis und Erzählung*, München, 325–346.

Stierle, Karlheinz (1971), „Geschehen, Geschichte, Text der Geschichte", in: K. S., *Text als Handlung. Perspektiven einer systematischen Literaturwissenschaft*, München 1975, 49–55.

Todorov, Tzvetan (1966), „Les catégories du récit littéraire", in: *Communications* 8, 125–151.

Ubersfeld, Anne (1977), *Lire le théâtre I*, Paris ²1996.

Warning, Rainer (1976), „Elemente einer Pragmasemiotik der Komödie", in: W. Preisendanz/R. Warning (Hg.), *Das Komische*, München, 279–333.

—— (1979), „Formen narrativer Identitätskonstitution im höfischen Roman", in: O. Marquard/K. Stierle (Hg.), *Identität*, München, 553–589.

—— (1996), „Komik/Komödie", in: U. Ricklefs (Hg.), *Fischer Lexikon Literatur*, 3 Bde, Frankfurt/M., Bd. 2, 897–936.

6. Lyrische und poetische Texte

6.1 Lyrik als Gattung?

6.1.1 Probleme der Abgrenzung

Schlägt man in Literaturlexika unter dem Stichwort *Lyrik* nach, so findet man eine ganze Reihe von ungleichartigen Definitionskriterien. So wird etwa bei Schweikle/Schweikle ([2]1990: 286–288) darauf hingewiesen, daß lyrische Texte ursprünglich, das heißt in der Antike, „zur Lyrabegleitung vorgetragene Gesänge" waren. Diese waren in den Mythos und in magische Zusammenhänge eingebettet. Es wird der große Formenreichtum der Gattung hervorgehoben. Viele dieser Formen tendieren zur relativen Kürze und folgen festgelegten metrischen und strophischen Mustern. Ebenso wird betont, daß Lyrik im Laufe der Jahrhunderte die unterschiedlichsten Inhalte gestaltet hat. Die ursprüngliche Bindung an Gesang und Musik ist dabei nie ganz verloren gegangen. Es werden ferner verschiedene Arten von Lyrik unterschieden: Stimmungs-, Erlebnis-, Gedankenlyrik u. a.

Die unscharfen Konturen solcher Definitionsversuche kommen nicht von ungefähr, denn die gattungssystematische Stellung der Lyrik als einer der drei Großgattungen neben narrativen und dramatischen Texten ist, wie wir gesehen haben, grundsätzlich problematisch (→ Kap. 4.2.2). Narrative und dramatische Texte lassen sich durch das Kriterium der kommunikativen Vermittlung (Redekriterium) eindeutig bestimmen und voneinander abgrenzen (→ Kap. 5). Sie unterscheiden sich grundsätzlich auf der Ebene der *énonciation* (der Sprechsituation): Ein Erzähltext liegt dann und nur dann vor, wenn eine Geschichte durch eine Vermittlungsinstanz, den Erzähler, berichtet wird; ein dramatischer Text ist dann und nur dann gegeben, wenn die Figuren einer Handlung in direkter Rede selbst zu Wort kommen, ohne daß ein Kommunikationssystem zwischen der Welt der Figuren und der Welt der Rezipienten vermittelt. Zwar gibt es unterschiedliche narrative und dramatische Einzelgattungen wie zum Beispiel Roman, Novelle, Fabel oder Tragödie, Komödie, Passionsspiel mit je eigenen Merkmalen. Diese Einzelgattungen lassen sich aber der jeweiligen Großgattung zuordnen, denn es gibt übergreifende Merkmale, die allen erzählenden und allen dramatischen Texten gemeinsam sind. Diese Merkmale hängen mit der jeweiligen Art der Vermittlung zusammen.

Lyrische können nun dramatischen und narrativen Texten allein schon deshalb nicht als klar abgegrenzte Gattung gegenübergestellt werden, weil auch sie in narrativer oder dramatischer Vermittlungsform erscheinen können. Ebenso

6. Lyrische und poetische Texte

können sie argumentative oder deskriptive Elemente enthalten; auch das unterscheidet sie prinzipiell nicht von narrativen und dramatischen Texten. Im folgenden werden einige Beispieltexte angeführt, die dazu dienen sollen, diejenigen Elemente zu veranschaulichen, welche lyrische Texte mit anderen Textsorten gemeinsam haben können:

(1)

LE LIS DU GOLFE
DE SANTA RESTITUTA

DANS L'ÎLE D'ISCHIA
(1842)

Des pêcheurs, un matin, virent un corps de femme
Que la vague nocturne au bord avait roulé;
Même à travers la mort sa beauté touchait l'âme.
Ces fleurs, depuis ce jour, naissent près de la lame
5   Du sable qu'elle avait foulé.

D'où venait cependant cette vierge inconnue
Demander une tombe aux pauvres matelots?
Nulle nef en péril sur ces mers n'était vue;
Nulle bague à ses doigts: elle était morte et nue,
10   Sans autre robe que les flots.

Ils allèrent chercher dans toutes les familles
Le plus beau des linceuls dont on pût la parer;
Pour lui faire un bouquet, des lis et des jonquilles;
Pour lui chanter l'adieu, des chœurs de jeunes filles;
15   Et des mères pour la pleurer.

Ils lui firent un lit de sable où rien ne pousse,
Symbole d'amertume et de stérilité;
Mais les fleurs de pitié rendirent la mer douce,
Le sable de ses bords se revêtit de mousse,
20   Et cette fleur s'ouvre l'été.

Vierges, venez cueillir ce beau lis solitaire,
Abeilles de nos cœurs dont l'amour est le miel!
Les anges ont semé sa graine sur la terre;
Son sol est le tombeau, son nom est un mystère;
25   Son parfum fait rêver du ciel.

(Lamartine, *Œuvres poétiques complètes*, 1193 f.)

6.1 Lyrik als Gattung?

DIE LILIE IM GOLF
VON SANTA RESTITUTA

AUF DER INSEL ISCHIA
(1842)

Fischer sahen eines Morgens eine Frauenleiche,
Die der nächtliche Wellengang an Land gespült hatte;
Selbst im Tod ergriff ihre Schönheit noch die Seele.
Diese Blumen wachsen seit jenem Tag bei der Dünung
5   Des Sandes, den sie berührt hatte.

Doch woher kam diese unbekannte Jungfrau,
Die die armen Schiffer um ein Grab bat?
Kein Schiff in Seenot ward auf diesen Gewässern gesichtet;
Kein Ring an ihren Fingern: sie war tot und nackt,
10   Ihr einziges Kleid waren die Fluten.

Man suchte in allen Familien und holte
Das schönste Leichentuch, mit dem man sie schmücken konnte;
Ihr einen Strauß zu winden, Lilien und Osterglocken;
Ihr Lebewohl zu singen, Chöre junger Mädchen;
15   Und Mütter, sie zu beweinen.

Man bereitete ihr ein Bett aus Sand, wo nichts wächst,
Symbol der Bitternis und der Unfruchtbarkeit;
Aber die Blumen des Mitleids ließen das Meerwasser süß werden,
Der Sand an seinem Ufer bekleidete sich mit Moos,
20   Und diese Blume öffnet sich im Sommer.

Jungfrauen, kommt und pflückt diese schöne einsame Lilie,
Bienen unserer Herzen, deren Liebe der Honig ist!
Die Engel haben ihren Samen auf der Erde gesät;
Ihr Boden ist das Grab, ihr Name ist ein Mysterium;
25   Ihr Duft läßt vom Himmel träumen.

Beispiel (1) ist ein lyrischer Text mit *narrativer Grundstruktur*. Basistempus ist das französische Erzähltempus, das *passé simple* („virent", V. 1, „allèrent", V. 11, „firent", V. 16, „rendirent", V. 18, „se revêtit", V. 19). Es versprachlicht Ereignisse, die in einer chronologischen Abfolge stehen. Zunächst entdeckt man am Strand eine unbekannte Leiche, dann bestattet man sie am Fundort in einer feierlichen Zeremonie, schließlich wächst auf ihrem Grab eine Lilie. Diese Geschichte ist eine Art moderner Heiligenlegende. Sie erklärt, weshalb auf dem eigentlich unfruchtbaren, da vom Meer überspülten Sand eine Lilie wächst. Es handelt sich um eine ätiologische (begründende) Erzählung.

6. Lyrische und poetische Texte

(2)

LA NOURRICE – HÉRODIADE

N.

Tu vis! ou vois-je ici l'ombre d'une princesse?
À mes lèvres tes doigts et leurs bagues et cesse
De marcher dans un âge ignoré ..

H.

Reculez.

Le blond torrent de mes cheveux immaculés,
5   Quand il baigne de mon corps solitaire le glace
D'horreur, et mes cheveux que la lumière enlace
Sont immortels. Ô femme, un baiser me tûrait
Si la beauté n'était la mort .. [...]

(Mallarmé, *Hérodiade. Scène*, V. 1–8; *Œuvres complètes*, I, 17)

DIE AMME – HERODIAS

A.

Du lebst! oder sehe ich hier den Schatten einer Prinzessin?
An meine Lippen mit deinen Fingern und ihren Ringen, und höre auf,
In einem unbekannten Zeitalter zu wandeln ..

H.

Zurück.

Der blonde Strom meiner unbefleckten Haare,
5   Wenn er sich ergießt von meinem einsamen Körper, läßt er ihn
Vor Schrecken erstarren, und meine Haare, die das Licht umfaßt,
Sind unsterblich. O Frau, ein Kuß würde mich töten,
Wenn die Schönheit nicht der Tod wäre .. [...]

Text (2) hat eine *dramatische Sprechsituation*: Es fehlt eine Vermittlungsinstanz; die beiden Figuren Hérodiade und die Amme sprechen direkt miteinander. Sie kommunizieren über sich und ihre aktuelle Situation, über das Hier und Jetzt („*Tu vis!* ou vois-je *ici* l'ombre d'une princesse?", V. 1); *temps de l'énonciation* (Zeit des Besprechens) und *temps de l'énoncé* (Zeit des Besprochenen) fallen zusammen. Die Handlung wird nicht durch eine Vermittlungsinstanz erzählt, sondern unmittelbar dialogisch vorgeführt.

6.1 Lyrik als Gattung?

(3)

      Puis que cet œil qui fidelement baille
         Ses loix aux miens, sur les miens plus ne luict,
         L'obscur m'est jour, le jour m'est une nuict,
4   Tant son absence asprement me travaille.
      Le lit me semble un dur camp de bataille,
         Rien ne me plaist, toute chose me nuit,
         Et ce penser, qui me suit & resuit,
8   Presse mon cuœur plus fort qu'une tenaille.
      Ja prez du Loyr entre cent mille fleurs
         Soullé d'ennuiz, de regretz & de pleurs,
11   J'eusse mis fin à mon angoysse forte,
      Sans quelque dieu, qui mon œil va tournant
         Vers le païs ou tu es sejournant,
14   Dont le bel air sans plus me reconforte.

(Ronsard, *Les Amours*, CXLIX)

      Da jenes Auge, welches zu treuen Händen
         Seine Gesetze den meinen gibt, über meine nicht mehr strahlt,
         Ist mir das Dunkle hell, der Tag eine Nacht,
4   So bitter quält mich seine Abwesenheit.
      Das Bett scheint mir ein hartes Schlachtfeld,
         Nichts gefällt mir, alles schadet mir,
         Und dieser Gedanke, der mir unablässig folgt,
8   Quetscht mein Herz stärker als eine Zange.
      Am Ufer des Loyr, inmitten von hunderttausend Blumen,
         Trunken von Sorgen, Bedauern und Tränen,
11   Hätte längst ich schon meiner starken Qual ein Ende bereitet,
      Wäre da nicht ein Gott, der mein Auge richtet
         Auf jenes Land, in dem du weilst,
14   Und dessen gute Luft allein mich tröstet.

Text (3) ist dominant *argumentativ*. Zwar beruht der Text implizit auf einer zeitlichen Sukzession – die Geliebte war früher anwesend und ist jetzt abwesend – und enthält auch deskriptive Elemente: Es wird der Zustand des an der Abwesenheit seiner Dame leidenden Sprechers beschrieben. Doch die dominante Textstruktur ist die einer Argumentation: Weil der Sprecher leidet, würde er am liebsten Selbstmord begehen („J'eusse mis fin à mon angoysse forte", V. 11); doch eine göttliche Instanz hält ihn am Leben, indem sie seinen Sinn auf jene Gegend richtet, in der die Geliebte sich befindet, woraus ihm Trost erwächst. Die Argumentation wägt ab, erklärt und zieht Schlußfolgerungen.

6. Lyrische und poetische Texte

(4)

C'est un trou de verdure où chante une rivière
Accrochant follement aux herbes des haillons
D'argent; où le soleil, de la montagne fière,
4   Luit: c'est un petit val qui mousse de rayons.

Un soldat jeune, bouche ouverte, tête nue,
Et la nuque baignant dans le frais cresson bleu,
Dort; il est étendu dans l'herbe, sous la nue,
8   Pâle dans son lit vers où la lumière pleut.

Les pieds dans les glaïeuls, il dort. Souriant comme
Sourirait un enfant malade, il fait un somme:
11   Nature, berce-le chaudement: il a froid.

Les parfums ne font pas frissonner sa narine;
Il dort dans le soleil, la main sur sa poitrine
14   Tranquille. Il a deux trous rouges au côté droit.

Octobre 1870.

(Rimbaud, *Le Dormeur du val*; *Œuvres*, 76)

Es ist ein Loch im Grünen, wo ein Bach singt
Heftend wie toll an die Gräser Fetzen
Aus Silber; wo die Sonne, vom stolzen Berg herab,
4   Strahlt: es ist ein kleines Tal, das von Lichtstrahlen schäumt.

Ein junger Soldat, mit offnem Munde, barhaupt,
Den Nacken badend im frischen blauen Wiesenschaumkraut,
Schläft; er liegt ausgestreckt im Gras, unter der Wolke,
8   Blaß in seinem Bett, auf das das Licht herabregnet.

Die Füße in den Gladiolen, schläft er. Lächelnd, als
Lächelte ein krankes Kind, hält er ein Nickerchen:
11   Natur, wiege ihn und halt ihn warm: ihm ist kalt.

Die Düfte lassen seine Nasenflügel nicht erzittern;
Er schläft in der Sonne, die Hand auf der stillen
14   Brust. Er hat zwei rote Löcher auf der rechten Seite.

Oktober 1870.

Beispiel (4) ist ein *deskriptiver Text* mit dem *présent* als Basistempus. Beschrieben wird ein an einem idyllischen Ort (*locus amoenus*) liegender toter Soldat. Die

6.1 Lyrik als Gattung?

beschriebenen Elemente stehen zueinander in einer Relation der Gleichzeitigkeit, nicht der chronologischen Sukzession. Es handelt sich um Eigenschaften und Merkmale, nicht um Elemente einer Handlung. Die Information, daß es sich um einen Toten handelt, wird zwar unterschwellig vorbereitet – man beachte die Wiederholung des Lexems „dort" (V. 7, 9, 13) sowie semantisch äquivalenter Ausdrücke (V. 7, 10), die die Regungslosigkeit des Soldaten anzeigen –, sie wird aber explizit erst am Schluß gegeben und wirkt dadurch um so eindringlicher.

Die Beispiele zeigen, daß es keine lyrikspezifische Sprechsituation gibt. Trotz aller Unterschiede auf der Ebene der *énonciation* (narrativ vs dramatisch) und des Sprechmodus (deskriptiv vs argumentativ) wie auch der Semantik (Heiligenlegende, Salomestoff, Liebesklage, toter Soldat) gehören alle Beispiele nach heutigem Verständnis zu den lyrischen Texten. Im Falle von Mallarmé handelt es sich zwar um das Fragment einer unvollendet gebliebenen Tragödie, aber der Autor bezeichnete es selbst als „poème", und es steht heute in der Sammlung seiner *Poésies* zwischen *Don du poème* und *L'après-midi d'un faune*. Wenn es aber keine lyrische Sprechsituation gibt, so stellt sich die Frage, was die zitierten Texte gemeinsam haben, das es erlaubt, sie dennoch einer Gruppe von Texten zuzurechnen.

6.1.2   Kriterien für eine Definition lyrischer Einzelgattungen

Ein offensichtlich gemeinsames Merkmal der zitierten Texte ist der *Vers* (→ Kap. 6.2). Versucht man nun aber, Lyrik auf der Ebene der Sprache zu definieren, indem man sagt, sie sei gebundene, versifizierte Rede, im Gegensatz zur Prosa, so steht man vor dem Problem, daß es gebundene Rede auch in nicht-lyrischen Texten gibt: Man denke an den mittelalterlichen Versroman oder an das klassische Drama.

Dennoch wurde versucht, Dichtung und Nicht-Dichtung durch das Kriterium des Verses zu unterscheiden, exemplarisch bei Cohen (1966). *Poésie* ist ein weiterer Begriff als *Lyrik*; sie umfaßt sowohl lyrische Dichtung als auch Dichtung allgemein. Doch selbst wenn man auf eine Definition von Lyrik verzichtet und mit dem Vers ganz allgemein die Dichtung fundieren möchte, handelt man sich Probleme ein. Bei Cohen gehören nämlich die Verstragödien von Racine und die Verskomödien von Molière ebenso zur *poésie* wie die lyrischen Gedichte von Hugo, Rimbaud oder Mallarmé. Die auf der Hand liegenden Unterschiede zwischen Tragödie, Komödie und Sonett bleiben dabei unberücksichtigt. Nun spricht prinzipiell nichts dagegen, all diese Texte zur Dichtung zu zählen. Man müßte nur zusätzliche Definitionskriterien festlegen, die eine interne Differenzierung der genannten Textsorten ermöglichen. Aus dem Bereich der *poésie* ausgeschlossen werden jedoch durch das Verskriterium andererseits die Prosakomödien Mo-

6. Lyrische und poetische Texte

lières. Dies ist nun allerdings höchst problematisch, weil Prosakomödien mehr Eigenschaften mit Verskomödien gemeinsam haben als diese mit einem Liebesgedicht oder dem *Art poétique* von Boileau.

Man sieht, daß die Zugrundelegung des Verses als alleinigen Definitionskriteriums eine Klasse von Texten erzeugt, die in sich mindestens ebenso heterogen ist wie die Klasse der lyrischen Texte. Zugleich werden durch den Vers Texte aus dem Bereich der Poesie ausgeschlossen, die doch ihrem Selbstverständnis nach poetisch sind, insbesondere das im 19. Jahrhundert entstandene Prosagedicht.

Gerade der Blick auf diesen Grenzfall einer poetischen Gattung kann indes helfen, die Probleme zu lösen, die sich aus den bisher dargestellten Versuchen einer Gattungsbestimmung (Lyrik als Großgattung in Abgrenzung von Narrativik und Drama; *poésie* als Versdichtung) ergeben. In der an Arsène Houssaye gerichteten Widmung seiner unter dem Titel *Le Spleen de Paris* (posthum 1869) gesammelten Prosagedichte sagt Baudelaire:

> Quel est celui de nous qui n'a pas, dans ses jours d'ambition, rêvé le miracle d'une prose poétique, musicale sans rythme et sans rime, assez souple et assez heurtée pour s'adapter aux mouvements lyriques de l'âme, aux ondulations de la rêverie, aux soubresauts de la conscience? (*Œuvres complètes*, I, 275 f.).

> Wer von uns hätte nicht an ehrgeizigen Tagen vom Wunder einer poetischen Prosa geträumt, die musikalisch ohne Rhythmus und ohne Reim wäre, geschmeidig genug und schroff genug, sich den lyrischen Bewegungen der Seele anzupassen, den Wogen der Träumerei, den Zuckungen des Gewissens?

Als einer der Hauptvertreter des im 19. Jahrhundert entstandenen *poème en prose* verdeutlicht Baudelaire den Anspruch, der sich mit der neuen Gattung verbindet: Prosa und Poesie zu kombinieren und „lyrische Bewegungen der Seele" zu versprachlichen. Bezeichnend ist hier die Verwendung syntaktisch-lautlicher („prose poétique") und semantischer Definitionskriterien (neben den „mouvements lyriques de l'âme" sind dies die „ondulations de la rêverie" und die „soubresauts de la conscience"). Für die Bestimmung einer Gattung scheint es demnach angebracht zu sein, Merkmale zu kombinieren, die verschiedenen Textkonstitutionsebenen zugehören.

Wenn es unmöglich ist anzugeben, welche gemeinsamen Merkmale Texte haben müssen, um einer Großgattung Lyrik zuzugehören, so ist andererseits unbestreitbar, daß es Texte gibt, die aufgrund bestimmter Merkmale gattungsmäßig eindeutig zu identifizieren sind: Oden, Elegien, Balladen, Sonette, Prosagedichte usw. Es existieren also sehr wohl lyrische Einzelgattungen, die in gewisser Weise den narrativen und dramatischen Einzelgattungen entsprechen (Roman, Epos, Märchen; Tragödie, Komödie usw.). Eine Darstellung der wichtigsten französischen Gedichte mit fester Form (*poèmes à forme fixe*) findet man etwa bei Elwert

6.1 Lyrik als Gattung?

(1961: 167–186) und bei Coenen (1998: 158–169). Solche Einzelgattungen oder Textsorten lassen sich „als historisch festgelegte, konventionalisierte Verbindungen von Komponentensorten begreifen" (Stempel 1972: 178). Das bedeutet, die einzelne Gattung ist aus Komponenten zusammengesetzt, die den verschiedenen Konstitutionsebenen eines Textes zugehören (Lautebene, Syntax, Semantik und Pragmatik) (→ Kap. 2.6.1). Die Komponenten bilden in einem spezifischen Mischungsverhältnis das Profil einer Gattung in einer bestimmten Epoche. Die Kombination dieser Textkomponenten ist nicht natürlich und unvermeidlich, sondern konventionell festgelegt und somit auch historisch veränderlich.

Betrachten wir als Beispiel das *Sonett*, das in Italien im 13. Jahrhundert aus der Kanzonenstrophe heraus entstand, in Petrarcas *Canzoniere* (entstanden zwischen 1336 und 1374, Erstdruck 1470) die dominante Gedichtform war und im 16. Jahrhundert im Zuge der Petrarca-Nachfolge auch in Frankreich heimisch wurde (Elwert 1961: 175–182). Das Sonett ist in der Renaissance thematisch weitgehend festgelegt: Es handelt in der Regel von Frauenlob, Schmerzliebe und der Enttäuschung des verschmähten Liebenden, so exemplarisch in Ronsards *Amours* (1552/53). Ein Sonett besteht aus 14 Versen, die in zwei Vierer- und zwei Dreiergruppen angeordnet sind. Die Viergruppen heißen Quartette *(quatrains)*, die Dreiergruppen Terzette *(tercets)*. Im *sonnet régulier* ist das Reimschema in den Quartetten *abba/abba* (umschlungener Reim); in den Terzetten *ccd/ede* (Kreuzreim in den letzten vier Versen). Möglich sind auch andere Kombinationen, etwa die von Petrarca bevorzugte Anordnung *cdc/dcd* oder *ccd/eed*. Verwendet werden zunächst zehnsilbige Verse, ab der Mitte des 16. Jahrhunderts vor allem, aber nicht ausschließlich, der Zwölfsilbler (zum Vers → Kap. 6.2).

Das vorwiegend petrarkistische Sonett erlebt seine Blütezeit im 16. und 17. Jahrhundert. Im 19. Jahrhundert wird die zwischenzeitlich in Vergessenheit geratene Gattung wiederentdeckt. Thematisch ist nun eine größere Freiheit gegeben. So greift Baudelaire einerseits die Tradition des Frauenlobs auf, um sie neu zu interpretieren („Que diras-tu ce soir, pauvre âme solitaire"; *Les Fleurs du Mal*, XLII); er erschließt aber andererseits dem Sonett ganz neue Themenbereiche, etwa die ziellos in der Großstadt umherirrenden Blinden (*Les Aveugles*; *Les Fleurs du Mal*, XCII; → Kap. 7) oder die allegorische Beschreibung von Ausschweifung und Tod *(Les deux bonnes sœurs*; *Les Fleurs du Mal*, CXII). Rimbaud verfolgt diese Richtung weiter, wenn er in *Le Dormeur du val* (s. o. Beispiel 4) durch die dissonante Kombination eines idyllischen Ortes (*locus amoenus*) mit der Beschreibung eines toten Soldaten eindringlich die Schrecken des Krieges vor Augen führt. Auch metrisch wird das Sonett im 19. Jahrhundert freier gehandhabt, so etwa durch die Einführung neuer Reime für das zweite Quartett (*abba/cddc*) oder durch heterometrischen Bau (Verwendung von Versen mit verschiedener Silbenzahl in einem Gedicht).

6. Lyrische und poetische Texte

Eine lyrikspezifische Textanalyse müßte die Komponenten der lyrischen Einzelgattungen beschreiben und den historischen Wandel der jeweiligen Gattung betrachten. Das läßt sich im Rahmen dieser Einführung nicht leisten. Eine Alternative besteht jedoch darin, nicht in die lyrischen Einzelgattungen einzuführen, sondern die typischen (aber nicht ausschließlichen) Merkmale lyrischer als einer Sonderform poetischer Texte zu beschreiben. Was im folgenden über den Vers, die Textkonstitutionsebenen und die rhetorischen Figuren gesagt wird (→ Kap. 6.2, 6.3 und 6.4), gilt im Prinzip für alle Texte, die sich durch poetische Strukturen auszeichnen, unabhängig von der jeweiligen Einzelgattung. Es gilt auch für nicht-poetische Texte mit poetischen Strukturen, zum Beispiel Reden oder Werbetexte. Dabei ist zu bedenken, daß nicht alle poetischen Texte sämtliche hier beschriebenen Merkmale aufweisen; das Prosagedicht etwa verzichtet auf den Vers und auf metrische Gliederung, nicht aber auf andere Verfahren poetischer Textgestaltung.

Der Begriff *poetischer Text* ist somit umfassender als der Begriff *lyrischer Text*. Poetische Texte zeichnen sich in der Regel aufgrund der in ihnen wirksamen sprachlichen Verfahren (der *Sekundärstrukturen*) durch eine besondere diskursive und semantische Dichte aus. Wie diese Dichte zu erklären und zu begreifen ist, wird im Teilkapitel über die poetische Sprachfunktion erläutert (→ Kap. 6.5). Wenn ‚Lyrik' trotz der genannten Definitionsschwierigkeiten als Paradigma des Poetischen gilt, so hat dies einen besonderen Grund. Es hängt damit zusammen, daß die Lyrik in einer jahrhundertealten Tradition steht, die ihr den experimentellen Umgang mit Sprache zur zweiten Natur hat werden lassen. Im französischen Mittelalter war Lyrik wie in der Antike Dichtung, die von Musik begleitet wurde (Guiette 1949). Die Semantik der überlieferten Texte ist stereotyp. Der eigentliche Schwerpunkt liegt auf der sprachlichen Gestaltung; Guiette spricht in diesem Zusammenhang von einer „poésie formelle", deren Feinheiten von einem kundigen Publikum goutiert wurden. Es zählt nicht wie im 19. und 20. Jahrhundert die inhaltliche Innovation, sondern einzig die Fähigkeit des Dichters, den traditionellen und allgemein bekannten Inhalt auf originelle Weise auszudrücken. Die meisten der uns bekannten Gedichtformen sind im Mittelalter entstanden; sie verdanken sich mithin den Gepflogenheiten jener „poésie formelle". Daß diese Gedichtformen über die Jahrhunderte hinweg gepflegt wurden, obwohl sich so gut wie alle Anschauungen und Auffassungen von der Dichtung gewandelt haben, ist ein Indiz dafür, daß es so etwas wie einen Kern des Lyrischen gibt. Dieser Kern besteht in der Arbeit an der Form, im sprachlichen Experiment und der daraus resultierenden sprachlichen und inhaltlichen Verdichtung, der maximalen Semantisierung aller Textelemente. Die Lyrik wäre in diesem abstrakten Sinne der Archetyp des Poetischen. In der Lyrik findet das Poetische seinen deutlichsten Niederschlag. Das ist keine ahistorische Wesensbestimmung des Lyrischen, sondern es ist eine Erklärung, die im Gegenteil die Geschichtlichkeit der Lyrik und ihre pragmatisch-kommunikative Fundierung beim Wort nimmt.

6.2 Der Vers

> Lyrische Texte lassen sich im Gegensatz zu narrativen und dramatischen Texten nicht auf der Ebene der Sprechsituation definieren, denn auch lyrische Texte können narrativ oder dramatisch strukturiert sein. Es gibt somit keine Großgattung ‚Lyrik‘, sehr wohl aber *lyrische Einzelgattungen*, sogenannte „poèmes à forme fixe" (Ode, Sonett, Rondeau usw.). Diese lassen sich als historisch je unterschiedlich konventionalisierte *Kombinationen von Komponenten* beschreiben. Traditionell eignet der Lyrik ein stark *formelles Moment*; die im Mittelalter übliche semantische Monotonie wurde kompensiert durch sprachliche Variations- und Experimentierlust. Dies ist eine Konstante der Lyrik, die sie in gewisser Weise zum Archetyp des Poetischen macht.

6.2 Der Vers

Ein wichtiges, geradezu unverzichtbares Merkmal poetischer Texte vom Mittelalter bis zum 19. Jahrhundert ist der Vers. Es sind daher einige grundlegende Bemerkungen zum Vers allgemein und speziell zum französischen Vers erforderlich. Diese Bemerkungen sind eher genereller Natur, zum Teil notgedrungen vereinfachend und können das Studium einer Verslehre nicht ersetzen. Für Anfänger besonders empfehlenswert ist Elwert (1961).

Der Vers läßt sich als gebundene Rede (*oratio vincta*) charakterisieren. Die Anordnung sprachlicher Elemente erfolgt hier nicht allein nach den vom Sprachsystem vorgegebenen syntaktischen Regeln, sondern auch nach zusätzlichen Gliederungsprinzipien. Die vom Sprachsystem vorgegebenen primären Regeln werden durch *sekundäre* Regeln spezifiziert. Der Vers ist ein wichtiges sekundäres Strukturmerkmal. So können betonte und unbetonte oder lange und kurze Silben einander in regelmäßiger Folge ablösen; syntaktische Einheiten können aus einer identischen Zahl von Silben bestehen; lautliche Einheiten können in regelmäßigen Abständen wiederkehren. Solche Regelmäßigkeit entspricht nicht der Wahrscheinlichkeit bei ‚normaler‘ Sprachverwendung. Der Vers macht die in der Prosa zwar mögliche, aber unwahrscheinliche Regelmäßigkeit zur Norm. Er überführt Zufall in Notwendigkeit. Dadurch wird die Regelmäßigkeit im Vers zugänglich für eine Semantisierung, das heißt, sie kann sekundär mit Bedeutung aufgeladen werden. Diese Bedeutung steht in Wechselwirkung mit der Wort- und Satzbedeutung.

Etymologisch verweist der Begriff *Vers* auf die erwähnte Regelmäßigkeit; er leitet sich von lat. *versus*, ‚Kehrtwende, Furche‘, her (zu *vertere*, ‚wenden‘). Im übertragenen Sinn bedeutet *versus* auch ‚Zeile‘. Der Vers, das heißt der in regelmäßige Einheiten gegliederte Text, wendet sich auf sich selbst zurück und erinnert damit an die Kehrtwende des Pfluges am Ende einer gezogenen Ackerfurche. Der Gegenbegriff *Prosa* kommt von lat. *pro(ver)sa oratio* und bedeutet ‚nach vorne gerichtete, geradeaus laufende Rede‘. Man sagt auch: ungebundene Rede

6. Lyrische und poetische Texte

(*oratio soluta*). Nun gelten in den einzelnen Sprachen unterschiedliche Prinzipien des Verses. Um die Besonderheiten des französischen Verses sichtbar zu machen, ist es sinnvoll, diesen mit den Prinzipien des lateinischen und des deutschen Verses zu vergleichen.

Die versspezifische Regelmäßigkeit kommt im Lateinischen durch die geregelte Abfolge von langen und kurzen Silben zustande (*quantitierendes* Versmaß). Ein lateinischer Vers setzt sich aus mehreren *Versfüßen* zusammen, zum Beispiel:

- Jambus = „kurz, lang" (. –)
- Trochäus = „lang, kurz" (– .)
- Spondeus = „lang, lang" (– –)
- Anapäst = „kurz, kurz, lang" (. . –)
- Daktylus = „lang, kurz, kurz" (– . .)

Die Doppelung von Jambus, Trochäus und Anapäst ergibt je ein *Metrum*, genannt jambischer, trochäischer und anapästischer Doppelfuß. Spondeus und Daktylus gelten sowohl als Versfuß wie auch als Metrum. Verknüpft man mehrere Metren zu einer größeren Einheit, so entsteht eine *Versart*, etwa Pentameter (Versart aus fünf Metren) und Hexameter (Versart aus sechs Metren). Festgelegt ist für eine Versart, also das, was in einer Zeile steht, nur die Anzahl der Metren, nicht jedoch die Anzahl der Silben, da das Grundmuster des Metrums vielfach abgewandelt werden kann: Eine lange Silbe kann häufig durch zwei kurze ersetzt werden u. ä. Der lateinische Vers ist in der Regel reimlos.

Im Deutschen ist das Versmaß nicht quantitierend, sondern *akzentuierend*, das heißt, ein Vers definiert sich durch eine bestimmte Abfolge von betonten und unbetonten Silben (Hebungen und Senkungen). Bestimmte Versarten sind allein durch die Anzahl der Hebungen definiert, zum Beispiel der freie Knittelvers, der vier Hebungen hat. Zwischen den Hebungen herrscht Füllungsfreiheit, das heißt, die Anzahl der Senkungen ist variabel. Nun gibt es im Deutschen jedoch auch Versarten, die antiken Mustern nachgebildet sind, wobei das quantitierende auf die Verhältnisse des akzentuierenden Versmaßes übertragen wird: Lange Silben werden durch Hebungen ersetzt, kurze durch Senkungen. Neben der Füllungsfreiheit des Knittelverses und der Nachbildung antiker Versarten gibt es im Deutschen sodann als dritte Möglichkeit die Imitation romanischer Versarten, die sich durch die Anzahl der Silben und den Reim auszeichnen (s. u.). Welche der gegebenen Möglichkeiten gewählt wird, ist von historischen Normsystemen und individuellen Entscheidungen abhängig. Im Unterschied zum Lateinischen jedoch und stärker als in den romanischen Sprachen ist im deutschen Vers der Wortakzent das dominante Gliederungsprinzip.

Im Französischen spielt im Gegensatz zum Deutschen der Wortakzent prinzipiell eine untergeordnete Rolle. Im normalen Sprechfluß fällt der Akzent nicht auf einzelne Wörter, sondern auf größere artikulatorische Einheiten (die sog.

6.2 Der Vers

groupes rythmiques), die jeweils auf der letzten Silbe betont werden. Enthält die letzte Silbe ein *e muet* (auch genannt: *e instable*), so fällt die Betonung auf die vorletzte Silbe. Dieses Prinzip gilt auch in der Verssprache. Der französische Vers definiert sich weder wie der lateinische durch eine geregelte Abfolge von Längen und Kürzen noch wie der deutsche durch eine feste Anzahl von Hebungen. Das heißt, er hat keinen oder einen nur schwach ausgeprägten regelmäßigen Rhythmus. Vielmehr ist er durch eine für jede Versart festgelegte Anzahl von Silben bestimmt (*syllabierender Versbau*). Die am häufigsten vorkommenden Versarten sind der Siebensilbler (*l'heptasyllabe*), der Achtsilbler (*l'octosyllabe*), der Zehnsilbler (*le décasyllabe*) und der Zwölfsilbler (*le dodécasyllabe* oder geläufiger: *l'alexandrin*). Man muß also, um eine Versart zu bestimmen, lediglich die Silben eines Verses zählen. Dabei ist allerdings folgendes zu beachten: Das unbetonte *e muet* hat im Gegensatz zur gesprochenen Sprache, wo es meist reduziert oder gar nicht artikuliert wird, silbischen Wert, es sei denn, daß unmittelbar darauf ein Vokal folgt; in diesem Fall wird das *e muet* elidiert (phonetisch nicht realisiert) und zählt somit nicht als Silbe. Gezählt wird bei der Bestimmung der Verslänge nur bis zur letzten betonten Silbe einschließlich; ein danach folgendes *e muet* zählt nicht mit. Diphthonge zählen entweder als eine oder als zwei Silben, je nach etymologischem Ursprung (genaue Erläuterungen mit Beispielen bei Elwert 1961: 40 ff.). Die erste Strophe von Baudelaires *Rêve parisien* (*Les Fleurs du Mal*, CII) möge als Beispiel für die Bestimmung der Verslänge dienen:

De ce terrible paysage,
1 2 3 4 5 67 8 ( )
Tel que jamais mortel n'en vit,
1   2 3   4   5 6   7   8
Ce matin encore l'image,
1 2 3 4 5 6̲ 7 8 ( )
Vague et lointaine, me ravit.
1 ( )2   3   4   5̲   6 7 8

Es handelt sich um Achtsilbler. Am einfachsten ist der zweite Vers zu bestimmen, der genau aus acht Silben besteht. Endet ein Vers mit einer betonten Silbe, so ist er männlich. Folgt wie in V. 1 und 3 nach der letzten betonten Silbe ein *e muet*, so ist der Vers weiblich. Die im traditionellen französischen Vers übliche *alternance des rimes* schreibt einen regelmäßigen Wechsel männlicher und weiblicher Verse vor. Die oben unterstrichenen Zahlen zeigen jene Silben an, die in der Alltagssprache als *e muet* in aller Regel nicht realisiert werden, im Vers hingegen silbischen Wert haben. Die Klammern indizieren, daß ein *e muet* elidiert wird beziehungsweise nicht zählt, weil es am Versende nach der letzten betonten Silbe steht.

Die feste Silbenzahl ist ein notwendiges, jedoch kein hinreichendes Kriterium, um einen französischen Vers zu definieren. Sonst könnte man jeden Prosa-

6. Lyrische und poetische Texte

text allein dadurch zum Verstext umgestalten, daß man nach einer stets gleichbleibenden Anzahl von Silben eine neue Zeile beginnen läßt. Dies würde aber in einer großen Zahl von Fällen dazu führen, daß Wörter getrennt würden. Da Wörter im Französischen, sofern sie nicht mit einem e *muet* enden, immer auf der letzten Silbe betont werden, würde bei Worttrennung am Versende die den Versschluß markierende Betonung in die nächste Zeile verschoben werden. Das wäre nicht nur verständniserschwerend, sondern es würde die Versstruktur zerstören. Machen wir die Probe aufs Exempel und zerlegen den Beginn von Michel Houellebecqs Roman *Les particules élémentaires* (1998) in zehnsilbige Einheiten:

> Ce livre est avant tout l'histoire d'un
> homme, qui vécut la plus grande par-
> tie de sa vie en Europe occiden-
> tale, durant la seconde moitié
> du XXe siècle. [...]

Das Experiment macht offenkundig, daß die bloße mechanische Unterteilung eines Prosatextes in Einheiten mit gleicher Silbenzahl aus diesem noch keinen Verstext macht. Coenen (1998: 23–26) weist zu Recht darauf hin, daß zur Natur des französischen Verses neben der festen Silbenzahl die „regelmäßige Verteilung reservierter Stellen für Wortanfangssilben" gehört. Das bedeutet, daß am Anfang und am Ende einer jeden Verszeile immer ganze Wörter stehen. Graphisch bedeutet dies, daß es in Verstexten anders als in Prosatexten keine Silbentrennung gibt. (In experimentellen Texten des 20. Jahrhunderts kann gegen diese Regel allerdings verstoßen werden.) Das schränkt die Zahl der möglichen syntaktischen und lexikalischen Kombinationen gegenüber Prosatexten erheblich ein. In einem Text aus Alexandrinern muß obligatorisch jede 12. Silbe die erste Silbe eines Wortes sein. Hinzu kommt, daß meistens (im 17. Jahrhundert immer) eine *Zäsur*, das heißt ein syntaktischer Einschnitt mit Sprechpause, den Alexandriner in zwei gleichlange Halbverse (*hémistiches*) unterteilt, so daß die siebte Silbe jedes Verses ebenfalls eine Wortanfangssilbe sein muß. Eine alternative Möglichkeit der Segmentierung ist die Aufteilung in drei Bestandteile (4+4+4 oder 3+5+4 oder auch 2+6+4). Zu den Feinheiten der Zäsur, die hauptsächlich in Zehnsilbern und Alexandrinern vorkommt, vgl. Elwert (1961: 67–74).

Eine weitere, die Zahl der Kombinationsmöglichkeiten stark einschränkende Bedingung ist der *Reim*, das heißt der „Gleichklang zweier Wortschlüsse in ihrem Tonvokal und den darauffolgenden Lauten" (ebd., 80). Der Reim bildet „von Anfang an einen wesentlichen Bestandteil des französischen Verses. Er dient zur Betonung und Kennzeichnung des Reihenschlusses, um die sonst nur durch die Silbenzahl [und, so muß man mit Coenen ergänzen, durch die regelmäßige Verteilung von Wortanfangssilben] gekennzeichneten Verse deutlich gegeneinander abzugrenzen." (Ebd., 81) Da sich nämlich in der Entwicklung vom Altfranzösischen zum Neufranzösischen der Unterschied zwischen betonten und unbetonten

6.2 Der Vers

Silben zunehmend abgeschwächt hat und somit der französische Vers nur eine schwache rhythmische Binnengliederung aufweist, fungiert der Reim als Ersatzmarkierung für den Rhythmus.

Aus dem Gesagten wird verständlich, daß im traditionellen französischen Vers, insbesondere in klassischer Zeit, eine weitgehende *Kongruenz von Versstruktur und Syntax* vorherrscht. Ein Vers ist im Normalfall mit einer selbständigen syntaktischen Einheit (Teilsatz oder Satz) gefüllt. Die Abweichung von dieser Norm ist möglich, aber so auffällig, daß es dafür einen eigenen Namen gibt: das *Enjambement*. Dieses besteht darin, „daß ein syntaktisch mit dem Vorausgehenden eng zusammengehöriger Satzteil in den nächsten Vers hinübergenommen wird, so daß der Satz in den nächsten Vers übergreift, in ihn hinüberfließt" (Elwert 1961: 74). Das Überspielen der Versgrenze stört den metrischen Charakter, es ist eine hörbare beziehungsweise sichtbare Abweichung von der Versstruktur. Die primäre Strukturierung durch die Syntax ist in diesem Fall stärker als die sekundäre Strukturierung durch den Vers. Das bedeutet, daß das Abweichende, das in den nächsten Vers verwiesene Element (*le rejet*), besonders auffällt, wie sich an Rimbauds *Le Dormeur du val* zeigt:

> C'est un trou de verdure où chante une rivière
> Accrochant follement aux herbes des haillons
> *D'argent;* où le soleil, de la montagne fière,
> 4   *Luit:* c'est un petit val qui mousse de rayons.

Die syntaktische Auffälligkeit des *rejet* hebt dieses auch semantisch hervor. Das verleiht dem Gesagten eine stärkere Intensität. Eng zusammengehörige Syntagmen werden in dem zitierten Text förmlich zerrissen. Dadurch entsteht ein Eindruck von Unruhe und Diskontinuität. Auf syntaktischer Ebene wird somit in dem Rimbaud-Sonett die auf semantischer Ebene dargestellte Dissonanz zwischen Idylle und Tod unterstrichen. Dem *rejet* entspricht spiegelbildlich das *contre-rejet*, welches dann vorliegt, wenn das kürzere Element eines durch Enjambement getrennten Syntagmas am Ende einer Zeile steht: „Les pieds dans les glaïeuls, il dort. *Souriant comme* / Sourirait un enfant malade, il fait un somme." Wenn ein Syntagma die Grenze zwischen zwei Strophen überschreitet, so spricht man von *Strophenenjambement*.

Der Vers ist ein wichtiges Merkmal poetischer Texte, wenngleich er sie nicht allein zu definieren vermag. Denn einerseits gibt es auch nicht-poetische Texte in Versform, andererseits gibt es das Prosagedicht, das zu den poetischen Texten gehört, obwohl es auf den Vers verzichtet. Zur genauen Analyse von Vers, Strophe und Gedichtformen ist es in jedem Falle ratsam, eine historische Metrik zu Hilfe zu nehmen, weil die lyrischen Gattungen formal weitgehend festgelegt sind. Allerdings sollte man dabei nicht den Fehler machen, die ‚formale‘ von der semantischen Dimension abzukoppeln. Seine Bedeutung als Sprechakt gewinnt ein Gedicht nämlich nicht schon aus dem metrischen Grundmuster, sondern erst aus

6. Lyrische und poetische Texte

dem Zusammenspiel der verschiedenen Textkonstitutionsebenen. Diese sollen im folgenden Teilkapitel behandelt werden.

Eine wichtige Komponente lyrischer beziehungsweise poetischer Texte ist der *Vers*. Seine Prinzipien sind einzelsprachlich verschieden. Im Französischen zeichnet sich der Vers durch eine bestimmte gleichbleibende *Silbenzahl* (Achtsilbler, Zehnsilbler, Zwölfsilbler usw.) und durch die *regelmäßige Verteilung von Wortanfangssilben* aus. Das Versende ist in der Regel durch *Reime* markiert. Der traditionelle französische Vers tendiert zur *Kongruenz von Versstruktur und Syntax*. Die Mißachtung dieses Prinzips, das heißt das Überspielen der Versgrenze durch die Trennung eng zusammengehöriger syntaktischer Einheiten, nennt man *Enjambement*.

6.3 Textkonstitutionsebenen

6.3.1 Die pragmatische Ebene

a) Das *Redekriterium*: Hier lassen sich, wie wir wissen, *narrative* (mit einer zwischen der fiktiven und der realen Welt vermittelnden Instanz) und *dramatische* Präsentation (ohne Vermittlungsinstanz) unterscheiden. Gemeinsames Merkmal von narrativen und dramatischen Texten ist, daß sie beide eine auf zeitlicher Sukzession beruhende Handlung vermitteln. Auch poetische Texte können, wie gezeigt wurde, narrativ oder dramatisch strukturiert sein. Im Heldenlied, im Versroman und im klassischen Versdrama werden poetische Sekundärstrukturen in den Dienst der Narration beziehungsweise der Bühnenhandlung gestellt. Bei lyrischen Texten hingegen steht in aller Regel die Vermittlung einer Geschichte nicht im Vordergrund. Die Sekundärstrukturen überlagern hier die bloße Mitteilungsfunktion, so daß die Aufmerksamkeit stärker auf die sprachliche Gestaltung und die Interaktion der verschiedenen Textkonstitutionsebenen gelenkt wird.

b) Die *Manifestation des Sprechers*: Der Sprecher kann seine Anwesenheit im Text markieren oder nicht. Benveniste (1966: 238 ff.) unterscheidet die beiden Systeme *histoire* (oder *récit historique*) und *discours*. Diese Unterscheidung ist nicht mit dem synonymen Begriffspaar aus der Erzähltheorie zu verwechseln (→ Kap. 5.1.1). *Histoire* ist bei Benveniste die Erzählung vergangener Ereignisse, „sans aucune intervention du locuteur dans le récit" (1966: 239) [„ohne jegliche Einmischung des Sprechers in die Erzählung"], das heißt ohne Verweis auf den Sprecher, den Angesprochenen sowie das Hier und Jetzt der Sprechsituation. Im Französischen der Gegenwart zeichnet sich diese Darstellungsform zudem durch die exklusiv ihr vorbehaltene Verwendung des *passé simple* als Basistempus aus. Vorzeitigkeit und Nachzeitigkeit werden durch das *plus-que-parfait* beziehungs-

6.3 Textkonstitutionsebenen

weise das *conditionnel* in prospektiver Funktion (auch *futur du passé*) angezeigt. Demgegenüber beruht die Darstellungsform des *discours* auf dem *présent* als Basistempus (Vorzeitigkeit: *passé composé*, Nachzeitigkeit: *futur*) und zeichnet sich durch die sprachliche Markierung des Sprechers und der Sprechsituation aus. Ein Satz wie „De ce terrible paysage, / [...] / *Ce matin* encore l'image / Vague et lointaine, *me ravit.*" (Baudelaire, *Rêve parisien*, V. 1–4) wäre im System des heutigen Französisch ungewöhnlich, weil hier das *histoire*-Element *passé simple* mit den deiktischen *discours*-Elementen *me* und *Ce matin* vermischt wird.

Jene sprachlichen Elemente, die die Sprechsituation markieren, bezeichnet man auch als *embrayeurs* (wörtlich ‚Kupplungselemente', das ist die französische Übersetzung des von Jakobson stammenden Begriffes *shifters*, vgl. Maingueneau 1981). Es handelt sich um die Personen oder Rollendeiktika *je/nous, tu/vous*, um Präsentativa (*voici, voilà*), um räumliche und zeitliche Deiktika (Zeigewörter), die in pronominaler (*ça, ceci, cela, celui-ci, celui-là*), begleitender (*ce[t/te]* ... *-ci/-là*) und in adverbialer Funktion auftreten können (räumlich: *ici, là, là-bas; près, loin; en haut, en bas; à gauche, à droite* usw.; zeitlich: *maintenant, actuellement, en ce moment, à cette heure, aujourd'hui* [gleichzeitig]; *hier, autrefois, jadis, naguère, dernièrement, tout à l'heure, ce matin* [vorzeitig]; *demain, bientôt, tout à l'heure* [nachzeitig]). All diese auf die „Ich-Origo" und das „Zeigfeld" (Bühler 1934) beziehungsweise, wie man auch sagt, die Deixis bezogenen Elemente sind ohne Kenntnis der Situation, in der eine Äußerung entstanden ist, nicht interpretierbar. Sie haben indiziellen Charakter (→ Kap. 2.5), das heißt, sie stellen eine Verknüpfung, eine ‚Verkupplung' zwischen der Sprechhandlung und der außersprachlichen Wirklichkeit her, in der der Sprechakt verankert ist.

Dabei ist zu bedenken, daß die Wirklichkeit für den Menschen ganz prinzipiell nicht unabhängig von Wahrnehmung und Sprache existiert. Sprechakte gestalten Wirklichkeit, indem sie Sachverhalte auswählen, benennen und bewerten. Die Wirklichkeit, über die man spricht, wird immer auch sprachlich konstituiert (→ Kap. 2.3.1). Dies gilt um so mehr für literarische Sprechakte, die nicht in derselben Weise auf die Wirklichkeit verweisen wie pragmatische Sprechakte. Denn literarische Texte sind *situationsabstrakt* (→ Kap. 2.6.3), es handelt sich nicht um Gebrauchs-, sondern um Wiedergebrauchstexte, die auch jenseits ihrer konkreten Entstehungssituation rezipierbar sein müssen. Um ihre Situationsabstraktheit zu kompensieren, neigen literarische Texte dazu, mittels einer ausgeprägten „pragmatischen Gestik" (Dirscherl 1975) eine textinterne Sprechsituation zu konstituieren: „Die pragmatische Gestik leistet hier also eine [...] Loslösung des Sprechakts aus dem normalen Sprechen, die konsequente Kreation einer Sprechsituation mit nur beschränkter Relevanz in der Wirklichkeit, in welcher dann Dinge gesagt werden können, die in wirklichen Situationen u. U. unsagbar sind." (Dirscherl 1975: 39) Anders gesagt: Literarische Texte sind wirklichkeitsinterpretierende *Modelle* (→ Kap. 1.4, 6.5), sie schaffen eine eigene Wirklichkeit, die nur in und mittels der Sprache existiert. Dies leisten sie, indem sie die in der natürlichen

6. Lyrische und poetische Texte

Sprache vorhandenen Möglichkeiten des Sprechens ,ausbeuten', das heißt, indem sie *reale Sprechakte simulieren*. Durch die Konstituierung einer textinternen Sprechsituation schaffen sie eine Wirklichkeit, in der sie sich als Sprechakte situieren und interpretieren lassen.

Jakobson (1960: 42) spricht in diesem Zusammenhang von der „Ambiguität" poetischer Texte. Er versteht darunter die *Aufspaltung* von Sender und Empfänger in eine textinterne und eine textexterne Instanz.

> Besides the author and the reader, there is the „I" of the lyrical hero or of the fictitious storyteller and the „you" or „thou" of the alleged addressee of dramatic monologues, supplications, and epistles. [...] Virtually any poetic message is a quasi-quoted discourse with all those peculiar, intricate problems which „speech within speech" offers to the linguist.

> Neben dem Autor und dem Leser gibt es das „Ich" des lyrischen Helden oder des fiktiven Geschichtenerzählers und das „Ihr" oder „Du" des angeblichen Adressaten von dramatischen Monologen, Bittgesuchen und Episteln. [...] Geradezu jede poetische Botschaft ist eine quasi-zitierte Rede mit all den besonderen, verworrenen Problemen, die die „Rede in der Rede" dem Linguisten aufgibt.

Diese *Verdoppelung der Kommunikationsinstanzen* ist kein durch die Dominanz der poetischen Sprachfunktion auf wundersame Weise bewirktes Phänomen, sondern lediglich das Korrelat der Situationsabstraktheit literarischer und poetischer Texte.

c) Der *Bezug zum Adressaten*: Ebenso, wie der Sprecher seine Spuren im Text hinterlassen kann, kann auch die Position des Angesprochenen im Text markiert sein. Grundsätzlich gilt, daß, wo immer ein Ich sich manifestiert, ein entsprechendes Du – ob explizit oder implizit – vorhanden ist. Häufig findet sich in Texten mit stark ausgeprägter Ich-Origo auch die direkte Anrede an ein Du (Apostrophe), etwa in Beispiel (3), wo der Sprecher, nachdem er ausgiebig seinen emotionalen Zustand beschrieben hat, sich an die abwesende Geliebte wendet: „Vers le païs où tu es sejournant, / Dont le bel air sans plus me reconforte." (V. 13–14) Der Sprecher kann gegenüber dem Adressaten verschiedene *Haltungen* einnehmen: Er kann versuchen, ihm etwas mitzuteilen, ihn zu überzeugen, ihn zu belehren, ihn zu unterhalten, ihn zum Mitgefühl aufzufordern usw. Auch hier ist zu bedenken, daß der textinterne Adressat nicht mit dem textexternen Leser gleichzusetzen ist. Die textinternen Instanzen sind Stellvertreter des Autors und des Lesers, Stellvertreter, die allerdings kommunikative und kognitive Einstellungen und Verhaltensweisen modellhaft vorgeben und somit den Leser zu einer aktiven Auseinandersetzung auffordern.

6.3 Textkonstitutionsebenen

d) Die *Präsentation des Redegegenstandes*: Man kann ein und denselben Sachverhalt zum Gegenstand eines *argumentativen*, eines *narrativen* oder eines *deskriptiven* Textes machen. In den genannten Fällen unterwirft man den Sachverhalt einem je unterschiedlichen Erkenntnisinteresse, man fokussiert je unterschiedliche Teilaspekte. Die dabei jeweils modellierte Welt erscheint dann eher statisch oder eher dynamisch, eher abstrakt oder eher konkret. Narrative, argumentative und deskriptive Abschnitte kommen häufig in Kombination innerhalb eines Textes vor und bestätigen den „komposite[n] Charakter" von Textsorten (Stempel 1972: 178). Beispielsweise gibt es kaum einen Erzähltext, der nicht auch deskriptive und argumentative Teile enthielte. Auch lyrische Texte sind, wie wir sehen konnten, häufig eine Kombination aus verschiedenen Präsentationsmodi, wenngleich eine Tendenz zur Deskription und zur Argumentation vorherrscht.

e) Die *Einstellung des Sprechers zum Redegegenstand*: Man kann einen Gegenstand sachlich präsentieren, ihn loben oder tadeln, sich ironisch von ihm distanzieren, ihn pathetisch, emphatisch oder kritisch-satirisch darstellen usw. All dies steht wiederum in Wechselwirkung mit dem Adressatenbezug.

6.3.2   Die semantische Ebene

Über den Redegegenstand lassen sich keine generellen Aussagen treffen. Grundsätzlich kann alles Gegenstand der poetischen Darstellung werden. Es gibt indes gattungs- und epochenspezifische Einschränkungen. So ist das Sonett, wie schon mehrfach erwähnt wurde, lange Zeit mit dem Thema Liebe verbunden, während Themen wie Lobgesang und Siegespreis in der (Pindarischen) Ode abgehandelt werden. Die Elegie hingegen ist an Klage, Trauer und Resignation geknüpft. Es zeigt sich indes, daß lyrische Gattungen semantisch weniger festgelegt sind als auf der Ebene der Syntax (Reim, Vers, Strophe).

a) *Semantik und Referenz.* In bezug auf poetische Texte besonders wichtig ist die Unterscheidung zwischen Semantik (*signifié*, Ebene der Bedeutung) und Referenz (Wirklichkeitsbezug). Der Unterschied läßt sich an folgenden Beispielsätzen veranschaulichen:

(a) Ein Tisch ist ein Möbelstück, das die Ausübung bestimmter Tätigkeiten (etwa Küchenarbeit, Essen, Lesen, Schreiben) ermöglicht.

(b) Dieser Tisch hier steht mir im Weg. Man sollte ihn wegstellen.

Beide Sätze haben eine Bedeutung. Satz (a) spricht allgemein über das Konzept *Tisch*. Er referiert nicht in konkreter Weise auf die Wirklichkeit. Satz (b) referiert hingegen auf einen konkret vorhandenen Tisch. Ein anderer möglicher Referenz-

6. Lyrische und poetische Texte

akt bestünde darin, das in Satz (a) formulierte allgemeine Konzept auf eine konkrete Wirklichkeit anzuwenden und zu sagen: „Dieser Gegenstand hier ist folglich ein Tisch." Da poetische Texte situationsabstrakte Sprechhandlungen sind, können sie gar nicht in einer konkreten Weise auf Wirklichkeit referieren. Doch haben sie sehr wohl wie andere sprachliche Äußerungen auch eine Bedeutung, ein Signifikat. Daneben besitzen sie eine simulierte, fiktionsimmanente Referenz. In *Le Dormeur du val* (Beispiel 4) wird in der ersten Strophe ein textinterner Schauplatz entworfen, der in der empirischen Wirklichkeit nicht unbedingt ein Korrelat haben muß. Dieser Schauplatz besitzt bestimmte Eigenschaften und Merkmale („trou de verdure", „petit val", „rivière", „montagne", „herbes", „haillons d'argent", „soleil", „rayons"). Der in der zweiten Strophe beschriebene Soldat wird in dem in der ersten Strophe eingeführten Schauplatz situiert. Damit referiert der Text auf den sprachlich entworfenen Raum. Diese Referenz erfolgt durch die Wiederaufnahme bereits genannter Elemente („l'herbe", „son lit vers où la lumière pleut"). Man muß also zwischen textexterner und textinterner Referenz unterscheiden; im ersten Fall verweist ein Text auf eine konkrete, textexterne Wirklichkeit; im zweiten Fall verweisen Stellen eines Textes auf andere Stellen desselben Textes.

b) *Semantische Oppositionen und Isotopien.* Als besonders nützlich zur Analyse der Bedeutungsebene poetischer Texte haben sich die Begriffe *Opposition* und *Isotopie* erwiesen. Oppositionen und Isotopien kommen grundsätzlich in allen Texten vor. Doch in poetischen Texten, die aufgrund ihrer semantischen Dichte auf den ersten Blick oft nicht leicht verständlich, ja bisweilen sogar rätselhaft sind, ermöglicht die genaue Analyse der Isotopien und Oppositionen eine Sichtbarmachung verborgener Bedeutungsdimensionen. Ebenso macht sie die Interaktion aller Konstitutionsebenen des Textes erkennbar.

Opposition (lat. *oppositio*) bedeutet ‚Gegenüberstellung'. Der Begriff wurde zuerst in der strukturalistischen Phonologie verwendet. Um die Phoneme, das heißt die kleinsten bedeutungsunterscheidenden Lauteinheiten, eines Sprachsystems zu bestimmen, bildet man Minimalpaare, Lexeme, die sich nur durch einen Laut voneinander unterscheiden (etwa *dard* vs *tard*). Wenn zwei Laute in einem Minimalpaar bedeutungsunterscheidend sind, so stehen sie zueinander in phonematischer Opposition. Eine Opposition kann zweistellig oder auch mehrstellig sein (*dard* vs *tard* vs *lard* vs *fard* vs *marre*). Prinzipiell steht jedes Phonem zu jedem anderen eines Sprachsystems in Opposition.

Im Bereich der Semantik kann man den Begriff der Opposition definieren als „a) Relation zwischen zwei (oder mehreren) semantischen Termen derart, daß sie einander logisch ausschließen oder vom Text als einander logisch ausschließend gesetzt werden [...]. b) Relation zwischen zwei (oder mehreren) semantischen Termen derart, daß mindestens je ein semantischer Term des einen und einer des anderen untereinander oppositionell sind" (Titzmann 1977: 120). Schon unsere

6.3 Textkonstitutionsebenen

elementare Einteilung von Raum und Zeit operiert mit (meist binären, zuweilen auch ternären oder mehrstelligen) Oppositionen: vorne vs hinten, oben vs unten, nah vs fern; Gegenwart vs Vergangenheit vs Zukunft. Auch moralische und ästhetische Kategorien beruhen auf Oppositionen: gut vs böse, richtig vs falsch, interessant vs langweilig usw. Solche elementaren Oppositionen lassen sich sehr häufig auch in literarischen Texten nachweisen. Sie haben dort meist eine grundlegende Funktion und können als solche explizit gemacht werden. „Lui, naguère si *beau*, qu'il est comique et *laid*!" [„Er, vor kurzem noch so schön, wie komisch und häßlich ist er nun!"] heißt es in Baudelaires Gedicht *L'Albatros* (*Les Fleurs du Mal*, II, V. 10). Gegenstand des Textes ist der Albatros, der als König der Lüfte alle Anmut verliert, wenn er, von Matrosen eingefangen und auf dem Schiffsboden ausgesetzt, gezwungen ist, sich am Boden fortzubewegen, wobei ihn seine großen Flügel behindern. Mit dem Albatros wird in der letzten Strophe des Gedichts der Dichter verglichen, den ebenfalls seine „ailes de géant" im Exil unter den Menschen am Gehen hindern. Der Text beruht somit auf den Oppositionen Luft/Fliegen/Schönheit vs Boden/Gehen/Häßlichkeit.

Nicht in allen Texten sind die Oppositionen so deutlich markiert, das heißt, es werden nicht immer die beiden einander logisch ausschließenden Terme (*beau* vs *laid*) explizit genannt. Doch besagt die zweite Definition von Titzmann, daß Oppositionen auch dann gegeben sind, wenn nicht zwei Lexeme, sondern nur semantische Teilmerkmale zweier Lexeme zueinander in Opposition stehen. Dies führt uns zum Begriff der *semantischen Isotopie*. Sie läßt sich definieren als Rekurrenz (wiederholtes Auftreten) von *semantischen Merkmalen* in einem Text. Ihre Erkennung beruht auf der Zerlegung der Bedeutungsebene in distinkte Einheiten diesseits der Wortebene (genannt Seme oder semantische Merkmale). Diese Zerlegung muß in der Regel vom Rezipienten selbst geleistet werden, nur so kann er einen Text verstehen (zur Isotopie vgl. Greimas 1966: 69 ff., Greimas/Courtés 1979: 197–199 und Zima 1991: 296–303).

Das Signifikat eines Wortes besteht normalerweise aus mehreren Komponenten. Die Analyse dieser Komponenten erfolgt in Analogie zur Analyse der distinktiven Merkmale von Phonemen. So läßt sich das Phonem /b/ bestimmen als [+plosiv, +bilabial, +stimmhaft]; es steht in phonematischer Opposition zu /p/ [+plosiv, +bilabial, –stimmhaft]. Analog kann man ein Lexem wie *Bruder* nach semantischen Merkmalen analysieren: [+Lebewesen, +Mensch, +verwandt, +direkt verwandt, +gleiche Generation, +männlich, –weiblich]; es steht in Opposition zu anderen Verwandtschaftsbezeichnungen wie *Schwester* [+Lebewesen, +Mensch, +verwandt, +direkt verwandt, +gleiche Generation, –männlich, +weiblich] oder *Mutter* [+Lebewesen, +Mensch, +verwandt, +direkt verwandt, –gleiche Generation, –männlich, +weiblich] usw. (Beispiel nach Bußmann [2]1990: 398). Ist in einem Text ein semantisches Merkmal rekurrent, so entsteht eine Isotopie. Texte können eine oder mehrere Isotopien haben. Diese dienen der Strukturierung der Bedeutungsebene und erhöhen somit die Lesbarkeit des Textes. Da

6. Lyrische und poetische Texte

poetische Texte zur semantischen Dichte neigen, ist es nützlich, zur Beschreibung dieser Dichte eine genaue Analyse der im Text wirksamen Isotopien vorzunehmen.

Betrachten wir zur Veranschaulichung des Isotopiebegriffs das schon zitierte Sonett *Le Dormeur du val* von Rimbaud (S. 186). Der Titel kündigt die beiden dominanten Isotopien des Textes an: ‚Mensch' (*dormeur*) und ‚Natur' (*val*). Sie werden im Text durch zahlreiche Lexeme realisiert:

a) Isotopie ‚Mensch': *soldat jeune, enfant;* Wortfeld ‚Körperteile': *bouche, tête, nuque, narine, main, poitrine, pieds;* Wortfeld ‚Schlafen': *dormir, être étendu, lit, faire un somme*; menschliche Eigenschaften und Tätigkeiten: *pâle, sourire, chanter, bercer, accrocher, tranquille*;

b) Isotopie ‚Natur': *verdure, rivière, herbes, soleil, montagne, petit val, frais cresson bleu, nue, pleuvoir, glaïeuls, Nature.*

Diese beiden Bereiche sind normalerweise getrennt und stehen in Opposition zueinander. Der Mensch ist belebt, die Natur unbelebt. Doch werden Mensch und Natur insbesondere seit der Romantik häufig in Korrespondenz zueinander gesetzt: Die Stimmung eines Menschen drückt sich in der Art und Weise aus, in der er die ihn umgebende Landschaft wahrnimmt.

Auch bei Rimbaud läßt sich eine Korrespondenz zwischen Mensch und Natur nachweisen: Die beiden Bereiche werden einem regelrechten *Merkmalsaustausch* unterzogen. Dieser erfolgt auf der Ebene der beiden dominanten Isotopien. Die Pointe des Textes, die sich schon bei der ersten, oberflächlichen Lektüre erschließt, besteht darin, daß der scheinbar schlafende Soldat in Wirklichkeit tot ist. Das wird explizit erst in der letzten Zeile gesagt. Die Mitteilung wird aber in mehrfacher Weise vorweggenommen. Die Natur wird anthropomorphisiert (ihr werden menschliche Eigenschaften zugeschrieben): Der Bach singt und ist aktiv („Accrochant follement", V. 2), der Berg ist stolz, die Natur wird in einer Apostrophe aufgefordert, den Soldaten wie ein Kind zu wiegen („Nature, berce-le chaudement", V. 11). Umgekehrt hat der schlafende Soldat Züge des Unbelebten, des Nicht-Menschlichen: Er bewegt sich nicht, er ist blaß wie ein Toter. Es scheint im nachhinein geradezu, als wäre das Leben durch die beiden Einschußlöcher aus ihm entwichen und in die Natur übergegangen und als wäre die sprachliche Zerstückelung seines Körpers durch häufende Nennung einzelner Körperteile ein vorweggenommener Hinweis auf seinen Tod. Der aufmerksame Leser, der die Isotopiebildung des Textes nachvollzieht, kann schon vor dem letzten Satz den Schluß ziehen, daß, wenn die Natur belebt ist, umgekehrt der Soldat leblos sein muß. Diese Schlußfolgerung wird durch weitere Befunde untermauert, etwa den insistierenden Hinweis auf das Schlafen, die lautliche Nähe der dreimal verwendeten Wortform *dort* zu *mort* und schließlich die von Beginn an gestörte Idylle des *locus amoenus* („trou de verdure", „follement", V. 1, 2). Die genaue Analyse der Isotopien ergibt somit in Interaktion mit den anderen Textkonstituti-

202

6.3 Textkonstitutionsebenen

onsebenen den Befund, daß der Tod des Soldaten in den gesamten Text einge-schrieben ist, nicht nur in die letzte Zeile.

Isotopienanalyse kann also Informationen sichtbar machen, die sich nicht an der Textoberfläche manifestieren, die implizit bleiben, weil sie nicht auf der Ebe-ne der Lexeme, sondern auf der ‚tieferen‘ Ebene der semantischen Merkmale co-diert sind. Das Beispiel hat darüber hinaus gezeigt, daß nicht nur einzelne Lexe-me, sondern auch Isotopien zueinander in Opposition stehen können.

6.3.3   Die syntaktische und die lautliche Ebene

Auf der *syntaktischen* Ebene geht es um die Verknüpfung der sprachlichen Ele-mente zu einem Text. Dafür gelten primär die Regeln der Wortstellung, der Fle-xion, der Rektion, der Valenz usw. Auf der Basis des Primärcodes (der natürli-chen Sprache) operiert als Sekundärcode die poetische Sprache. Besonders au-genfällig ist der sekundäre Charakter der poetischen Sprache im Falle des *Verses*, der die Syntax mit einem zusätzlichen Ordnungsmuster überzieht (→ Kap. 6.2). Im Vergleich zu einem Prosatext ist ein versifizierter Text daher *in doppelter Weise syntagmatisch organisiert.* Die beiden Artikulationsprinzipien Satz und Metrum können miteinander übereinstimmen oder nicht. Bei Nicht-Koinzidenz von Satz und Metrum ergeben sich andere lautlich-rhythmische und semantische Effekte als bei deren Koinzidenz. In das bedeutungskonstituierende Zusammen-spiel von Satz und Vers wird auch die *lautliche* Ebene einbezogen. Denn der Vers legt durch seine regelmäßige Struktur Positionen am Versanfang, vor der Zäsur und vor allem am Versende fest, an denen sich lautliche Ähnlichkeit (As-sonanz) oder Identität (Reim) bedeutungskonstituierend auswirken können. Eini-ge dieser Zusammenhänge wollen wir im folgenden am Beispiel des schon be-kannten Ronsard-Textes (*Les Amours*, CXLIX) illustrieren:

	Puis que cet œil qui fidelement baille
	Ses loix aux miens, sur les miens plus ne luict,
	L'obscur m'est jour, le jour m'est une nuict,
4	Tant son absence a`sprement me travaille.
	Le lit me semble un dur camp de bataille,
	Rien ne me plaist, toute chose me nuit,
	Et ce penser, qui me suit & resuit,
8	Presse mon cuœur plus fort qu'une tenaille.
	Ja prez du Loyr entre cent mille fleurs
	Soullé d'ennuiz, de regretz & de pleurs,
11	J'eusse mis fin à mon angoysse forte,
	Sans quelque dieu, qui mon œil va tournant
	Vers le païs ou tu es sejournant,
14	Dont le bel air sans plus me reconforte.

6. Lyrische und poetische Texte

Das Sonett besteht aus drei syntaktischen, in sich mehrfach gegliederten und durch einen Punkt abgeschlossenen Großeinheiten. Zwei dieser syntaktischen Einheiten entsprechen den beiden Quartetten. Die dritte Einheit erstreckt sich über die beiden Terzette und schließt diese zusammen. Während sich die Quartette somit durch Koinzidenz von Satz und Strophe auszeichnen, stehen die beiden Ordnungsprinzipien in den Terzetten in einem Spannungsverhältnis: Die syntaktische überschreitet hier die metrische Ordnung. Damit werden Quartette und Terzette zueinander in Opposition gestellt: Die Quartette sind syntaktisch getrennt, die Terzette vereint.

In welchem Bezug steht nun dieser Befund auf der Ebene von Satz und Metrum zu der Semantik des Gedichts? Die beiden Quartette beschreiben einen negativen Gemütszustand, der aus der im ersten Quartett genannten Abwesenheit der Geliebten resultiert. Im ersten Quartett (V. 1–2) wird eine Ursache genannt, danach die Wirkung dieser Ursache (V. 3) und eine allgemeine, abstrakte Charakterisierung der negativen Befindlichkeit des Sprechers (V. 4). Das zweite Quartett knüpft an das erste an und setzt die Reihe der negativen Auswirkungen fort, wobei drei weitere Konsequenzen genannt werden. Zwischen den beiden Quartetten bestehen überdies zahlreiche Korrespondenzen: V. 3 und V. 6 verdoppeln jeweils die gegebene Information durch die komplementäre Anordnung oppositiver Begriffe (das *Dunkle* ist hell, das *Helle* dunkel; *nichts* gefällt mir, *alles* schadet mir). Der Schluß des ersten Quartetts („Tant son absence asprement me trav*aille*") wird im zweiten Quartett dreifach aufgegriffen: zweimal lautlich-semantisch (V. 5: „dur camp de bat*aille*", V. 7/8: „ce penser [...] / Presse mon cuœur plus fort qu'une ten*aille*."), einmal als semantische Variation (V. 6). Der Satzbau des ersten Quartetts ist hypotaktisch: V. 1–2 ist ein kausaler Nebensatz („Puis que"), in den ein Relativsatz („qui fidelement baille") eingebettet ist, in V. 3 folgen zwei koordinierte Hauptsätze. V. 4 ist ein nachgeschobener, syntaktisch selbständiger Kausalsatz. Im zweiten Quartett dominiert die parataktische Reihung (vier gleichberechtigte Hauptsätze stehen nebeneinander, unterbrochen lediglich durch den Relativsatz in V. 7). Ohne weiter ins Detail zu gehen, kann man an dieser Stelle bereits erkennen, daß das zweite Quartett das erste amplifiziert (erweitert) und fortsetzt. Während das erste Quartett Ursache und Wirkung nennt, konzentriert sich das zweite insistierend auf die Wirkung. Diese Differenz zwischen beiden Quartetten wird sowohl durch den syntaktischen Einschnitt zwischen den Strophen als auch durch deren jeweilige syntaktische Binnenstruktur deutlich markiert.

Die beiden Terzette hingegen sind durch ein durchlaufendes hypotaktisches Gebilde miteinander verklammert. Der Hauptsatz steht in V. 11; V. 9 und 10 enthalten nähere Bestimmungen zum Subjekt. Semantisch handelt es sich beim Hauptsatz um eine Hypothese im Irrealis („J'eusse mis fin à mon angoysse forte"). Dieser Irrealis wird in V. 12–14 erklärt durch ein komplexes präpositionales Syntagma in konditionaler Funktion („Sans quelque dieu"), in das drei Relativ-

6.3 Textkonstitutionsebenen

sätze eingelagert sind. Die Geliebte ist somit eine doppelte, widersprüchliche Ursache. Zum einen ruft sie durch ihre Abwesenheit das Leiden des Sprechers hervor, das bis zum Selbstmordwunsch geht. Zum anderen, vermittelt durch den Liebesgott, spendet sie dem Liebenden Trost. Diese Widersprüchlichkeit ist ein Charakteristikum der Schmerzliebe.

Es ergibt sich folgende Gesamtstruktur: Das erste Quartett nennt eine Ursache und deren Wirkung. Das zweite Quartett amplifiziert die Wirkung. Das erste Terzett führt zu einer Steigerung durch die Nennung des Selbstmordwunsches als Folge der negativen Wirkung, wird aber sogleich negiert durch das zweite, syntaktisch mit dem ersten verknüpfte Terzett, welches mit dem Hinweis auf den Liebesgott ein Argument einführt, das stärker ist als der Todeswunsch. Die syntaktische Besonderheit des zweiten Terzettes, das heißt die Tatsache, daß es an das erste syntaktisch angebunden ist und somit die Grenze zwischen den beiden Strophen überspielt wird, korreliert mit einer semantischen und einer pragmatischen Besonderheit. Semantisch wird hier zum ersten Mal in diesem Gedicht ein positiver Gemütszustand des Sprechers benannt („me reconforte"). Diese Positivierung erfolgt nach der bisherigen Häufung von Ausdrücken für negative Befindlichkeit unerwartet und wirkt dadurch um so eindringlicher. Auf pragmatischer Ebene wird in der letzten Strophe zum ersten Mal die Geliebte direkt angesprochen (V. 13). Der semantische Umschlag vom Negativen ins Positive ist somit syntaktisch und pragmatisch flankiert. Die für die Schmerzliebe charakteristische paradoxe Verbindung von Leid und Freude wird durch die syntaktische Verklammerung der beiden Terzette auf textsyntagmatischer Ebene nachvollzogen.

Ein Blick auf die Lautebene zeigt, daß auch diese zur Bedeutungskonstitution beiträgt. Ein einfaches Beispiel ist das Reimpaar V. 2/3. Das fehlende Leuchten der Augen läßt den Tag zur Nacht werden. Diese Aussage wird durch den Reim „plus ne l*uict*" / „le jour m'est une n*uict*" hervorgehoben und unterstrichen. (Die Endungskonsonanten werden nicht gesprochen.) Verstärkt wird der Endreim durch die vorhergehende Assonanz „pl*us*" / „*un*e". Die lautliche und die semantische Ebene sind hier äquivalent. Einer lautlichen Äquivalenz kann jedoch auch eine semantische Differenz entsprechen, so in V. 1 und V. 4: „fidelement b*aille*" / „asprement me trav*aille*". Während das Lautmaterial sich wiederholt, hat sich die Semantik vom Positiven ins Negative gewendet. Die lautliche Identität hebt den semantischen Gegensatz durch die Diskrepanz zwischen den beiden Ebenen besonders scharf hervor. Dabei ist zu bedenken, daß zwischen V. 1 und V. 4 zwei Verse stehen, in denen die positive Wirkung der Augen durch die Abwesenheit der Geliebten bereits ins Gegenteil verkehrt worden ist. Die Wiederkehr des Reims in V. 4 ist sozusagen nur noch eine trauernde Reminiszenz an den verlorenen Glückszustand.

6. Lyrische und poetische Texte

Wie die Beispiele immer wieder gezeigt haben, ist bei der Analyse ein besonderes Augenmerk darauf zu richten, wie die einzelnen Ebenen miteinander interagieren (→ Kap. 2.6.1). Die komplexe Bedeutung eines poetischen Textes resultiert aus dem Zusammenwirken seiner Konstitutionsebenen. Eine isolierte Beschreibung einzelner Elemente reicht nicht aus, um diese Bedeutung adäquat zu erfassen.

Die Beschreibung und Analyse eines poetischen Textes muß auf folgenden *Textkonstitutionsebenen* ansetzen: der pragmatischen, der semantischen, der syntaktischen und der lautlichen Ebene. Die *pragmatische Ebene* fundiert den Text als Sprechakt. Sie umfaßt unter anderem die Manifestation des Sprechers (Ich-Origo und Zeigfeld/Deixis), den Bezug zum Adressaten, die Präsentation des Redegegenstandes und die Einstellung zum Redegegenstand. Da poetische Texte als Wiedergebrauchstexte situationsabstrakt sind, tendieren sie dazu, die fehlende externe Situierung durch eine *textinterne Sprechsituation* zu kompensieren, weshalb die Rekonstruktion dieser Sprechsituation besonders wichtig ist. Die *semantische Ebene* läßt sich aufgrund der Dichte poetischer Texte besonders gut durch die Analyse semantischer Rekurrenzen (*Isotopien*) beschreiben. Eine zweite Beschreibungskategorie ist die *semantische Opposition*. Die *syntaktische und die lautliche Ebene* eines poetischen Textes sind unter anderem zu beschreiben in ihrem Verhältnis zur metrischen Gestalt (Koinzidenz oder Abweichung). Die Bedeutung eines poetischen Textes resultiert aus dem Zusammenwirken der genannten Ebenen. Diese sind daher bei der Analyse aufeinander zu beziehen.

6.4 Figuren und Tropen als Verfahren poetischer Textkonstitution

Der konstruktiv-imaginative und somit poetische Charakter der Sprache manifestiert sich am deutlichsten in der auch in der Alltagssprache jederzeit gegebenen Möglichkeit uneigentlicher Redeweise. Man spricht von einem *Kritikerpapst* und meint damit jemanden, dessen Bedeutung der Stellung des Papstes innerhalb der Kirche analog ist: Sein Urteil gilt als ebenso unanfechtbar wie die vom Papst verkündeten Glaubenslehren. Man spricht von *Bücherwürmern* und *Drahteseln*, ohne damit Tiere zu bezeichnen. Man *knipst* ein Photo, ohne sich einer Zange zu bedienen; man hat ein *Dach über dem Kopf*, aber selbstverständlich auch das dazugehörige Haus um sich herum. Auch die situationsadäquate Verwendung von Sprichwörtern wie *Schuster, bleib' bei deinen Leisten* oder *Wer andern eine Grube gräbt, fällt selbst hinein* gehört in den Bereich der uneigentlichen Redeweise. In den seltensten Fällen nämlich hat jemand tatsächlich eine Grube gegraben oder ist der Angesprochene von Beruf Schuster, das heißt, man muß von der konkreten Situation so weit abstrahieren, daß man ihre Ähnlichkeit mit dem Sprichwort erkennen und dieses dann im übertragenen Sinn anwenden kann.

6.4 Figuren und Tropen als Verfahren poetischer Textkonstitution

Uneigentliches Sprechen beruht somit auf einer Differenz zwischen dem Gesagten in seiner wörtlichen Bedeutung und dem eigentlich Gemeinten. Die eigentliche Bedeutung erschließt sich dem Adressaten aus der Situation und dem sprachlichen Kontext. In Beispielen wie *Kritikerpapst, Drahtesel, Dach über dem Kopf* ist die uneigentliche Bedeutung sogar weitgehend lexikalisiert, das heißt, sie muß nicht erst ad hoc aus der Situation erschlossen werden. Dennoch kommt es durch die besagte Differenz zwischen wörtlicher und aktualisierter Bedeutung zu einer Begegnung oder auch Vermischung verschiedener semantischer Bereiche (Kirche und Feuilleton, Tierwelt und Technik); oder es ergibt sich eine Verschiebung, eine Anomalie, eine Verkürzung (wenn man nur vom Dach anstatt vom ganzen Haus spricht). In jedem Fall wird eine mehr oder weniger unübliche Perspektive auf die Wirklichkeit eröffnet. Das steigert die Aufmerksamkeit des Adressaten und es aktiviert sein Vorstellungsvermögen sowie seine Abstraktionsfähigkeit.

Die Verfahren der uneigentlichen Rede sind seit der antiken Rhetorik kategorisiert und theoretisiert worden. Die genannten Beispiele gehören in den Bereich der *Tropen*. Diese bilden zusammen mit den *Figuren* die Stilkategorien (*figurae elocutionis*); es sind Verfahren der Textgestaltung, der *elocutio*. (Zur Einführung in die Rhetorik vgl. Plett 1971 und Binder et al. 1974: 89 ff.) Die *figurae elocutionis* stellen Veränderungen, das heißt Eingriffe in eine gedachte Normalform des sprachlichen Ausdrucks, dar. „Folgende Änderungsmöglichkeiten zieht die Rhetorik in Betracht: Texteinheiten werden 1. umgestellt, 2. wiederholt, 3. erweitert oder gekürzt, 4. ‚gerichtet‘, 5. ersetzt. Demnach erweisen sich als relevant die Kategorien 1. der Position, 2. der Wiederholung, 3. der Quantität, 4. des Appells, 5. der Substitution (Qualität)." (Plett 1971: 28) Die Kategorien 1 bis 4 bezeichnet Plett als Figuren, die fünfte Kategorie als Tropen. Es ist jedoch auch möglich, alle fünf Kategorien als Figuren zu bezeichnen. Die fünf Klassen von Stilkategorien sollen im folgenden im einzelnen präsentiert werden, wobei wir uns jeweils zur Illustration auf einige ausgewählte Kategorien beschränken und vor allem darauf achten, nicht nur die Namen der Figuren und Tropen zu nennen, sondern diese auch zu exemplifizieren und ihre Bedeutung für die Textanalyse hervorzuheben.

1. *Positionsfiguren* (Plett 1971: 28–32). Man unterscheidet Positionsfiguren, die a) durch die Durchbrechung der regulären Syntax und b) durch die Hervorhebung der regulären Syntax zustandekommen.

Zu a) gehört unter anderem die *Inversion*, das heißt die Verkehrung der üblichen Wortstellung: „J'entends de vos papiers le bruit paisible et doux" (Hugo, *Paroles dans l'ombre*; *Les Contemplations*), und das *Hyperbaton*, das heißt die Sperrstellung zweier syntaktisch eng zusammengehöriger Wörter: „Pourquoi, sans Hippolyte, / Des héros de la Grèce assembla-t-il l'élite?" (Racine, *Phèdre*, II/5). Bei der Inversion wird die reguläre Abfolge, im Beispiel Nomen + Ergän-

6. Lyrische und poetische Texte

zung (*complément de nom*): „le bruit paisible et doux de vos papiers", einfach umgekehrt, während beim Hyperbaton zwischen die beiden zusammengehörenden Elemente Nomen + Ergänzung noch ein weiteres syntaktisches Element eingeschoben wird: „assembla-t-il". Daß die beiden Elemente Nomen und Ergänzung im zitierten Beispiel zudem in umgekehrter Reihenfolge auftreten, erhöht den Grad der kunstvollen Abweichung von der regulären Wortstellung; Hyperbaton und Inversion werden hier in einem Syntagma kombiniert.

Zu b) gehören Figuren wie *Parallelismus* und *Chiasmus*. Diese können auch gehäuft und in Kombination auftreten. Betrachten wir folgende Texte von Louise Labé (*Sonnets*, VIII und III):

> Je vis, je meurs: je me brule et me noye.
> J'ay chaut estreme en endurant froidure:
> La vie m'est et trop molle et trop dure.
> 4 J'ay grans ennuis entremeslez de joye:
> [...]

> Ich lebe, ich sterbe: ich verbrenne und ertrinke.
> Mir ist äußerst heiß und zugleich leide ich unter Kälte:
> Das Leben ist mir sowohl zu weich als auch zu hart.
> 4 Ich leide an großen Qualen, vermischt mit Freude:
> [...]

> O longs desirs, ô esperances vaines,
> Tristes soupirs et larmes coutumieres
> A engendrer de moy maintes rivieres,
> 4 Dont mes deus yeus sont sources et fontaines:
> [...]

> O langes Sehnen, o vergebliche Hoffnung,
> Traurige Seufzer und Tränen, die gewöhnlich
> Aus mir zahlreiche Flüsse entspringen lassen,
> 4 Deren Quell und Ursprung meine beiden Augen sind:
> [...]

Der Parallelismus (man sagt auch: *Isokolon*) hebt durch Wiederholung desselben syntaktischen Musters („Je vis, je meurs: je me brule et me noye." „et trop molle et trop dure.") dieses hervor und benützt im zitierten Beispiel die syntaktische Gleichförmigkeit, um semantische Oppositionen zu konstruieren. Die Gegensätzlichkeit von Leben und Tod oder Hitze und Kälte wird in der syntaktisch analogen Umgebung als das Unähnliche im Ähnlichen besonders herausgestellt. Ebenso können natürlich durch die syntaktische Parallelität semantisch äquivalente Terme korreliert werden. Eine andere Möglichkeit, Identität und Differenz zu kombinieren, ist der Chiasmus („O longs *desirs,* ô espérances vaines"), der auf

6.4 Figuren und Tropen als Verfahren poetischer Textkonstitution

der spiegelbildlichen Umkehrung der Reihenfolge beruht (im vorliegenden Fall Adjektiv + Nomen, Nomen + Adjektiv). Diese Figur eignet sich besonders zur oppositiven Gegenüberstellung; im Beispiel werden das lange Sehnen und dessen Vergeblichkeit, also zwei unterschiedliche Zeitstufen, das Vorher und das Nachher, einander oppositiv zugeordnet.

2. *Wiederholungsfiguren* (Plett 1971: 33–43). Während beim Parallelismus ein abstraktes syntaktisches Muster wiederkehrt, beruhen Wiederholungsfiguren auf der Wiederkehr identischen Wortmaterials. Die Möglichkeiten der Wiederholung lassen sich klassifizieren a) nach der Position (wo wird wiederholt?), b) nach der Frequenz (wie oft wird wiederholt?), c) nach der Similarität (welches wird wiederholt?) und d) nach der Extension (wie Großes wird wiederholt?). Dabei ist immer auch nach der Funktion der jeweiligen Wiederholung in Wechselwirkung mit der semantischen Ebene zu fragen. Die Wiederholung ist eines der konstitutiven Merkmale poetischer Texte, wie oben im Zusammenhang mit Vers, Reim und Metrum sowie mit der Rekurrenz semantischer Merkmale (Isotopien) schon deutlich wurde. Viele Texte gewinnen ihre Bedeutung aus dem auf allen Ebenen durchgehaltenen Prinzip der Wiederholung, so die *Chanson grave* von Raymond Queneau:

> Passez loin de l'horloge
> elle mord elle mord
> Passez loin de l'horloge
4   y habite la mort

> Les aiguilles qui tournent
> graveront vos soucis
> les aiguilles qui tournent
8   graveront vos ennuis

> Sur tous ces beaux visages
> qui sourient sans savoir
> sur tous ces beaux visages
12   se grave un désespoir

> Passez loin de l'horloge
> elle mord elle mord
> passez loin de l'horloge
16   y habite la mort

> Haltet euch fern von der Uhr
> sie beißt sie beißt
> Haltet euch fern von der Uhr
4   in ihr wohnt der Tod

6. Lyrische und poetische Texte

Die Zeiger, die sich drehen,
    werden eure Sorgen eingravieren
die Zeiger, die sich drehen,
8   werden eure Unannehmlichkeiten eingravieren

In all diese schönen Gesichter
    die lächeln, ohne Bescheid zu wissen
in all diese schönen Gesichter
12   prägt sich Verzweiflung ein

Haltet euch fern von der Uhr
    sie beißt sie beißt
haltet euch fern von der Uhr
16   in ihr wohnt der Tod

Zahlreiche Formen und Muster der Wiederholung prägen diesen Text, von der einfachen *Geminatio*, die sich durch die Kontiguität der Wiederholungsglieder auszeichnet („elle mord elle mord", V. 2, 14), über die *Anapher*, bei der die Wiederholungsglieder jeweils am Anfang eines Syntagmas oder einer Verseinheit stehen („graveront vos soucis", V. 6; „graveront vos ennuis", V. 8), bis hin zur wörtlichen Wiederkehr der Anfangsstrophe am Gedichtende (*Refrain* oder *Epimone*). Das Prinzip der Wiederholung dominiert zudem die Binnenstruktur der Strophen, in denen jeweils der erste und der dritte Vers identisch sind. Auch in den jeweils zweiten und vierten Versen sind Wiederholungsmuster erkennbar, so die lautliche Identität (*Homonymie*) von „mord" (V. 2) und „mort" (V. 4) oder die bereits erwähnte Anapher „graveront [...]" / „graveront [...]" der zweiten Strophe.

Die Wiederholungen haben im Text eine doppelte Funktion. Zum einen verleihen sie dem Sprechakt einen stärkeren Nachdruck; die Warnung, sich vor der Uhr als Zeichen von Zeit und Tod in acht zu nehmen, wird durch ihre vielfache Wiederholung intensiviert. Zum anderen bildet der Text durch die Monotonie des sprachlichen Materials und seine geradezu unerbittlichen Wiederholungen ein syntaktisches und lautlich-rhythmisches Äquivalent der unaufhaltsam tickenden Uhr, von der der Text handelt. Der Signifikant wird damit zum ikonischen Zeichen des Signifikats: Ausdrucks- und Inhaltsseite sind *kookkurrent* (analog), so daß die im Prinzip arbiträren Sprachzeichen durch ihre Kombination auf der Ebene der Sekundärstrukturen zu motivierten Zeichen gemacht werden (→ Kap. 2.5). Diese *Ikonisierung* ist ein grundlegendes Verfahren poetischer Texte.

3. *Quantitätsfiguren* (Plett 1971: 44–62). Man kann ein Thema entweder ausführlich oder kurz behandeln. Entsprechend gibt es Figuren der Erweiterung (*amplificatio*) und der Kürze (*brevitas*). Bei den Figuren der *Erweiterung* unterscheidet man solche der *Distribution*, das heißt der zergliedernden Aufspaltung eines Redegegenstandes in seine Teile, und solche der *Kumulation* (Häufung). Die zergliedernde Erweiterung (Distribution) erfolgt häufig nach dem Prinzip Thema

6.4 Figuren und Tropen als Verfahren poetischer Textkonstitution

und Durchführung. Betrachten wir als Beispiel das Gedicht *Quia pulvis es* aus den *Contemplations* von Hugo:

Ceux-ci partent, ceux-là demeurent.
Sous le sombre aquilon, dont les mille voix pleurent,
3   Poussière et genre humain, tout s'envole à la fois.
Hélas! le même vent souffle, en l'ombre où nous sommes,
         Sur toutes les têtes des hommes,
6   Sur toutes les feuilles des bois.

Ceux qui restent à ceux qui passent
Disent: – Infortunés! déjà vos fronts s'effacent.
9   Quoi! vous n'entendrez plus la parole et le bruit!
Quoi! vous ne verrez plus ni le ciel ni les arbres!
         Vous allez dormir sous les marbres!
12   Vous allez tomber dans la nuit! –

Ceux qui passent à ceux qui restent
Disent: – Vous n'avez rien à vous! vos pleurs l'attestent!
15   Pour vous, gloire et bonheur sont des mots décevants.
Dieu donne aux morts les biens réels, les vrais royaumes.
         Vivants! vous êtes des fantômes;
18   C'est nous qui sommes les vivants! –

                                    Février 1843.

Diese gehen dahin, jene bleiben hier.
Von dem finsteren Nordwind, der mit tausend Stimmen heult,
3   Wird alles, Staub und Menschengeschlecht, zugleich verweht.
Ach! derselbe Wind weht, im Schatten, wo wir sind,
         Über allen Köpfen der Menschen,
6   Über allen Blättern der Wälder.

Die hierbleiben, sagen zu denen, die dahingehen:
     – Unglückliche! schon verblaßt eure Stirn.
9   Wie? ihr werdet nicht Rede noch Laut mehr vernehmen!
Wie? ihr werdet nicht Himmel noch Bäume mehr sehen!
         Ihr werdet unter Marmorplatten schlafen!
12   Ihr werdet in die Nacht stürzen! –

6. Lyrische und poetische Texte

Die dahingehen, sagen zu denen, die hierbleiben:
– Ihr habt nichts, das euer ist! eure Tränen belegen es!
15 Für euch sind Ruhm und Glück enttäuschende Wörter.
Gott gibt den Toten die wirklichen Güter, die wahren Reiche.
Lebende! ihr seid Geister;
18 Wir sind die Lebenden! –

Februar 1843.

Das Thema „Quia pulvis es" [„weil du Staub bist"] verweist auf eine bekannte Bibelstelle (Genesis 3, 19): „Im Schweiße deines Angesichts / sollst du dein Brot essen, / bis du zurückkehrst zum Ackerboden; / von ihm bist du ja genommen. / Denn Staub bist du, zum Staub mußt du zurück." Es geht somit in Hugos Gedicht um Leben und Sterben des Menschen, um die *conditio humana* schlechthin. Der Text beginnt mit einer *Antithese*, einer Aufgliederung des Themas in seine gegensätzlichen Komponenten: die Toten und die Lebenden („Ceux-ci partent, ceux-là demeurent.", V. 1). Diese Antithese strukturiert die drei Strophen des Gedichts: In der ersten Strophe spricht das Ich über die Lebenden und die Toten und die Vergänglichkeit alles Irdischen („Poussière et genre humain, tout s'envole à la fois.", V. 3); in der zweiten Strophe sprechen die Lebenden zu den Toten, in der dritten Strophe die Toten zu den Lebenden. Während der Tod in den ersten beiden Strophen aus der Perspektive der Lebenden als Anlaß der Klage erscheint, nimmt die dritte Strophe eine Umwertung vor. Das Leben wird abgewertet, der Tod zum eigentlichen Leben erklärt. Auch dies geschieht mit Hilfe der Antithese Leben vs Tod: „Vivants! vous êtes des fantômes; / C'est nous qui sommes les vivants! –" (V. 17 f.) Unterstützt wird die Aussage durch die Wiederholungsfigur des *Kyklos*, das heißt die Wiederaufnahme eines am Anfang einer syntaktischen Einheit befindlichen Lexems an deren Ende („Vivants! [...] vivants!"). Die zwischen Anfang und Ende des Satzes erfolgende Neudefinition des Wortes *vivants* wird durch diese Wiederaufnahme besonders deutlich gemacht. Die das Gedicht abschließende Aussage läßt sich auch als *Oxymoron* analysieren, als die syntaktische Ineinssetzung oppositiver, das heißt einander ausschließender Begriffe (lebendig/tot). Betrachtet man die syntaktische Anordnung der Begriffe *vivants – fantômes [= morts] – nous [= morts] – vivants*, so erkennt man einen Chiasmus. Die chiastische Anordnung oppositiver Begriffe nennt man *Antimetabole*. Man erkennt, daß ein wichtiges Prinzip poetischer Texte die kunstvolle Verdichtung des Wortmaterials ist, also die Überlagerung mehrerer Figuren an einer Textstelle. Dies läßt sich durch die Beschreibung der verwendeten rhetorischen Figuren in Wechselwirkung mit der Semantik analysieren.

Die häufende Erweiterung (Kumulation) „besteht wie die zergliedernde in der detaillierenden Durchführung eines Themas; allerdings mit dem Unterschied, daß hier das dichotomische Prinzip zugunsten einer relativ lockeren Reihung von Einzelheiten aufgegeben ist." (Plett 1971: 49) Ein Beispiel ist die *Accumulatio*:

6.4 Figuren und Tropen als Verfahren poetischer Textkonstitution

9   O ris, ô front, cheveus, bras, mains et doits:
    [...]
11   Tant de flambeaus pour ardre une femelle!

(Louise Labé, *Sonnets*, II)

9   O Lachen, o Stirn, Haar, Arme, Hände und Finger:
    [...]
11   Soviele Fackeln, um eine Frau zu verbrennen!

Die Körperteile des besungenen Geliebten werden additiv aneinandergereiht und verleihen der Aussage durch ihre Häufung größeren Nachdruck. Die Kumulation kann dem Prinzip der Steigerung folgen; in diesem Falle spricht man von *Klimax* oder *Incrementum*. Die Steigerung folgt häufig dem Gesetz der wachsenden Glieder, so in folgender Stelle aus Racines *Phèdre* (V/1): „Et la chaste Diane, et l'auguste Junon, / Et tous les dieux enfin, témoins de mes tendresses, / Garantiront la foi de mes saintes promesses." [„Und die keusche Diana und die erhabene Juno / Und alle Götter schließlich werden als Zeugen meiner Zärtlichkeit / Für die Aufrichtigkeit meiner heiligen Versprechen bürgen."]

Ebenfalls in den Bereich der Quantitätsfiguren gehören die Figuren der *Kürzung*. Die Kürzung kann realisiert werden als *Ellipse*, das heißt als Auslassung eines Satzgliedes, das aus dem Kontext ergänzt werden kann. Ein Beispiel hierfür ist der elliptische Satz „Un éclair ... puis la nuit!" [„Ein Blitz ... dann die Nacht!"] aus Baudelaires *À une passante* (*Les Fleurs du mal*, XCIII). Die Ellipse korreliert mit der Kürze des blitzartigen Blickkontaktes zwischen dem Sprecher und der schönen Passantin. Auch hier liegt somit eine Kookkurrenz von Signifikant und Signifikat vor, die Ellipse hat ikonische Funktion. Zugleich aber hat sie indizielle Funktion, sie ist ein Zeichen für die emotionale Erregung des Sprechers, der einen Moment lang nur noch stammeln kann. Verwandt mit der Ellipse ist die *Aposiopese*, der abrupte Abbruch der Gedankenfolge. Sie kann „die übermäßige affektische Anteilnahme des Sprechers am Redegegenstand bekunden [...]" (Plett 1971: 60), weshalb sie oft in direkter Rede vorkommt: „Vous avez vu? Il ... J'avais bien dit qu'elle ... que ça irait tout seul, qu'il n'y avait qu'à ..." (Claude Simon, *La Route des Flandres*, 166) [„Haben Sie gesehen? Er ... Ich hatte doch gesagt, daß sie ... daß es ganz von alleine gehen würde, daß man nur ..."]. Eine weitere wichtige Figur der Kürzung ist das *Asyndeton*, die Auslassung von Konjunktionen bei der Reihung von Wörtern, Satzgliedern oder Sätzen. Das berühmteste Beispiel ist Caesars lakonisches „Veni, vidi, vici." [„Ich kam, sah, siegte."], in dem sich das Asyndeton mit Parallelismus und Incrementum verbindet. Dieser Satz bezieht seine rhetorische Wirkung aus dem Kontrast zwischen der Kürze der Aussage und der Gewichtigkeit des Ausgesagten.

6. Lyrische und poetische Texte

4. *Appellfiguren* (Plett 1971: 63–69). Appellfiguren (auch: Affektfiguren) dienen der direkten Kommunikation mit dem Publikum. Sie markieren die gerade für literarische Texte besonders wichtige textinterne Sprechsituation, von der schon die Rede war (→ Kap. 2.6.3). Die Appellfiguren haben Scheincharakter, da der Adressat nicht wirklich auf sie eingehen kann. Sie konstituieren eine fingierte Sprechsituation, die aber als Modellvorgabe für die reale Sprechsituation dienen kann. So kann der Sprecher eines Textes sich mit einer Frage an das Publikum wenden, deren Antwort er selbst gibt beziehungsweise die die Antwort bereits in sich enthält (*Interrogatio* oder *rhetorische Frage*). Oder er kann sich selbst für unwürdig oder schuldig erklären, um mit seinem Text dann eine Entschuldigung oder Erklärung für seine Schuld anzubieten (*Concessio* oder *Excusatio*). Ein Beispiel hierfür ist der Beginn von Renés Binnenerzählung in Chateaubriands *René*:

> Je ne puis, en commençant mon récit, me défendre d'un mouvement de honte. La paix de vos cœurs, respectables vieillards, et le calme de la nature autour de moi, me font rougir du trouble et de l'agitation de mon âme.
> Combien vous aurez pitié de moi! Que mes éternelles inquiétudes vous paraîtront misérables! Vous qui avez épuisé tous les chagrins de la vie, que penserez-vous d'un jeune homme sans force et sans vertu, qui trouve en lui-même son tourment, et ne peut guère se plaindre que des maux qu'il se fait à lui-même? Hélas, ne le condamnez pas; il a été trop puni! (*René*, 118 f.)

Ich kann mich, da ich meine Erzählung beginne, eines Gefühls der Scham nicht erwehren. Der Friede eurer Herzen, ihr ehrwürdigen Alten, und die Ruhe der Natur um mich herum lassen mich ob der Unruhe und des Aufruhrs in meiner Seele erröten.
Wie sehr werdet ihr mich bemitleiden! Wie erbarmenswürdig wird euch meine ewige Unruhe erscheinen! Ihr, die ihr alle Kümmernisse des Lebens bis zur Neige ausgeschöpft habt, was werdet ihr von einem jungen Mann ohne Kraft und ohne Tugend halten, dessen Qual aus dem Inneren kommt und der allenfalls über die Leiden klagen kann, die er sich selbst zufügt? Ach, verurteilt ihn nicht; er ist schon allzusehr bestraft worden!

René ist ein in der nordamerikanischen Wildnis unter den Ureinwohnern lebender Europäer, der eine unglückliche Jugend hinter sich hat. Seine Schwester war in verbotener Leidenschaft zu ihm entbrannt, hatte aber diese vor ihm bis kurz vor ihrem Tod verborgen. Renés Schuldbekenntnis, seine Excusatio, fungiert zugleich als thematischer Auftakt und als Bitte um die Aufmerksamkeit seiner Zuhörer (*captatio benevolentiae*). Diese Bitte verbindet René mit dem Ziel, durch die Erzählung seiner angeblich selbstverschuldeten Leiden das Mitleid und die Verzeihung seiner Zuhörer zu gewinnen.

Affektisches Sprechen wird häufig durch die Figuren der *Exclamatio* und der *Apostrophe* markiert. Die Exclamatio ist ein durch Interjektionen (*hélas!*, *oh!*), emphatische Redeweise und pathetisches Vokabular gekennzeichneter Ausruf.

6.4 Figuren und Tropen als Verfahren poetischer Textkonstitution

Die Apostrophe besteht in der Abwendung vom Erstpublikum und der Hinwendung zu einem fiktiven Zweitpublikum. Folgender Text soll das Funktionieren von Appellfiguren veranschaulichen:

<blockquote>

Las! que me sert, que si parfaitement
Louas jadis et ma tresse doree,
Et de mes yeux la beauté comparee
4   A deus Soleils, dont Amour finement

Tira les trets causez [sc. causes] de ton tourment?
Ou estes vous, pleurs de peu de duree?
Et Mort par qui devoit estre honoree
8   Ta ferme amour et iteré serment?

Donques c'estoit le but de ta malice
De m'asservir sous ombre de service?
11   Pardonne moy, Ami, à cette fois,

Estant outree et de despit et d'ire:
Mais je m'assur', quelque part que tu sois,
14   Qu'autant que moy tu soufres de martire.
</blockquote>

(Louise Labé, *Sonnets*, XXIII)

<blockquote>

Ach, was nützt es mir, daß so vollkommen
Du lobtest einst sowohl meinen goldenen Zopf
Als auch meiner Augen Schönheit, die du verglichst
4   Mit zwei Sonnen, aus denen Amor klug

Die Pfeile abschoß, die deine Qual verursachten?
Wo seid ihr, kurzlebige Tränen?
Und Tod, durch den beglaubigt werden sollten
8   Deine standhafte Liebe und dein wiederholter Eid?

So war es also das Ziel deiner Bosheit,
Mich durch vorgetäuschten Dienst zu versklaven?
11   Verzeih mir, Freund, für dieses Mal,

Da ich vor Verdruß und Zorn empört bin:
Aber ich bin mir sicher, wo immer du auch bist,
14   Daß du ebenso sehr leidest wie ich.
</blockquote>

Primärer Adressat des Gedichts ist der untreue Geliebte der Sprecherin. Er wird gleich zu Beginn mit einer Exclamatio („Las!") und einer Interrogatio direkt angesprochen. Die implizite Antwort auf die rhetorische Frage „Was nützt es mir, daß du mich einst lobtest?" lautet: „Nichts nützt es mir; es waren leere Worte."

6. Lyrische und poetische Texte

Insgesamt werden drei rhetorische Fragen aneinandergereiht (V. 1–8). In der zweiten Frage liegt ein Adressatenwechsel (Apostrophe) vor. Nicht mehr der Geliebte, sondern seine „pleurs de peu de duree" (V. 6) sind nun angesprochen. Eine zweite Apostrophe richtet die Sprecherin an den Tod (V. 7). Danach erfolgt eine erneute Anrede des primären Adressaten (V. 8). Die Antwort auf die rhetorischen Fragen gibt der Text in V. 9–10 in Form einer weiteren Frage, die sich als Schlußfolgerung aus dem Bisherigen ergibt („Donques [...]"). Danach erfolgt eine argumentative Kehrtwende; die Sprecherin bittet den Geliebten, ihr den Zornesausbruch zu verzeihen (Excusatio). Nicht ohne *Ironie* sind die Schlußverse, in denen die Sprecherin dem Geliebten, der offenbar, wie seine Liebesschwüre (V. 1–8) und sein „service" (V. 10) vermuten lassen, ebenfalls ein Dichter von petrarkistischen Liebesgedichten ist, zugesteht, daß er selbst genauso leidet wie sie. Damit aber wird die literarische Stilisierung solchen angeblichen Liebesleides bloßgelegt, und genau darin besteht die metapoetische Ironie des Textes (die Ironie ist ein Tropus, bei dem man das Gegenteil des Gesagten meint).

5. *Tropen* (Plett 1971: 70–101). Während die Figuren im engeren Sinn sich aus der besonderen Gestaltung der Rede ergeben (durch Veränderung oder Hervorhebung der syntaktischen Gestalt, durch Wiederholung, durch Amplifikation oder Kürzung sowie durch den fingierten Appell an das Publikum), sind Tropen das Ergebnis semantischer Anomalien. Man bezeichnet Tropen auch als Ersetzungsfiguren, weil ein eigentlicher, habitueller Ausdruck durch einen uneigentlichen, okkasionellen Ausdruck ersetzt wird. Daß ein Tropus vorliegt, erkennt man aus der semantischen Spannung zwischen dem betreffenden Ausdruck und seiner syntagmatischen Umgebung. Während Figuren sich in der Regel auf der Textoberfläche manifestieren, erschließen Tropen sich erst bei der semantischen Analyse, beim verstehenden Nachvollzug eines Textes durch den Leser. Sie stellen somit höhere intellektuelle Anforderungen, die in gelungenen Fällen belohnt werden durch eine sprachlich induzierte Erkenntnisleistung.

Eine elementare Möglichkeit der Ersetzung ist die Umschreibung (*Periphrase*). Da die Periphrase in der Regel länger ist als der ersetzte Begriff, bewirkt sie zugleich eine Amplifikation der Textgestalt. Die Umschreibung dient unter anderem dazu, Tabuwörter zu vermeiden (*Euphemismus*): *finir ses jours, fermer les yeux, rendre l'âme* statt *mourir* (vgl. auch das oben, S. 211, zitierte Gedicht von Hugo, *Quia pulvis es*, in dem das Tabuwort *mourir* vielfach umschrieben wird). In der Dichtung dienen Periphrasen auch dazu, Alltagswörter und Wiederholungen zu vermeiden, so wenn Hugo in *Rêverie* (aus *Les Orientales*) den Ausdruck *l'astre géant* (V. 3) verwendet, um die Sonne zu bezeichnen, die er in derselben Strophe auch einmal mit dem *verbum proprium* benennt. Eine weitere Funktion der Periphrase ist die kunstvolle Verrätselung. Gegenstand des folgenden Gedichts von Joachim Du Bellay ist die Stadt Rom; sie wird aber niemals direkt genannt (*Les Antiquitez de Rome*, 21):

6.4 Figuren und Tropen als Verfahren poetischer Textkonstitution

Celle que Pyrrhe & le Mars de Libye
N'ont sceu donter, celle brave cité
Qui d'un courage au mal exercité
4   Soustint le choc de la commune envie,
Tant que sa nef par tant d'ondes ravie
Eut contre soy tout le monde incité,
On n'a point veu le roc d'adversité
8   Rompre sa course heureusement suivie:
Mais defaillant l'object de sa vertu,
Son pouvoir s'est de luymesme abbatu,
11   Comme celuy, que le cruel orage
A longuement gardé de faire abbord,
Si trop grand vent le chasse sur le port,
14   Dessus le port se void faire naufrage.

Welche Pyrrhus & der Mars aus Libyen
Nicht zähmen konnten, jene tapfere Stadt,
Die mit einem an Schlimmes gewöhnten Mut
4   Dem Ansturm des allgemeinen Neides standhielt,
Solange ihr von so vielen Wellen mitgerissenes Schiff
Die ganze Welt gegen sich aufgebracht hatte,
Hat man es niemals erlebt, daß der Fels der Feindseligkeit
8   Seine glücklich verlaufende Fahrt unterbrechen konnte:
Als aber der Gegenstand, an dem ihre Tugend sich erwies, verblaßte,
Hat ihre Macht sich selbst zerstört,
11   So, wie derjenige, den ein grausames Gewitter
Lange daran gehindert hat, an Land zu gehen,
Wenn ein zu starker Wind ihn in den Hafen hineintreibt,
14   Im Hafen Schiffbruch erleidet.

Das erste Quartett ist eine Periphrase für die Stadt Rom („Celle que [...]"). Sie wird durch historische Ereignisse qualifiziert, deren Kenntnis eine eindeutige Identifizierung ermöglichen. Pyrrhus (319–272 v. Chr.) war König der Molosser und Hegemon von Epirus. Er schlug die Römer 280 und 279 unter hohen eigenen Verlusten, wurde dann aber 275 von den Römern besiegt. Hinter dem „Mars de Libye" verbirgt sich der karthagische Feldherr Hannibal (247/46–183 v. Chr.), der im Zweiten Punischen Krieg die Römer mehrfach besiegte und bis nach Rom vordrang. Er wurde 202 von Scipio Africanus dem Älteren geschlagen. Da Rom im Gedicht selbst nicht erwähnt wird, muß man über das nötige kulturelle und historische Wissen verfügen, um die Periphrasen aufzulösen. Die Verrätselung des Textes wird allerdings dadurch relativiert, daß aus dem Kontext der Sammlung *Les Antiquitez de Rome* (1558) eindeutig hervorgeht, um welche Stadt es sich handelt. Dennoch hat die periphrastische Verschlüsselung eine Funktion. Es geht

6. Lyrische und poetische Texte

darum zu zeigen, auf welch ingeniöse Weise das bekannte Thema variiert werden kann. Der Dichter stellt hier seine sprachliche Meisterschaft unter Beweis.

Du Bellays Text ist eine Fundgrube für weitere Tropen. Das schon zitierte „Mars de Libye" (V. 1) ist nicht nur eine Periphrase für Hannibal, sondern zugleich auch eine *Antonomasie*. Der eigentlich zu erwartende periphrastische Ausdruck müßte lauten: „général [‚Feldherr'] de Libye"; statt des Appellativums aber wird ein Eigenname verwendet, der des Kriegsgottes Mars. Der Gott und der karthagische Feldherr haben ein gemeinsames semantisches Merkmal: [+martialisch] und stehen somit in einem paradigmatischen Zusammenhang. Wenn ein Eigenname als Appellativum verwendet wird, so impliziert dies eine „Reduktion seiner historischen Relevanz zugunsten seiner überzeitlichen Bedeutung" (Plett 1971: 74). Aus dem Einmaligen wird etwas Typisches. Das Typische ist in gewisser Weise im Namen des Kriegsgottes bereits enthalten, er ist der prominenteste Vertreter der Spezies des Feldherrn. Die Antonomasie funktioniert auch in umgekehrter Richtung, als Substitution eines Eigennamens durch ein Appellativum, etwa wenn man sagt: der Pelide (= Achill), der Nazarener (= Jesus Christus), der Philosoph (= Aristoteles). Die Relation zwischen dem Appellativum und dem Eigennamen ist die zwischen Paradigma und einem Element des Paradigmas: Im Paradigma *Feldherr* findet man Namen wie Mars, Hannibal, Pyrrhus, Caesar usw.; das Paradigma *Philosoph* enthält zum Beispiel Platon, Aristoteles, Descartes, Kant.

Verwendet man ein Element des Paradigmas anstelle der übergeordneten Bezeichnung desselben, so wird ein spezieller für einen allgemeineren Begriff gesetzt. Dies ist ein Tropus, der in den Bereich der *Synekdoche* fällt, die sich definieren läßt als „Ersetzung eines semantisch weiteren durch einen semantisch engeren Ausdruck und umgekehrt" (Plett 1971: 72). Die Synekdoche kann demnach a) generalisierend sein: das Ganze steht für einen Teil (*totum pro parte*), das Genus für die Spezies (Wasser statt Meer), der Plural für den Singular; und sie kann b) partikularisierend sein: ein Teil steht für das Ganze (*pars pro toto*), die Spezies für das Genus, der Singular für den Plural. Um zu Du Bellays „Mars de Libye" zurückzukehren: Der Eigenname des Kriegsgottes wird als Spezies für das Genus verwendet, das heißt, es liegt eine partikularisierende Synekdoche vor.

Die Synekdoche ist eng verwandt mit der *Metonymie* (Plett 1971: 77–79), die definiert wird als die Ersetzung eines Ausdrucks durch einen anderen, dessen Signifikat zu dem des ersten in einer Realbeziehung (kausal, räumlich, zeitlich) steht. Folgende Möglichkeiten sind denkbar: a) Ursache statt Wirkung (etwa Autor statt Werk: „Proust lesen", oder Erfinder statt Erfindung: „einen Ferrari fahren"); b) Raum statt Rauminhalt (Ort statt dort ansässiger Institution: „London befürwortet EU-Erweiterung", Gefäß statt Inhalt: „ein Glas trinken"); c) Zeit statt der in der Zeit lebenden Menschen („Das Mittelalter hatte nur eine eingeschränkte Kenntnis der antiken Literatur und Philosophie."); d) Konkretum statt Abstraktum und umgekehrt („den Thron besteigen" statt: „die Herrschaft antreten"). Bei

6.4 Figuren und Tropen als Verfahren poetischer Textkonstitution

der Metonymie wird nicht der eigentliche Ausdruck gewählt, sondern ein Ausdruck, dessen Signifikat in der Wirklichkeit mit dem Signifikat des eigentlichen Ausdrucks benachbart ist. Die Kontiguität ermöglicht die Übertragung der Bezeichnungsfunktion. Dieser Vorgang ist in der Alltagssprache weit verbreitet und er ist einer der grundlegenden Mechanismen des Bedeutungswandels. So bezeichnet etwa der Signifikant *café* einen Rohstoff, das daraus gewonnene Getränk und schließlich auch den Ort, an dem man das Getränk zu sich nehmen kann. Zwischen den drei Signifikaten besteht jeweils eine metonymische Beziehung (Rohstoff und Produkt, das heißt Ursache und Wirkung; Produkt und Lokalität, wo man das Produkt kaufen und konsumieren kann, das heißt Rauminhalt und Raum).

Der vielleicht komplexeste Tropus ist die *Metapher*. Sie gilt vielen als das poetische Verfahren par excellence. Das Signifikat des ersetzenden Begriffs steht zu dem des ersetzten nicht wie bei der Periphrase, der Antonomasie, der Synekdoche und der Metonymie in einer wie auch immer gearteten Realbeziehung, sondern in einer Beziehung der Ähnlichkeit (*similitudo*), das heißt, die Metapher erfordert vom Produzenten wie vom Rezipienten unter Umständen eine hohe gedankliche Abstraktionsleistung, da der eine die Ähnlichkeit finden und sprachlich ausdrücken, der andere sie nachvollziehen muß. Bezeichnet man die Sonne als *astre géant*, so liegt eine synekdochische Periphrase vor, denn die Sonne ist tatsächlich ein Himmelskörper; der Tropus entfernt sich also nicht aus dem Realbereich. Bezeichnet man die Sonne hingegen als *Himmelsball*, so liegt eine Metapher vor: Die Sonne ist ein Himmelskörper und kein Ball. Die Ersetzungsbeziehung beruht auf einer Ähnlichkeit zwischen dem ersetzenden und dem ersetzten Begriff. Einem Ball und der Sonne ist das semantische Merkmal [+kugelförmig] gemeinsam. Eine Metapher wird um so einfacher zu verstehen sein, je konsensfähiger die von ihr postulierte Ähnlichkeit ist; je ungewöhnlicher oder verborgener die Ähnlichkeit, desto dunkler und kühner die Metapher. Den ersetzenden, uneigentlich verwendeten Begriff nennt man auch Bildspender oder *Vehikel*; den ersetzten, eigentlichen Begriff nennt man Bildempfänger oder *Tenor*. Tenor und Vehikel haben eine mehr oder weniger große Schnittmenge gemeinsamer semantischer Merkmale, ihre Signifikate sind einander mehr oder weniger ähnlich. Zugleich aber haben Tenor und Vehikel auch semantische Merkmale, die sie miteinander nicht gemeinsam haben. Infolge der Substitution des Tenors durch das Vehikel kommt es zu einer *Interaktion* der beiden Bedeutungsfelder. Die stets nur partielle Ähnlichkeit bewirkt je nach Kontext eine mehr oder weniger weitgehende Verschmelzung der differenten semantischen Merkmale.

Um das Funktionieren von Metaphern zu verstehen, benötigt man einen sprachlichen Kontext. Wir wählen als Beispiel das Gedicht *Le pont Mirabeau* aus Guillaume Apollinaires 1913 erschienener Gedichtsammlung *Alcools* (die für die Metaphorik des Textes relevanten Passagen sind unterstrichen):

6. Lyrische und poetische Texte

Sous le pont Mirabeau <u>coule la Seine</u>
<u>Et nos amours</u>
Faut-il qu'il m'en souvienne
4   La joie venait toujours après la peine

Vienne la nuit sonne l'heure
6   Les jours s'en vont je demeure

Les mains dans les mains restons face à face
Tandis que <u>sous</u>
<u>Le pont de nos bras</u> passe
10   <u>Des éternels regards l'onde si lasse</u>

Vienne la nuit sonne l'heure
12   Les jours s'en vont je demeure

<u>L'amour s'en va comme cette eau courante</u>
L'amour s'en va
Comme la vie est lente
16   Et comme l'Espérance est violente

Vienne la nuit sonne l'heure
18   Les jours s'en vont je demeure

Passent les jours et passent les semaines
<u>Ni temps passé</u>
<u>Ni les amours reviennent</u>
22   Sous le pont Mirabeau coule la Seine

Vienne la nuit sonne l'heure
24   Les jours s'en vont je demeure

Unter dem Pont Mirabeau fließt die Seine
Und unsere Liebe
Muß ich mich daran erinnern
4   Die Freude kam immer nach dem Leid

Es komme die Nacht es schlage die Stunde
6   Die Tage gehen dahin ich bleibe

Hand in Hand laß uns einander gegenüber stehenbleiben
Während unter
Der Brücke unserer Arme hindurchzieht
10   Der ewigen Blicke so müde Welle

Es komme die Nacht es schlage die Stunde
12   Die Tage gehen dahin ich bleibe

6.4 Figuren und Tropen als Verfahren poetischer Textkonstitution

Die Liebe geht dahin wie dieses fließende Wasser
Die Liebe geht dahin
Wie langsam ist das Leben
16   Und wie gewaltsam ist die Hoffnung

Es komme die Nacht es schlage die Stunde
18   Die Tage gehen dahin ich bleibe

Es vergehen die Tage und es vergehen die Wochen
Nicht die vergangene Zeit
Noch die Liebe kehrt wieder
22   Unter dem Pont Mirabeau fließt die Seine

Es komme die Nacht es schlage die Stunde
24   Die Tage gehen dahin ich bleibe

Bereits in der ersten Strophe liegt eine Metapher vor, zumindest in einer der beiden möglichen Lesarten von V. 2, der aufgrund der fehlenden Interpunktion syntaktisch nicht eindeutig zuzuordnen ist. Entweder man liest: „Sous le pont Mirabeau coule la Seine. Et nos amours, faut-il qu'il m'en souvienne?" Genauso gut möglich wäre aber folgende syntaktische Aufteilung: „Sous le pont Mirabeau coule la Seine et nos amours. Faut-il qu'il m'en souvienne?" Wählt man die zweite Lesart, so entsteht ein inkongruentes *Zeugma*, weil dann das Verb und das Subjekt des Satzes nicht numeruskongruent sind; das Verb („coule") steht im Singular, das Subjekt ist pluralisch („la Seine et nos amours"). Das Zeugma ist eine rhetorische Figur, es gehört zu den Quantitätsfiguren, speziell zu den Figuren der Kürzung. Zugleich liegt ein semantisches Zeugma vor, insofern ein Abstraktum („nos amours") mit einem Konkretum („la Seine") syntaktisch eng zusammengeschlossen wird. Die zweite Lesart ist im Hinblick auf den Gesamttext die plausiblere, denn die semantische und syntaktische Parallelisierung der dahinfließenden Seine und der Liebe des Sprechers ist die Grundlage für die Basismetapher des Textes: Die dahinfließende Seine ist Vehikel für den Tenor Liebe. Der syntaktische Zusammenschluß des Nomens *amours* (Tenor) mit dem Verb *couler* (Vehikel) konstituiert die Metapher. Die beiden Elemente sind nicht voneinander zu trennen, sie interagieren miteinander. Das gemeinsame semantische Merkmal (das *tertium comparationis*) ist die Vergänglichkeit, die Unaufhaltsamkeit, die Unwiederbringlichkeit: „Ni temps passé / Ni les amours reviennent" (V. 20 f.). Apollinaires Text expliziert die Basismetapher in der dritten Strophe (den Refrain nicht mitgezählt), indem er sie zum *Vergleich* expandiert: „L'amour s'en va comme cette eau courante" (V. 13). (Eine Metapher läßt sich auch als verkürzter Vergleich analysieren; umgekehrt ist dann ein Vergleich eine explizierte Metapher.)

6. Lyrische und poetische Texte

Vor diesem Hintergrund kann man nun die komplexe Metaphernbildung der zweiten Strophe analysieren: „[...] sous / Le pont de nos bras passe / Des éternels regards l'onde si lasse" (V. 8–10). Dem Syntagma liegen zwei Metaphern zugrunde: „Le pont de nos bras" und „l'onde des regards" (die zweite Metapher wurde hier durch die Rückgängigmachung der Inversion und die Weglassung der Adjektive auf ihre Basisstruktur reduziert). Die Lexeme *pont* und *bras* beziehungsweise *onde* und *regards* werden metaphorisch zusammengeschlossen. Es handelt sich um Metaphern *in praesentia*, denn Vehikel und Tenor sind beide auf der Textoberfläche präsent. (Eine Metapher *in absentia* liegt dann vor, wenn nur das Vehikel genannt wird und es dem Leser überlassen bleibt, den Tenor zu erschließen. Der Extremfall ist die absolute Metapher; vgl. Neumann 1970.) Der Vehikelbereich (*pont, onde*) interagiert syntaktisch und semantisch mit dem Tenorbereich (*bras, regards*); es kommt zu einer Verschmelzung von menschlichen und nicht-menschlichen Merkmalen. Die Arme werden metaphorisch zur Brücke, die Blicke zum Wasser, das unter der Brücke hindurchfließt.

Die nicht-menschlichen Elemente Brücke und Wasser kennen wir bereits aus der ersten Strophe, wo sie als Vehikel für die vergangene Liebe des Sprechers und seines (wahrscheinlich weiblichen) Adressaten fungierten. In der zweiten Strophe nun erfolgt die Verwandlung des Sprechers und seiner hier in einer Apostrophe („restons face à face") direkt angesprochenen Geliebten in eine Brücke und den unter ihr hindurchfließenden Fluß. Die Metapher hat, wie Lausberg (1960: § 558) sagt, etwas Magisches. Wenn man, um das topische Beispiel von Quintilian zu zitieren, von einem Kämpfer sagt, er sei ein Löwe, so setzt man ihn magisch mit dem Löwen gleich. „Die Metapher ist ein urtümliches Relikt der magischen Identifizierungsmöglichkeit, die nunmehr ihres religiös-magischen Charakters entkleidet ist und zum poetischen Spiel geworden ist. Freilich birgt auch dieses poetische Spiel noch evozierend-magische Wirkungen, die ein Dichter aktualisieren kann." (Ebd.) Eine solche Aktualisierung des Magischen liegt bei Apollinaire vor. Durch die Metapher verwandelt der Sprecher sich selbst und seine Geliebte in eine Brücke und einen Fluß. Beide Partner partizipieren an beiden Elementen: Die Arme bilden gemeinsam die Brücke, das Bleibende; die Blicke bilden das Wasser, das Vergängliche. Tenor und Vehikel verschmelzen ‚magisch' zu einer unauflöslichen Einheit, die ihrerseits für den unauflöslichen Widerspruch zwischen Sein und Vergehen, zwischen Erinnerung und verlorener Zeit, zwischen Identität und Differenz steht. Dieser für den Sprecher schmerzhafte, da in der Wirklichkeit nicht zu behebende Widerspruch kann sprachlich-poetisch wenn nicht geheilt, so doch aufgehoben, geborgen werden: Er schreibt sich mittels der verwendeten Metaphern in den Text ein und wird dadurch in Poesie verwandelt.

Wird eine Metapher nach dem Prinzip der Amplifikation aufgegliedert und im Text gewissermaßen fortgesponnen, so spricht man von einer *fortgesetzten Metapher (metaphora continua)* oder *Allegorie* (dies ist nur eine der möglichen

6.5 *Die poetische Funktion*

Bedeutungen des Allegoriebegriffs, der ähnlich schillernd und mehrdeutig ist wie der Symbolbegriff → Kap. 2.5, Exkurs; unter *Allegorie* versteht man auch die bildliche Konkretisierung eines abstrakten Begriffs, zum Beispiel Justitia als Allegorie der Gerechtigkeit). In dem oben (S. 217) zitierten Sonett von Du Bellay wird *nef* (‚Schiff‘) als Metapher für Rom verwendet. Diese Metapher wird sodann zur Allegorie ausgesponnen. Folgende Elemente stammen aus dem semantischen Bereich des Vehikels: „par tant d'ondes ravie" (V. 5), „le roc d'adversité" (V. 7), „Rompre sa course" (V. 8) und die letzten vier Verse des Textes, die als Vergleich eingeführt werden („cruel orage", „faire abbord", „trop grand vent", „chasse sur le port", „faire naufrage").

Figuren und *Tropen* sind wichtige Verfahren poetischer Textgestaltung. Figuren der Position, der Wiederholung, der Quantität und des Appells resultieren aus dem Eingriff in die Textoberfläche, während Tropen als Ersetzungsfiguren semantische Anomalien produzieren. Diese zu erkennen, bedarf es eines verstehenden Nachvollzugs des Textes durch den Leser. Als wichtigster poetischer Tropus gilt die *Metapher*, bei der das ersetzende Element (Bildspender oder *Vehikel*) zu dem ersetzten Element (Bildempfänger oder *Tenor*) in einem Ähnlichkeitsbezug steht. Die semantischen Bereiche der beiden Elemente werden durch die Metapher zur Interaktion gebracht. Diese uneigentliche Sprachverwendung eröffnet im Idealfall eine neue Ansicht auf die Wirklichkeit.

6.5 Die poetische Funktion

Gegenstand dieses Kapitels ist die *Theorie des Poetischen* beziehungsweise der *Poetizität*, die von den russischen Formalisten entwickelt wurde und deren im Westen bekanntester und wirkungsmächtigster Exponent Roman Jakobson war. Im folgenden soll die von Jakobson so genannte *poetische Funktion* vorgestellt werden, und es soll diskutiert werden, inwieweit sie geeignet ist, wesentliche Merkmale lyrischer und poetischer Texte zu erfassen.

In seinem Aufsatz „Linguistics and Poetics" entwickelt Jakobson in Anknüpfung an Karl Bühlers Organon-Modell sein aus sechs Komponenten bestehendes *Kommunikationsmodell* (→ Kap. 2.6.2). An einem Kommunikationsakt sind nach Jakobson sechs Instanzen beteiligt: der *Sender*, die *Botschaft*, der *Empfänger*, der *Kontext*, der *Code* und der *Kontaktkanal*. Diesen Instanzen sind folgende Sprachfunktionen zugeordnet: die senderbezogene *emotive*, die empfängerbezogene *appellative*, die kontextbezogene *referentielle*, die codebezogene *metasprachliche* und die kontaktbezogene *phatische* Funktion. Die „referentielle" Funktion sollte man mit Benveniste (1969) besser *semantische* nennen, weil Sprechakte nicht unbedingt auf Wirkliches referieren, aber in aller Regel eine Bedeutung haben; insbesondere im Zusammenhang mit literarischen und poetischen Texten ist es,

6. Lyrische und poetische Texte

wie oben (→ Kap. 6.3.2) gezeigt wurde, problematisch, von einer referentiellen Funktion zu sprechen. Im folgenden sagen wir also *semantisch* anstatt *referentiell*.

Die uns interessierende *poetische Funktion* definiert Jakobson in einem ersten Schritt wie folgt: „The set (*Einstellung*) toward the message as such, focus on the message for its own sake, is the poetic function of the language." (Jakobson 1960: 25) [„Die Einstellung auf die Botschaft als solche, die Fokussierung der Botschaft um ihrer selbst willen ist die poetische Sprachfunktion."] Die poetische Funktion ist nach dieser Definition und den von Jakobson zur Illustration gewählten Beispielen an die Beteiligung von Sender und Empfänger gebunden; sie ist kein ausschließlich strukturelles Merkmal des Textes. Die Botschaft ist so beschaffen und sie wird in solchem Zusammenhang geäußert, daß die „Einstellung auf die Botschaft als solche" beim Empfänger hervorgerufen wird. Man könnte diese Definition als *pragmatisch* bezeichnen, weil sie die Beziehung zwischen Zeichen und Zeichenbenutzern mit berücksichtigt. (Wir werden weiter unten sehen, daß Jakobson in einer zweiten Definition versucht, die poetische Funktion auf struktureller Ebene zu verankern, indem er die sprachliche Beschaffenheit poetischer Texte auf einen abstrakten Nenner bringt.) Als Einstellung auf die Botschaft um ihrer selbst willen ist die poetische Funktion, wie alle anderen Sprachfunktionen, in einer gegebenen Äußerung nicht exklusiv vorhanden, sondern allenfalls gegenüber anderen, kopräsenten Funktionen *dominant*. Eine Äußerung ist niemals nur poetisch, sondern immer auch mehr oder weniger emotiv, appellativ, phatisch, metasprachlich und vor allem semantisch, das heißt, sie hat eine Bedeutung, einen semantischen Gehalt. Außerdem insistiert Jakobson darauf, daß die poetische Funktion nicht nur in poetischen Texten, sondern auch in alltäglicher Sprache zur Anwendung kommt.

Man kann sich die Wirkungsweise der poetischen Funktion vielleicht mit Hilfe folgender Analogie veranschaulichen: Ein Fenster hat normalerweise die Funktion, einen geschlossenen Raum mit Tageslicht zu versorgen und zugleich vor Kälte zu schützen. Dies entspricht der semantischen Funktion sprachlicher Äußerungen, die, wie das Fenster auch, nicht um ihrer selbst willen da sind, sondern eine Funktion erfüllen, die jenseits ihrer selbst liegt. Nun gibt es jedoch Fenster, die nicht primär dazu da sind, Licht einfallen zu lassen, sondern die in erster Linie als Fenster in ihrer spezifischen ‚Machart' wahrgenommen werden sollen, beispielsweise die kunstvoll mit Bildmotiven ausgeschmückten Fenster einer Kathedrale. Man blickt nicht durch sie hindurch, sondern man blickt sie an. Ihre Primärfunktion wird von einer sekundären, künstlerischen Funktion überlagert. Diese künstlerisch-ästhetische Funktion wiederum weist über sich selbst hinaus, denn die Bildmotive erinnern an Stellen aus der Bibel und transportieren somit eine religiöse Botschaft. Zwar dienen die Kirchenfenster auch als Fenster, das heißt sie ermöglichen Lichteinfall und schützen vor Kälte – das entspricht der semantischen Funktion einer sprachlichen Äußerung; zugleich aber dienen sie als

6.5 Die poetische Funktion

Trägermedium eines religiösen Kunstwerks – das entspricht der poetischen Funktion, die darin besteht, daß die Einstellung, die Wahrnehmung des Rezipienten auf die materiale Gestalt der Botschaft gelenkt wird. So, wie die Kirchenfenster nicht einfach nur lichtdurchlässiges und isolierendes Medium sind, sondern auf sich selbst als Kunstwerk verweisen, ist eine sprachliche Äußerung dann poetisch, wenn sie die Aufmerksamkeit des Empfängers auf sich selbst lenkt. So, wie aber die Kirchenfenster nicht einfach nur als schön bewundert werden wollen, sondern auf etwas jenseits ihrer selbst verweisen, nämlich die Botschaft des Glaubens, verweisen auch Mitteilungen mit poetischer Funktion auf etwas anderes. Dieses andere kann, wie im mittelalterlichen Heldenepos, die kollektive, teils mythisch, teils heilsgeschichtlich gedeutete Vergangenheit sein; es kann, wie im Artusroman oder in der mittelalterlichen Liebeslyrik, die höfische Gesellschaft sein; es kann, wie bei Rabelais, die humanistische Buchkultur sein; oder es kann das moderne Literarsytem als autonomer Bereich sein. In jedem Fall ist der durch die poetische Funktion bewirkte Selbstbezug kein Selbstzweck. Poetische Texte stehen nie nur für sich selbst, sondern sie sind Teil einer Gesellschaft und eines Kommunikationszusammenhangs.

Daraus folgt zweierlei: 1. Poetische und semantische Funktion schließen einander nicht aus, sondern sind gemeinsam wirksam, wobei das ‚Mischverhältnis' unterschiedlich sein kann. 2. Die poetische Funktion ist nicht gleichzusetzen mit Bedeutungslosigkeit. Die Einstellung auf die Zeichengestalt um ihrer selbst willen löscht nicht den Zeichencharakter, im Gegenteil: Gerade weil die Aufmerksamkeit des Adressaten auf die sprachliche Gestalt der Botschaft gelenkt wird, erkennt er durch den verlangsamten, intensivierten, wiederholten und bewußten Nachvollzug des Textes die Interaktion der Textkonstitutionsebenen (→ Kap. 2.6.1), die er sonst bei der Rezeption kaum wahrnimmt. Was normalerweise automatisch abläuft, etwa die Interaktion von Laut- und Bedeutungsebene, wird auf die Ebene des Bewußtseins gehoben; es wird *deautomatisiert* und aktualisiert. Dadurch wird die Struktur des Zeichenbildungsprozesses erkennbar. Man kann zwar, wie wir gesehen haben (→ Kap. 1.4), die Literatur nicht kategorisch auf eine bestimmte Erkenntnisfunktion wie Fiktion oder Modellhaftigkeit reduzieren, zumal wenn man verschiedene Epochen betrachtet. Auch ist zu bedenken, daß nicht jeder poetische Text in gleicher Weise deautomatisierend wirkt. Es genügt, etwa die eher konventionellen Gedichte von André Chénier oder Lamartine mit den avantgardistischen Texten eines Rimbaud oder Apollinaire zu vergleichen, um die Unterschiede zu erkennen. Dennoch ist es vielleicht nicht ganz falsch zu sagen, daß die mit der poetischen Funktion einhergehende Deautomatisierung des Zeichens und seiner Rezeption zumindest potentiell einer Steigerung der Erkenntnis-, Wahrnehmungs- und Semiosefähigkeit des Menschen Vorschub leistet (vgl. Kloepfer 1975).

6. Lyrische und poetische Texte

Betrachten wir nun die Wirkungsweise der poetischen Funktion an einem konkreten Textbeispiel:

Afin qu'à tout jamais de siecle en siecle vive
La parfaite amitié que Ronsard vous portoit,
Comme vostre beauté la raison luy ostoit,
4   Comme vous enlassez sa liberté captive:
    Afin que d'âge en âge à noz neveux arrive,
Que toute dans mon sang vostre figure estoit,
Et que rien sinon vous mon cœur ne souhaitoit,
8   Je vous fais un present de ceste Sempervive.
    Elle vit longuement en sa jeune verdeur.
Long temps apres la mort je vous feray revivre,
11   Tant peut le docte soin d'un gentil serviteur,
    Qui veut, en vous servant, toutes vertus ensuivre.
Vous vivrez (croyez-moy) comme Laure en grandeur,
14   Au moins tant que vivront les plumes & le livre.

Auf daß für alle Zeit von Jahrhundert zu Jahrhundert lebe
Die vollkommene Freundschaft, die Ronsard Euch widmete,
Wie Eure Schönheit die Vernunft ihm raubte,
4   Wie Ihr einschnürt seine gefangene Freiheit:
    Auf daß es von Zeitalter zu Zeitalter unsere Enkel erfahren,
Daß ganz in meinem Blut Euere Gestalt sich fand,
Und daß nur Euch mein Herz begehrte,
8   Gebe ich Euch zum Geschenk dieses Sempervivum.
    Es lebt lang in seiner jugendlichen Frische.
Lange nach dem Tod werde ich Euch wiederauferwecken,
11   So viel vermag das gelehrte Bemühen eines edlen Dieners,
    Der, in Eurem Dienst, nach höchster Tugend strebt.
Ihr werdet leben (glaubt es mir) wie Laura in ihrer Größe,
14   Zumindest solange die Federn und das Buch leben werden.

In diesem Text – es handelt sich um das zweite Gedicht aus dem zweiten Buch von Ronsards *Sonets pour Hélène* (1578) – erklärt ein Sprecher, der sich namentlich mit dem Autor identifiziert (V. 2), einer Dame seine Liebe und bedingungslose Ergebenheit. Als Zeichen seiner Liebe überreicht er ihr das vorliegende Gedicht, welches er metaphorisch als *Sempervive* („Hauswurz') bezeichnet (V. 8). Zweck des Gedichtes ist es, die Liebe des Sprechers zu der angesprochenen Dame der Nachwelt zu überliefern, sie zu verewigen. Unabhängig von der Frage, ob es eine reale Person namens Hélène gegeben und ob Ronsard diese wirklich so bedingungslos und exklusiv geliebt hat, wie der Text behauptet, können wir diesem eine Reihe von Informationen über die Situation, über den Kontext (im Sinne Jakobsons) entnehmen, in dem ein solcher Sprechakt sinnvoll ist. Der Text stellt sowohl auf der Ebene der textinternen Pragmatik als auch durch seine Semantik

6.5 Die poetische Funktion

einen Rahmen zur Verfügung, durch den er selbst lesbar wird. Genau das aber ist, wie schon mehrfach gesagt wurde, ein wichtiges Merkmal poetischer Texte, die damit ihre Situationsabstraktheit kompensieren (→ Kap. 2.6.3 und 6.3.1).

Die diesbezüglichen Informationen lauten: Es gibt einen Sprecher namens Ronsard und eine von ihm geliebte Dame namens Hélène. Diese Dame ist so schön, daß der Sprecher darüber schier den Verstand verliert ("Comme vostre beauté la raison luy ostoit", V. 3). Seine Liebe zu ihr ist exklusiv ("Et que rien sinon vous mon cœur ne souhaitoit", V. 7) und entspricht bestimmten sozialen Normen von Frauendienst, Tugend und Vollkommenheit ("La parfaite amitié", V. 2, "un gentil serviteur, / Qui veut, en vous servant, toutes vertus ensuivre.", V. 11–12). Es gibt kulturelle und mediale Rahmenbedingungen, die ein Nachleben der von berühmten Dichtern verfaßten Texte ermöglichen: "Vous vivrez (croyez-moy) comme Laure en grandeur, / Au moins tant que vivront les plumes & le livre." (V. 13–14). Hinter dem Namen *Laure* verbirgt sich das Werk des italienischen Dichters Francesco Petrarca (1304–1374), der aufgrund seines *Canzoniere* – einer zyklischen Sammlung von Liebesgedichten, deren textinterne Adressatin Laura heißt – in der europäischen Renaissance einer der bedeutendsten Musterautoren war, die es nachzuahmen galt. Indem Ronsard sein Gedicht in die Tradition Petrarcas stellt, erhebt er den Anspruch, ebenso berühmt und daher im Gedächtnis der Nachwelt unsterblich zu werden wie sein Vorgänger. Er stellt sich und seine Dichtung also in einen durch intertextuelle Bezüge (→ Kap. 7) markierten Traditionszusammenhang mit Petrarca.

Der Text ist somit in doppelter Weise selbstbezüglich. Zum einen situiert er sich innerhalb einer kulturell vorgegebenen Tradition. Zum anderen spricht er metaphorisch über sich selbst. Wenn der Sprecher zu seiner Angebeteten sagt: "Je vous fais un present de ceste Sempervive." (V. 8), so bezeichnet, wie aus dem sprachlichen Kontext zweifelsfrei hervorgeht, *Sempervive* zwar wörtlich eine Pflanze, metaphorisch aber den Text selbst. Die Hauswurz gehört zu der Gattung der Dickblattgewächse und besteht aus Kleinstauden mit fleischigen, sternförmigen oder fast kugelrunden Blätterrosetten, aus denen sich nach Jahren ein Blütenstengel erhebt. Die Hauswurz und das Gedicht haben somit ein gemeinsames Merkmal: ihre lange Lebensdauer und die Zeitversetztheit ihrer Wirkung. So, wie aus der Hauswurzstaude erst nach Jahren ein Blütenstengel hervorwächst, kann der Text lange nach dem Tod des Sprechers und der Angesprochenen diese wiederauferstehen lassen ("Long temps apres la mort je vous feray revivre", V. 10). Aufgrund dieser Ähnlichkeit kann der Sprecher die Pflanze anstelle des Textes nennen, das Sempervivum zur Metapher des Textes machen. Das Ungewöhnliche und ohne genaue botanische Kenntnisse vielleicht nicht ohne weiteres Einsichtige dieser Metapher wird dadurch abgeschwächt, daß nicht der übliche Pflanzenname *joubarbe*, sondern der wissenschaftliche Name verwendet wird. Dieser ist durch seine Etymologie zumindest dem lateinkundigen Leser transparent, denn *sempervivum* bedeutet wörtlich ,stets lebendig'. Die Metapher ist also doppelt motiviert,

6. Lyrische und poetische Texte

sowohl durch das Signifikat als auch durch den Signifikanten. Es handelt sich um einen Fall von *Überstrukturierung*.

Wenn das Gedicht auf sich selbst verweist, nicht nur, indem es sagt: ‚Ich bin ein Gedicht und bediene mich einer metaphorischen Redeweise', sondern auch, indem es sich bestimmte, für Dichtung als relevant erklärte Eigenschaften (Dauerhaftigkeit, Traditionsbezug) zuschreibt, so lenkt es die Aufmerksamkeit des Rezipienten in mehrfacher Weise auf sich selbst. Es fördert die „Einstellung auf die Botschaft als solche" und entspricht somit exemplarisch der Definition, die Jakobson von der poetischen Funktion gibt. Diese Lenkung der Einstellung des Adressaten auf die Botschaft als solche geschieht aber gerade mit Hilfe der semantischen Funktion, womit sich zeigt, daß die poetische Funktion kein exklusives Merkmal eines Textes ist. Sie interagiert im Gegenteil mit anderen Funktionen beziehungsweise resultiert aus diesen.

Nun setzt die „Einstellung auf die Botschaft" eine aktive Leistung des Rezipienten voraus. Eine solche *ästhetische Einstellung* ist aber um so wahrscheinlicher, je eher ein Text bestimmte *Strukturmerkmale* besitzt, die als *Signale für Poetizität* fungieren. Die poetische Einstellung kann relativ zuverlässig hervorgerufen werden durch eine *poetische Textstruktur*. Dies setzt allerdings die Existenz eines geeigneten pragmatisch-funktionalen Rahmens voraus.

Daß es wenig sinnvoll wäre, jeden beliebigen Text mit einer poetischen Einstellung zu lesen, kann man sich leicht klarmachen: Angenommen, ein Leser richtete bei der Lektüre der vorliegenden Einführung seine Aufmerksamkeit auf die sprachliche Struktur des Textes, er zählte Buchstaben und Silben, stellte Rekurrenzen auf lautlicher, syntaktischer und lexikalischer Ebene fest usw., so würde das an der Intention dieses Buches, das nicht ein poetischer, sondern ein wissenschaftlicher Text zu sein beansprucht, im wesentlichen vorbeigehen. Allerdings ist es angesichts der Bedingungen des gegenwärtigen Literatursystems nicht auszuschließen, daß ein Dichter Elemente des Buches übernimmt und sie in einen Rahmen einbaut, innerhalb dessen sie dann poetisch rezipierbar wären (man denke an André Bretons *PSTT* → Kap. 1.3). Wie dem auch sei, ein solcher Rahmen ist im vorliegenden Fall sicher nicht gegeben, sehr wohl aber im Falle von Ronsards Gedicht. Der Rahmen ist zum einen die poetisch kodifizierte Sonettform, zum anderen der das Einzelgedicht beinhaltende Zyklus der *Sonets pour Hélène*. Dieser Rahmen fordert den Rezipienten zu einer poetischen Einstellung auf.

Die Einstellung des Rezipienten steht in Wechselwirkung mit dem Text und wird zusätzlich gestützt durch bestimmte *Strukturmerkmale*. Jakobson nennt dies „the empirical linguistic criterion of the poetic function" [„das empirische sprachliche Kriterium der poetischen Funktion"] beziehungsweise „the indispensable feature inherent in any piece of poetry" [„das unverzichtbare Merkmal, das in jedem Stück Dichtung enthalten ist"] (1960: 27), um dann folgende Strukturdefini-

6.5 Die poetische Funktion

tion vorzuschlagen: *„The poetic function projects the principle of equivalence from the axis of selection into the axis of combination."* (Ebd., im Text kursiv) [„Die poetische Funktion projiziert das Äquivalenzprinzip von der Achse der Selektion auf die Achse der Kombination."] Selektion und Kombination (oder auch: Paradigmatik und Syntagmatik → Kap. 2.3.3) sind „the two basic modes of arrangement used in verbal behavior" (ebd.) [„die beiden grundlegenden Modi der Anordnung, die im Sprachverhalten zur Anwendung kommen"]. Um eine sprachliche Äußerung zu realisieren, selegiert man aus geeigneten Paradigmen (Auswahlklassen) von Lexemen die semantisch und syntaktisch passenden und kombiniert sie zu einem Satz. Die Elemente eines *Paradigmas* sind *funktional,* das heißt hinsichtlich ihrer Einsetzbarkeit in eine syntaktische Struktur, *äquivalent.* Jedes Nomen, jedes Adjektiv, jedes Verb kann prinzipiell – abgesehen natürlich von der damit verbundenen Bedeutungsänderung – jedes andere ersetzen. Auf der Ebene der *Syntagmatik* hingegen stehen die kombinierten Elemente zueinander in einem Verhältnis der *Nicht-Äquivalenz.* Aus lauter äquivalenten Bestandteilen kann man normalerweise keinen informationshaltigen Satz bauen, denn Information ergibt sich aus der *Differenz* von Redundanz und Neuigkeit. Die Elemente eines Syntagmas sind funktional und auch material (lautlich, rhythmisch, lexikalisch) different. Das hier herrschende Prinzip ist das der funktionalen Differenz und der *Kontiguität* (des Nebeneinanders). Dieses Prinzip aber, so Jakobson, wird, wenn die poetische Funktion wirksam ist, vom Äquivalenzprinzip überlagert. Das primäre Strukturmerkmal der Kontiguität des Differenten wird durch das sekundäre Merkmal der Kontiguität des lautlich, syntaktisch und semantisch Äquivalenten überformt:

> Equivalence is promoted to the constitutive device of the sequence. In poetry one syllable is equalized with any other syllable of the same sequence; word stress is assumed to equal word stress, as unstress equals unstress; prosodic long is matched with long, and short with short; word boundary equals word boundary, no boundary equals no boundary; syntactic pause equals syntactic pause, no pause equals no pause. Syllables are converted into units of measure, and so are morae or stresses. (Jakobson 1960: 27)

> Die Äquivalenz wird zum konstitutiven Verfahren der Sequenz erhoben. In der Dichtung ist jede Silbe jeder anderen Silbe ein und derselben Sequenz gleichgestellt; Hebung entspricht Hebung, wie Senkung Senkung entspricht; prosodische Längen und Kürzen gehören zusammen; Wortgrenze entspricht Wortgrenze, keine Grenze entspricht keiner Grenze; syntaktische Pause gleich syntaktischer Pause, keine Pause gleich keiner. Silben werden zu Maßeinheiten, ebenso wie morae oder Betonungen.

Die im poetischen Text kombinierten Elemente sind einander äquivalent, und zwar auf der lautlich-rhythmischen, der semantischen und der lexikalischen, ja selbst der syntaktischen Ebene. Poetische Texte zeichnen sich gegenüber nicht-

6. Lyrische und poetische Texte

poetischen durch eine statistisch unwahrscheinliche Häufung von Rekurrenzen und Äquivalenzen aus. Es handelt sich mithin nicht um spontane sprachliche Äußerungen, sondern um bewußt, unter Befolgung bestimmter Techniken und (expliziter oder impliziter) Regeln hergestellte Texte. Insofern tragen sie ihren Namen zu Recht, denn *poetisch* leitet sich ab von griech. *poiein*, ‚machen, herstellen'. Vieles von dem, was wir in diesem Kapitel behandelt haben (Vers und Reim, semantische Isotopien, Figuren und Tropen), ist im Grunde nichts anderes als eine Explikation des Äquivalenzprinzips oder, wie man auch sagt: der *Paradigmatisierung* der syntagmatischen Ebene. An dem oben schon im Zusammenhang mit der Metapher behandelten Apollinaire-Gedicht *Le pont Mirabeau* läßt sich dies veranschaulichen:

Sous le pont Mirabeau coule la Seine
Et nos amours
Faut-il qu'il m'en souvienne
4   La joie venait toujours après la peine

Vienne la nuit sonne l'heure
6   Les jours s'en vont je demeure

Les mains dans les mains restons face à face
Tandis que sous
Le pont de nos bras passe
10   Des éternels regards l'onde si lasse

Vienne la nuit sonne l'heure
12   Les jours s'en vont je demeure

L'amour s'en va comme cette eau courante
L'amour s'en va
Comme la vie est lente
16   Et comme l'Espérance est violente

Vienne la nuit sonne l'heure
18   Les jours s'en vont je demeure

Passent les jours et passent les semaines
Ni temps passé
Ni les amours reviennent
22   Sous le pont Mirabeau coule la Seine

Vienne la nuit sonne l'heure
24   Les jours s'en vont je demeure

Auf allen Ebenen des Textes herrscht das Äquivalenzprinzip. Am sichtbarsten sind die Reimstruktur (es werden insgesamt nur vier Reime verwendet, die alle

6.5 Die poetische Funktion

weiblich sind) und die vielen wörtlichen Wiederholungen, in erster Linie der viermal auftauchende Refrain, der in sich wiederum aus zwei mal zwei parallel gebauten Syntagmen besteht. Der Refrain enthält die semantische Basisopposition des Textes: Vergänglichkeit („Les jours s'en vont") vs Weiterleben („je demeure"). Das gemeinsame semantische Merkmal der beiden Terme ist die Zeit, die im ersten Vers des Refrains auch explizit thematisiert wird („sonne l'heure"). Aufgehoben wird die Zeit in der Erinnerung, die eine Brücke zwischen Gegenwart und Vergangenheit bildet. Die Erinnerung ist Gegenstand der ersten Strophe („Faut-il qu'il m'en souvienne") und implizit des gesamten Gedichtes, das sich als Klage über die verlorene, nur noch erinnerte Liebe lesen läßt und als der Versuch, dem Zerstörungswerk der Zeit etwas entgegenzusetzen, nämlich den poetischen Text, der selbst ein Werk der Erinnerung ist (vgl. auch den oben, S. 226 ff., analysierten Ronsard-Text „Afin qu'à tout jamais de siecle en siecle vive"). Für das unaufhaltsame Dahinfließen der Zeit findet der Text, wie oben gezeigt wurde (→ Kap. 6.4), Metaphern, die aus dem in der ersten Strophe skizzierten Schauplatz („pont Mirabeau" und „Seine") abgeleitet sind. In jeder Strophe kehren Elemente dieses Schauplatzes wieder: „Le pont de nos bras" und „l'onde si lasse" (zweite Strophe), „cette eau courante" (dritte Strophe) und die wörtliche Wiederholung des ersten Verses am Schluß der vierten Strophe („Sous le pont Mirabeau coule la Seine"). Auf der Ebene des Verses sind die Äquivalenzen ohnehin vorgegeben. Auffällig ist hier, daß in jeder der vier Strophen nur ein jeweils weiblicher Reim vorkommt, wobei die vierte Strophe den Reim der ersten wiederaufgreift. Der erste und der vierte Vers sind jeweils Zehnsilbler. Der zweite Vers ist ein Viersilbler, der dritte ein Sechssilbler; wenn man sie zusammenschließt, so ergeben sie ebenfalls einen Zehnsilbler. (In der ursprünglichen Fassung des Textes bestanden die Strophen aus drei Zehnsilblern. Das heißt, daß Apollinaire den zweiten Vers aufgespalten hat.) Die sehr weitgehende metrische Äquivalenz des Textes wird durch diese Unregelmäßigkeit ein wenig aufgelockert, ebenso wie durch die Tatsache, daß der Refrain aus Siebensilblern besteht. Diese Spannung zwischen Äquivalenz und Differenz auf der metrischen Ebene entspricht der Spannung zwischen Weiterleben und Vergänglichkeit, von der der Text spricht. Das Signifikat des Textes wird somit in der Struktur des Signifikanten kookkurrent modelliert, das heißt, die materielle (lautliche und syntaktische) Gestalt des Signifikanten wird mit Bedeutung aufgeladen. Geleistet wird diese Semantisierung der Signifikantenstruktur durch das Äquivalenzprinzip und die Interaktion aller Textkonstitutionsebenen. Wir brechen die Analyse hier ab, weil mittlerweile klar geworden ist, was unter dem Äquivalenzprinzip als dem Grundprinzip der poetischen Funktion zu verstehen ist.

Es ist nicht Jakobsons Absicht, eine Theorie lyrischer oder poetischer Texte zu formulieren. Im Gegenteil fordert er gerade, daß die linguistische Untersuchung der poetischen Funktion die Grenzen der Lyrik überschreiten müsse (1960: 26).

6. Lyrische und poetische Texte

Dennoch schlägt er andeutungsweise eine systematische *Gattungstheorie* vor. Literarische Gattungen resultieren, so Jakobson, aus der je spezifischen Verbindung der poetischen mit einer anderen Funktion: der semantischen im Falle der erzählenden Literatur, der emotiven im Falle der Lyrik (ebd.). Diese Definition ist aufgrund ihres Schematismus und ihrer nur zwei Faktoren berücksichtigenden Einfachheit weniger differenziert als die oben (→ Kap. 6.1) referierten Erkenntnisse der Gattungstheorie (Stempel 1972), wonach Gattungen aus mehreren Komponenten bestehen. Sie ist auch leicht zu widerlegen. Lyrische Texte verwirklichen neben der zweifellos vorhandenen emotiven ebenso sehr auch die appellative Funktion, ja im Grunde läßt sich sagen, daß, wo immer die emotive Funktion dominiert, explizit oder implizit auch die appellative Funktion aktiviert wird. Die Analyse der pragmatischen Dimension hat ja gezeigt, daß Ich und Du symmetrisch aufeinander bezogen sind. Auch die metasprachliche und die phatische Funktion können in lyrischen Texten aktiviert werden. Vor allem aber ist die semantische Funktion in allen Texten wichtig, nicht nur in narrativen.

Sehr wichtig und fruchtbar ist indes Jakobsons Erkenntnis, daß die poetische Funktion nicht nur in poetischen Texten realisiert wird. Dies wurde insbesondere von Kloepfer (1975) expliziert und systematisiert. Poetische Verfahren kommen in zahlreichen Gebrauchstexten zur Anwendung (Werbung, Sprichwörter, Zeitungsüberschriften, Slogans usw.). Die poetische Sprache ist ein potentielles Merkmal jeder Sprachverwendung.

Doch gerade aufgrund ihrer allgemeinen Verbreitung ist die poetische Funktion allein, insbesondere wenn man sie lediglich strukturell auffaßt, kein hinreichendes Definitionskriterium für poetische Texte. Auf dieser Erkenntnis beruht die Kritik an allen Versuchen, poetische Sprachverwendung als *Abweichung* zu definieren. Die poetische Sprache weicht bei genauerem Hinsehen gar nicht von der ‚Normalsprache' ab, sondern sie verwirklicht im Gegenteil die in der Alltagssprache latent vorhandenen, dort aber nicht (immer) ganz ausgeschöpften Möglichkeiten: „In voller Aktualisierung erscheinen alle Zeichenrelationen und die entsprechenden Evokationen in der dichterischen Sprache." (Coseriu [3]1994: 147) Literatur, speziell Lyrik wäre dann jener Bereich, wo die Sprache gewissermaßen zu sich selbst findet. Dazu benötigt sie einen pragmatisch-kommunikativ definierten Freiraum, einen *Rahmen*, der eine poetische Einstellung ermöglicht.

Seit etwa 200 Jahren beansprucht Dichtung Autonomie von gesellschaftlichen Zielen und Zwängen. Dieser Rahmen begünstigt Erscheinungen wie permanente Innovation, *l'art pour l'art*, Experiment und Dunkelheit, die seither zumindest für den gehobenen Sektor der Literatur typisch sind. In früheren Epochen war es hingegen üblich, daß der Rahmen enger gesteckt war, daß Dichtung hierarchisch in ein Gesellschaftssystem eingebunden war, in dem sie religiöse, politische oder höfisch-repräsentative Vorgaben zu erfüllen hatte. Man kann Dichtung, wie wir bereits wissen (→ Kap. 1 und 3) nicht ahistorisch und systematisch begründen, sondern muß auf die jeweiligen historisch unterschiedlichen Gegeben-

6.5 Die poetische Funktion

heiten und Bedingungen achten, unter denen sie entsteht. Im modernen Literatursystem ist Lyrik nicht mehr durch die Befolgung strenger Konventionen (Vers,
Strophe, bestimmtes Lexikon) definiert, sondern nur noch durch die Tatsache,
daß ein Text von unmittelbarer kommunikativer Zweckhaftigkeit befreit ist und
(potentiell) im Rahmen eines Lyrikbandes erscheint oder bei einer Dichterlesung
vorgetragen wird. Vom Mittelalter bis zum Klassizismus hingegen gab es zwar
mehr formale Zwänge und Regeln, doch war Lyrik auch damals in einen Rahmen
(vor allem den des höfischen Festes, später des adeligen Salons) eingebettet.

Hier stellt sich nun abschließend die Frage, welche Funktion poetische Texte innerhalb des ihnen zugewiesenen Rahmens haben können. Eine zumindest für
Texte des literarischen Höhenkamms bedenkenswerte Antwort gibt Wetzel
(1985), der auf den Begriff des *Modells* (→ Kap. 1.4) zurückgreift und ihn semiotisch reformuliert. Nach Herbert Stachowiak, auf den Wetzel sich bezieht,
sind Modelle allgemein durch drei Merkmale definiert: 1. Sie sind Modelle von
etwas (*Abbildungsmerkmal*); 2. sie beruhen auf einer Auswahl als relevant ge-
setzter Merkmale (*Verkürzungsmerkmal*); 3. sie haben zu einer bestimmten Zeit
einen bestimmten Zweck für jemanden (*pragmatisches Merkmal*). In diesem Sinne sind Wahrnehmung und sprachliche Benennung der Wirklichkeit immer schon
modellhaft: Sie verbinden die ‚objektive' Abbildung mit der ‚subjektiven' Verkürzung und pragmatischen Funktionalisierung. Von dieser allgemeinen Modellhaftigkeit des kognitiven und kommunikativen Umgangs mit Wirklichkeit unterscheiden sich, so Wetzel, die *poetischen Modelle*. Dank des ihnen zugestandenen
Freiraums, den sie häufig (wenn auch nicht immer) durch eine auf Deautomatisierung und Überstrukturierung beruhende Erweiterung der Semiosemöglichkei-
ten (Kloepfer 1975) nutzen, können poetische Texte den allgemeinen „Modell-
charakter sprachlicher Äußerungen über Wirklichkeit bewußt" machen (Wetzel
1985: 17). Zugleich können sie „nicht an die herrschenden Wirklichkeitsvorstel-
lungen gebundene, alternative, imaginäre Welten" (19) schaffen – man denke etwa an Baudelaires *Rêve parisien* (*Fleurs du Mal*, CII), der in Gestalt einer
Traumvision eine künstliche Gegenwelt zum realen Paris entwirft.

Ein poetischer Text als komplexes Zeichen verweist nun nicht mehr arbiträr
auf das von ihm Bezeichnete, sondern läßt diesen Verweisungsbezug als motiviert erscheinen. Dies geschieht mit Hilfe der *Ikonisierung*, das heißt der Signifikant weist strukturelle Homologien zu seinem Signifikat auf. Er verliert den Charakter des Symbols und wird zum Ikon (→ Kap. 2.5). Die Kookkurrenz von Signifikant und Signifikat konnten wir oben bei Apollinaires *Le pont Mirabeau*
schon beobachten. Wir wollen sie hier noch an einem weiteren Beispiel veranschaulichen, an dem ebenfalls schon bekannten Rimbaud-Text *Le Dormeur du
val* (S. 186). Das Signifikat ist der Tod des Soldaten, wobei zwar nicht explizit,
doch – was durch die Datierung des Textes auf Oktober 1870, also auf die Zeit
des preußisch-französischen Krieges, durchaus plausibel erscheint – indirekt die

6. Lyrische und poetische Texte

gewaltsame Zerstörung, ja die Verstümmelung und Zerstückelung von Menschen im Krieg angesprochen ist. Diese Zerstückelung, die als Vorstellungshorizont dem Leser präsent ist, wird nun auf der Ebene des Signifikanten ikonisch realisiert, indem der Text die Körperteile des beschriebenen Soldaten ausgiebig benennt und diese sprachlichen Elemente über die Textgestalt verteilt. Auf der Ebene von Syntax und Metrum ist durch die Häufung von ungewöhnlichen Enjambements („haillons / D'argent", V. 2 f., „Souriant comme / Sourirait un enfant malade", V. 9 f.) ebenfalls eine die Textgestalt zergliedernde und zerstückelnde Bewegung zu konstatieren. Auf der Ebene des Signifikats, so hat unsere obige Analyse (S. 202 f.) ergeben, ist der Text durch Dissonanzen und schockierende Kontraste gekennzeichnet. Diese Erscheinungen finden wir auch auf der Ebene des Signifikanten, wo der erwartbare Fluß der Rede immer wieder gestört wird, wo ungewöhnliche Lexemkombinationen auftreten („trou de verdure", V. 1, „Accrochant follement [...] haillons / D'argent", V. 2 f.). Als poetisches Modell annulliert dieser Text die Arbitrarität des Signifikanten. Durch die Kookkurrenz von Signifikant und Signifikat und die daraus resultierende Intensivierung der Aussage kann er – eine adäquate Decodierung durch den Rezipienten vorausgesetzt – die Wirklichkeit des Krieges viel radikaler bloßstellen, als dies ein noch so gut gemeintes pazifistisches Pamphlet vermöchte.

Poetische Texte können somit als komplexe und mehrschichtige sprachliche Modelle die Wahrnehmungs- und Erkenntnisfähigkeit des Rezipienten steigern. Ihre Sprachverwendung tendiert dazu, den Bezug zwischen Zeichen und Bezeichnetem als motiviert erscheinen zu lassen: Die Sekundärstrukturen stellen ein ikonisches Verhältnis zwischen Signifikant und Signifikat her. Die modellierende und ikonisierende Funktion bezieht die materielle Gestalt des Textes in die Bedeutungskonstitution mit ein. Das Arbiträre und Zufällige der symbolischen Sprachzeichen wird aufgehoben; Zufall wird in Notwendigkeit überführt. Daraus resultiert in gelungenen Fällen die besondere Suggestivität poetischer Texte, ebenso, wie die Semantisierung aller Textkonstitutionsebenen ihre semantische Mehrdeutigkeit und Unauslotbarkeit bewirkt. Dies wiederum ist die Voraussetzung dafür, daß solche Texte in den literarischen Kanon eingehen. Nur wenn sie künftige Generationen noch faszinieren, ihnen Rätsel aufgeben und sie zu Interpretationen herausfordern können, werden sie von diesen Generationen weiterhin als Teil der kulturellen Überlieferung betrachtet werden.

Die *poetische Funktion*, wie Jakobson sie beschreibt, hat zwei Aspekte: einen *pragmatischen* und einen *strukturellen*. Sie resultiert a) aus der Einstellung des Empfängers auf die Botschaft um ihrer selbst willen (pragmatischer Aspekt); b) aus bestimmten Textstrukturen (Projektion des Äquivalenzprinzips von der Achse der Selektion auf die Achse der Kombination). In der Regel wirken bei-

Literaturhinweise

> de Aspekte zusammen, jedoch ist das Mischungsverhältnis historisch unterschiedlich. Da die poetische Funktion auch außerhalb literarischer Zusammenhänge, etwa in Werbesprüchen oder Zeitungsüberschriften, vorkommt, reicht sie nicht hin, um poetische Texte zu definieren. Wesentlich ist die Existenz eines geeigneten *Rahmens*, der eine poetische beziehungsweise ästhetische Einstellung des Rezipienten fördert und ermöglicht.
>
> In ihrer anspruchsvollsten Variante lassen sich poetische Texte als komplexe sprachliche *Modelle* auffassen, die durch *Ikonisierung* den arbiträren Charakter der Sprache aufzuheben versuchen und die dabei den prinzipiellen Modellcharakter sprachlicher Äußerungen bewußt machen. Dadurch fördern sie, vorausgesetzt, sie werden adäquat rezipiert, beim Leser die Wahrnehmungs-, Erkenntnis- und Semiosefähigkeiten.

Literaturhinweise

Apollinaire, Guillaume, *Œuvres poétiques*. Préface par André Billy. Texte établi et annoté par Marcel Adéma et Michel Décaudin, Paris 1965.

Baudelaire, Charles, *Œuvres complètes, I*. Texte établi, présenté et annoté par Claude Pichois, Paris 1975.

Chateaubriand, François-René de, *René*, in: *Œuvres romanesques et voyages, I*. Texte établi, présenté et annoté par Maurice Regard, Paris 1969, 101–146.

Du Bellay, Joachim, *Les Regrets et autres œuvres poëtiques*. Texte établi par J. Jolliffe. Introduit et commenté par M. A. Screech, Genève [2]1974.

Houellebecq, Michel, *Les particules élémentaires*, Paris 1998.

Hugo, Victor, *Les Contemplations*, in: *Œuvres poétiques II*. Édition établie et annotée par Pierre Albouy, Paris 1967.

Labé, Louise, *Œuvres complètes*. Édition, préface et notes par François Rigolot, Paris 1986.

Lamartine, Alphonse de, *Œuvres poétiques complètes*. Texte établi, annoté et présenté par Marius-François Guyard, Paris 1963.

Mallarmé, Stéphane, *Œuvres complètes, I*. Édition présentée, établie et annotée par Bertrand Marchal, Paris 1998.

Queneau, Raymond, *Œuvres complètes, I*. Édition établie par Claude Debon, Paris 1989.

Racine, Jean, *Théâtre complet*. Établissement du texte, repères chronologiques, introduction, note bibliographique, notices, notes, relevé des variantes, dossier de la critique et des interprétations modernes, index par Jacques Morel et Alain Viala, Paris 1980.

Rimbaud, Arthur, *Œuvres*. Sommaire biographique, introduction, notices, relevé de variantes, bibliographie et notes par Suzanne Bernard et André Guyaux, Paris 1991.

Ronsard, Pierre de, *Les Amours*. Introduction, bibliographie, relevé de variantes, notes et lexique par Henri Weber et Catherine Weber. Édition revue et corrigée avec un complément bibliographique, Paris 1985 ([1]1963).

Simon, Claude, *La Route des Flandres*, Paris 1987.

6. Lyrische und poetische Texte

Benveniste, Emile (1966), *Problèmes de linguistique générale, 1*, Paris 1986.

—— (1969), „Sémiologie de la langue", in: *Semiotica* 1, 1–12 und 127–135.

Binder, Alwin et al. (1980), *Einführung in Metrik und Rhetorik*, Frankfurt [4]1984.

Burdorf, Dieter (1995), *Einführung in die Gedichtanalyse*, Stuttgart-Weimar.

Bußmann, Hadumod ([2]1990), *Lexikon der Sprachwissenschaft*, völlig neu bearb. Aufl., Stuttgart.

Chambers, Ross (1987), „Are Baudelaire's ,Tableaux Parisiens' About Paris?", in: A. Whiteside (Hg.), *On Referring in Literature*, Bloomington, 95–110.

Coenen, Hans Georg (1998), *Französische Verslehre. Ein Lehr- und Arbeitsbuch*, Darmstadt.

Cohen, Jean (1966), *Structure du langage poétique*, Paris.

Coseriu, Eugenio ([3]1994), *Textlinguistik. Eine Einführung*, hg. v. J. Albrecht, Tübingen.

Dirscherl, Klaus (1975), *Zur Typologie der poetischen Sprechweisen bei Baudelaire. Formen des Besprechens und Beschreibens in den „Fleurs du Mal"*, München.

Elwert, W. Theodor (1961), *Französische Metrik*, München.

Greimas, Algirdas Julien (1966), *Sémantique structurale*, Paris.

Greimas, Algirdas Julien/Courtés, Joseph (1979), *Sémiotique. Dictionnaire raisonné de la théorie du langage*, Paris 1993.

Guiette, Robert (1949), *D'une poésie formelle en France au moyen âge*, Paris 1972.

Helmstetter, Rudolf (1995), „Lyrische Verfahren: Lyrik, Gedicht und poetische Sprache", in: M. Pechlivanos et al. (Hg.), *Einführung in die Literaturwissenschaft*, Stuttgart-Weimar, 27–42.

Horn, Eva (1995), „Subjektivität in der Lyrik: ,Erlebnis und Dichtung', ,lyrisches Ich'", in: M. Pechlivanos et al. (Hg.), *Einführung in die Literaturwissenschaft*, Stuttgart-Weimar, 299–310.

Jakobson, Roman (1960), „Linguistics and Poetics", in: ders., *Selected Writings*, hg. v. S. Rudy, Bd. 3: *Poetry of Grammar and Grammar of Poetry*, The Hague-Paris-New York 1981, 18–51.

Jakobson, Roman/Lévi-Strauss, Claude (1962), „,Les Chats' de Charles Baudelaire", in: R. Jakobson, *Selected Writings*, hg. v. S. Rudy, Bd. 3: *Poetry of Grammar and Grammar of Poetry*, The Hague-Paris-New York 1981, 447–464.

Kloepfer, Rolf (1975), *Poetik und Linguistik. Semiotische Instrumente*, München.

Kurz, Gerhard (1999), *Macharten. Über Rhythmus, Reim, Stil und Vieldeutigkeit*, Göttingen.

Lausberg, Heinrich (1960), *Handbuch der literarischen Rhetorik. Eine Grundlegung der Literaturwissenschaft*, 3. Aufl., Stuttgart 1990.

Link, Jürgen/Parr, Rolf (1990), „Semiotische Diskursanalyse", in: K.-M. Bogdal (Hg.), *Neue Literaturtheorien. Eine Einführung*, Opladen, 107–130.

Lotman, Jurij M. (1972), *Die Struktur literarischer Texte*, aus dem Russ. v. R.-D. Keil, München.

Maingueneau, Dominique (1981), *Approche de l'énonciation en linguistique française. Embrayeurs, „Temps", Discours rapporté*, Paris.

Neumann, Gerhard (1970), „Die ,absolute Metapher'. Ein Abgrenzungsversuch am Beispiel Stéphane Mallarmés und Paul Celans", in: *Poetica* 3, 188–225.

Plett, Heinrich F. (1971), *Einführung in die rhetorische Textanalyse*, Hamburg [7]1989.

Raible, Wolfgang (1974), „Roman Jakobson oder ,Auf der Wasserscheide zwischen Linguistik und Poetik'", in: R. Jakobson, *Aufsätze zur Linguistik und Poetik*, hg. und eingeleitet v. W. Raible, München, 7–37.

Literaturhinweise

Schweikle, Günther und Irmgard (Hg.) ([2]1990), *Metzler Literatur Lexikon. Begriffe und Definitionen*, überarbeitete Aufl., Stuttgart.

Stempel, Wolf-Dieter (1972), „Gibt es Textsorten?", in: E. Gülich/W. Raible (Hg.), *Textsorten. Differenzierungskriterien aus linguistischer Sicht*, Frankfurt/M., 175–182.

Titzmann, Michael (1977), *Strukturale Textanalyse*, München.

Torra, Elias (1995), „Rhetorik", in: M. Pechlivanos et al. (Hg.), *Einführung in die Literaturwissenschaft*, Stuttgart-Weimar, 97–111.

Warning, Rainer (1997), „Interpretation, Analyse, Lektüre: Methodologische Erwägungen zum Umgang mit lyrischen Texten", in: R. W., *Lektüren romanischer Lyrik. Von den Trobadors zum Surrealismus*, Freiburg, 9–43.

Wellbery, David E. (1996), „Das Gedicht: zwischen Literatursemiotik und Systemtheorie", in: J. Fohrmann/H. Müller (Hg.), *Systemtheorie der Literatur*, München, 366–383.

Wetzel, Hermann H. (1982), „Das Leben poetisieren oder ‚Poesie leben'? Zur Bedeutung des metaphorischen Prozesses im Surrealismus", in: P. Brockmeier/H. H. Wetzel (Hg.), *Französische Literatur in Einzeldarstellungen*. Bd. 3: *Von Proust bis Robbe-Grillet*, Stuttgart, 71–131.

—— (1985), *Rimbauds Dichtung. Ein Versuch, „die rauhe Wirklichkeit zu umarmen"*, Stuttgart.

Zima, Peter V. (1991), *Literarische Ästhetik. Methoden und Modelle der Literaturwissenschaft*, Tübingen.

7.   Beispielanalyse: Baudelaire, *Les Aveugles*

Im abschließenden Kapitel dieser Einführung soll die hier vertretene Auffassung von Literaturwissenschaft anhand einer Beispielanalyse einmal in einem größeren Zusammenhang präsentiert werden. Es soll dabei vor allem deutlich werden, daß Textanalyse kein Selbstzweck ist. Sie dient vielmehr dazu, einen Text zu verstehen und zu interpretieren. Eine Interpretation aber kann nicht ausschließlich aus dem Text selbst heraus geleistet werden. Jeder Text nämlich ist Teil eines (diskursiven) Universums, welches eine synchrone und eine diachrone Dimension besitzt. Als Sprechakt situiert ein Text sich synchron in seiner Entstehungszeit; der Autor nimmt mit Hilfe seines Textes an der gesellschaftlichen und speziell der literarischen Kommunikation seiner Zeit teil. Zugleich aber steht der Text in einem diachronen Traditionszusammenhang mit älteren Texten. In der → Einleitung wurde dargelegt, daß literarische Texte Teil des kulturellen Gedächtnisses einer Gesellschaft sind (vgl. Assmann/Assmann 1995). Texte sind als zeitüberdauernde Mitteilungen in besonderer Weise dazu geeignet, kulturelles Wissen und kulturelle Praktiken zu speichern und zu überliefern. Beschreibbar wird dies insbesondere durch die Analyse intertextueller Bezüge.

Diese Zusammenhänge sollen im folgenden durch die Analyse und Interpretation von Charles Baudelaires 1860 erstmals erschienenem Gedicht *Les Aveugles* veranschaulicht werden. Der Text wurde 1861 in die zweite Auflage der Sammlung *Les Fleurs du Mal* aufgenommen und findet sich dort im Teilzyklus *Tableaux parisiens*:

> Contemple-les, mon âme; ils sont vraiment affreux!
> Pareils aux mannequins; vaguement ridicules;
> Terribles, singuliers comme les somnambules;
> 4   Dardant on ne sait où leurs globes ténébreux.
>
> Leurs yeux, d'où la divine étincelle est partie,
> Comme s'ils regardaient au loin, restent levés
> Au ciel; on ne les voit jamais vers les pavés
> 8   Pencher rêveusement leur tête appesantie.
>
> Ils traversent ainsi le noir illimité,
> Ce frère du silence éternel. Ô cité!
> 11   Pendant qu'autour de nous tu chantes, ris et beugles,

7. Beispielanalyse: Baudelaire, Les Aveugles

Éprise du plaisir jusqu'à l'atrocité,
Vois! je me traîne aussi! mais, plus qu'eux hébété,
14   Je dis: Que cherchent-ils au Ciel, tous ces aveugles?

Betrachte sie, meine Seele; sie sind wahrhaft abscheulich!
Gleich Gliederpuppen; unbestimmt lächerlich;
Schrecklich, sonderbar wie Schlafwandler;
4   Ihre verdunkelten Augäpfel wer weiß wohin schleudernd.

Ihre Augen, aus denen der göttliche Funke entschwunden ist,
Als blickten sie in die Ferne, bleiben erhoben
Zum Himmel; niemals sieht man sie zum Pflaster
8   Träumerisch ihr schweres Haupt hinabbeugen.

So durchqueren sie die grenzenlose Finsternis,
Diese Schwester der ewigen Stille. O Stadt!
11   Während du um uns herum singst, lachst und brüllst,

Verliebt ins Vergnügen bis zur Abscheulichkeit,
Sieh! auch ich schleppe mich dahin! doch stumpfer noch als sie,
14   Sage ich: Was suchen sie am Himmel, all diese Blinden?

In den vorangegangenen Kapiteln wurde immer wieder betont, daß ein literarischer Text seine Bedeutung durch das Zusammenwirken der verschiedenen sprachlichen Ebenen (pragmatisch, semantisch, lautlich-syntaktisch) erhält (→ Kap. 2.6.1 und 6.3). Die den Text als Sprechakt fundierende Ebene ist die pragmatische. Es empfiehlt sich daher, mit der Analyse der textinternen Pragmatik (Sprechsituation) zu beginnen. Hiervon ausgehend, lassen sich dann die anderen Konstitutionsebenen erschließen. Dabei soll selektiv vorgegangen werden; die Analyse wird immer nur so weit vorangetrieben, bis Fragen, die sich der Interpretation stellen, klar formuliert sind und beantwortet werden können.

Wichtige Elemente der *Sprechsituation* sind der Sprecher und der Angesprochene sowie die räumliche und zeitliche Verankerung des Sprechaktes. Der *Sprecher* des Baudelaireschen Gedichtes manifestiert sich explizit an drei Stellen: einmal durch einen Possessivbegleiter („mon", V. 1) und zweimal durch das Rollendeiktikon „je" (V. 13, 14). Implizit steckt der Sprecher auch im unpersönlichen „on" des Beobachters (V. 4 und 7) und im solidarisierenden „nous" (V. 11). Das Ich hinterläßt somit vor allem zu Beginn und am Ende des Textes seine sprachliche Spur. Zweimal wendet sich der Sprecher, ebenfalls am Anfang und gegen Ende des Textes, an einen textinternen *Adressaten* („mon âme", V. 1, und „Ô cité!", V. 10): diese Abwendung vom primären Adressaten, dem Leser des Gedichts, verbunden mit der Hinwendung zu einem sekundären Adressaten nennt man Apostrophe. Beide Male ist die Apostrophe kombiniert mit einem Imperativ, einer Aufforderung, etwas beziehungsweise jemanden zu betrachten. Der Gegen-

7. *Beispielanalyse*: Baudelaire, Les Aveugles

stand des Blickes ist einmal die Gruppe der Blinden, zu betrachten („contempler", V. 1) von der Seele des Sprechers, das andere Mal der Sprecher selbst, zu betrachten („voir", V. 13) von der ihn umgebenden Stadt. In beiden Fällen wird das Verbum des Betrachtens, dessen Semantik einen belebten, menschlichen Blickträger voraussetzt, in einem uneigentlichen, figürlichen Sinn gebraucht: Weder eine Stadt noch eine Seele können im eigentlichen Wortsinn etwas sehen oder betrachten. Der Imperativ, X solle etwas betrachten, bewirkt die Personifikation von X, das heißt dessen Belehnung mit menschlichen Eigenschaften; denn nur Personen, nicht aber Städte oder Seelen kann man ansprechen und zu etwas auffordern.

Die Tatsache, daß am Anfang (V. 1) wie am Ende des Gedichts (V. 10/13) eine Aufforderung zum Betrachten im uneigentlichen Sinne gekoppelt ist an die Apostrophierung einer nicht-personalen Instanz, verleiht dem Text auf pragmatischer Ebene eine deutliche Anfangs- und Endmarkierung. Der Text wird als Sprechakt gerahmt, sein appellativer Charakter wird hervorgehoben. Die Korrespondenz von Anfang und Ende wird durch zwei zusätzliche Merkmale unterstrichen: zum einen durch die bereits genannte Selbstartikulation des Sprechers (V. 1, 13/14), zum anderen durch die Position der beiden Imperative („Contemple-les" und „Vois!", V. 1 und 13), die jeweils am Beginn des Verses stehen und dadurch einander nicht nur semantisch, sondern auch syntaktisch korrespondieren (Positionsäquivalenz). Eine wichtige Bedeutungsachse des Gedichts ist somit die Tätigkeit des Sehens, des Betrachtens. Das Sehen steht dabei im Modus des Imperativs: Der Sprecher fordert seinen Adressaten zum Sehen auf, das heißt, es handelt sich nicht um ein reales, sondern um ein vom Adressaten (der auf textexterner Ebene der Leser ist) erst noch zu leistendes, potentielles Sehen. Die appellative Sprachfunktion dominiert deutlich und involviert den Leser in den Text. Die bisherige Analyse zeigt, wie ausgehend von der pragmatischen Ebene des Textes seine semantische Ebene erschlossen werden kann und wie die pragmatische, die semantische und die syntaktische Ebene zusammenwirken.

Wir wenden uns nun der *semantischen Ebene* zu. Auch hier spielt das Sehen im uneigentlichen Sinne eine zentrale Rolle, insofern die Blinden, die als Sprechgegenstand im Mittelpunkt des Textes stehen, ja aufgrund ihrer Behinderung nicht wirklich sehen können, sondern nur ziellos ihre Augäpfel hin- und herdrehen, „Comme s'ils regardaient au loin" (V. 6). Das Sehen der Blinden steht unter dem Zeichen des „Als ob", es ist – zumindest in den Augen des Sprechers als Beobachters der Blinden – ein inszeniertes, unechtes Sehen (ebenso übrigens wie das von der Seele und der Stadt geforderte Sehen). Dieses unechte Sehen gleicht auch deshalb einer Inszenierung, weil es wie auf dem Theater Gegenstand der Betrachtung wird. Der Akt des Sehens wird verdoppelt: der Betrachter sieht das (unechte) Sehen der Blinden. Der Text setzt hier, so könnte man interpretieren, selbstbezüglich seinen eigenen fiktionalen Status in Szene (→ Kap. 1.4).

7. Beispielanalyse: Baudelaire, Les Aveugles

Die Blinden werden nun vom Sprecher nicht nur beobachtet, sondern auch beschrieben und beurteilt, das heißt, sie werden in wertenden Bezug gesetzt zu anderen Elementen der dargestellten Wirklichkeit. Den Blinden geht eine wesentliche menschliche Eigenschaft ab, die Fähigkeit zu sehen. Sie sind ‚defizitäre' Menschen. Deshalb ähneln sie in ihrer Fortbewegung Holzpuppen beziehungsweise Menschen, die nicht über Bewußtsein verfügen, Schlafwandlern („Pareils aux mannequins", „singuliers comme les somnambules", V. 2 und 3). Durch den expliziten Vergleich mit nicht-menschlichen Instanzen nehmen die Blinden nicht-menschliche Züge an. Umgekehrt erhalten, wie oben gezeigt wurde, die Seele und die Stadt als nicht-menschliche Instanzen menschliche Eigenschaften, indem sie vom Sprecher apostrophiert werden, als wären sie menschlich. Es erfolgt somit ein doppelter und gegenläufiger Austausch von menschlichen und nicht-menschlichen Eigenschaften. Die vom poetischen Sprechakt modellierte Wirklichkeit ist nicht deckungsgleich mit der dem Leser vertrauten. Sie setzt sich zwar aus Elementen dieser Wirklichkeit zusammen, die aber in ihrer Kombination etwas Eigenes, von der Wirklichkeit Unterschiedenes ergeben. Der poetische Text läßt uns dadurch die Welt mit neuen Augen sehen.

Bemerkenswert ist die *syntagmatische Anordnung* der Textelemente sowie das *Zusammenspiel von semantischer und lautlich-syntaktischer Ebene*. Im ersten Quartett stehen ein visueller Eindruck und die affektische Reaktion des Sprechers auf diesen Eindruck im Mittelpunkt. Offenkundig ruft die Überschneidung von menschlichen mit nicht-menschlichen Eigenschaften bei den Blinden in dem sie betrachtenden Sprecher Abscheu hervor: Ihm erscheinen sie als „affreux" (V. 1) und „Terribles" (V. 3). Diese beiden wertenden Adjektive stehen in lautlicher und syntaktischer Korrespondenz mit „ténébreux" (V. 4): „aff*reux*" reimt mit „ténéb*reux*", „*Te*rribles" und „*té*nébreux" alliterieren und korrespondieren als Versanfang und Versende miteinander. Der Text drückt somit den durch die Blindheit hervorgerufenen negativen Affekt nicht nur semantisch, sondern auch lautlich sowie syntaktisch, mit Hilfe der Versstruktur aus. Der Bereich der Finsternis wird im ersten Quartett semantisch, lautlich und syntaktisch als Bereich des Negativen gekennzeichnet.

Das Fehlen der menschlichen Eigenschaft „Sehenkönnen" wird nun im zweiten Quartett qualifiziert, wo es heißt: „Leurs yeux, d'où la divine étincelle est partie" (V. 5). Dem Fehlen der Sehkraft wird in dieser Kombination aus Periphrase (Umschreibung des Konzepts der Blindheit) und Metonymie (Nennen der Ursache statt der Wirkung) eine zusätzliche, uneigentliche Bedeutung zugeschrieben: Das Fehlen eines Wahrnehmungskanals wird als das Fehlen des göttlichen Funkens gedeutet. Das phänomenologisch Feststellbare (jemand ist blind) wird religiös-metaphysisch interpretiert (ihm fehlt eine von Gott verliehene Eigenschaft). Das Fehlen des göttlichen Funkens scheint aber zu bewirken, daß die Augen der Blinden suchend zum Himmel erhoben sind, so als hofften sie, dort eine Kompensation oder doch wenigstens eine Erklärung ihres Übels zu finden.

7. Beispielanalyse: Baudelaire, Les Aveugles

Das erste und das zweite Quartett stehen einander oppositiv gegenüber: Im ersten Quartett werden ein Sinneseindruck und ein darauf reagierendes Gefühl beschrieben, im zweiten Quartett nimmt der Sprecher eine metaphysische Interpretation des Beobachteten vor. Doch gibt diese Interpretation keine Antwort auf die in der Beunruhigung des ersten Quartetts implizierte Frage. Steckt doch im Gegenteil auch im zweiten Quartett eine Frage, die auf jene vorausweist, welche am Gedichtende gestellt wird. Der Negativität und Ratlosigkeit des „on ne sait où" von V. 4 entspricht syntaktisch und semantisch das „on ne les voit jamais vers les pavés / Pencher rêveusement leur tête appesantie" von V. 7/8. Dieser Satz enthält als zweite große syntaktische Einheit des zweiten Quartetts den Gegenbegriff zu „Au ciel", nämlich „vers les pavés" (V. 7). Während im ersten Quartett syntaktische und metrische Einheiten kongruent sind, tendiert das zweite Quartett zur Inkongruenz, was sich insbesondere an der asymmetrischen Gliederung von V. 5 und 6 und am Enjambement V. 6/7 bemerkbar macht. Dadurch, daß „ciel" in *rejet*-Position steht und gewissermaßen in den nächsten Vers rutscht, wird nicht nur die symmetrische Untergliederung des Quartetts in zwei gleich lange Einheiten verhindert, sondern es wird vor allem die Opposition oben vs unten besonders deutlich akzentuiert. Indem die erste syntaktische Großeinheit ein quantitatives und aufgrund der beiden eingeschobenen, semantisch gewichtigen Nebensätze („d'où la divine étincelle est partie, / Comme s'ils regardaient au loin", V. 5/6) auch ein qualitatives Übergewicht erhält, wird ikonisch das Hierarchieverhältnis zwischen „ciel" und „pavés" markiert. Die Blinden ‚blicken' nämlich *immer* gen Himmel und *niemals* zu Boden. Diese deutliche, wertende Gegenüberstellung scheint eine Bedeutung in sich zu tragen, eine Bedeutung, nach der der Text insistierend fragt, die er aber nicht enthüllt. Statt dessen mündet er in jene am Schluß explizit gestellte und unbeantwortet bleibende Frage, auf die der gesamte Text schon insgeheim vorausweist, nicht zuletzt deshalb, weil die Blinden – sieht man von der Überschrift ab – erst mit dem letzten Wort des Textes zum ersten Mal direkt benannt werden.

Durch die Finalspannung des Textes erhält der Schluß, erhält das komplexe, aus mehreren ineinander verschachtelten Konstruktionen (Imperativsatz, temporaler Nebensatz, Partizipialsatz, segmentierter Fragesatz) bestehende syntaktische Gebilde V. 10–14 ein besonderes Gewicht. Der Schlußsatz ist ein ikonisches Zeichen der *hébétude* des Sprechers, seiner ratlosen Verblüffung, die der Text mit Hilfe einer stammelnden, vielfach gebrochenen rhythmischen Bewegung zum Ausdruck bringt. Die Frage, auf die der Text zusteuert und die vielfach in ihm angelegt ist, ist keine bloß kognitive, sondern sie zeugt auch von der starken emotionalen Betroffenheit des Sprechers. Neben der semantischen Sprachfunktion liegt mithin, wie gezeigt wurde, ein besonderes Gewicht auf der emotiven und auf der appellativen Sprachfunktion. Seine Intensität erhält der Text, indem alle Konstitutionsebenen (pragmatisch, semantisch und lautlich-syntaktisch) zusammenwirken und sich gegenseitig stützen und verstärken.

7. Beispielanalyse: Baudelaire, Les Aveugles

Die Analyse hat uns geholfen, den Text zu durchdringen und auf den ersten Blick nicht unmittelbar sichtbare Bedeutungsdimensionen zu erschließen. Sie hat uns an einen Punkt geführt, an dem die im Text mit Nachdruck gestellte, von Ratlosigkeit und Betroffenheit zeugende Frage deutlich vor uns steht. Dieser Frage einen Sinn zu verleihen und damit den Text historisch zu interpretieren, bedarf es einer Ausweitung des Kontextes.

Zwar beantwortet der Text die am Schluß gestellte Frage nicht, doch macht er immerhin deutlich, daß das, was die Blinden suchen, in irgendeiner Weise mit dem Himmel beziehungsweise mit dem fehlenden Göttlichen zu tun hat. Die Blinden blicken zum Himmel, obwohl sie dort ja ebenso wenig wie anderswo etwas sehen können. Wenn sich der Sprecher in der letzten Strophe explizit mit den Blinden vergleicht („je me traîne aussi!", V. 13) und sich dabei als noch stumpfsinniger („plus qu'eux hébété"), sprich als noch weniger seh- und erkenntnisfähig bezeichnet, so wird deutlich, daß die Sehfähigkeit sich auf die Erkennbarkeit des von der Erde verschwundenen Göttlichen bezieht, auf welches die abschließende Frage des Sprechers zielt (die Großschreibung von „Ciel" in V. 14 zeigt an, daß es sich nun im Unterschied zu V. 7 nicht mehr um den am Firmament wahrnehmbaren Himmel, sondern um den Himmel als Sitz des Göttlichen handelt). Diese uneigentliche Bedeutung des Sehens, das – unmögliche – Erschauen des Göttlichen, muß man im Zusammenhang sehen mit der räumlichzeitlichen Verankerung des Textes, womit wir zur *pragmatischen* Ebene zurückkehren. Diese verweist auf eine konkrete Wirklichkeit, die der modernen Großstadt Paris: Die Stadt („Ô cité!", V. 10) wird im Text explizit genannt; darüber hinaus ist dieses Gedicht als Teil der *Tableaux parisiens* textsyntagmatisch mit anderen Paris-Gedichten der *Fleurs du Mal* verknüpft (s. u.). Elemente dieser Großstadtwirklichkeit sind in *Les Aveugles* die hilflos umherirrenden Blinden, die im Betrachter Abscheu und Betroffenheit hervorrufen, und die hemmungslos nach Genuß strebende, lärmende Stadt, von der die Blinden als dyssoziale Elemente ausgestoßen werden. Der Gegensatz zwischen den Blinden und der Stadt wird hervorgehoben durch die Opposition Stille („silence éternel", V. 10, als Metonymie der Finsternis, „noir illimité", V. 9, welche die Blinden durchqueren) vs Lärm („Pendant qu'autour de nous tu chantes, ris et beugles", V. 11). Zwischen beiden vermittelnd steht der Sprecher, der die von der vergnügungssüchtigen Stadt ignorierten Blinden betrachtet, sich mit ihnen solidarisiert („nous", V. 11) und versucht, die Aufmerksamkeit der Stadt auf sie zu lenken, indem er sie auf sich zieht und ausgehend von der beobachteten Wirklichkeit eine über das unmittelbar sinnlich Wahrnehmbare hinausweisende Frage stellt, die unbeantwortet bleibt. Der Text also teilt mit, daß das Göttliche in der modernen Großstadtwelt nicht mehr erkennbar ist, daß die Menschen, die in dieser von Dissonanzen geprägten Welt leben, das Göttliche nicht sehen können.

7. Beispielanalyse: Baudelaire, Les Aveugles

Wir wollen nun versuchen, den Text weiter zu interpretieren, indem wir die Perspektive auf den Autor, die Entstehungszeit und den Kontext des Gedichtes erweitern. Baudelaire (1821–1867) war der Begründer einer Ästhetik der Modernität. Seine Gedichte, die er zu dem Zyklus *Les Fleurs du Mal* zusammengestellt und – eine Verurteilung wegen Verstoßes gegen die öffentliche Moral und die guten Sitten nach sich ziehend – erstmals 1857, in zweiter Auflage 1861 veröffentlicht hat, beschreiben Momente moderner Erfahrung in ihrer Häßlichkeit, Flüchtigkeit und Dissonanz. Schauplatz der beschriebenen Phänomene ist meist die Großstadt Paris. Die Hinfälligkeit und Abgründigkeit der diesseitigen Welt versucht Baudelaire in der strengen Form seiner Texte zu dauerhafter Schönheit zu verdichten. Wie der Autor in seiner wichtigen poetologischen Schrift *Le Peintre de la vie moderne* (1863) darlegt, besteht für ihn der Schönheitsbegriff aus zwei Komponenten:

> Le beau est fait d'un élément éternel, invariable, dont la quantité est excessivement difficile à déterminer, et d'un élément relatif, circonstanciel, qui sera, si l'on veut, tour à tour ou tout ensemble, l'époque, la mode, la morale, la passion. Sans ce second élément, qui est comme l'enveloppe amusante, titillante, apéritive, du divin gâteau, le premier élément serait indigestible, inappréciable, non adapté et non approprié à la nature humaine. (*Œuvres complètes*, II, 685)

> Das Schöne besteht aus einem ewigen, unveränderlichen Element, dessen Anteil äußerst schwierig zu bestimmen ist, und aus einem relativen, durch die Umstände bedingten Element, welches, wenn man so will, abwechselnd oder zusammengenommen die Epoche, die Mode, die Moral, die Leidenschaft sein mag. Ohne dieses zweite Element, das gewissermaßen die belustigende, prickelnde, appetitanregende äußere Schicht des göttlichen Kuchens ist, wäre das erste Element unverdaulich, nicht schätzbar, der menschlichen Natur nicht angepaßt und ihr nicht angemessen.

Dieser doppelte Schönheitsbegriff wird in Baudelaires Gedichten immer wieder thematisiert und ästhetisch realisiert, so auch in *Les Aveugles*. Hier finden wir einerseits Elemente des Vergänglichen, des Zeitbedingten, des Lächerlichen und Häßlichen. Die hilflos wie Gliederpuppen und Schlafwandler einhertappenden Blinden, deren Augen ins Leere blicken, wirken im Lärm der vergnügungssüchtigen Großstadt deplaziert, sie sind Ausgestoßene. Doch werden sie durch den Blick des zwischen ihnen und der Stadt vermittelnden Sprechers von ihrem Ausgestoßenendasein befreit und durch seine Rede in ein Kunstwerk gebannt. Dieses Kunstwerk, der literarische Text, dem es aufgegeben ist, „de dégager de la mode ce qu'elle peut contenir de poétique dans l'historique, de tirer l'éternel du transitoire" (II, 694) [„aus der Mode dasjenige herauszuziehen, das sie an Poetischem im Historischen enthalten kann, aus dem Vergänglichen das Ewige zu gewinnen"], stellt durch die Beschreibung disparater Phänomene Bezüge her, die in der modernen Welt übersehen oder verdrängt werden. Und er unterstreicht diese Bezüge, indem er aus der Zusammenschau des Disparaten eine über den aktuellen Anlaß hinausweisende Frage stellt, die Frage nach der Transzendenz, nach dem

7. Beispielanalyse: Baudelaire, Les Aveugles

Göttlichen, der Wahrheit. Die Brisanz dieser Frage aber erschließt sich erst dann in ihrer ganzen Tragweite, wenn man den Blick auf diejenigen Texte ausweitet, die impliziter Bestandteil von *Les Aveugles* sind.

Das Vorhandensein fremder Texte in einem Text bezeichnet man als *Intertextualität*. Dieser Begriff wurde von Julia Kristeva in den sechziger Jahren in Auseinandersetzung mit den Schriften Michail Bachtins geprägt (vgl. Kristeva 1969 und einführend Broich/Pfister 1985 sowie Martínez 1996). Eine wichtige Erkenntnis Bachtins und Kristevas lautet, daß ein Sprechakt beziehungsweise ein Text niemals als bloße Aktualisierung eines abstrakten Sprachsystems (*langue*) zu betrachten ist. Kein Text steht im leeren Raum. Im Gegenteil ist jeder Sprechakt/Text ein Kreuzungspunkt anderer, vorgängiger Sprechakte/Texte, auf die er reagiert und die er sich einverleibt: „[...] le mot (le texte) est un croisement de mots (de textes) où on lit au moins un autre mot (texte)" (Kristeva 1969: 145) [„das Wort (der Text) ist eine Kreuzung von Worten (Texten), wo man mindestens ein weiteres Wort (einen weiteren Text) lesen kann"]. Dies gilt auch und insbesondere für literarische Texte:

> Le signifié poétique renvoie à des signifiés discursifs autres, de sorte que dans l'énoncé poétique plusieurs autres discours sont lisibles. Il se crée, ainsi, autour du signifié poétique, un espace textuel multiple dont les éléments sont susceptibles d'être appliqués dans le texte poétique concret. Nous appellerons cet espace *intertextuel*. Pris dans l'intertextualité, l'énoncé poétique est un sous-ensemble d'un ensemble plus grand qui est l'espace des textes appliqués dans notre ensemble. (Kristeva 1969: 255; im Text kursiv)

> Das poetische Signifikat verweist auf andere diskursive Signifikate, dergestalt, daß in der poetischen Äußerung mehrere andere Diskurse lesbar sind. Es entsteht somit um das poetische Signifikat herum ein multipler Textraum, dessen Elemente dazu geeignet sind, im konkreten poetischen Text Anwendung zu finden. Wir wollen diesen Raum als *intertextuell* bezeichnen. In die Intertextualität eingebunden, ist die poetische Äußerung Teilmenge einer größeren Menge, welche der Raum der Texte ist, die in unserer Menge Anwendung finden.

Daß in jedem Text andere Texte lesbar sind, läßt sich auf mindestens zwei Ebenen konkret nachweisen. Zum einen auf der Ebene der Gattung: Jeder Text enthält gattungskonstitutive und -typische Elemente (Vers, Strophe, Sprachstil, Thema, Figurenkonstellation, Handlungsstruktur usw.). Diese Elemente bestimmen den Erwartungshorizont des Rezipienten. Wer ein Sonett von Ronsard liest, kann mit bestimmten für die petrarkistische Liebesdichtung typischen Merkmalen (unerfüllte Schmerzliebe, Schönheitsmerkmale der Dame usw.) rechnen. Die gattungsspezifische Intertextualität bezeichnet man auch als *Systemreferenz*. Dem steht die *Einzeltextreferenz* gegenüber, die individuelle, zitathafte Beziehung zwischen Texten. Intertextuelle Bezüge können auf verschiedenen Konstitutionsebenen eines Textes vorliegen, insbesondere auf der lexikalischen Ebene (wörtli-

7. Beispielanalyse: Baudelaire, Les Aveugles

che Zitate), auf der semantischen Ebene (thematisch-konzeptionelle Intertextualität) und auf der pragmatischen Ebene (intertextuelle Korrespondenz der Sprechsituation).

Aspekte der Einzeltextreferenz wollen wir nun am Beispiel von *Les Aveugles* betrachten. Hierbei kann man zwischen werkinterner und werkexterner Intertextualität unterscheiden. Auf *werkinterner Ebene* steht das Gedicht in vielfacher Korrespondenz zu den anderen Gedichten der *Tableaux parisiens*. Diese intertextuellen Bezüge wirken mit an der Bedeutungskonstitution des Textes. Ein wichtiges gemeinsames Merkmal der 18 *Tableaux parisiens* ist der Handlungsraum Paris, der in verschiedenen Facetten präsentiert wird, etwa als Ort, auf den der Sprecher von seiner Mansardenwohnung aus blickt und dessen Türme ihm wie Masten erscheinen (*Paysage*, V. 5–8), als „vieux faubourg", in dem der Sprecher als einsamer Dichter tätig ist (*Le Soleil*, V. 1), ganz konkret als im städtebaulichen Wandel begriffenes Paris (*Le Cygne*), wo der Sprecher seine Erinnerungsbilder auf das Wahrgenommene projiziert und ihm alles Sichtbare zur Allegorie der Vergangenheit und des Exils wird (V. 31), als Ort unheimlicher Begegnungen (*Les sept vieillards*) oder als Ort des Verbrechens, der Spielhöllen und der Prostitution (*Le Crépuscule du soir*, *Le Jeu*). Der Sprecher tritt als Dichter in Erscheinung (*Paysage*, *Le Soleil*, *À une mendiante rousse*) oder als Visionär, der sich als „Architecte de [s]es féeries" im Traum sein eigenes künstliches Paris erschafft (*Rêve parisien*, V. 37); vor allem aber ist der Sprecher ein Beobachter, der als *flâneur* durch die Straßen zieht und geradezu gierig alles betrachtet, das sich seinen Blicken darbietet: eine rothaarige Bettlerin, die er mit einer „reine de roman" vergleicht (*À une mendiante rousse*, V. 10), das gespenstische Defilee von sieben identisch aussehenden, häßlichen alten Männern (*Les sept vieillards*), einst berühmte und schöne, jetzt hinfällige, im Elend lebende alte Frauen (*Les petites vieilles*) usw. Die Blinden sind Teil jener Marginalisierten, Ausgestoßenen, Exilierten, denen die Neugierde, das Interesse und die Empathie des Sprechers gehören. Besonders deutlich wird diese Anteilnahme in *Les petites vieilles* (V. 73–80), wo es heißt:

> Mais moi, moi qui de loin tendrement vous surveille,
> L'œil inquiet, fixé sur vos pas incertains,
> Tout comme si j'étais votre père, ô merveille!
> 76   Je goûte à votre insu des plaisirs clandestins:

> Je vois s'épanouir vos passions novices;
> Sombres ou lumineux, je vis vos jours perdus;
> Mon cœur multiplié jouit de tous vos vices!
> 80   Mon âme resplendit de toutes vos vertus!

7. Beispielanalyse: Baudelaire, Les Aveugles

Aber ich, ich, der ich aus der Ferne zärtlich über euch wache,
Mit unruhigem Auge, gerichtet auf eure unsicheren Schritte,
Ganz als wäre ich euer Vater, o Wunder!
76   Mir werden ohne euer Wissen geheime Genüsse zuteil:

Ich sehe eure noch jungen Leidenschaften sich entfalten;
Ob finster oder hellerleuchtet, ich erlebe eure verlorenen Tage;
Mein vervielfältigtes Herz genießt all eure Laster!
80   Meine Seele erglänzt von allen euren Tugenden!

Der Beobachter identifiziert sich so sehr mit den Beobachteten, daß er ihre Leidenschaften, ihre Laster und Tugenden gewissermaßen am eigenen Leib erleidet. Der Sprecher dieser Gedichte ist nicht wie etwa der Erzähler in den Romanen von Baudelaires Altersgenossen Flaubert ein passiver, impassibler Beobachter, sondern ein aktiv Anteilnehmender, ein Mitspieler, der seine Position als Vermittler nachdrücklich markiert. Um anteilnehmender Vermittler sein zu können, benötigt er den Blickkontakt mit den anonymen Gestalten, die ihm begegnen. Ein solcher Blickkontakt kann wie im Falle der *Sept vieillards* furchterregend sein und den Sprecher das Weite suchen lassen, er kann Faszination und Mitleid erwecken (*Les petites vieilles*), er kann Auslöser eines unstillbaren Begehrens sein (*À une passante*). Eine ganz besondere Anziehung aber geht von leeren Augen aus, von denen der Sprecher in *L'Amour du mensonge* (V. 17–24) sagt (Adressatin des Textes ist die Lüge):

Je sais qu'il est des yeux, des plus mélancoliques,
Qui ne recèlent point de secrets précieux;
Beaux écrins sans joyaux, médaillons sans reliques,
20   Plus vides, plus profonds que vous-mêmes, ô Cieux!

Mais ne suffit-il pas que tu sois l'apparence,
Pour réjouir un cœur qui fuit la vérité?
Qu'importe ta bêtise ou ton indifférence?
24   Masque ou décor, salut! J'adore ta beauté.

Ich weiß, daß es Augen gibt, die allermelancholischsten,
Die keine wertvollen Geheimnisse bergen;
Schöne Schreine ohne Juwelen, Medaillons ohne Reliquien,
20   Leerer, tiefer als ihr selbst, o Himmel!

Aber genügt es nicht, daß du der Schein bist,
Um ein Herz zu erfreuen, welches vor der Wahrheit flieht?
Was tun deine Dummheit oder deine Gleichgültigkeit zur Sache?
24   Maske oder Zierat, zum Gruße! Ich bete deine Schönheit an.

Die leeren, maskenhaften Augen der Lüge, denen die Liebe des Sprechers gilt und hinter denen sich nichts verbirgt, werden hier mit dem Himmel als dem Ort des Göttlichen verglichen, der somit ebenfalls leerer Schein und Lüge und gerade

7. Beispielanalyse: Baudelaire, Les Aveugles

deshalb faszinierend ist. Dies führt uns zurück zu *Les Aveugles*. Die den Sprecher irritierende, mit Abscheu gepaarte Faszination, die von den dunklen, den Blick nicht erwidernden Augen der Blinden ausgeht, hängt offenkundig mit der Unauslotbarkeit ihres leeren Blickes zusammen. Wenn in *L'Amour du mensonge* Augen und Himmel sowohl leer als auch tief sind, so gilt dies ebenso für *Les Aveugles*. Die Augen der Blinden sind metonymisch auf den Himmel bezogen, sind förmlich an ihn geheftet („Leurs yeux [...] restent levés / Au ciel", V. 5–7). Der Himmel aber ist wie die leeren Augen der Blinden unlesbar, er gibt sein Geheimnis nicht preis. Indem der Sprecher die blicklosen Augen der Blinden betrachtet, schaut er in den Abgrund einer Welt, aus der sich das Göttliche zurückgezogen hat.

Den Blinden, die ihm diese Erkenntnis vermitteln, fühlt er sich brüderlich verbunden. Auch dies ergibt sich aus einem intertextuellen Bezug: Das fehlende Augenlicht bedingt, daß die Blinden die grenzenlose Finsternis durchqueren müssen; diese aber ist metonymisch mit der ewigen Stille verbunden („le noir illimité, / Ce frère du silence éternel.", V. 9/10). Die ewige Stille kehrt wieder im *Rêve parisien*, wo der Sprecher seine Traumvision eines künstlichen und unendlich großen Paris mit folgenden Worten enden läßt: „Et sur ces mouvantes merveilles / Planait (terrible nouveauté! / Tout pour l'œil, rien pour les oreilles!) / Un silence d'éternité." (V. 49–52) [„Und über diesen beweglichen Wundern / Schwebte (furchtbare Neuheit! / Alles für das Auge, nichts für die Ohren!) / Eine ewige Stille."] Was die träumende Imagination des Sprechers aus sich heraus gebiert, ist eben jene ewige Stille, die metonymisch für die ewige Nacht der Blinden steht. Damit aber wird klar, daß die Blinden nicht anders als das vom Träumer imaginierte Paris ein Phantasma des Sprechers sind, das er als Projektionsfläche für seine Imagination ebenso wie als Anlaß für sein Dichten benützt. Die Blinden sind ebenso unerreichbar und faszinierend wie das geträumte Paris. Ihre Fremdheit und Rätselhaftigkeit macht sie zum Gegenstand der poetischen Imagination, des dichterischen Begehrens. Die Differenz der Stille (als Metonymie der Dunkelheit) zum Lärm der Großstadt weckt dieses Begehren. Das läßt sich an dem auf *Les Aveugles* unmittelbar folgenden Gedicht *À une passante* zeigen, in welchem die „rue assourdissante" (V. 1) den Hintergrund für die Begegnung des Sprechers mit einer Passantin bildet, deren Blick ihm für einen kurzen Moment das Leben wiederschenkt und ihm metaphorisch die Nacht zum Tage werden läßt, bevor sich die Passantin für immer entzieht und ihn in seiner Dunkelheit zurückläßt: „Un éclair ... puis la nuit! – Fugitive beauté / Dont le regard m'a fait soudainement renaître, / Ne te verrai-je plus que dans l'éternité?" (V. 9–11) [„Ein Blitz ... dann die Nacht! – Flüchtige Schönheit / Deren Blick mich plötzlich neu geboren hat, / Werde ich dich erst in der Ewigkeit wiedersehen?"] Das stille Schauspiel der majestätisch einherschreitenden Passantin steht im Gegensatz zum Lärm der hektischen Großstadt, es ist, wie es im *Rêve parisien* heißt, „Tout pour l'œil, rien pour les oreilles" (V. 51).

248

7. Beispielanalyse: Baudelaire, Les Aveugles

Les Aveugles steht nicht nur auf werkinterner Ebene in vielfacher intertextueller Korrespondenz zu anderen Texten. Richtet man den Blick auf die *werkexterne Ebene*, so werden zahlreiche weitere intertextuelle Bedeutungsfelder sichtbar. Die Blindheit hat in der Romantik eine poetologische Bedeutung (vgl. die Hinweise bei Brix 1994): So galten Homer und Ossian, die beiden mythischen Gründerväter der abendländischen Literaturen, als blind. Die Blindheit des Dichters war den Romantikern sowohl Zeichen der Erwählung als auch Fluch. Der blinde Dichter kann Seher übernatürlicher Dinge sein, er erkennt die göttliche Wahrheit, ist aber auch Ausgestoßener und Verdammter. In André Chéniers Gedicht *L'Aveugle* (1819 posthum veröffentlicht) begegnen drei junge Hirten einem blinden Alten, dessen Gesang die Elemente erweicht. Die Hirten sind sich nicht sicher, ob es sich um einen Gott oder einen Sterblichen handelt. Sie erkennen die Ambivalenz seines Schicksals: „Ta voix noble et touchante est un bienfait des Dieux; / Mais aux clartés du jour ils ont fermé tes yeux." (V. 27–28) [„Deine edle und rührende Stimme ist ein Geschenk der Götter; / Aber die Helligkeit des Tages haben sie deinen Augen entzogen."] Der Blinde ist Verkünder des Göttlichen, es handelt sich, wie man am Schluß des Textes erfährt, um den Dichter Homer. Auch in Victor Hugos Danksagung an einen blinden Dichter aus den *Contemplations* (*À un poëte aveugle*) wird der Verlust des Augenlichts kompensiert durch einen privilegierten Zugang zur Wahrheit: „L'aveugle voit dans l'ombre un monde de clarté. / Quand l'œil du corps s'éteint, l'œil de l'esprit s'allume." (V. 7–8) [„Der Blinde sieht im Schatten eine Welt der Klarheit. / Wenn das Auge des Körpers erlischt, entzündet sich das Auge des Geistes."]

Diese Tradition läßt sich bis in die Antike zurückverfolgen. So tritt in der Tragödie *König Ödipus* von Sophokles (um 425 v. Chr.) der blinde Seher Teiresias auf, der dem Ödipus verschlüsselt mitteilt, daß er der Mörder seines eigenen Vaters und der Gatte seiner leiblichen Mutter ist. Der Blinde weiß etwas, das dem Sehenden, Ödipus, verborgen ist. Am Ende der Tragödie, nachdem Ödipus die Wahrheit über sich selbst erfahren hat, sticht er sich die Augen aus. Wer im wörtlichen Sinne sieht, ist blind in bezug auf die Wahrheit, und umgekehrt: Wer tatsächlich blind ist, sieht die Wahrheit. Mayer (1997) hat den dialektischen Zusammenhang von Blindheit und Erkenntnis an ausgewählten Texten von der Antike bis zur Gegenwart untersucht. Dort findet man zahlreiche weitere Belegstellen, die man auf ihre Filiationen zu Baudelaire hin überprüfen könnte.

Besonders interessant ist ein Blick auf Diderots *Lettre sur les aveugles à l'usage de ceux qui voient* (1749). Gegenstand des Textes ist die Frage, wie ein von Geburt an Blinder die Welt wahrnimmt. Zugestanden wird zunächst das Erwartbare, daß dem Blinden durch die fehlende Sehkraft bestimmte Erkenntnisse, Erfahrungen und Urteile verwehrt bleiben. So kann er Schönheit nicht erkennen; wenn er dennoch eine Sache als schön bezeichnet, übernimmt er lediglich das Urteil der Sehenden. Als Ausgleich jedoch ist es ihm gegeben, „d'avoir des idées du beau, à la vérité moins étendues, mais plus nettes que des philosophes clair-

7. Beispielanalyse: Baudelaire, Les Aveugles

voyants qui en ont traité fort au long." (*Œuvres*, 813) [„Vorstellungen vom Schönen zu haben, die zwar eingeschränkter, aber klarer sind als die von hellsichtigen Philosophen, die sich darüber breit ausgelassen haben."] Der angeborene Mangel ermöglicht dem Blinden einen privilegierten Zugang zur philosophischen Erkenntnis. Was er nicht konkret wahrnehmen kann – etwa einen Spiegel oder das Auge – muß er, um es in seinen Horizont einbeziehen zu können, sich abstrakt und durch Analogiebildung vorstellen. Dies ermöglicht ihm häufig treffende Formulierungen und Definitionen, die der größten Philosophen würdig erscheinen. Doch das Entscheidende ist, daß der Blinde die Welt körperlich anders erlebt als der Sehende, ja daß selbst seine Imagination anders funktioniert. Daraus folgt, daß er auch eine andere Moralvorstellung hat, wie am Beispiel des blinden Mathematikers Saunderson demonstriert wird. Dieser spricht auf seinem Sterbebett mit einem Priester über den Glauben und sagt: „Si vous voulez que je croie en Dieu, il faut que vous me le fassiez toucher." (839) [„Wenn Sie wollen, daß ich an Gott glaube, müssen Sie ihn mich berühren lassen."] Anders als den Sehenden kann dem Blinden die Schönheit der Natur nicht als Indiz für die Existenz Gottes dienen, denn er sieht sie ja nicht. Aus seiner den anderen unerklärlichen, ihm selbst aber völlig normal erscheinenden Differenz folgert der blinde Saunderson, daß der Mensch nicht sich selbst zum Maßstab machen dürfe, indem er glaube, was seine Kräfte übersteige, sei göttlicher Natur. Diese Form des Glaubens sei Aberglaube. Auch die angeblich von Gott gegebene Ordnung der Natur zweifelt der Blinde an, denn „l'ordre n'est pas si parfait [...] qu'il ne paraisse encore de temps en temps des productions monstrueuses." (841) [„die Ordnung ist nicht so vollkommen (...), daß nicht noch von Zeit zu Zeit monströse Erscheinungen aufträten."] Eine solche monströse Erscheinung ist der Blinde, der völlig unverdient die Sehkraft entbehren muß, ohne daß Gott dies verhindert hätte.

Bei Diderot also wird die Blindheit zum Ausgangspunkt philosophischer Reflexionen, die das herkömmliche Gottesbild in Frage stellen. Allgemein akzeptierte Wahrheiten werden grundsätzlich angezweifelt, weil sie für eine bestimmte Gruppe von Menschen keine Gültigkeit besitzen. Zwar entzieht sich der Text einer definitiven Aussage hinsichtlich des von Saunderson erhobenen Atheismus-Arguments, doch wie sehr allein die tentative, einem Fremden in den Mund gelegte Formulierung dieses Arguments die Zeitgenossen provozieren mußte, geht daraus hervor, daß Diderot nach der Veröffentlichung dieses Textes für drei Monate ins Gefängnis gesperrt wurde.

Die Verknüpfung von Blindheit und Erkenntnis ist somit traditionell vorgeprägt, wie der Blick auf *Ödipus*, Diderot, Chénier und Hugo gezeigt hat. Der Sinn der Frage, mit der Baudelaires Text endet („Que cherchent-ils au Ciel, tous ces aveugles?"), erschließt sich erst dann in seiner ganzen historischen Tragweite, wenn man diese Tradition kennt. Nun erst wird die Radikalität sichtbar, mit der Baudelaire zu Werke geht. Indem er die Blindheit um die Dimension der Wahrheit verkürzt, begeht er nichts weniger als einen Traditionsbruch. Die epochale

7. Beispielanalyse: Baudelaire, Les Aveugles

Signatur dieses Traditionsbruches zeigt sich auch in dem nur wenige Jahre vor Baudelaires Gedicht erschienen Text *L'Aveugle* (1856) von Théophile Gautier. Beschrieben wird ein blinder Straßenmusikant, der auf seiner Flöte nur noch falsche Töne hervorbringt. Dieser Blinde ist kein Seher mehr wie Chéniers Homer oder Hugos blinder Dichter. Durch den Wegfall eines privilegierten Zugangs zur Wahrheit wird der Blinde als Ausgestoßener zum Objekt der Neugierde. So fragt sich der Sprecher, allerdings ohne spürbare innere Anteilnahme, was wohl in dessen Kopf vorgehen mag (V. 13–16):

	Dieu sait quelles chimères noires
	Hantent cet opaque cerveau!
	Et quels illisibles grimoires
16	L'idée écrit en ce caveau!

	Gott weiß, welch schwarze Hirngespinste
	Dies undurchsichtige Gehirn heimsuchen!
	Und welch unlesbare Zauberbücher
16	Die Idee in diese Gruft einschreibt!

Der Blinde wird mit einem Gefangenen verglichen, der in einem venezianischen Verlies einsitzt und halb wahnsinnig mit einem Nagel Worte in den Stein ritzt. Lediglich am Ende hellt sich das trostlose Bild ein wenig auf, wenn der Sprecher die (allerdings möglicherweise ironisch oder gar zynisch gemeinte) Hoffnung äußert, daß der Blinde wenigstens nach seinem Tode wieder klar sehen könne, weil er ja schon an die Dunkelheit gewöhnt sei. Diese Hoffnung auf eine ausgleichende Gerechtigkeit fällt bei Baudelaire nun vollends weg. Im Gegenzug kommt bei ihm die Empathie eines Sprechers hinzu, der, wie gezeigt wurde, sich als Vermittler zwischen der Welt der Moderne und den von ihr Ausgestoßenen versteht. Das Göttliche, das bei Diderot schon in Zweifel gezogen, aber noch nicht gänzlich verabschiedet wurde, das dann die Romantiker noch einmal in nostalgischer Rückwendung beschworen haben, hat sich bei Gautier und Baudelaire endgültig aus der Welt zurückgezogen. In dem Maße, wie die Blinden ihre seherischen Fähigkeiten einbüßen, da Blindheit und göttliche Wahrheit dissoziiert sind, werden sie für den Baudelaireschen Sprecher zum Spiegel seiner eigenen Unwissenheit. Diese zwingt ihn, sich eine poetische Wirklichkeit zu schaffen, die die Welt nicht so zeigt, wie sie nach den Normen eines überkommenen Glaubens zu sein hat, sondern so, wie der Sprecher als Melancholiker sie sieht und erleidet: undurchschaubar, rätselhaft, dissonant und unversöhnt. Schönheit ist dieser Welt nur abzutrotzen durch die heldenhafte und mühevolle Arbeit des Dichtens.

Bei der exemplarischen *Analyse* von Baudelaires Gedicht *Les Aveugles* wurde zunächst ausgehend von der pragmatischen Ebene die Bedeutungskonstitution des Textes beschrieben, wobei ein besonderes Augenmerk der *Interaktion* von pragmatischer, semantischer und lautlich-syntaktischer Ebene galt. Das Analy-

Literaturhinweise

seergebnis, wonach der Text die mehrfach codierte unbeantwortete Frage nach dem Göttlichen stellt, wurde in einem zweiten Schritt durch die Berücksichtigung *intertextueller Bezüge* sowohl auf werkinterner als auch auf werkexterner Ebene *interpretiert*. Der Blick auf die anderen Texte der *Tableaux parisiens* und die Einbeziehung einer literarisch-philosophischen Tradition, die bis zur Antike (*König Ödipus*) zurückreicht, machten ein dichtes Netz von Bedeutungen sichtbar, das in den Text eingeflochten ist. Die intertextuelle Analyse verdeutlicht insbesondere den historischen Ort des Baudelaireschen Gedichts, indem es seine radikale *Abkehr von der Tradition* erkennbar macht, die darin besteht, daß es die beiden Bereiche Blindheit und Wahrheit dissoziiert.

Literaturhinweise

Baudelaire, Charles, *Œuvres complètes*. Texte établi, présenté et annoté par Claude Pichois, 2 Bde, Paris 1975.

Chénier, André, *L'Aveugle*, in: *Œuvres complètes*. Édition établie et commentée par Gérard Walter, Paris 1958, 42–48.

Diderot, Denis, *Lettre sur les aveugles à l'usage de ceux qui voient*, in: *Œuvres*. Édition établie et annotée par André Billy, Paris 1951, 811–872.

Gautier, Théophile, *L'Aveugle*, in: *Émaux et Camées*. Édition présentée, établie et annotée par Claudine Gothot-Mersch, Paris 1981, 84–85.

Hugo, Victor, *À un poëte aveugle*, in: *Œuvres poétiques II*. Édition établie et annotée par Pierre Albouy, Paris 1967, 521.

Assmann, Aleida und Jan (1995), „Exkurs: Archäologie der literarischen Kommunikation", in: M. Pechlivanos et al. (Hg.), *Einführung in die Literaturwissenschaft*, Stuttgart-Weimar, 200–206.

Brix, Michel (1994), „,Les Aveugles' et le romantisme", in: *Bulletin baudelairien* 29/1, 59–66.

Broich, Ulrich/Pfister, Manfred (Hg.) (1985), *Intertextualität. Formen, Funktionen, Fallstudien*, Tübingen.

Ehlich, Konrad (1983), „Text und sprachliches Handeln. Die Entstehung von Texten aus dem Bedürfnis nach Überlieferung", in: A. und J. Assmann/C. Hardmeier (Hg.), *Schrift und Gedächtnis*, München, 24–43.

Grivel, Charles (1983), „Thèses préparatoires sur les intertextes", in: R. Lachmann (Hg.), *Dialogizität*, München, 237–248.

Kristeva, Julia (1969), *Semeiotike. Recherches pour une sémanalyse*, Paris.

Martínez, Matías (1996), „Dialogizität, Intertextualität, Gedächtnis", in: H. L. Arnold/H. Detering (Hg.), *Grundzüge der Literaturwissenschaft*, München, 430–445.

Mayer, Mathias (1997), *Dialektik der Blindheit und Poetik des Todes. Über literarische Strategien der Erkenntnis*, Freiburg.

Stierle, Karlheinz (1993), „Ein Leser in der Stadt: Der Lyriker Charles Baudelaire", in: K. S., *Der Mythos von Paris. Zeichen und Bewußtsein der Stadt*, München-Wien, 697–902.

Literaturhinweise für das Studium
der (französischen) Literaturwissenschaft

Die folgenden Literaturhinweise sind bewußt selektiv gehalten. Es handelt sich um Grundlagenwerke aus folgenden Bereichen: Bibliographie, Zeitschriften, Wörterbücher/Nachschlagewerke/Handbücher, Literaturgeschichte. Außerdem werden einige Werke einführenden Charakters genannt und schließlich eine etwas umfangreichere Auswahl von wichtigen Werken zur Literatur- und Kulturtheorie. Die Auswahl ist – wie jede Auswahl – subjektiv, sie erhebt dennoch den Anspruch, für das Studium der Literaturwissenschaft relevante Werke zu empfehlen. Weiterführende Literaturhinweise findet man in den allermeisten der unten genannten Schriften. Im übrigen sei auch auf die Literaturhinweise zu den einzelnen Kapiteln dieses Buches verwiesen.

Bibliographie

Klapp, Otto (1956 ff.), *Bibliographie der französischen Literaturwissenschaft*, Frankfurt/M.

Zeitschriften

Germanisch-romanische Monatsschrift (GRM) (1909 ff.; Neue Folge: 1950 ff.), Heidelberg.
Lendemains. Études comparées sur la France (1975 ff.), Tübingen.
Poétique. Revue de théorie et d'analyse littéraires (1970 ff.), Paris.
Poetica. Zeitschrift für Sprach- und Literaturwissenschaft (1967 ff.), München.
Revue d'histoire littéraire de la France (1894 ff.), Paris.
Romanische Forschungen. Vierteljahresschrift für romanische Sprachen und Kulturen, (1883 ff.), Frankfurt/M.
Romanistische Zeitschrift für Literaturgeschichte (RZLG) (1977 ff.), Heidelberg.
Romanistisches Jahrbuch (1947 ff.), Berlin.
Studi francesi. Rivista quadrimestrale; cultura e civiltà letteraria della Francia (1957 ff.), Torino.
Travaux de linguistique et de littérature (TraLiLi) (1963 ff.), Strasbourg (seit 1988: *Travaux de linguistique et de philologie*).
Yale French Studies (1948 ff.), New Haven.
Zeitschrift für französische Sprache und Literatur (ZFSL) (1879 ff.), Stuttgart (bis 1888: *Zeitschrift für neufranzösische Sprache und Litteratur*).

Literaturhinweise für das Studium der (französischen) Literaturwissenschaft

Wörterbücher, Nachschlagewerke, Handbücher

Beaumarchais, Jean-Pierre de/Couty, Daniel/Rey, Alain (Hg.) (1994), *Dictionnaire des littératures de langue française*, 4 Bde, Paris.

Bußmann, Hadumod ([3]2002), *Lexikon der Sprachwissenschaft*, Stuttgart.

Ducrot, Oswald/Todorov, Tzvetan (1972), *Dictionnaire encyclopédique des sciences du langage*, Paris.

Frenzel, Elisabeth (1962), *Stoffe der Weltliteratur. Ein Lexikon dichtungsgeschichtlicher Längsschnitte*, Stuttgart [9]1998.

—— (1976), *Motive der Weltliteratur. Ein Lexikon dichtungsgeschichtlicher Längsschnitte*, Stuttgart [5]1999.

Hess, Rainer/Siebenmann, Gustav/Frauenrath, Mireille/Stegmann, Tilbert ([3]1989), *Literaturwissenschaftliches Wörterbuch für Romanisten*, Tübingen.

Hunger, Herbert (1959), *Lexikon der griechischen und römischen Mythologie*, Reinbek 1985.

Knörrich, Otto (Hg.) ([2]1991), *Formen der Literatur in Einzeldarstellungen*, Stuttgart.

Kolboom, Ingo/Kotschi, Thomas/Reichel, Edward (Hg.) (2002), *Handbuch Französisch. Sprache · Literatur · Kultur · Gesellschaft. Für Studium, Lehre, Praxis*, Berlin.

Lausberg, Heinrich (1960), *Handbuch der literarischen Rhetorik. Eine Grundlegung der Literaturwissenschaft*, Stuttgart [3]1990.

Nünning, Ansgar (Hg.) ([2]2001), *Metzler Lexikon Literatur- und Kulturtheorie. Ansätze – Personen – Grundbegriffe*, Stuttgart-Weimar.

Renner, Rolf Günter/Habekost, Engelbert (Hg.) (1995), *Lexikon literaturtheoretischer Werke*, Stuttgart.

Ricklefs, Ulfert (Hg.) (1996), *Fischer Lexikon Literatur*, 3 Bde, Frankfurt/M.

Ritter, Joachim/Gründer, Karlfried (Hg.) (1971 ff.), *Historisches Wörterbuch der Philosophie*, Basel.

Schweikle, Günther und Irmgard (Hg.) ([2]1990), *Metzler Literatur Lexikon. Begriffe und Definitionen*, Stuttgart.

Literaturgeschichten

Brockmeier, Peter/Wetzel, Hermann H. (Hg.) (1981/82), *Französische Literatur in Einzeldarstellungen*, 3 Bde, Stuttgart.

Grimm, Jürgen (Hg.) ([4]1999), *Französische Literaturgeschichte*, Stuttgart.

Hollier, Denis (Hg.) (1989), *A New History of French Literature*, Cambridge (Mass.).

Pichois, Claude (Hg.) (1970–78), *Littérature française*, 16 Bde, Paris.

Einführungen

Arnold, Heinz Ludwig/Detering, Heinrich (Hg.) (1996), *Grundzüge der Literaturwissenschaft*, München.

Baasner, Rainer (1996), *Methoden und Modelle der Literaturwissenschaft. Eine Einführung*, Berlin.

Literaturhinweise für das Studium der (französischen) Literaturwissenschaft

Corbineau-Hoffmann, Angelika (2002), *Die Analyse literarischer Texte. Einführung und Anleitung*, Tübingen-Basel.

Eicher, Thomas/Wiemann, Volker (Hg.) (1996), *Arbeitsbuch: Literaturwissenschaft*, Paderborn-München-Wien-Zürich.

Grimm, Jürgen/Hausmann, Frank-Rutger/Miething, Christoph ([4]1997), *Einführung in die französische Literaturwissenschaft*, Stuttgart-Weimar.

Köhler, Hartmut (1998), *Grundkurs Literaturwissenschaft Französisch*, Stuttgart-Düsseldorf-Leipzig.

Link, Jürgen (1974), *Literaturwissenschaftliche Grundbegriffe. Eine programmierte Einführung auf strukturalistischer Basis*, München [6]1997.

Ludwig, Hans-Werner/Rommel, Thomas (2003), *Studium Literaturwissenschaft. Arbeitstechniken und Neue Medien*, Tübingen-Basel.

Neuhaus, Stefan (2003), *Grundriss der Literaturwissenschaft*, Tübingen-Basel.

Pechlivanos, Miltos/Rieger, Stefan/Struck, Wolfgang/Weitz, Michael (Hg.) (1995), *Einführung in die Literaturwissenschaft*, Stuttgart-Weimar.

Plett, Heinrich F. (1971), *Einführung in die rhetorische Textanalyse*, Hamburg [7]1989.

Reisen, Erich (1997), *Uni-Training Französische Literaturwissenschaft. Grundstrukturen literarischer Texte und ihre Interpretation*, Stuttgart-München-Düsseldorf-Leipzig.

Grundlagenwerke der Literatur- und Kulturtheorie

Assmann, Aleida und Jan/C. Hardmeier (Hg.) (1983), *Schrift und Gedächtnis. Archäologie der literarischen Kommunikation I*, München.

Assmann, Aleida/Harth, Dietrich (Hg.) (1991), *Mnemosyne. Formen und Funktionen der kulturellen Erinnerung*, Frankfurt/M.

Auerbach, Erich (1946), *Mimesis. Dargestellte Wirklichkeit in der abendländischen Literatur*, Bern [7]1982.

Bachtin, Michail (1929), *Probleme der Poetik Dostoevskijs*, aus dem Russischen von A. Schramm, Frankfurt/M.-Berlin-Wien 1985.

—— (1975), *Die Ästhetik des Wortes*, aus dem Russischen von R. Grübel und S. Reese, Frankfurt/M. 1979.

Barthes, Roland (1966), „Introduction à l'analyse structurale des récits", in: *Communications* 8, 1–27.

—— (1970), *S/Z*, Paris 1986.

—— (1968), „L'effet de réel", in: G. Genette/T. Todorov (Hg.), *Littérature et réalité*, Paris 1982, 81–90.

Benjamin, Walter (1936), „Das Kunstwerk im Zeitalter seiner technischen Reproduzierbarkeit", in: W. B., *Das Kunstwerk im Zeitalter seiner technischen Reproduzierbarkeit. Drei Studien zur Kunstsoziologie*, Frankfurt/M. 1977, 7–44.

Benveniste, Émile (1966), *Problèmes de linguistique générale*, Paris.

Bogdal, Klaus-Michael (Hg.) (1990), *Neue Literaturtheorien. Eine Einführung*, Opladen.

Booth, Wayne C. (1961), *The Rhetoric of Fiction*, London 1991.

Bourdieu, Pierre (1992), *Les règles de l'art. Genèse et structure du champ littéraire*, Paris.

Literaturhinweise für das Studium der (französischen) Literaturwissenschaft

Broich, Ulrich/Pfister, Manfred (Hg.) (1985), *Intertextualität. Formen, Funktionen, Fallstudien*, Tübingen.

Bühler, Karl (1934), *Sprachtheorie. Die Darstellungsfunktion der Sprache*, Stuttgart [2]1965.

Cohen, Jean (1966), *Structure du langage poétique*, Paris.

Cohn, Dorrit (1978), *Transparent Minds. Narrative Modes for Presenting Consciousness in Fiction*, Princeton.

Culler, Jonathan (1975), *Structuralist Poetics*, Ithaca-London.

— (1982), *Dekonstruktion. Derrida und die poststrukturalistische Literaturtheorie*, aus dem Englischen von M. Momberger, Reinbek 1988.

Curtius, Ernst Robert (1948), *Europäische Literatur und lateinisches Mittelalter*, Tübingen-Basel [11]1993.

Dirscherl, Klaus (1975), *Zur Typologie der poetischen Sprechweisen bei Baudelaire. Formen des Besprechens und Beschreibens in den „Fleurs du Mal"*, München.

Eco, Umberto (1972), *Einführung in die Semiotik*, autorisierte deutsche Ausgabe, aus dem Italienischen von J. Trabant, München.

Ehlich, Konrad (1983), „Text und sprachliches Handeln. Die Entstehung von Texten aus dem Bedürfnis nach Überlieferung", in: A. und J. Assmann/C. Hardmeier (Hg.), *Schrift und Gedächtnis*, München, 24–43.

Erlich, Victor (1955), *Russischer Formalismus*, aus dem Englischen von M. Lohner, Frankfurt/M. 1973.

Flusser, Vilém (1996), *Kommunikologie*, in: *Schriften*, hg. von S. Bollmann und E. Flusser, Bd. 4, Mannheim.

Foucault, Michel (1988), *Schriften zur Literatur*, aus dem Französischen von K. v. Hofer und A. Botond, Frankfurt/M.

Freud, Sigmund (1907), *Der Wahn und die Träume in W. Jensens Gradiva*, in: *Studienausgabe*, Bd. X, hg. von A. Mitscherlich et al., Frankfurt/M. 1969, 9–85.

Friedrich, Hugo (1956), *Die Struktur der modernen Lyrik. Von der Mitte des neunzehnten bis zur Mitte des zwanzigsten Jahrhunderts*, Reinbek 1985.

Genette, Gérard (1972), *Figures III*, Paris.

Goldmann, Stefan (1989), „Statt Totenklage Gedächtnis. Zur Erfindung der Mnemotechnik durch Simonides von Keos", in: *Poetica* 21, 43–66.

Goody, Jack/Watt, Ian (1968), „The Consequences of Literacy", in: J. Goody (Hg.), *Literacy in Traditional Societies*, Cambridge, 27–68.

Gumbrecht, Hans Ulrich/Pfeiffer, K. Ludwig (Hg.) (1988), *Materialität der Kommunikation*, Frankfurt/M.

Halbwachs, Maurice (1925), *Les cadres sociaux de la mémoire*, Paris-La Haye 1976.

Haverkamp, Anselm/Lachmann, Renate (Hg.) (1991), *Gedächtniskunst: Raum – Bild – Schrift. Studien zur Mnemotechnik*, Frankfurt/M.

Haverkamp, Anselm/Lachmann, Renate/Herzog, Reinhart (Hg.) (1993), *Memoria. Vergessen und Erinnern*, München.

Hempfer, Klaus W. (1973), *Gattungstheorie. Information und Synthese*, München.

— (2002), *Grundlagen der Textinterpretation*, hg. von S. Hartung, Stuttgart.

Iser, Wolfgang (1972), *Der implizite Leser. Kommunikationsformen des Romans von Bunyan bis Beckett*, München [2]1979.

— (1975), „Die Appellstruktur der Texte. Unbestimmtheit als Wirkungsbedingung literarischer Prosa", in: R. Warning (Hg.), *Rezeptionsästhetik. Theorie und Praxis*, München [2]1979, 228–252.

Literaturhinweise für das Studium der (französischen) Literaturwissenschaft

—— (2000), *The Range of Interpretation*, New York.

Jakobson, Roman (1960), „Linguistics and Poetics", in: ders., *Selected Writings*, hg. von S. Rudy, Bd. 3: *Poetry of Grammar and Grammar of Poetry*, The Hague-Paris-New York 1981, 18–51.

Jakobson, Roman/Lévi-Strauss, Claude (1962), „‚Les Chats' de Charles Baudelaire", in: R. Jakobson, *Selected Writings*, hg. von S. Rudy, Bd. 3: *Poetry of Grammar and Grammar of Poetry*, The Hague-Paris-New York 1981, 447–464.

Jauß, Hans Robert (1970), *Literaturgeschichte als Provokation*, Frankfurt/M.

—— (1991), *Ästhetische Erfahrung und literarische Hermeneutik*, Frankfurt/M.

Jolles, André (1930), *Einfache Formen. Legende, Sage, Mythe, Rätsel, Spruch, Kasus, Memorabile, Märchen, Witz*, Tübingen [6]1982.

Kanzog, Klaus (1976), *Erzählstrategie. Eine Einführung in die Normeinübung des Erzählens*, Heidelberg.

Kloepfer, Rolf (1975), *Poetik und Linguistik. Semiotische Instrumente*, München.

Kristeva, Julia (1969), *Semeiotike. Recherches pour une sémanalyse*, Paris.

Link-Heer, Ursula (1988), *Prousts A la recherche du temps perdu und die Form der Autobiographie. Zum Verhältnis fiktionaler und pragmatischer Erzähltexte*, Amsterdam.

Lotman, Jurij M. (1972), *Die Struktur literarischer Texte*, aus dem Russischen von R.-D. Keil, München.

Luhmann, Niklas (1995), *Die Kunst der Gesellschaft*, Frankfurt/M.

Man, Paul de (1979), *Allegories of Reading. Figural Language in Rousseau, Nietzsche, Rilke, and Proust*, New Haven-London.

McLuhan, Marshall (1962), *The Gutenberg Galaxy. The Making of Typographic Man*, Toronto.

—— (1964), *Die magischen Kanäle. Understanding Media*, aus dem Englischen von M. Amann, Dresden-Basel 1994.

Ohly, Friedrich (1982), *Bemerkungen eines Philologen zur Memoria. Münstersche Abschiedsvorlesung vom 10. Februar 1982*, München 1992.

Peirce, Charles S. (1932), *Collected Papers*, Bd. 2: *Elements of Logic*, hg. von C. Hartshorne und P. Weiss, Cambridge, Mass. 1965, 129–173.

Pfister, Manfred (1977), *Das Drama. Theorie und Analyse*, München.

Propp, Vladimir (1928), *Morphologie des Märchens*, aus dem Russischen von C. Wendt, hg. v. K. Eimermacher, München 1972.

Saussure, Ferdinand de (1916), *Cours de linguistique générale*, hg. von C. Bally, A. Sechehaye und A. Riedlinger, Paris 1967.

Searle, John R. (1969), *Speech Acts. An Essay in the Philosophy of Language*, Cambridge u. a. 1990.

Stanzel, Franz K. (1964), *Typische Formen des Romans*, Göttingen [11]1987.

—— (1979), *Theorie des Erzählens*, Göttingen [4]1989.

Stierle, Karlheinz (1975), *Text als Handlung. Perspektiven einer systematischen Literaturwissenschaft*, München.

Striedter, Jurij (Hg.) (1969), *Russischer Formalismus. Texte zur allgemeinen Literaturtheorie und zur Theorie der Prosa*, München.

Titzmann, Michael (1977), *Strukturale Textanalyse. Theorie und Praxis der Interpretation*, München.

Todorov, Tzvetan (1966), „Les Catégories du récit littéraire", in: *Communications 8*, 125–151.

Literaturhinweise für das Studium der (französischen) Literaturwissenschaft

—— (1977), *Théories du symbole*, Paris 1985.
—— (1982), *La conquête de l'Amérique. La question de l'autre*, Paris.
Trabant, Jürgen (1976), *Elemente der Semiotik*, München.
Warning, Rainer (Hg.) (1975), *Rezeptionsästhetik. Theorie und Praxis*, München.
—— (1976), „Elemente einer Pragmasemiotik der Komödie", in: W. Preisendanz/R. Warning (Hg.), *Das Komische*, München, 279–333.
—— (1979), „Formen narrativer Identitätskonstitution im höfischen Roman", in: O. Marquard/K. Stierle (Hg.), *Identität*, München, 553–589.
—— (1980), „Chaos und Kosmos. Kontingenzbewältigung in der *Comédie humaine*", in: H. U. Gumbrecht/K. Stierle/R. Warning (Hg.), *Honoré de Balzac*, München, 9–55.
—— (1983), „Der inszenierte Diskurs. Bemerkungen zur pragmatischen Relation der Fiktion", in: D. Henrich/W. Iser (Hg.), *Funktionen des Fiktiven*, München, 183–206.
—— (1997), *Lektüren romanischer Lyrik. Von den Trobadors zum Surrealismus*, Freiburg.
Wellbery, David E. (Hg.) (1985), *Positionen der Literaturwissenschaft. Acht Modellanalysen am Beispiel von Kleists „Das Erdbeben in Chili"*, München.
Wellek, René/Warren, Austin (1949), *Theory of Literature*, New York.
Wetzel, Hermann H. (1985), *Rimbauds Dichtung. Ein Versuch, „die rauhe Wirklichkeit zu umarmen"*, Stuttgart.
Wunberg, Gotthart (1991), „Mnemosyne. Literatur unter den Bedingungen der Moderne: ihre technik- und sozialgeschichtliche Begründung", in: A. Assmann/D. Harth (Hg.), *Mnemosyne. Formen und Funktionen der kulturellen Erinnerung*, Frankfurt/M., 83–100.

Register

1. Sachregister

Abweichung: 232

Adressat: 54, 62, 63, 101, 117, 135, 175, 177, 178, 198, 199, 206, 207, 214, 215, 216, 222, 225, 227, 228, 239, 240, 247

ad spectatores: 175

äquivalent: 27, 47, 152, 187, 205, 208, 210, 229

Äquivalenzprinzip: 27, 229, 230, 231

Ästhetik; ästhetisch: 14, 25, 26, 28, 29, 30, 33, 34, 51, 52, 70, 151, 201, 224, 228, 235, 244

Aktant; Aktantenmodell: 119, 121–128, 164–166, 171

Akteur: 121, 125

Allegorie; allegorisch: 13, 51, 52, 53, 106, 189; → *figurae elocutionis* (5)

Alliteration: 241

Als-ob-Handeln: 30–33, 101, 150, 240

a-parte-Sprechen: 175

Apostrophe: → *figurae elocutionis* (4)

Arbitrarität; arbiträr: 43–46, 50, 52, 53, 210, 233, 234, 235

argumentativ: 182, 185, 187, 199

Assonanz: 73, 75, 203, 205

Aufführung; Inszenierung: 33, 72, 74, 92, 98, 151, 152–157, 161, 168, 172

Autobiographie: 101

Autonomie; autonom: 25, 34, 77, 103, 166, 225, 232

Autor: 25, 26, 27, 34, 72, 74, 81, 84, 87, 88, 89, 91, 96, 99, 112, 113, 114, 152, 155, 172, 187, 198, 226

realer Autor: 113, 117

impliziter Autor: 113, 116, 117

Autorschaft: 76, 77

azione parlata: 175

Beschreibung (Deskription): 118, 119, 120, 134, 139, 148, 182, 185, 186, 187, 189, 199, 241

Botenbericht: 173, 178

Briefroman: 21, 62, 101, 104

Bühne: 30, 89, 101, 151, 153–158, 166, 172

Guckkastenbühne: 156, 175

Orchestrabühne: 155, 157

Shakespearebühne: 156

canovaccio (pl. canovacci): 153

captatio benevolentiae: 214

chanson de geste: → Epos

Code: 39, 50, 52, 56, 62, 67, 151, 203

Decodierung: 63, 234

commedia dell'arte: 153, 164, 174

conte philosophique: 24, 60

contre-rejet: → Enjambement

Deautomatisierung: 27, 225, 233

Decodierung: → Code

Deixis; deiktisch: 50, 143, 144, 197, 206; → Pragmatik; Zeigfeld

Dekonstruktion: 17

diachron: 24, 238

Dialog; dialogisch: 32, 75, 120, 130, 178, 184

Diegese; diegetisch: 113, 114, 140, 141

discours (Ebene der textuellen Vermittlung bzw. Präsentation): 111, 112, 129–149, 157, 171–178; → *histoire* (Ebene der Geschichte)

Diskursanalyse: 17

Drama; dramatisch: 19, 96, 98, 103, 104, 105, 106, 107, 110, 114, 119, 144, 146, 149–178, 181, 182, 184, 187, 188, 191, 196

dramatische Rede: 174

Register

dramatische Ironie: 177, 178; → *figurae elocutionis* (5)
drei Einheiten: 155, 156, 157

e muet: 193, 194
eleos: 29, 102, 161
Elision: 193
Ellipse: 130, 131, 132, 149, 173, 174, 178, 213
embrayeur: 197
Enjambement: 195, 196, 234, 242
    rejet: 195, 242
    contre-rejet: 195
énoncé; énonciation: 32, 150
Entpragmatisierung: → Pragmatik
Epik: 103
Episode; episodisch: 74, 91, 137, 161, 162
Epos (Heldenlied; *chanson de geste*): 24, 72, 74, 76, 77, 92, 96, 98, 101, 104, 105, 106, 107, 153, 173, 196, 225
Ereignis: 32, 68, 101, 110, 124, 126, 127, 129, 130, 133–139, 147, 161, 173, 174, 183, 196, 217
Erzählakt (*narration*): 111
Erzähler: 59, 64, 86, 110, 111–115, 117, 129–132, 134, 135, 138, 139, 141–151, 154, 157, 172, 181, 247
    erzählendes vs erlebendes Ich: 114, 144
    Ich-Erzähler: 55, 64, 114, 129
    Du-Erzähler: 129
    Er-Erzähler: 114, 129
Erzählmodus: 126, 129, 139–149
    Distanz: 140–145, 146, 147, 149
    Erzählerrede: 129, 130, 131, 134, 135, 140–144
    Erzählperspektive: 126, 129, 140, 145–149; → Fokalisierung
    Erzählstimme: 129, 139, 140, 145
    récit d'événements: 140, 141, 149
    récit de paroles: 141, 149
    Reflektor: 145, 147, 149
Erzählsituation: 139, 140, 149
    auktorial: 139, 140
    personal: 139, 140
    Ich-Erzählung: 139, 140
Exposition: 106, 173, 176

Fabel: 20, 106
Figur (Handlungsträger): 13, 32, 59, 88, 91, 101, 107, 110–178 *passim*, 181, 184, 190, 145
    Figurencharakterisierung: 166–168
    Figurenkonstellation: 122, 123, 156, 245
    Figurenkonzeptionen (Personifikation, Typ, Individuum): 170, 171
    Konfiguration: 172
figurae elocutionis (Figuren und Tropen): 206–223
    1. Positionsfiguren: 207–209
    – Chiasmus: 208, 209, 212
    – Hyperbaton: 207, 208
    – Inversion: 207, 208, 222
    – Parallelismus (Isokolon): 208, 209, 213
    2. Wiederholungsfiguren: 209–210
    – Anapher: 210
    – Geminatio: 210
    – Kyklos: 212
    – Refrain (Epimone): 210, 231
    3. Quantitätsfiguren: 210–213
    – Accumulatio: 212, 213
    – Antithese: 212
    – Antimetabole: 212
    – Aposiopese: 213
    – Asyndeton: 213
    – Ellipse: 213
    – Klimax (Incrementum): 213
    – Oxymoron: 212
    – Zeugma: 221
    4. Appellfiguren: 214–216
    – Apostrophe: 198, 202, 214, 215, 216, 222, 239
    – Concessio: 214
    – Exclamatio: 214, 215, 215
    – Excusatio: 214, 216
    – rhetorische Frage (Interrogatio): 214, 215, 216
    5. Tropen: 216–223
    – Antonomasie: 218, 219
    – Ironie: 84, 85, 105, 116, 117, 126, 136, 148, 216, 251; → Drama; dramatisch
    – Metapher: 13, 49, 63, 132, 219–223, 227, 230, 231

Register

Tenor/Vehikel: 219, 221, 222, 223
Interaktion der Bedeutungsfelder: 219, 221, 223
tertium comparationis: 221
absolute Metapher: 222
– *metaphora continua* (Allegorie): 13, 222, 223, 246; → Allegorie
– Metonymie: 63, 132, 218, 219, 241, 243, 248
– Periphrase: 216, 217, 218, 219, 241
– Synekdoche: 218, 219
– Vergleich: 49, 143, 148, 221, 223, 241
Figurenrede: 129, 131, 134, 135, 141, 142, 143, 144, 147, 151, 154, 172, 174
direkte Rede: 143, 144, 149, 181
erlebte Rede: 142, 143, 147, 148, 149
indirekte Rede: 142, 149
innerer Monolog: 144, 145, 149
narrativierte Rede: 141, 142, 149
stream of consciousness: 144, 145, 149
Fiktion; Fiktionalität: 21, 23, 28–32, 33, 34, 72, 114, 117, 150, 155, 164, 175, 225, 240
fiktiv: 59, 111, 112, 115, 134, 152, 196, 215
fiktiv vs fiktional: 32, 150, 151
Fokalisierung: 145–149
interne Fokalisierung: 145, 147, 148, 149
externe Fokalisierung: 145, 149
Null-Fokalisierung: 145–147, 148, 149
Formalisten: 17, 223
Fortsetzungsroman (*roman-feuilleton*): 71, 89–93, 102, 152

Gattung: 72, 91, 96, 181, 188, 245
Gattungstheorie: 15, 16, 18, 96–108, 232
Gattungstrias: 106, 108, 110
Textsorte: 21, 100, 101, 105, 182, 187, 189
gebundene Rede (*oratio vincta*): 191
Genie: 25, 28
Geschehen: 118, 119, 128, 145, 157, 158, 160, 171

Grenzüberschreitung: 124, 125, 126, 127, 129
Groteske: 81

hamartema: 162
hamartia: 162
Handlung; Handeln: 22, 74, 75, 81, 90, 91, 92, 101, 102, 110, 118–178 *passim*, 181, 184, 187, 196, 197, 200, 245, 246
anderweitige Handlung: 162, 163
Definition der Handlung als Dreischritt: 158–159
Segmentierung der Handlung: 119 ff., 128
verdeckte Handlung: 173
Haupttext vs Nebentext: 171–172, 178
Held: 29, 32, 75, 80, 91, 102, 114, 119, 120, 126, 133, 145, 162, 163, 164, 169, 198
komischer Held: 163, 164
histoire (Ebene der Geschichte): 110, 111, 112, 116, 118–129, 130, 133, 135, 136, 146, 147, 148, 149, 150, 151, 157–171, 181, 196; → *discours* (Ebene der textuellen Vermittlung)
histoire vs *discours* (nach Benveniste): 196, 197
Höhenkammliteratur: 31, 32, 103, 233
Homonymie: 210

Idylle: 104, 105, 106, 126, 127
Ikon; ikonisch: 49, 50, 53, 151, 210, 213, 233, 234, 235, 242
Ikonisierung: 210, 233, 234
Index; Indiz; indiziell: 49, 50, 53, 56, 60, 61, 62, 64, 151, 197, 213, 250
Indizienparadigma: 62
Informationsvergabe: 176–178
Institution; Institutionalisierung: 31, 73, 102, 154–157
Inszenierung: → Aufführung
inszenierter Diskurs: 30, 31, 34, 101, 108, 150
Interjektion: 214
Interpretant (*interpretant*): 47, 48, 49, 55
Interpretation; interpretieren: 12, 13, 18, 19, 27, 38, 39, 44, 48, 49, 60, 61, 62,

Register

63, 67, 112, 143, 197, 234, 238, 239, 241, 242, 243, 244, 252
Intertextualität; intertextuell: 19, 227, 238, 245, 246, 248, 249, 252
Einzeltextreferenz: 245, 246
– werkintern: 246, 249
– werkextern: 246, 249
Systemreferenz: 245
Intrige: 158
Ironie: → *figurae elocutionis* (5)
Isotopie: 200, 201, 202, 203, 206

jongleur: 72, 73, 75, 77, 153, 154

Kanon: 14, 18, 22, 24, 28, 31, 234
katharsis: 29, 102, 161
Klassifikation; klassifizieren: 97, 99, 100, 103, 108
Komik; komisch: 121, 160, 162, 174
Kommunikation: *passim*
Kommunikationsmodell: 53, 55, 58, 60, 223
Organonmodell: 55, 56, 223
Kommunikationssystem: 113, 152, 157, 175
Komödie: 20, 24, 31, 96, 98, 102, 104, 105, 107, 155, 161–164, 171, 174, 187
Konflikt: 157–160, 164, 168–170, 171, 173, 175
Kontaktkanal: 56; → Kommunikationsmodell, Sprachfunktionen
Kontext: 39, 56, 57, 62, 99, 226, 227, 243, 244
Kontiguität: 210, 219, 229
Konvention: 99, 100, 101, 102, 103, 108, 157, 233
Kookkurrenz von Signifikant und Signifikat: 210, 213, 231, 233, 234

Laisse: 73, 75
langue (Sprachsystem): 41, 46, 98, 99, 152, 245; → *parole*
Leerstelle: 116
Lektüre; Lesen: 12, 14, 24, 59, 115, 202
Leser: *passim*
erzählter Leser: 113, 115, 117
impliziter Leser: 113, 115, 116, 117
realer Leser: 113, 115, 117

Liebesgedicht: 20, 101, 102, 188, 216, 225, 227
Linearität: 43, 46, 76
literarisch: *passim*
Literatur: 20–34 und *passim*
Literatursystem: 24, 25, 26, 27, 31, 34, 96, 98, 113, 121, 225, 228, 233
Literaturwissenschaft;
literaturwissenschaftlich: 11–19, 20, 22, 23, 27, 34, 51, 53, 60, 62, 67, 96, 98, 106, 108, 110, 114, 238
locus amoenus: 186, 189, 202
Lyrik; lyrisch: 19, 76, 96, 102, 103, 104, 105, 106, 107, 108, 110, 181–235

Märchen: 60, 61, 77, 91, 101, 119, 120, 121, 122, 128
Makrostruktur: 119
Markierung: 38, 39
Medialität: 15, 17, 18, 28, 34, 57, 67–93, 225, 227
Aufschreibesystem: 69, 71–92
mediales Apriori: 69, 71
plurimediale Präsentation: 151, 152, 157, 175
Schrift: 61, 68, 92
schriftlich vs mündlich: 18, 28, 57, 72 ff., 79, 152, 174
semi-literal: 72, 81, 84
Mehrdeutigkeit: 13, 14, 28, 50, 85, 234
Melodram; melodramatisch: 31, 91, 96
metapoetisch: 216
Metasprache: 13, 15, 31, 53
Metapher: → *figurae elocutionis* (5)
Metatext: 14
Methode: 15–18
Metonymie: → *figurae elocutionis* (5)
Metrum; metrisch: 181, 189, 190, 192, 195, 206, 231, 234
Mikrostruktur: 149
Mimesis; Nachahmung: 28, 107, 140, 141, 149, 155
Modell; Modellierung: 29, 30, 31, 32, 111, 112, 126, 149, 197, 198, 199, 225, 231, 233–235, 241
Monolog: 167, 175, 178, 198
Monolog, innerer: → Figurenrede
motiviert: 44, 45, 46, 53, 210, 227, 233

262

Register

narrativ; Narrativik: 19, 96, 103, 105, 107, 110, 111–149, 151, 153, 157, 164, 171, 173, 174, 178, 181, 182, 183, 187, 188, 191, 196, 199, 232
Naturformen der Poesie: 96, 103, 106, 107
Novelle: 96, 98, 119, 122, 125

Oberfläche vs Tiefe: 97, 98, 164
Objekt (*object*): 47, 48, 49, 50, 55
Onomatopöie; onomatopoietisch: 45, 46, 49
Opposition: 20, 43, 51, 91, 123, 126, 127, 128, 139, 163, 165, 200, 201, 202, 203, 204, 206, 208, 209, 231, 242, 243
Organonmodell: → Kommunikationsmodell

Paradigma; paradigmatisch: 27, 43, 44, 46, 121, 160, 162, 163, 164, 165, 170, 171, 190, 218, 229; → Syntagma; syntagmatisch
Paradigmatisierung: 230
Parodie; parodieren: 81, 83, 94, 106
parole (individuelle sprachliche Äußerung; Sprechakt): 41, 99, 152; → *langue*
Peripetie: 162
phobos: 29, 102, 161
Phonologie: 200
Minimalpaar: 200
Phonem: 200, 201
poèmes à forme fixe: 188, 191
Poesie; *poésie*: 24, 25, 51, 52, 105, 187, 188, 222
poésie formelle: 190
Poetik: 24, 25, 28, 103–105, 156
poetisch: 19, 25, 27, 33, 34, 52, 53, 72, 107, 148, 151, 181–235, 241, 248, 251
poetisch vs lyrisch: 190
Poetizität: 223, 228
poetologisch: 21, 64, 103, 244, 249
Pragmatik; pragmatisch: 17, 20, 99, 100, 101, 102, 107, 108, 112, 190, 226, 228, 232, 239, 240, 243; → Deixis; Zeigfeld
Entpragmatisierung: 101, 102, 108, 150
pragmatische Gestik: 197
Primärtext; Primärliteratur: 15, 16, 19

Produzent; Produktion: 23, 24, 63, 70, 71, 87, 97, 112, 113, 117, 152, 153, 219
Prosa: 187, 191, 194
Prosagedicht: 96, 188, 190, 195

Rahmen: 27, 30, 31, 33, 34, 67, 102, 227, 228, 232, 233, 235
Raum: 118, 119, 126, 127, 128, 143, 150, 151, 157, 158, 160
Semantisierung des Raumes: 119, 126–129, 169
Redegegenstand: 199
Redekriterium: 107, 181, 196
Referenz; referentiell: 27, 32, 33, 199, 200
simulierte Referenz: 200
Reim: 33, 73, 102, 188, 192, 194, 195, 196, 199, 203, 205, 230, 241
alternance des rimes: 193
Reimschema: 189
rejet: → Enjambement
Repraesentamen (*sign; representamen*): 47, 48, 49, 50, 55
Rezipient; Rezeption: 23, 24, 27, 33, 52, 57, 70, 71, 72, 76, 77, 97, 98, 99, 100, 105, 113, 117, 138, 150, 152, 153, 156, 157, 181, 197, 201, 219, 225, 225, 228, 234, 245
Rhetorik: 207; → *figurae elocutionis*
Rhetorisierung: 174
Roman: *passim*
roman-feuilleton: → Fortsetzungsroman

Satire; satirisch: 24, 81, 105, 106, 107
Schriftsteller: 24, 25, 27, 92
Sekundärliteratur: 15, 19
Sekundärstrukturen: 190, 191, 195, 196, 210, 229
Selbstbezüglichkeit: 27, 60–65, 72, 77, 86, 98, 225, 240
semantische Dichte: 190, 200, 202, 212
semantisches Merkmal (Sem): 201, 202, 203, 218, 219, 221, 231
Semiose: 39, 40, 48, 49, 233
Semiosefähigkeit: 225, 235
Semiotik; semiotisch: 15, 17, 18, 37–65, 151, 152, 153, 233
Signifikant: 42–49, 111, 151, 157, 210, 213, 219, 228, 231, 233, 234

263

Register

Signifikat: 42, 44–49, 111, 128, 151, 157, 199, 200, 201, 210, 213, 218, 219, 228, 231, 233, 234, 245
Silbe: 191, 192, 193, 196, 228
Sinnbild: 51, 53
Situationsabstraktheit: 53, 57, 58, 60, 101, 113, 197, 198, 200, 206, 227
Sonett: 20, 87, 98, 187, 188, 189, 191, 195, 199, 202, 204, 223, 228, 245
Spiel: 30, 154, 155, 160, 222
Sprachfunktionen: 27, 56, 143, 175, 190, 198, 223, 224, 232, 240, 242
   nach Bühler:
   Appellfunktion: 56
   Ausdrucksfunktion: 56
   Darstellungsfunktion: 56
   nach Jakobson:
   appellativ: 27, 56, 57, 175, 178, 240
   expressiv: 56, 57
   metasprachlich: 56, 57
   phatisch: 56, 57
   poetisch: 27, 56, 57, 190, 198, 223–235
   – pragmatische Definition: 224 ff.
   – strukturelle Definition: 228 ff.
   referentiell (besser: semantisch): 27, 33, 56, 64, 175, 223, 224
Sprechakt: 18, 30, 32, 55, 56, 57, 99, 101, 102, 108, 149, 150, 195, 200, 206, 226, 238, 240, 245
Sprecher: 196, 197, 198, 206, 214, 215, 216, 222, 226, 227, 239, 240, 241, 242, 243, 246, 247, 248, 251
   Haltung des Sprechers: 198
   Einstellung des Sprechers: 199
Sprechsituation (*énonciation*): 18, 50, 57, 58, 59, 60, 150, 181, 184, 187, 191, 196, 197, 198, 206, 214, 239, 246
stream of consciousness: → Figurenrede
Strophe; strophisch: 33, 102, 181, 195, 199, 200, 205, 210, 212, 221, 222, 231
   Quartett (*quatrain*): 189, 204, 205, 217, 241, 242
   Terzett (*tercet*): 189, 204, 205
Strukturalismus: 17, 40
Struktur; strukturell: 54 und *passim*
Symbol; symbolisch: 13, 49, 50–53, 56, 161, 223, 233, 234

synchron: 26, 238
Syntagma; syntagmatisch: 43, 46, 120, 138, 160, 162, 163, 164, 165, 170, 171, 195, 204, 210, 229, 231, 241, 243; → Paradigma; paradigmatisch
Systemtheorie: 17
szenisch: 110, 111, 132, 172, 173, 174, 178

taxonomisch: 103
Teichoskopie: 173
Tenor: → *figurae elocutionis* (5, Metapher)
tertium comparationis: → *figurae elocutionis* (5, Metapher)
Text: 18, 54 und *passim*
Textanalyse: *passim*
textextern vs textintern: 112, 113, 114, 117, 197, 198, 200, 206, 226
Textkonstitutionsebenen: 53–60, 189, 190, 246
   lautlich (phonetisch): 54, 60, 73, 188, 202, 203, 204, 205, 206, 210, 229, 251
   lexikalisch: 54, 60, 142, 194, 229, 246
   pragmatisch: 54, 55, 59, 60, 63, 111, 196–199, 205, 246, 251
   semantisch: 54, 60, 111, 142, 152, 187, 188, 195, 199–203, 204, 205, 206, 207, 208, 209, 212, 216, 221, 222, 223, 225, 226, 228, 229, 234, 240, 242, 246, 251
   (morpho-)syntaktisch: 54, 55, 60, 111, 142, 188, 191, 194, 195, 196, 199, 203, 204, 205, 206, 208, 209, 210, 212, 216, 221, 222, 229, 234, 240, 242, 251
   Interaktion der Textkonstitutionsebenen: 54, 55, 196, 200, 202, 206, 225, 231, 239, 240, 241, 251
Textoberfläche: 120, 135, 149, 172, 178, 203, 216, 222, 223
Textsorte: → Gattung
Theater; theatralisch: 29–31, 33, 34, 149–178, 240
Tradition; traditionell: 12, 13, 22, 31, 32, 69, 71, 72, 86, 96, 121, 125, 153, 159, 160, 172, 189, 190, 191, 193, 195, 196, 227, 238, 249, 250, 251, 252, 249, 250, 252

264

Register

Archäologie der literarischen Kommunikation: 18
kulturelles Gedächtnis: 18, 22, 31, 61, 82, 83, 84, 93, 227, 231, 238
Überlieferung: 18, 22, 23, 34, 57, 60, 67, 82, 83, 153, 226, 227, 234
Tragödie: 24, 29, 33, 96, 98, 102, 104, 105, 107, 154, 161–164, 171, 173, 187, 249

Überstrukturierung: 228, 233
uneigentliche Rede: 206, 207, 216, 223, 240, 241, 243
ungebundene Rede (*oratio soluta*): 191, 192
Unterhaltungsliteratur: 23, 31, 92, 103

Vehikel: → *figurae elocutionis* (5, Metapher)
Verdoppelung der Kommunikationsinstanzen: 58, 59, 60, 198
Verfahren: 22, 31, 69, 174, 190, 206–223, 229, 232
Vergleich: → *figurae elocutionis* (5)
Vers: 21, 33, 34, 74, 175, 187, 188, 189, 190, 191–196, 199, 203, 205, 210, 223, 231, 241
männlich/weiblich: 193, 231
Verhältnis von Vers und Syntax (Kongruenz oder Inkongruenz): 195, 196, 203, 204, 242
Versart: 192, 193
Knittelvers: 192
Siebensilbler (*heptasyllabe*): 193, 231
Achtsilbler (*octosyllabe*): 76, 193
Zehnsilbler (*décasyllabe*): 73, 75, 189, 193, 194, 231
Zwölfsilbler (*alexandrin*): 189, 193, 194
Versfuß: 192
Versmaß: 192
akzentuierend: 192
quantitierend: 192
syllabierend: 193
Verweisungsfunktion des Zeichens: 37, 38, 47, 51, 52
vierte Wand: 153, 154, 157, 175
Volksbuch: 81, 82, 83
Vorgeschichte: 173, 174, 176

Vortrag: 71–75, 77, 110, 153

Wende (*metabasis*): 161
Wiedererkennung (*anagnorisis*): 162
Wiedergebrauchstext: 101, 102, 113, 197, 206
Wiederholung als konstitutives Verfahren poetischer Texte: 209

Zäsur: 194, 203
hémistiche: 194
Zeichen: → Semiotik
Zeichenmodell: 40 ff., 46, 47 ff., 97
Zeigfeld: 50, 143, 197, 206; → Deixis; Pragmatik
Ich-Origo: 197, 198, 206
Zeit: 110, 114, 118, 119, 128, 129, 145, 150, 157, 158, 160
Anachronie (Prolepse, Analepse): 136–138, 174
Anordnung: 129, 133–138, 149
Dauer: 129, 149
Dehnung: 131, 149
Ellipse: 130, 131, 132, 149
Erzähltempo: 130
Erzählzeit vs erzählte Zeit: 129–132, 149, 173
Frequenz (singulativ, iterativ, repetitiv): 129, 133, 138, 139, 149
Pause: 130, 131, 132, 149
Raffung: 130, 131, 149
Szene: 130, 131, 149
Zeit der Darstellung vs dargestellte Zeit: 173
Zeitstruktur: 129–139, 149, 172

2. Namenregister

Aliénor d'Aquitaine: 71
Apelt: 141
Apollinaire: 219–222, 225, 230, 231, 233
Ariost: 82
Aristoteles: 28, 29, 103, 107, 149, 155, 156, 161, 162, 173, 218
Armstrong: 57
Arntzen: 25
Asmuth: 159, 172, 173, 174
Assmann, A.: 17, 18, 32, 238
Assmann, J.: 17, 18, 238
Augustinus: 37
Averroes: 154, 155

Bachtin: 83, 245
Balzac: 71, 86–93, 111, 112, 114, 121, 130, 140, 146, 147
Barthes: 17, 111
Batteux: 107
Baudelaire: 188, 189, 193, 197, 201, 213, 233, 238–252
Beckett: 125, 155, 160, 171, 176
Bénabou: 55
Benjamin: 17, 69–71, 92
Benveniste: 17, 196, 223
Bergerac: 164
Bibel: 78, 79, 82, 97, 212
Bidermann: 159
Binder: 207
Boileau: 20, 188
Booth: 117
Borges: 154, 155
Bourdieu: 11, 19
Brenner: 28
Breton: 26, 27, 228
Broich: 245
Bühler: 37, 50, 53, 55, 56, 60, 197, 223
Bußmann: 201
Butzer: 72, 77

Caesar: 218
Calderón: 159
Cicero: 84, 85
Chanson de Roland: 71, 72, 74
Chaplin: 70
Chateaubriand: 214

Chénier: 225, 249, 250, 251
Chrétien de Troyes: 71, 76, 77, 82, 83, 86, 93, 120, 121, 150
Claudel: 156
Coenen: 189, 194
Cohen: 187
Cohn: 145
Corneille: 153, 159, 170
Coseriu: 98, 232
Couronnement de Louis: 72, 73
Courtés: 201

Davidson: 41, 42
Desbordes-Valmore: 58
Descartes: 218
Diderot: 24, 115, 121, 249, 250, 251
Dirscherl: 59, 197
Du Bellay, Jean: 80
Du Bellay, Joachim: 216–218, 222
Duchamp: 26, 27
Dujardin: 144, 145
Dumas: 90

Eco: 17
Ehlich: 18, 57
Elwert: 188, 189, 191, 193, 194, 195
L'Époque: 91
Escarpit: 24, 25

Febvre: 78, 79, 86
Feydeau: 31
Fischer-Lichte: 151, 154
Flaubert: 20, 115, 116, 121, 136, 137, 140, 142, 143, 147, 247
Flusser: 17
Fohrmann: 24
Ford Coppola: 33
Fuhrmann: 29, 107, 155, 161, 162, 173

Gautier: 251
Geiger: 155
Genet: 34, 114, 174
Genette: 17, 107, 111, 114, 118, 129, 130, 131, 136, 140, 141, 142, 144, 145, 149
Gier: 82, 83
Ginzburg: 60, 61, 62

Register

Girardin: 90
Goethe: 51, 52, 96, 103, 106, 155
Goldoni: 155
Greimas: 17, 121, 122, 125, 128, 164, 201
Gryphius: 84
Guiette: 190
Guise: 90
Gumbrecht: 67, 80
Gutenberg: 77, 86

Haarmann: 155
Hannibal: 217, 218
Hartmann: 162, 163
Hausmann: 81
Havano: 30
Heidenreich: 90
Hempfer: 107, 108
Hess: 14
Hippokrates: 170
Höfner: 155
Homer: 74, 104, 105, 141, 249, 251
Houellebecq: 194
Houssaye: 188
Hugo: 88, 164, 187, 207, 211, 212, 216, 249, 250, 251
Huon de Bordeaux: 82

Iser: 116

Jakobson: 17, 33, 53, 55, 56, 58, 60, 67, 197, 198, 223, 224, 228, 229, 231, 234
Jauß: 72
Jolles: 101

Kant: 51, 218
Karl V.: 164
Kemp: 58
Kittler: 17, 71
Kline: 84, 85
Kloepfer: 225, 232, 233
Köhler: 169, 177
Königer: 30
Köster: 51, 96
Kohl: 30
Kristeva: 245
Kuon: 98

Labé: 208, 209, 213, 215, 216
Laclos: 62, 63
La Fontaine: 20
Lamartine: 88, 182, 183, 225
Lausberg: 222
Lessing: 159, 160, 176
Lévi-Strauss: 17
Locke: 37
Lotman: 17, 29, 126, 127, 129
Luther: 78, 79

Maingueneau: 197
Mallarmé: 70, 184, 187
Manardi: 84
Martin: 78, 79, 86
Martínez: 247
Maupassant: 119, 122–125, 126, 127, 131, 132, 143, 147, 148
Mayer: 249
McLuhan: 17, 77
Molière: 20, 153, 155, 156, 158, 163, 164, 167, 168, 170, 172, 176–178, 187, 188
Montaigne: 20, 71
Montesquieu: 21, 22, 24, 104, 105, 106, 107
Müller: 24
Murko: 74
Musset: 153, 160

Napoleon: 32
Neumann: 222
Nibelungenlied: 72
Nolting-Hauff: 120
Nourry: 80

Olivier-Martin: 89
Ossian: 249

Papinian: 84, 85
Pascal: 20
Peirce: 47–53, 55, 60
Petrarca: 189, 227
Pfeiffer: 67
Pfister: 151, 153, 154, 156, 157, 158, 159, 160, 166, 170, 172, 176, 177, 245
Philipp von Flandern: 77
Picasso: 70
Pirandello: 155, 160, 175

Register

Pixérécourt: 31
Platon: 28, 29, 55, 84, 85, 140, 141, 218
Platz-Waury: 171, 174
Plett: 207, 209, 210, 212, 213, 214, 216, 217, 218
Plumpe: 24
Pollmann: 76
La Presse: 89, 90
Propp: 119, 120, 121, 122, 128
Proust: 59, 64, 101, 131, 137, 139, 141
Pyrrhus: 217, 218

Queneau: 133, 134, 135, 138, 139, 209, 210
Quintilian: 222

Rabelais: 71, 80–85, 86, 92, 93, 225
Racine: 34, 150, 153, 156, 175, 187, 207, 213
Raible: 99
Richelieu: 165
Rimbaud: 186, 187, 189, 195, 200, 202, 225, 233, 234
Robert: 23
Ronsard: 20, 185, 189, 203–205, 226, 227, 228, 231, 245
Rostand: 101, 158, 159, 164, 165, 166
Rousseau: 24
Rychner: 74, 75, 76

Sarraute: 125
Sartre: 114
Saunderson: 250
Saussure: 40–48, 50, 97, 99
Scipio: 217
Schadewaldt: 141
Schiller: 51, 160
Schlegel: 107
Schlingensief: 30
Schweikle, G.: 181
Schweikle, I.: 181
Searle: 55, 99
Semprún: 101
Sévigné: 21
Shakespeare: 29, 30, 123, 124, 128, 150, 155, 156, 158, 170, 172
Le Siècle: 89
Simon: 125, 131, 213
Sophokles: 150, 155, 159, 249, 250, 252

Soulié: 90
Stachowiak: 233
Stanhope: 86
Stanzel: 114, 139, 140, 145, 149
Stempel: 189, 199, 232
Stendhal: 32, 112, 131, 144
Stichweh: 25
Stierle: 17, 55
Sue: 71, 90, 91, 92
Szondi: 154

Theophrast: 170
Thomas d'Angleterre: 76
Titzmann: 200, 201
Todorov: 17, 37, 51, 52, 101, 111, 145
Trabant: 37

Ubersfeld: 152, 166

Verlaine: 114
Vidocq: 92
Vigener: 46
Vitez: 156
Vojnikovic: 74
Vollhardt: 25
Voltaire: 24, 61, 116, 117, 118
Voyage de Jean de Mandeville: 78

Walker: 86
Warning: 17, 30, 122, 161, 162, 163
Wellbery: 17
Wetzel: 233
Wilpert: 23

Zima: 201
Zola: 114